Roteiro de fontes sobre a imigração em São Paulo 1850-1950

Roteiro de fontes sobre a imigração em São Paulo 1850-1950

Maria Silvia C. Beozzo Bassanezi
Ana Silvia Volpi Scott
Carlos de Almeida Prado Bacellar
Oswaldo Mário Serra Truzzi

FUNDAÇÃO EDITORA DA UNESP

Presidente do Conselho Curador
Marcos Macari

Diretor-Presidente
José Castilho Marques Neto

Editor-Executivo
Jézio Hernani Bomfim Gutierre

Conselho Editorial Acadêmico
Antonio Celso Ferreira
Cláudio Antonio Rabello Coelho
José Roberto Ernandes
Luiz Gonzaga Marchezan
Mario Fernando Bolognesi
Maria do Rosário Longo Mortatti
Paulo César Corrêa Borges
Maria Encarnação Beltrão Sposito
Roberto André Kraenkel
Sérgio Vicente Motta

Editores-Assistentes
Anderson Nobara
Denise Katchuian Dognini
Dida Bessana

Praça da Sé, 108
01001-900 – São Paulo – SP
Tel.: (0xx11) 3242-7171
Fax: (0xx11) 3242-7172
www.editoraunesp.com.br
feu@editora.unesp.br

Programa Brasil Latino
Cátedra A02 - Migração, humanismo latino e territorialidade na sociedade paulista – 1850-1950
Apoio: Fondazione Cassamarca

Pesquisadores
Profa. Dra. Maria Silvia C. Beozzo Bassanezi
Profa. Dra. Ana Silvia Volpi Scott
Prof. Dr. Carlos de Almeida Prado Bacellar
Prof. Dr. Oswaldo Mário Serra Truzzi

Pesquisadora auxiliar
Priscila M.S. Bergamo Francisco

Capa, projeto gráfico e diagramação da coleção
Traço Publicações e Design
Flávia Fábio
Fabiana Grassano

Assistente de diagramação
Paulo Leal Sampaio

Preparação de originais e revisão
Vani Inge

Foto da capa
Colheita de café em Santa Gertrudes.
Santa Gertrudes, SP, 190_.
Col. Secretaria da Agricultura, Comércio e Obras Públicas do Estado de São Paulo.
Centro de Memória – Unicamp
CMU

CIP-Brasil. Catalogação na fonte
Sindicato Nacional dos Editores de Livros, RJ

R751
Roteiro de fontes sobre a imigração em São Paulo 1850-1950/Maria Silvia C. Beozzo Bassanezi... [et al.]. – São Paulo: Editora UNESP, 2008.
   il.

   Inclui bibliografia
   ISBN: 978-85-7139-875-7

   1. Imigrantes – São Paulo (Estado) – História – Fontes. 2. São Paulo (Estado) – História – Fontes. 3. Brasil – História – Fontes. I. Bassanezi, Maria Silvia C. Beozzo (Maria Silvia Casagrande Beozzo).

08-4409.
CDD: 981.56
CDU: 94(815.6)

Editora afiliada

Projeto realizado no

Núcleo de Estudos de População
CP 6166
Universidade Estadual de Campinas – UNICAMP
13083-970, Campinas, SP, BRASIL

Apoio

Sumário

Apresentação 11

Arquivo do Estado de São Paulo 17
  I   Secretaria da Agricultura 18
      1 Gabinete do Secretário 20
         1.1 Correspondência recebida pelo Secretário da Agricultura 20
         1.2 Processos 21
         1.3 Agricultura e Obras Públicas 22
      2 Comissão de Imigração e Colonização (1887-1888) 23
         2.1 Correspondência 23
      3 Inspetoria de Terras, Colonização e Imigração 24
         3.1 Correspondência passiva da Inspetoria 25
         3.2 Minutas da correspondência com diversas autoridades 25
         3.3 Pedidos de repatriação de imigrantes por conta do Estado 30
         3.4 Contratos 30
         3.5 Registro de concessão de lotes de terra em São Paulo 30
         3.6 Registro de informações prestados em requerimentos de colonos 31
         3.7 Guias para pagamentos de lotes; registros de prestações pagas 33
         3.8 Despesas 33
         3.9 Correspondência reservada 34
         3.10 Requerimentos de núcleos coloniais e requerimentos diversos 34
         3.11 Minutas da correspondência dos núcleos coloniais 47
         3.12 Controle da produção de núcleos coloniais 50
         3.13 Matrículas de colonos 50
         3.14 Livros-caixa diversos: de fornecimentos aos núcleos coloniais; diários
               de despesas; registros de fornecimentos de gêneros; conta corrente de
               colonos; folhas de pagamento 51
         3.15 Relação dos nascimentos e batizados; relação dos óbitos; borrador do
               recenseamento; registro civil de nascimentos; recenseamento de população 52
         3.16 Registros médicos 54
      4 Agência Oficial de Imigração no Porto de Santos (1890-1905) / Inspetoria de Imigração
         no Porto de Santos (após 1905) 55
         4.1 Movimento migratório / Lista de movimento de passageiros 55
         4.2 Ofícios e cópias de certidões 64
         4.3 Expediente da Inspetoria e circulares 66

	5 Sociedade Promotora de Imigração 75
	5.1 Livro de atas 75
	5.2 Livro-caixa 80
	5.3 Registro de entrada de imigrantes por contrato 81
	5.4 Documentos diversos 82
	6 Hospedaria de Imigrantes 82
	6.1 Movimento de Imigrantes 82

II Presidente da Província / Presidente do Estado / Governador do Estado 83
    1 Correspondência 83
        1.1   Colônias 83
        1.2   Imigração 90
        1.3   Requerimentos diversos 107
        1.4   Correspondência recebida do Ministério dos Negócios Estrangeiros 113
        1.5   Correspondência enviada ao Ministério dos Negócios Estrangeiros 114
        1.6   Correspondência enviada ao Ministério dos Negócios da Justiça 115
        1.7   Registro de correspondência com o Ministério dos Negócios da Justiça e Ministério da Agricultura 116
        1.8   Minutas da correspondência dirigida às companhias de estradas de ferro 117
        1.9   Terras e colonização 120
        1.10 Ofícios diversos 129
    2 Registros diversos 130
        2.1   Livro de registros de passaportes 130
        2.2   Controle de imigrantes residentes em São Paulo 131
        2.3   Termos de juramento de naturalização 131

III Instrução Pública 132
        1.1   Relação de alunos, mapas 132
        1.2   Recenseamento escolar 136
        1.3   Registro de professores 136
        1.4   Livros de chamada ou de freqüência 137
        1.5   Livros de matrícula 137

IV Polícia 137
        1.1   Cadeia e Penitenciária 137
        1.2   Licenças e alvarás 143
        1.3   Polícia, rol de suspeitos 145
        1.4   Registro de passaportes expedidos pela Polícia 145
        1.5   Requerimentos e ofícios 146

V Justiça 147
        1.1   Juízo de Órfãos, ausentes e anexos da capital 147
        1.2   Atas eleitorais ("Justiça – Negócios eleitorais") 152
        1.3   Tribunal de Justiça, recursos eleitorais 152

		1.4 Autos cíveis	152
		1.5 Autos crimes	152
		1.6 Autos crimes do 1º Cartório	153
VI	Cartórios		153
		1.1 Segundo Cartório de Notas da Capital	153
		1.2 Cartório de Mogi das Cruzes	154
VII	DEOPS		155
VIII	Arquivo Histórico do Movimento Operário Brasileiro		155
IX	Secretaria do Interior		155
X	Coletorias – Sisas		156
XI	Jornais		156

Hospedaria de Imigrantes / Memorial do Imigrante 169

1. Listas de bordo 170
2. Livros de registro de imigrantes e migrantes alojados na Hospedaria de Bom Retiro e na Hospedaria do Brás 171
3. Processos administrativos da Secretaria da Agricultura 171
4. Fichas e processos do Serviço de Registro de Estrangeiros 172
5. Fichas de registro de Imigrantes – Mão-de-obra qualificada e *curriculum vitae* – CIME 172
6. Fichas de registro de Imigrantes – Secretaria da Segurança Pública do Estado de São Paulo ..172
7. Documentos pessoais 173
8. Fotografias 173
9. Mapas e plantas 173

Fundação Sistema Estadual de Análise de Dados – FSEADE 177

1. Relatórios da Repartição de Estatística e Arquivo do Estado 178
2. Anuários Estatísticos de São Paulo 179
3. Estatística Agrícola e Zootécnica no ano agrícola de 1904-1905 179
4. O Café: Estatística de Produção e Comércio 180
5. Estatística Agrícola e Zootécnica organizada pela Diretoria de Estatística, Indústria e Comércio, 1930-1931 181
6. Estatística Indústrial do Estado de São Paulo 181
7. Resumo do movimento Demográfico-Sanitário do Estado de São Paulo 183
8. Estatísticas Demógrafo-Sanitárias 184

Biblioteca do Instituto Agronômico de Campinas (IAC) 237

1. Relatórios 238
2. Estatísticas 253
   - 2.1 Agricultura 253
   - 2.2 Indústria 254

Arquivo Edgard Leuenroth – Centro de Pesquisa e Documentação Social 257
    1   Coleção "Imigração Italiana" 258
    2   Livros 271
    3   Periódicos 276

Outras instituições 297
    1   Recenseamento de 1934 297
    2   Estatística da produção paulista segundo a cidadania, 1937-1938 299
    3   Evolução Ferroviária no Estado de São Paulo entre 1870 e 1950 301
    4   Levantamento de reconhecimento dos solos do Estado de São Paulo 301

Bancos de dados 303
    1   CD-ROM – Estrangeiros em São Paulo: dados demográficos 303
    2   CD-ROM – Estatística agrícola e zootécnica do Estado de São Paulo no ano agrícola de 1904-1905 305
    3   CD-ROM – Estrangeiros no Estado de São Paulo – Estatística demógrafo-sanitária, 1893-1928 310

Apresentação

A travessia do vasto Oceano Atlântico rumo ao Novo Mundo foi experiência vivenciada por milhões de europeus e asiáticos que, ao longo dos séculos XIX e XX, buscavam nas terras americanas uma nova vida. A amplitude do fenômeno deixou marcas profundas nas sociedades de ambas as margens, a de partida e a de chegada. Culturas diversificadas deixaram suas terras natais e vieram se encontrar nas terras brasileiras, contribuindo e modificando de maneira profunda a história subseqüente das sociedades receptoras.

A partir das décadas finais do século XIX, a então Província de São Paulo, ainda fortemente escravista e monocultora, viria a se tornar um dos grandes pólos atrativos de imigrantes, visto que se fazia premente a incorporação de novas formas de mão-de-obra diante de uma escravidão evidentemente ameaçada.

A opção dos fazendeiros e do Estado pelo trabalhador imigrante acionou uma imensa burocracia para promover a vinda dos estrangeiros que se dispunham a migrar para o Brasil. Desde então, arquivos documentais de grandes dimensões acumularam-se nos desvãos das diversas repartições arquivísticas, registrando as várias etapas do processo migratório, desde a saída dos indivíduos dos portos de origem até sua instalação definitiva nas terras do café. Além disso, a vida cotidiana dos já instalados fez-se também registrar numa grande variedade de outras fontes públicas ou privadas.

A pretensão do presente Roteiro não é, de maneira alguma, identificar a totalidade dos acervos documentais sobre a imigração, mas sim apontar as imensas possibilidades dos principais arquivos existentes no Estado de São Paulo. Foram selecionados, assim, o Arquivo do Estado de São Paulo, o Memorial do Imigrante, a Fundação SEADE, o Instituto Agronômico de Campinas e o Arquivo Edgard Leuenroth, da Unicamp. Ficaram de fora, obviamente, os diversos arquivos municipais, os arquivos do Poder Judiciário, o arquivo da Assembléia Legislativa, diversos arquivos privados, centros de documentação, que, para serem abrangidos, exigiriam projeto de muito maior envergadura e duração.

Nossa intenção foi buscar identificar o mais profundamente possível a documentação relativa às várias etapas do processo migratório. Quase sempre esta tarefa foi bastante difícil, uma vez que os instrumentos de pesquisa disponíveis nas diversas instituições visitadas são, via de regra, incompletos, desatualizados e imprecisos. Se alguns conjuntos documentais eram visivelmente relacionados ao tema, outros, no entanto, foram objeto de intensa consulta, com o fim de detectar seu interesse para a questão da imigração. Isto significou, portanto, que foi preciso requisitar e consultar uma enorme quantidade de caixas e volumes de documentação, que foram minuciosamente avaliados pela equipe do projeto.

Não foi possível, contudo, promover a abertura exaustiva de todas as caixas e volumes. Isto tomaria imenso tempo. Trabalhamos por amostragem, principalmente no Arquivo do Estado, onde se fez necessário o trabalho com a quase totalidade do acervo que cobria as datas-limite por nós estabelecidas, de 1850 a 1950. A má identificação desses acervos nos catálogos impressos e informatizados, e sua ainda deficiente organização, obrigaram-nos a um autêntico esforço da equipe, no sentido de quase adivinhar o que deveria ser consultado. Conjuntos documentais amplos, porém identificados de maneira totalmente genérica ("ofícios", "ministérios idos", "polícia", dentre outros), não deixavam alternativa, senão o exame por amostragem, buscando identificar a existência de papéis relativos ao imigrante na sociedade paulista. Quase sempre, o que se descobria era justamente a inexistência de uma organização mínima de partes significativas do acervo, com documentos reunidos de maneira incorreta numa mesma caixa, ou identificados sob nomenclatura variada. Mas as riquezas também afloraram, e as transcrições oferecidas ao longo do Roteiro visam, justamente, a sugerir ao leitor com o que ele poderá se deparar.

Daí, portanto, a idéia básica que norteou a elaboração deste Roteiro: a de facilitar a vida do pesquisador da imigração internacional. Ao apontarmos para os conjuntos documentais, apresentarmos os principais documentos neles existentes e mesmo oferecermos, a título de ilustração, algumas transcrições de documentos, procuramos alertar para as diferentes possibilidades de pesquisa permitidas pela rica oferta documental. Apontamos, também, para a existência de acervos que, de uma maneira geral, jamais se consultou de modo exaustivo, em busca do imigrante. É o caso, dentre outros, de todos os registros eleitorais da República Velha, através do qual se permite vislumbrar, de maneira bastante instigante, o processo de inserção social do imigrante na comunidade onde veio a residir.

Por outro lado, temos plena consciência de que o levantamento aqui disponibilizado não é completo. Se a intenção inicial foi essa, o volume de papéis hoje arquivados e sua má organização para a consulta convencem-nos de que alguma coisa ficou de fora. Mas serão, sem dúvida, pequenos conjuntos documentais, compostos por uma ou outra caixa, já que aqueles de maiores dimensões foram analisados em sua totalidade. Além disso, deve-se notar que, devido ao processo de amostragem adotado, nem todas as caixas indicadas em catálogo como pertencentes a um mesmo conjunto documental foram abertas e podem, excepcionalmente, apresentar conteúdo diverso do informado pelo próprio catálogo.

De qualquer maneira, o volume de informações aqui reunido, cobrindo seis instituições arquivísticas distintas, é suficiente para comprovar a diversidade de fontes disponíveis para o pesquisador. Ao indicar suas potencialidades, buscamos simplificar a sempre árdua tarefa enfrentada ao se iniciar um projeto, a identificação das fontes documentais. Enquanto instrumento de pesquisa, este Roteiro pretende colaborar com a ampliação do conhecimento, ainda evidentemente lacunar, do fenômeno imigratório, principalmente no que diz respeito ao processo de inserção social do imigrante na sociedade paulista.

Cabe lembrar, ainda, que a documentação foi aqui apresentada e organizada tal como se encontra nas respectivas instituições, sem que houvesse qualquer preocupação no sentido de tentar reconstituir, com maiores detalhes, os organogramas dos respectivos órgãos produtores. Portanto, os títulos das caixas e volumes indicados ora se referem a funções administrativas, ora a assuntos, tal como são hoje encontrados arquivados. Nossa preocupação foi, enfim, de descrever os conjuntos como hoje se encontram, cientes de que, no futuro, poderão passar por processos de reorganização e de nova identificação, tal como procede, na atualidade, o Arquivo do Estado com o vasto conjunto denominado, de modo genérico e impreciso, "Juízo de Órfãos".

Temos certeza de que a tarefa empreendida não foi em vão e permitirá, pela exposição de informação em um volume inédito, o inspirar de novas pesquisas sobre a história da imigração e do imigrante em território paulista.

Agradecemos, de uma maneira geral, a todos os funcionários das instituições abrangidas, que muitas vezes perderam horas preciosas a nos auxiliarem nessa tarefa de grandes dimensões e que, muitas vezes, parecia não ter fim.

Agradecemos também à Fondazione Cassamarca, que, ao apoiar o projeto *Migração, humanismo latino e territorialidade na sociedade paulista (1850-1950)*, Cátedra A02 do Programa Brasil Latino, viabilizou a pesquisa que deu origem a este *Roteiro de fontes sobre a imigração em São Paulo 1850-1950*, assim como à Fapesp, que apoiou sua publicação.

Instituições detentoras de acervo abrangidas por este repertório

Arquivo Público do Estado de São Paulo
Rua Voluntários da Pátria, 596 – Santana
São Paulo, SP – CEP 02010-000
Fone: (11) 2221.4785 / 2221.1924
www.arquivoestado.sp.gov.br

Memorial do Imigrante
Rua Visconde de Parnaiba, 1316 – Mooca
São Paulo, SP – CEP 03164-300
Fone: (11) 6693.0917 / 6692.1866
www.memorialdoimigrante.sp.gov.br

Fundação Sistema Estadual de Análise de Dados (SEADE)
Av. Cásper Líbero, 464 – Luz
São Paulo, SP – CEP 01033-000
Fone: (11) 2171.7200
www.seade.gov.br

Arquivo Edgard Leuenroth
Instituto de Filosofia e Ciências Humanas, Universidade Estadual de Campinas
Cidade Universitária Zeferino Vaz
Campinas, SP – CEP 13083-970
Fone (19) 3788.1622
www.ael.ifch.unicamp.br

Instituto Agronômico de Campinas
Av. Barão de Itapura, 1481
Campinas, SP – CEP 13020-902
Fone: (19) 3231.5422
www.iac.sp.gov.br

Arquivo do Estado de São Paulo

A mais antiga notícia da existência de um serviço de arquivamento de documentos governamentais em território paulista data do ano de 1721, quando a capitania de São Paulo passou a ser governada por D. Rodrigo César de Meneses. Ele, ao chegar em São Paulo, não conseguiu localizar o acervo de papéis administrativos de seus antecessores, que certamente haviam permanecido em Minas Gerais, já que Vila Rica servia como capital.

A falta desses documentos levou D. Rodrigo a solicitar ao Vice-Rei que fossem enviadas cópias dos mesmos, para que pudesse governar de acordo com as instruções neles contidas. Desse núcleo original, teve origem todo o processo de acumulação documental que resultou, hoje, no grande e rico acervo do Arquivo do Estado. Mas era, durante todo o período colonial subseqüente, uma atividade não organizada, que acumulava os papéis produzidos ou recebidos pelo capitão-general e seus poucos auxiliares de governo.

Seria somente em 1842 que se viria a tentar organizar, pela primeira vez, um Arquivo Público Provincial, sem qualquer sucesso. Os papéis iriam continuar sendo recolhidos de maneira desorganizada, sendo preciso esperar a República para que um órgão arquivístico fosse de fato instalado.

Foi somente em 1892 que surgiu a Repartição de Estatística e Arquivo do Estado, posteriormente dividida em duas repartições distintas, que dariam origem, na atualidade, ao Arquivo Público do Estado de São Paulo e à Fundação SEADE (Sistema Estadual de Análise de Dados).

A partir de sua institucionalização foi que o Arquivo do Estado pôde estabelecer propostas de recolhimento documental de outras repartições públicas do governo estadual. De uma maneira não muito organizada, foi transferida para suas estantes grande parte da documentação do período provincial, que veio se juntar ao que já se dispunha, acumulada no período colonial, bem como pela Presidência da Província e Secretaria do Governo. Também foi iniciado, ao longo do século XX, o recolhimento não sistemático de documentação do período republicano, cobrindo o período até inícios da década de 1930.

Desde então, e diante do progressivo crescimento da máquina administrativa paulista, o recolhimento tornou-se cada vez mais complexo e difícil, seja pela dificuldade de gerir as enormes massas documentais passíveis de recolhimento, seja pela total falta de espaço físico para seu armazenamento e tratamento.

Assim, hoje, em pleno início do século XXI, o Arquivo do Estado apresenta grandes lacunas em seu acervo do período republicano. Se alguns fundos documentais puderam ser recolhidos aos depósitos do serviço de Arquivo Intermediário, esperando serem organizados e abertos para consulta, muitos outros permanecem, sob sério risco de desaparecimento, nos depósitos das incontáveis repartições públicas de todo o Estado.

Por outro lado, é preciso lembrar que o Arquivo do Estado recebeu, ao longo do tempo, grandes acervos do Poder Judiciário, tal como os Inventários e Testamentos e os Processos Cíveis e Crimes, mas em sua maioria referentes apenas ao século XVIII e parte do XIX. Foram acolhidos, também, acervos documentais de natureza cartorial, bem como alguns conjuntos de documentos das câmaras municipais.

Dispõe ainda o Arquivo do Estado de um considerável acervo de origem privada, geralmente doado por familiares, além de amplas coleções de periódicos – jornais, em especial – que são de grande procura pelo público consulente.

I SECRETARIA DA AGRICULTURA

A Secretaria da Agricultura, Comércio e Obras Públicas, depois sucedida pela Secretaria da Agricultura, Indústria e Comércio (1927) e Secretaria dos Negócios da Agricultura (1946), foi a repartição pública estadual que concentrou, desde a proclamação da República, praticamente todos os esforços voltados para a gestão do processo imigratório para São Paulo. A ela se subordinaram órgãos dedicados a questões específicas do processo de desembarque, recepção, encaminhamento e alocação dos imigrantes em todo o Estado de São Paulo, fosse em fazendas particulares, fosse em Núcleos Coloniais públicos.

Todo o serviço relacionado à imigração foi, nas décadas finais do Império, de responsabilidade da Inspetoria Geral de Colonização, a qual se subordinava à Inspetoria Especial de Terras em São Paulo e à Agência Oficial de Colonização em São Paulo. Com a República, todas essas competências são subordinadas à Secretaria da Agricultura, Comércio e Obras Públicas através da renomeada Inspetoria de Terras, Colonização e Imigração (1892).

Os órgãos subordinados à Inspetoria, e mesmo ela própria, vão passar, até a década de 1950, por diversas renomeações e alterações de competência. A relação a seguir tenta sumariar as diversas nomenclaturas recebidas ao longo das décadas pela Inspetoria:

Denominação	período
Inspetoria de Terras, Colonização e Imigração	1892 - 1900
2ª Seção da Secretaria da Agricultura, Comércio e Obras Públicas	1900 - 1905
Diretoria de Terras, Colonização e Imigração	1905 - 1911
Diretoria de Terras e Colonização	1911 - 1926
Diretoria de Terras, Minas e Colonização	1926 - 1935
Diretoria de Terras, Colonização e Imigração	1935 - 1939
Serviço de Imigração e Colonização	1939 - 1946
Departamento de Imigração e Colonização	1946 - 1968

Fonte: Paiva, Odair da Cruz. *Introdução à história da Hospedaria de Imigrantes em seus aspectos institucionais e guia do acervo*. São Paulo: Memorial do Imigrante, 2000, 20 p.

Essa contínua alteração de denominação e, por vezes, de competência, torna o trabalho de acompanhamento do acervo documental acumulado pela repartição algo extremamente complexo, haja vista que não foram mantidos agrupados na mesma instituição arquivística. Em todo caso, subordinados à antiga Inspetoria estavam a Agência Oficial de Imigração no Porto de Santos, criada em 1890 e posteriormente renomeada, em 1905, como a Inspetoria de Imigração do Porto de Santos, e a Hospedaria dos Imigrantes, no Brás, criada em 1887 em substituição à antiga Hospedaria do Bom Retiro, estabelecida em 1881.

Dessa maneira, a documentação governamental referente ao fenômeno imigratório foi acumulada, ao longo dos anos, sob os cuidados da Inspetoria de Terras, Colonização e Imigração, subdividida sob a forma de um conjunto documental diretamente produzido e acumulado pela própria Inspetoria, além de dois outros conjuntos, respectivamente acumulados pela Inspetoria de Imigração do Porto de Santos e pela Hospedaria de Imigrantes. Desses conjuntos, apenas o da Hospedaria não se encontra, na atualidade, depositado no Arquivo do Estado de São Paulo, mas sim no Memorial do Imigrante, que ocupa os edifícios originalmente ocupados pela própria Hospedaria. Assim, tal subdivisão será respeitada na descrição a seguir, no interesse de oferecer ao leitor a noção a mais precisa possível da organização, ou desorganização, dos acervos atualmente abertos à consulta pública.

Todavia, alguma documentação interessante sobre a imigração foi encontrada em outras instâncias administrativas da Secretaria da Agricultura, e é apresentada em função do interesse que pode ter à pesquisa.

1   Gabinete do Secretário

1.1 Correspondência recebida pelo Secretário da Agricultura

- Descrição: ofícios encaminhados ao Secretário da Agricultura por autoridades da Hospedaria dos Imigrantes, Inspetoria de Terras, Colonização e Imigração, Núcleos Coloniais, Instituto Agronômico. Como era usual na tramitação documental, muito dos ofícios aqui arquivados serviam para encaminhar documentos os quais, muitas vezes, foram desentranhados e arquivados separadamente, em séries muitas vezes não identificadas nos atuais fundos do Arquivo do Estado. Nestes casos, os ofícios aqui encontrados servem, tão somente, para indicar que deve existir, em outra série documental, o documento originalmente em anexo.
- Conteúdo: solicitações de pagamentos de passagens; solicitações de fornecimento de materiais e gêneros; leilões de bagagens; mapas sobre entrada de imigrantes na Hospedaria de Imigrantes; anteprojeto de um regulamento para o serviço dos Núcleos Coloniais do Estado, 1893 (C06117); orçamento para a construção de uma hospedaria de imigrantes em Santos, 1893 (C06117); pedidos de nomeação; pedidos de verba; assuntos funcionais diversos; pedidos de repatriação de imigrantes. A caixa entitulada "café" parece ser fruto de uma tentativa de agrupar documentos concernentes ao tema.
- Acervo: (C04738), 1898; (C05573) – Café, 1837-1900; (C06117), 1892-1893.

> *Envio-vos os inclusos documentos referentes a 799 Imigrantes italianos e austríacos, os quaes introduzidos pelos contractantes A. Fiorita & Cia., vieram pelo vapor 'Vapor S. Gottardo' e deram entrada na hospedaria desta Capital no dia 10 de Junho p. passado.*
> *Desses Imigrantes aceitou em numero de 474, correspondem a 336 ¼ passagens que importam em L 1.625.10.0, para cujo pagamento aos contractantes, até o dia 7 de setembro p. vindouro, rogo-vos as necessarias providencias.* (C04738, Ofício do inspetor Tertuliano Gonçalves, da Inspetoria de Terras, Colonização e Imigração do Estado de São Paulo, para o Secretário da Agricultura, Comércio e Obras Públicas; São Paulo, 24 de agosto de 1898).
>
> —
>
> *Vagando actualmente pelo norte d'este Estado bastantes nacionaes e estrangeiros em procura de trabalho, que não encontram devido á baixa do café, rogo-lhe o favor de enviar-me algumas sementes de algodão em quantidade sufficiente que formem uma plantação, onde se occupem alguns meus compatriotas, por quem se enteressa esta agencia consolar.*

Alem de favor, é um serviço que presta á lavoura d'este estado e aos Súbditos de Sua Magestade Fidelíssima. (C05573, Ofício de Antonio Marques Henriques, agente consular de Portugal em Guaratinguetá, para o Secretário da Agricultura; Guaratinguetá, 29 de julho de 1899).

—

A que subscreve, hespanhola, viuva, immigranta, encontrando-se em Completo estado de penuria desde a morte do seu esposo, solicita de V. E. o favor da repatriação. Os documentos adjuntos, demonstrarão a V.E o triste estado da suplicanta que, espera da justiça e bons sentimentos de V.E lhe accorde a citada graça. (C06117, Carta de Inés Brava Miranda, assinada a rogo por não saber firmar, para o Secretário da Agricultura; São Paulo, 2 de maio 1893).

—

Venho restituir-vos, devidamente informado, o incluso officio do Consul da Italia, n'esta Capital solicitando a repatriação da viuva Magdalena Persico, seus filhos e sobrinhos. (C06117, Ofício do inspetor de Terras, Colonização e Imigração para o Secretário da Agricultura; São Paulo, 29 de novembro de 1893).

—

Tendo falecido na hospedaria de Immigrantes d'esta Capital Anna Brancaccio, viuva, deixando tres filhos menores, um de 10 annos de idade, outro de 4 e outro de 7 mezes, o Director d'aquelle estabelecimento fez recolher este ultimo á Santa Casa de Misericordia, visto ainda precisar de ser amamentado. Quanto aos outros dois, peço-vos determinais o destino que devo dar-lhes [...]. (C06117, Ofício do inspetor de Terras, Colonização e Imigração para o Secretário da Agricultura; São Paulo, 18 de abril de 1893).

1.2 Processos

- Descrição: processos com pedidos de restituição de despesas com passagens, ora feitos pelos imigrantes, ora pelos fazendeiros.
- Conteúdo: pedidos de restituição de passagens efetuados por belgas instalados em Cananéia, recusados por não serem "lavradores". Há fazendeiros demandando restituição por trazer colonos de Minas Gerais (mineiros e estrangeiros), Rio de Janeiro e Rio Grande do Sul (várias famílias de espanhóis). Os mineiros têm a estação de embarque relacionada. Para todos há a descrição completa da família, com despacho da Hospedaria comprovando ou não suas estadias. A maioria dos processos não têm passaportes anexados.
- Acervo: (C04177) – 1920 (erroneamente identificado como "Instituto Agronômico").

Fernando Rubio Holgado, immigrante, chegado ao porto de Santos no dia 11 de Outubro de 1920, pelo vapor "Gelria", procedente do porto de Vigo, achando-se localizado com sua familia, [composta de sua mulher Bonifacia Cid Manzano, de 46 annos, seus filhos Luis, de 19, Jesus, de 15, Francisco, de 13, José, de 10 e Maria Magdalena, de 7 annos] na fazenda do Snr. Joaquim Abarca, na estação de Monte Azul, conforme prova com seus documentos, e tendo pago sua passagem daquelle porto ao de Santos, vem respeituosamente, pelo presente requerer digne-se V. Exia,, de accordo com a lei, autorizar a restituição ao supplicante, da importancia de Pts. 2.821 (Pts. 2.821'75) despendida com o seu transporte, conforme os recibos juntos ao presente. (C04177, Carta de Fernando Rubio Holgado para o Secretário dos Negócios da Agricultura de São Paulo; Fazenda Boa Esperança – Estação de Monte Azul, 3 de Novembro de 1920. Em anexo, dois passaportes, do casal e provável cunhado; atestados; pedido deferido).

1.3 Agricultura e Obras Públicas

• Descrição: documentação descrita como relacionada à Inspetoria de Obras Públicas, área subordinada à Secretaria da Agricultura até 1927. Nem tudo, porém, refere-se a obras, e estas caixas necessitariam ser devidamente reclassificadas.

• Conteúdo: a maior parte da documentação refere-se à área de Obras Públicas, e se compõe de correspondência e documentos dirigidos à Superintendência respectiva; trata-se de projetos de compra de material, reforma e construção de edifícios públicos, implantação de redes de água, esgoto e iluminação pública, implantação de ramais ferroviários e estradas de rodagem. Podem ser encontradas referências a obras nas hospedarias de imigrantes e núcleos coloniais do Estado. Consta planta da Hospedaria dos Imigrantes de Campinas dentro da pasta de pedido de verba para obras de conservação da mesma. Há também documentação diversa sobre imigração.

• Acervo: (C04178) – Secretaria da Agricultura, 1895; (C04179) – Secretaria da Agricultura/Obras Públicas/Estradas de Ferro, 1895; (C04180) – Secretaria da Agricultura/Obras Públicas, 1895. A documentação referenciada como "Obras Públicas" no Catálogo também pode conter documentação relevante para o tema da imigração.

> *Diz Venusta Dall'blio que, há um anno, seu marido Victor Dall'blio, por causa de terrível moléstia, foi constrangido a voltar para a Itália em busca de saúde: que felizmente pode consegui-la e hoje está pronto para voltar a seu trabalho e a sua família.*
> *Como porem elle não se acha em condições de enfrentar a despeza de passagens de Genova até Santos, e a instante ficou desprovida de qualquer soccorro e está quase que sem meios de viver, vem humildemente perante V. Ex., pedindo que seja concedido ao seu marido Victor Dall'blio uma passagem gratuita como immigrante por conta do Estado. [...]* (C04180, Carta de Venusta Dall'blio para o Secretário da Agricultura; São Paulo, 21 de abril de 1895. Despacho: Indeferida pretensão da supplicante).

—

> *Incluso apresento-vos orçamento para as obras necessárias á conservação do edifício da Hospedaria de Immigrantes de Campinas. As obras principiadas há quatro annos foram deixadas e estão actualmente em um estado de ruína e espostas ás intempéries. As obras indicadas no orçamento junto, limitam-se apenas á serviços necessários para evitar maior descaimento; acabamento da alvenaria, armadura e cobertura dos telhados e collocação de canos para águas pluviaes, deixando todas as outras obras até ser tomada a resolução sobre a futura destinação dos edifícios. O acabamento do edifício mais atraz (enfermaria) do qual só estão feitos os alicerces e o embasamento, não está incluído no orçamento. A quantia dispendida até hoje, é de Rs. 64:000$000 aproximadamente. Uma conclusão perfeita das obras poderá importar em Rs. 150:000$000 – 160:000$000. A importância do orçamento incluso é de Rs. 34:899$340.* (C04180, Cópia de ofício de Antonio By, engenheiro ajudante da 1ª seção, ao chefe da 1ª seção da Superintendência das Obras Públicas; São Paulo, 31 de julho de 1895. Em anexo, orçamento e planta do edifício).

2 Comissão de Imigração e Colonização (1887-1888)

2.1 Correspondência

- Descrição: correspondência enviada pela Comissão a diversas autoridades, muitas vezes dando encaminhamento a pedidos de colonos.
- Conteúdo: contratação de funcionários; pedidos de papéis e documentos referentes a lotes de terra adquiridos; envio de quadros demonstrativos de despesas; prestação de contas; notícia da chegada de imigrantes e seu encaminhamento para os núcleos coloniais; descrição de trabalhos efetuados nos núcleos coloniais; remessa de objetos e ferramentas aos núcleos coloniais; pagamento para obter títulos de propriedade nos núcleos coloniais, pedido de concessão de lotes nos núcleos coloniais; encaminhamento de assuntos referentes a caminhos e estradas nos núcleos e para os núcleos coloniais. Muita da correspondência diz respeito ao Núcleo Colonial de São Bernardo.
- Acervo: (E01740), 1887-1888.

De ordem do Ilmo. Sr. Engenheiro chefe desta comissão, faço ciente a V. Sa. que, d'ora em diante este escritório não receberá imigrantes que se destinem aos diversos núcleos coloniais, sem que venham munidos de guia e relação de família assinadas pela Inspetoria Geral de Imigração ou por pessoa para esse fim autorizada. O que tenho a honra de comunicar-lhe, pra que se digne fazer chegar ao conhecimento de S.S. o Sr. Dr. Inspetor Geral. (C01740, Ofício do auxiliar Ezequiel Pinto, da Comissão de Colonização, para Antonio Alves Pereira de Almeida, ajudante da Inspetoria Geral de Imigração; São Paulo, 30 de junho de 1887).

Vendo-se essa comissão em sérias dificuldades para atender ao crescido número de pedidos de lotes nos núcleos coloniais do Estado, situados no município desta capital e no de Jundiaí, e não convindo aos interesses da própria imigração que tal fato continue a se dar, apresso-me em solicitar desta Inspetoria as urgentes e necessárias providências no sentido de serem adquiridas pelo Estado algumas porções de terras que permitão o alargamento dos núcleos existentes, ou a fundação de novos núcleos, igualmente bem situados. Para dar uma ideia da demanda de lotes havida nestes últimos tempos, bastaria lembrar a esta Inspetoria que desde muito que nos Núcleos de S. Caetano e S. Bernardo, não se dispõe mais um único lote, não obstante o acréscimo que tem recebido as duas áreas com a abertura de novas séries de lotes, e que nas terras devolutas de Ribeirão Pires, onde se abre um novo núcleo, já existe no respectivo barracão número suficiente de famílias de imigrantes para a ocupação de todos os lotes projetados. No Núcleo Barão de Jundiaí, de muito recente fundação, não existem também mais lotes rurais disponíveis e diariamente são desatendidos os imigrantes que ao escritório se apresentam solicitando o seu estabelecimento naquele núcleo para onde são atraídos por parentes e amigos que lá julgam-se bem colocados. Só dispõe esta Comissão de lotes no Núcleo do Ribeirão Preto isto mesmo em pequeno número relativamente aos pedidos que fazem os imigrantes destinados às fazendas daquela circusncrição e que por qualquer motivo resolvem mais tarde estabelecer-se como pequenos proprietários. Até Jundiaí nenhuma repugnancia manifestam os imigrantes quando se lhes aponta este ou aquele núcleo, mas tratando-se de Ribeirão Preto, impugnam imediatamente quaisquer vantagens, sob um único pretexto de ser muito distante dos outros nucleos, onde afirmam sempre terem parentes ou conhecidos. Chamando pois, toda a atenção dessa Inspetoria para o que se passa e que não é estranho a V. Sa. tenho ainda por dever propor algumas medidas que julgo não deverem ser adiadas, sob pena de se criar serios embaraços à continuidade da boa corrente imigratória, e outros incovenientes que não escaparão ao esclarecido juízo e previsão de V.Sa. Nesse pressuposto, lembro a esta Inspetoria a indeclinável necessidade de propor ao Governo Imperial o seguinte: a aquisição das terras pertencentes ao Mosteiro de S. Bento, e anexas ao Nucleo Colonial Barão de Jundiaí, prestando-se perfeitamente à colonização e ao desenvolvimento do núcleo, que assim poderá estender-se até às portas da mesma cidade de Jundiaí. São grandes extensões de terras de excelente qualidade para todo o gênero de cultura, e que jazem atualmente incultas e entregues a alguns foreiros, ou rendeiros, da referida ordem, e que apenas utilizam-se das matas para o negócio das lenha e madeiras. Julgo mais fácil ao Governo Imperial a aquisição destas terras, e de consideráveis vantagens ainda quando se houvesse de indenizar um ou outro rendeiro da importância de suas benfeitorias, e até de foros pagos, se tanto exigissem. Pela inclusa cópia do termo do fôro passado à favor de José Joaquim Porciúncula, que hoje acha-se transferido a José Antonio de Oliveira Ferreiro, bem se poderá avaliar de que importância são as obrigações resultantes. Asseverando eu a V. Sa. que em virtude da condições estabelecidas nesses contratos, não existe um só fôro em vigor, por se dedicarem, segundo estou informado, todos os foreiros quase que exclusivamente à extração e negócio de madeiras. Outras indicações pretendo fazer oportunamente a essa Inspetoria sobre o mesmo assunto, e à proporção das necessidades e conhecimento das zonas mais apropriadas à formação de novos núcleos coloniais. (C01740, Ofício do engenheiro chefe Joaquim Rodrigues Antunes Júnior, da Comissão de Colonização, para João Bernardo da Silva, inspetor especial de Terras e Colonização; São Paulo, 26 de março de 1888).

—

Apresentando a esta Inspetoria Especial, em obediência ao despacho de V. Sa., a inclusa petição, de que é signatário o imigrante Demarchi Nicola, e segundo as informações colhidas do encarregado do Núcleo de São Bernardo, cabe-me declarar o seguinte: que o lote rural nº 29 da linha Galvão Bueno, está vago; que o requerente é imigrante recém-chegado àquele Núcleo Colonial, onde foi matriculado sob nº 269, no livro de entradas, em 1887; que o referido lote é novo; que julgo não haver incoveniente algum na concessão requerida, visto o suplicante sujeitar-se ao Regulamento Colonial. (C01740, Ofício do engenheiro chefe Joaquim Rodrigues Antunes Júnior, da Comissão de Colonização, para João Bernardo da Silva, inspetor especial de Terras e Colonização; São Paulo, 12 de outubro de 1888).

—

Com relação às inclusas petições dos imigrantes Furlanetto Ferdinando e Marzon Giovanni, cabe-me, em solução aos despachos de V.Sa. e na forma das informações colhidas do encarregado do Núcleo de São Bernardo, declarar que há incoveniente na concessão dos lotes que esses imigrantes requerem, visto como já possuem terrenos legalmente adquiridos, sendo por isso, considerados estabelecidos. (C01740, Ofício do engenheiro chefe Joaquim Rodrigues Antunes Júnior, da Comissão de Colonização, para o inspetor especial de Terras e Colonização; São Paulo, 7 de novembro de 1888).

3 Inspetoria de Terras, Colonização e Imigração

Sob esta denominação está aqui reunida toda a documentação pertinente à função deste órgão, a despeito das diversas variações de nome que sofreu ao longo dos anos. O levantamento promovido evidenciou que parte dessa documentação, principalmente das décadas finais do período por nós observado, não chegou a ser integralmente recolhida ao Arquivo do Estado de São Paulo e ao Memorial do Imigrante, provavelmente permanecendo no Arquivo da atual Secretaria da Agricultura, no bairro da Água Funda.

3.1 Correspondência passiva da Inspetoria

- Descrição: volumes de correspondência encadernada, recebida de funcionários de núcleos coloniais, tratando dos mais variados temas relacionados ao funcionamento cotidiano desses núcleos. É documentação importante para recuperar informações sobre como funcionaram, em termos administrativos, funcionais e econômicos, os diversos núcleos coloniais instalados nos mais diversos pontos do território paulista.
- Conteúdo: instruções para medição de terrenos; reclamações dos colonos sobre iluminação e abertura de valas para esgoto; solicitação de passes; pedidos de lotes de terras; pedidos para a organização de quadros relativos à produção e ao aumento da população dos núcleos coloniais da Glória, Santa Anna e São Caetano.
- Acervo: (E01775), outubro de 1886 a agosto de 1887.

3.2 Minutas da correspondência com diversas autoridades

- Descrição: volumes caracterizados como livros copiadores ou livros de minutas de correspondência expedida pela Inspetoria para os órgãos e funcionários a ela subordinados ou órgãos relacionados à imigração em outros Estados ou mesmo Federais. Alguns volumes encontram-se em precário estado de conservação pela fragilidade do papel utilizado.
- Conteúdo: instruções; nomeação de pessoal para a Hospedaria de Imigrantes e núcleos coloniais; pagamento de rações fornecidas a imigrantes; comprovação de entrada (ou não) de imigrantes na Hospedaria; mapa demonstrativo do movimento de imigrantes na Hospedaria; solicitação de aumento de vencimento dos funcionários da Hospedaria; destacamento de funcionários da Hospedaria da Capital para a hospedaria provisória de São Bernardo; reclamação sobre volumes nos armazéns da Hospedaria; informações sobre núcleos coloniais; informação sobre óbitos em navios que desembarcam imigrantes; violência policial no Alojamento provisório de São Bernardo; relatório sobre o núcleo de Pariquera Açu (1890).
- Acervo: (E00072), 1889-1890; (E01148) – Criação do Núcleo Colonial do Quiririm, 1889-1890; (E01422), 1895-1896; (E01426), 1899; (E01742), 1888-1889; (E01750), 1892-1896.

Tendo esta Inspectoria Especial de prestar à Presidência da Província informações completas a respeito do modo porque estão sendo executados os serviços á cargo de V. S. cumpre que sem demora envie a esta repartição um Relatório circunstanciado do estado dos mesmos, abrangendo especialmente informações sobre:
extensão, posição da área ocupada por esse núcleo;
condições telluricas e cósmicas;
condições agrícolas e econômicas;
número de lotes divididos, lotes ocupados e devolutos;
estatística da população com designação de nacionalidade, idades, profissões, etc.;
se tem proporção para maior desenvolvimento;
modo porque é feito o serviço de recepção, agasalho e transporte de imigrantes;
favores de que estes gozam indirectamente;
informação sobre a viação interna e externa, distância aos mercados consumidores.
(E00072, Circular da Inspetoria Especial de Terras e Colonização para os núcleos coloniais; São Paulo, 21 de agosto de 1889. Em anexo, roteiro detalhado para a elaboração dos relatórios e modelo de apresentação dos relatórios).
—
Programa para a organização do relatório dos trabalhos executados pelas Inspectorias Especiais e Commissões de terras durante o anno de 1889.
Introdução – Enumeração dos serviços que se acharem em andamento.
Primeira parte: Serviço de immigração, medição de lotes e colocação de imigrantes:
    1º) Organização do serviço;
    2º) Contactos existentes para a introdução de imigrantes e sua colocação;
    3º) Enumeração detalhada dos serviços feitos, à saber:
número de imigrantes recebidos, estabelecidos e por estabelecer;
número de lotes medidos distribuídos e disponíveis;
despesa feita com os imigrantes;
custo das despesas parciais com a medição dos lotes e a média da despesas de cada um com especificação da área dos lotes, da frente e fundos respectivos, bem assim dos elementos constitutivos da referida média;
extensão dos caminhos feitos, custo médio de cada metro;
extensão das estradas com declaração da ordem que as autorizou, da importância do respectivo orçamento, do crédito consignado e do que resta a fazer;
especificação de quaisquer outros serviços executados e respectiva despesa;
despesas totais, pessoal da commissão;
exposição das necessidades reclamadas e indicação dos serviços e melhoramentos que devem ser adotados.
Segunda parte: Descrição dos núcleos coloniais existentes com informações sobre o seu desenvolvimento, número de habitantes, nacionalidades, produção, cultura e edifícios.
Terceira parte: Serviço de medição e discriminação de terras:
    áreas discriminadas com especificação do perímetro, situação e qualidade das terras;
    número das posses encontradas, quais as legitimáveis, as que foram legitimadas e criminosas;
    relação das vendas efetuadas;
    custo médio do metro corrente de medição declarando os elementos que o constituíram.
    Descrição dos demais serviços efetuados despesas totais e respectivas rubricas.

Quarta parte: Considerações gerais, medidas aconselhadas – orçamento.
Ao relatório devem acompanhar os mappas competentes organizados de acordo com os modelos nº 3, 11, 12, 13 do relatório desta Inspectoria, relativo ao ano de 1887, apresentado a sua Excia o Sr. Ministro da Agricultura. (E00072, Cópia de roteiro para confecção de relatórios, encaminhado pela Inspetoria Geral das Terras e Colonização para João José Vaz de Oliveira, agrimensor chefe da Comissão de Terras do Quiririm; São Paulo, 16 de outubro de 1889).

—

Existindo na Fazenda do Quiririm agregados que ahi habitam a mais de 20 annos e empregados no serviço da lavoura e industria, entendi não intimar-lhes o despejo da Fazenda, attendendo que os mesmos tem direito a Lotes e que estão concordes em os aceitar obrigando-se a satisfazer as exigências do Governo. Consulto pois a V.S.ª se concorda n'este meu procedimento, assim como se os mesmos podem dispor do resultado dos trabalhos que ahi fizeram de telhas e tijolos, antes do contracto do ex proprietário da Fazenda com o Governo. [...] (E01148, Ofício de João José Vaz de Oliveira, chefe da Comissão de Terras do Quiririm em Taubaté, para João Bernardo da Silva, inspetor especial de Terras e Colonização; Quiririm, 19 de março de 1889).

—

[...] Outro sim, esta comissão não tem já melhores resultados devido a ter remettido em maio deste anno o projecto de um barracão e até a presente data nenhuma solução recebeu, e embora hoje possua lotes promptos para receber immigrantes falta entretanto uma caza para os hospedar. Nas instrucções d'esta commissão o artigo 4º manda que se faça projecto de cazas para os immigrantes habitarem e em quanto estas não sejam feitas deverão os mesmos residirem no barracão, cuja construcção tendo sido solicitada ainda não foi autorisada.
Quanto a segunda parte, no que se refere aos aggregados existentes na fazenda, tenho a informar que todos são lavradores e querem lotes de 15 hectares que ainda não foram medidos. [...] (E01148, Ofício de João José Vaz de Oliveira, chefe da Comissão de Terras do Quiririm em Taubaté, para Antônio de Campos Toledo, inspetor especial de Terras e Colonização; Quiririm, 12 de agosto de 1889).

—

[...] Os lavradores dessa região, actualmente preoccupados com a importante questão da substituição do braço agrícola, teriam neste Núcleo Colonial do Quiririm, devidamente ampliado com acquisição de mais alguns terrenos, que a esta hora não faltam por perto e mesmo confinantes, – um viveiro permanente de homens de trabalho, que, depois de vindas as primeiras famílias, não poderiam deixar de espontaneamente, virem procurar de preferência esta direcção. [...]
Já que ferimos o ponto palpitante deste assumpto, que é o <u>desenvolvimento do Núcleo Colonial do Quiririm</u>, com acquisição de mais terras para se tornarem realmente aproveitados os serviços e dispêndios até o presente effectuados pelo Governo, ocorre-nos, ainda que de passagem, indicar a essa Inspectoria uma propriedade sobre todos os pontos importantíssima: a fasenda denominada S. Pedro, pertencente a Exma. Viscondessa de Palmeiras.
A fasenda da S. Pedro apresenta-se em frente ao Núcleo Colonial Quiririm, sobre á margem esquerda do Parahyba, sendo a elle ligada por uma vasta ponte sobre esse rio. [...]
O solo da fasenda está ainda coberto de espessas mattas, contendo excellentes madeiras de lei e estando apenas a quinta parte cultivada pela proprietária e por cerca de 20 famílias de aggregados.
É uma propriedade que, não fora estar condemnada aos destinos dos latifúndios, pois pertence a dona de mais três fasendas quase eguaes em grandeza, e á quem a edade e o sexo não permittem emprehender cousa alguma [...].

Relação dos Aggregados da Fasenda do Quiririm

N.º de ordem	Nomes	Especificação da moradia	Área approximada de benfeitorias - m²	Profissão
1	Antonio Francisco d'Oliveira	Casa-palha	1.936	Lavrador
2	Antonio Ribeiro	Casa-palha	-	Trabalhador
3	Francisco Ribeiro	Casa-palha	122	Lavrador
4	João Antonio dos Santos	Casa-palha	77	Lavrador
5	Joaquim Morgado	Casa-telha	309	Lavrador
6	Rodolpho Cardoso	Casa-telha	237	Lavrador
7	Manuel Quintello	Casa-telha	43	Lavrador
8	Manuel Vieira	Casa-telha	140	Pescador
9	Francisco Pinto Moreira	Casa-palha	237	Lavrador
10	Francisco Luiz	Casa-palha	1.568	Lavrador
11	Joaquim Januário	Casa-telha	14	Pescador
12	Benedicto Antonio	Casa-palha	-	Trabalhador
13	João Morgado	Casa-palha	968	Lavrador
14	João Albino	Casa-palha	121	Lavrador
15	Francisco Morgado	Casa-palha	19	Lavrador
16	João Miguel	Casa-palha	1.936	Lavrador
17	Pedro Morgado	Casa-palha	1.936	Lavrador
18	Claudiano Alves de Souza	Casa-palha	1.568	Lavrador
19	Benedicto Antunes	Casa-palha	1.568	Lavrador
20	José Ribeiro	Casa-telha	968	Lavrador
21	Manuel Dias Morgado	Casa-telha	174	Oleiro
22	Francisco Celedorio	Casa-telha	-	Oleiro
23	Joaquim Cardoso	Casa-telha	-	Oleiro
24	João Cardoso	Casa-telha	-	Oleiro
25	Francisco Cardoso	Casa-telha	19	Lavrador
26	Joaquim Machado	Casa-telha	237	Lavrador
27	Affonso Ribeiro	Casa-telha	43	Oleiro
28	Vicente Ribeiro de Almeida	Casa-telha	-	Trabalhador
29	João Ribeiro	Casa-telha	174	Lavrador
30	Fernando Ribeiro	Casa-palha	274	Lavrador
	Total		14.588	

(E01148, Relatório dos trabalhos executados pela Comissão Terras do Quiririm desde princípios de 1889 até 1890; Quiririm, 31 de janeiro de 1890).

—

Cidadão – A fasenda do Quiririm, hoje dividida em lotes coloniaes, era habitada por crescido numero de famílias nacionaes, na sua mor parte lavradores, e já ahi residentes alguns delles há mais de trinta annos.

Dá-se que, esses indivíduos, tendo todo o interesse em permanecer no lugar que desbravaram com seus próprios braços – a terra que cultivaram e onde ergueram suas habitações, das quaes algumas não são de todo sem valor, pedem hoje o favor legal, – para elles esmola – de poderem comprar os lotes do Governo, onde residem, ou algum próximo, quando aquelle em que residem caiba ao contractante. Por não ser sem precedente a autorisação para a venda de lotes á nacionaes, em Núcleos Coloniais do Governo, – aqui impretamos para esses homens, de cuja actividade e labor somos testemunhas occulares, equiparação de direitos, tanto mais que parece-nos bem aproveitável aos futuros colonos como incitamento e exemplo de boas culturas, – as lavouras que no Núcleo já possuem os seus antigos aggregados.

Outro sim, devemos consultar a essa Inspectoria, se os compradores nacionaes que dispensam a construcção das casas provisórias, – como quase todos desejam, – devem ou não ser attendidos na hypothese de lhes ser vendido o lote. (E01148, Ofício de João José Vaz de Oliveira, chefe da

Comissão de Terras do Quiririm, para o coronel Francisco de Barros e Accioli de Vasconcellos, inspetor geral de Terras e Colonização; Quiririm, 9 de abril de 1890).

—

[...] penso haver chegado o momento [ilegível] de providenciar-se quanto á internação de immigrantes no Núcleo Colonial do Quiririm.
Para este fim, e sabendo d'ante mão que é absolutamente impossível obter colonos na Hospedaria de Immigrantes de São Paulo, – tomo a liberdade de lembrar-vos que seria talvez indispensável fazer vir directamente do Rio para a Estação do Quiririm, os immigrantes que devam ser collocados n'este Núcleo.
Na Hospedaria de São Paulo é tal a procura de colonos que os grupos de famílias são cotados, segundo nos consta, por sommas aliás não pequenas, que são sequestados pelos Agenciadores.
Sendo impossível a concurrencia do Governo n'esse terreno, acho prudente que as famílias de colonos venhão directamente.
Por ora seriam sufficientes umas quinze a vinte famílias para inaugurar o Núcleo.
Convem que essas famílias seja, quanto possível, aparentadas entre si: é uma das condições da firme e pratica collocação de immigrantes. (E01148, Ofício de Manoel Pinto dos Santos Barreto, engenheiro chefe interino Comissão de Terras do Quiririm, para o coronel Francisco de Barros e Accioli de Vasconcellos, inspetor geral de Terras e Colonização; Quiririm, 14 de julho de 1890).

—

Transmitto-vos as inclusas listas dos immigrantes introduzidos no Estado pelos cidadãos A. Fiorita & Companhia, em virtude do contrato celebrado com o Governo em 21 de Agosto do anno proximo findo.
Conforme attestado do Director da Hospedaria de Immigrantes da capital, que também vos envio, foram aceitos 555 immigrantes, cujas passagens importam em L 2.447-12-0.
Solicito, portanto, vossas ordens, afim de realizar-se no Thesouro do Estado o respectivo pagamento até ao dia 24 de Fevereiro, de accordo com a cláusula 10ª do mesmo contrato. (E01422, Ofício do inspetor Leandro Dupré para o Secretário dos Negócios da Agricultura, Comércio e Obras Públicas; São Paulo, 9 de janeiro de 1895).

—

Solicito-vos a vinda dos immigrantes Turigo Francisco e um cunhado que se acham na Hospedaria de Immigrantes de Juiz de Fora ou na de Pinheiros, que são reclamados por seu pai e sogro. (E01422, Ofício do inspetor Leandro Dupré para o diretor da Repartição de Terras e Colonização da Capital Federal; São Paulo, 16 de janeiro de 1895).

—

Convindo por todos os meios facilitar aos fazendeiros a internação das famílias dos immigrantes que ahi contractarem, vos recommendo muito, invideis esforços afim de se resolverem a seguir para o interior os mesmos immigrantes, sem darem entrada nas Hospedarias, quer da capital quer de São Bernardo.
Tal medida além de evitar agglomeração de immigrantes nas hospedarias, trará ainda vantagem aos cofres do Estado, poupando as despesas de alimentação que não são de desprezar.
Confio muito no vosso zelo e critério para o bom andamento da medida que vos indico. (E01422, Ofício do inspetor Leandro Dupré para o agente oficial da Imigração em Santos; São Paulo, 31 de janeiro de 1895).

—

Tendo-se apresentado hoje a esta Inspectoria o Fazendeiro João Dias de Aguiar, afim de queixar-se da falta de urbanidade com que foi tratado n'esta Hospedaria Provizória pelo intérprete Adolpho Laufer, quando hontem ahi foi contractar colonos para sua Fazenda, devo recomendar-vos ordenardes ao pessoal de serviço, evitar quanto possível, conflictos de qualquer natureza, sempre prejudiciais ao regular andamento das funções que lhe são confiadas. Outrossim, sindicareis minuciosamente do facto e me informeis com urgência a respeito. (E01422, Ofício do inspetor Leandro Dupré para o ajudante do diretor da Hospedaria de Imigrantes, em commissão em São Bernardo; São Paulo, 6 de fevereiro de 1895).

—

Passo às vossas mãos a copia do officio do Agente Official de Immigração em Santos, relativamente ao fallecimento de 25 creanças e 4 adultos, d'entre os imigrantes chegados no vapor 'Provence', entrado n'aquelle porto a 9 do corrente. (E01422, Ofício do inspetor Leandro Dupré para o Secretário dos Negócios da Agricultura, Comércio e Obras Públicas; São Paulo, 20 de fevereiro de 1895).

3.3 Pedidos de repatriação de imigrantes por conta do Estado

• Descrição: volume imenso, mas com apenas 42 registros de pedidos individuais de repatriação de imigrantes.
• Conteúdo: cada registro contém os seguintes campos: número de ordem, data do requerimento, nome do requerente, nomes dos que pretendem a repatriação, grau de parentesco, idade, motivo do pedido (*por viuvez* – a maioria, *por invalidez*), localidade para onde pretendem repatriar (tal como *Itália, porto de Genova, para a provincia de Padova; Itália, porto de Napoli, para Melfi; Hespanha, porto de Malaga, para a provincia de Granada*), data de chegada ao Estado, nome do vapor, por conta de que Governo ou se espontâneo, nome do falecido, data do falecimento, informação, despacho, auxílio concedido e observações.
• Acervo: (E01423), 1896-1900.

3.4 Contratos

• Descrição: volume para o registro de contratos firmados entre a Inspetoria de Terras, Colonização e Imigração e terceiros.
• Conteúdo: contratos para fornecimento de rações a imigrantes alojados nas hospedarias, para construção e reformas nos edifícios das hospedarias e núcleos coloniais, para fornecimentos de materiais de escritório, ferragens e outros artigos e para a introdução de imigrantes.
• Acervo: (E01736), 1893-1898.

3.5 Registro de concessão de lotes de terra em São Paulo

• Descrição: volumes destinados ao lançamento dos termos de concessão provisória ou definitiva dos lotes de terras aos colonos que se estabeleceram em São Paulo.
• Conteúdo: cada registro contém campos que identificam o colono: nome do colono, naturalidade, estado civil, idade, data de chegada no Brasil, quem o acompanha, modo de pagamento, extensão, pertença definitiva ao término do pagamento, obrigações do comprador.

- Acervo: (E00825) – Núcleos Coloniais São Caetano, Santana e Glória, 1882-1885; (E01724) – Núcleo Colonial Pariquera Açu, 1911-1923; (E01732) – Núcleo Colonial Pariquera Açu, 1889-1915; (E01743) – Núcleo Colonial não identificado, 1891-1915; (E01744) – Núcleo Colonial São Bernardo, 1891-1901; (E01827) – Núcleo Colonial São Bernardo, 1888-1894; (E01842) – Núcleo Colonial Pariquera Açu, 1896-1899; (E12006) – Núcleos Coloniais Cascalho e Canas, 1885-1886.

> *Marchetti Antonio*
> *Província de São Paulo. O Bacharel Luiz Carlos de Assumpção vice Presidente da Província de São Paulo etc. Faço saber que tendo o colono Marchetti Antonio comprado o lote de terras n° 124^A sito no Districto deste capital do Núcleo Colonial 'Chácara da Glória' abaixo descripto, contendo 22.500 metros de área a razão de 2 réis por 4.84 m quadrados [...] se acha o mencionado colono Marchetti Antonio investido do direito de propriedade das terras comprehendidas no mesmo lote, ficando com elle sujeito não só das Leis e regulamentos gerais do Império como ainda Às condições e obrigações especiais abaixo exaradas. A quitação supra refere-se só ao preço do lote. E para firmeza lhe mandei passar pela Secretaria desta Presidência o presente título de propriedade, que vai por mim assinado e selado com selo da mesma secretaria. Palácio do Governo da Província de São Paulo, 3 de Junho de 1884.* (E00825, Registro de concessão de lotes de terras para Marchetti Antonio; São Paulo, 3 de junho de 1884. Constam ainda as divisas do terreno).

3.6 Registro de informações prestadas em requerimentos de colonos

- Descrição: livro que registra o assunto de requerimentos efetuados por colonos, com a conseqüente informação oficial que ampara o despacho final. Muitas das informações permitem acompanhar as dificuldades de pagamentos dos lotes, perceptível pela grande presença de ofícios de cobrança de pagamentos em atraso.
- Conteúdo: os requerimentos dizem respeito, em sua maioria, a pedidos de concessão de lotes, pedidos de emissão de guias para pagamento da parcela do valor do lote e pedidos de licença para transferir o lote para terceiros. Documentação interessante, pois permite adentrar nas 'histórias' dos indivíduos e dos lotes no interior dos núcleos, indicando a intensa circulação de colonos, seus endividamentos etc. O conteúdo dos requerimentos é transcrito de modo sucinto, acompanhado da correspondente informação a seu respeito e o despacho final emitido.
- Acervo: (E00120) – Registro de requerimentos de colonos do Núcleo Colonial de Pariquera Açu, 1901-1902; (E01751) – Diversos núcleos coloniais, 1903-1904; (E01828) – Núcleo Colonial São Bernardo, 1897-1898; (E01849) – Núcleo Colonial Pariquera Açu, 1898-1900; (E01863) – Núcleo Colonial Sabaúna, 1898-1902.

> *Com relação ao vosso requerimento de 11 de Agosto último em que solicitastes a prorrogação de prazo para pagamento do lote n° 19 da linha 'Bom Retiro', desse núcleo, de que sois concessionário, communico-vos para os devidos effeitos, que o Sr. Dr. Secretario deu o seguinte despacho [...]: 'Concedo a prorrogação do prazo para pagamento da divida de 302$300, somente até 31 de*

Agosto de 1904, devendo o requerente provar o allegado com attestado da autoridade local, e fazer alguma prestação por conta do seu debito, até 31 de Dezembro do corrente anno, sob pena de commisso' [...]. (E01751, Ofício do diretor geral da Inspetoria para o colono Paulo Coppi; São Paulo, 18 de setembro de 1903).

—

Estando vencida a 1ª prestação do vosso lote nº (109) desse núcleo, na importância de 566$779, cumpre que, até 31 de Dezembro do corrente anno, faça-se o necessário pagamento, sob pena de perda do mesmo lote. (E01751, Ofício do diretor geral da Inspetoria para Antonio Vasques de Maria, colono do Núcleo Colonial Campos Salles; São Paulo, novembro de 1903).

—

Requerimento do colono João da Silva Santos pedindo licença para transferir seu lote nº 35 do 1º Districto ao colono Pedro Troles.
Informação: O pretendente á compra do lote, é colono de nacionalidade hespanhola e proprietario do lote nº 36 do 1º Districto que tras em cultura permanente: é morigerado e trabalhador pelo que julgo-o em condições de gozar dos favores do art. 17 do regulamento colonial. O lote nº 35 está pago. (E01863, Requerimento de João da Silva Santos para a Inspetoria de Terras, Colonização e Imigração; Sabaúna, 7 de outubro de 1898).

—

Requerimento em que o colono Francisco de Siqueira Andrade pede para transferir parte do lote de sua propriedade a outros.
Informações: Antonio Portugal Freixo e Nicolla Scarola pretendentes á compra de pequenas áreas de terreno do lote no. 10 do 2º districto são: o 1º, negociante estabelecido na séde colonial e o 2º, agricultor e locatario dos lotes no. 29 e 31 do 2º districto.
O lote no. 10, por sua collocação, forma, de facto, um prolongamento da séde colonial, existindo nelle já alguns prédios urbanos. (E01863, Requerimento de Francisco de Siqueira Andrade para a Inspetoria de Terras, Colonização e Imigração; dezembro de 1900).

—

Requerimento em que o colono Antonio Cenica Alba pede licença para transferir o lote no. 2 do 1º districto a José Moreira Gomes.
Informação: O pretendente á compra do lote, é de nacionalidade portugueza, tem familia, e é agricultor, estando portanto nas condições exigidas pelo regulamento em vigor para ser colono. O lote em questão foi de concessão do hespanhol Florencio Casterevesso que o vendeu em 1896 a Antonio Portugal Freixo, de quem o actual proprietario houve por escriptura publica; todos essas vendas foram effectuadas sem a competente autorização do Governo. (E01863, Requerimento de Antonio Cênica Alba para a Inspetoria de Terras, Colonização e Imigração; Sabaúna, 5 de abril de 1901).

—

Requerimento em que o hespanhol Anacleto Rozas Marin pede concessão do lote no. 89 do 1º districto.
Informação: O supplicante é de nacionalidade hespanhola, casado, lavrador, e está nas condições de ser colono.
O lote requerido está vago existindo nelle bemfeitorias no valor de rs. 170$000.
O ex-concessionario João Abado Garcia deixou um debito, por auxilio e adiantamento, de rs. 163$600; julgo entretanto, de inteira justiça a relevação dessa divida ao novo concessionario, uma vez que lhe seja cobrado o valor das bemfeitorias. (E01863, Requerimento de Anacleto Rozas Marin para a Inspetoria de Terras, Colonização e Imigração; Sabaúna, 17 de abril de 1901).

3.7 Guias para pagamentos de lotes; registros de prestações pagas

• Descrição: volume de guias encadernadas, padronizadas, com informação nominativa do pagamento efetuado pelo imigrante referente ao seu lote em núcleo colonial.
• Conteúdo: cada guia diz respeito a uma prestação paga.
• Acervo: (E01729) – Núcleo Colonial Piagui, 1899-1900; (E01745) – Diversos núcleos, 1891; (E01759) – Diversos núcleos, 1890-1891; (E01859) – Núcleo Colonial Sabaúna, 1901.

> *Guia*
> *O colono Bendinelli Celestino vai pagar na Thesouraria da Fazenda (Tesouro do Estado) a quantia de Rs. 39$672, sendo 39$672 correspondentes a 2400 metros quadrados ou _____ braças quadradas, que equivale à área do lote nº 36 da linha _____ do Núcleo Colonial Ribeirão Pires no município de São Bernardo e (0) importância do seu débito. E para este fim se expediu a presente guia.* (E01745, Guia expedida pela Inspetoria Especial de Terras e Colonização para comprovar pagamento efetuado pelo colono Bendinelli Celestino; São Paulo, 19 de março de 1891).

3.8 Despesas

• Descrição: documentos demonstrativos de despesas da Inspetoria, para efeito de realização de pagamento. No momento em que este levantamento foi concluído, tais latas passaram a ser denominadas, de modo errôneo, como referentes a uma certa "Inspetoria da Inspetoria", órgão que jamais existiu.
• Conteúdo: documentos organizados em processos, reunindo documentos comprobatórios de despesas a serem pagas pela Inspetoria de Imigração: orçamento para a construção do cemitério do Núcleo Colonial Campos Salles, 1898 (C04308); solicitação para pagamento das passagens de 1363 imigrantes italianos e austríacos trazidos por A. Fiorita, os quais deram entrada na Hospedaria da capital, 1898 (C04308); solicitação de pagamento pelo serviço de arborização do pátio da Hospedaria de Imigrantes, 1898 (C04308); orçamento para construção e entrega de casas nos núcleos coloniais, 1898 (C04308); pagamentos de funcionários e despesas de núcleos coloniais (C04308).
• Acervo: (C04307), 1898; (C04308), 1898; (C04309), 1898.

> *Documentos referentes a entrada de 163 imigrantes portugueses e espanhóis aceitos, introduzidos pelos contratantes José Antunes dos Santos e Cia. que deram entrada na hospedaria da capital no dia 23 de Novembro do anno proximo findo. As passagens importam Libras 627-5-0 conforme respectivos contratos.*
> *Para o competente pagamento aos mencionados contractantes rogo-vos as necessárias ordens. Devo scientificar-vos que esse pagamento já devia ter sido realizado, não sendo possivel requizital-o há*

mais tempo em vista da demora da remessa das listas necessárias para a verificação, as quais agora foram remettidas á esta Inspectoria pela hospedaria de imigrantes desta capital [...] (C04308, Processo nº 135, Ofício da Inspetoria de Terras, Colonização e Imigração para o Secretário da Agricultura, Comércio e Obras Públicas; São Paulo, 23 de fevereiro de 1898).

—

Verifiquei as listas dos immigrantes vindos pelo vapor Malange accusando o numero de 193 immigrantes dos quaes 108 hespanhoes e 85 portugueses que deram entrada na Hospedaria d'esta capital em 23 de novembro p.p.
Dos hespanhoes foram glosados 10 por serem artistas e dos portugueses 20 também por serem artistas.
Os 163 aceitos foram assim classificados:
Adultos   95
Medios   19
Menores   28
Gratis   21   total   163
Que nos preços do contrato de 06 de agosto de 1897, celebrado com José Antunes dos Santos & Cia. importam em libras 627-5-0 cujo pagamento deveria ter sido já effectuado até 0 dia 21 do corrente.
A demora da remessa d'estes documentos é devida a Hospedaria que só há poucos dias remetteu a esta repartição a lista d'estes immigrantes. (C04308, Processo nº 135, Ofício do chefe da 2ª seção para o inspetor da Inspetoria de Terras, Colonização e Imigração; São Paulo, 23 de fevereiro de 1898. Em anexo, promissória onde é fixada a divida do Governo do Estado para com José Antunes dos Santos & Cia. no valor das passagens, de 30 de dezembro de 1897; documentos da Hospedaria dando conta da entrada dos imigrantes, separados para os 65 portugueses e os 98 espanhóis).

3.9 Correspondência reservada

• Descrição: livro de registro da correspondência reservada ou confidencial da Repartição Especial das Terras Públicas, com somente poucas folhas utilizadas.
• Conteúdo: a maior parte dos registros refere-se aos problemas envolvendo colonos na Fazenda Ibicaba, do Senador Vergueiro.
• Acervo: (E00899) – Imigração, Colonização. Repartição Especial de Terras Públicas, 1857-1867.

3.10 Requerimentos de núcleos coloniais e requerimentos diversos

• Descrição: extensa série de caixas com requerimentos dirigidos à Inspetoria.
• Conteúdo: as caixas C07152 a C07210 contêm requerimentos organizados por núcleo colonial, enquanto aquelas numeradas de C07212 a C07247 são denominadas "diversos", provenientes de colonos instalados em fazendas. Os requerimentos cobrem uma ampla gama de assuntos: restituição de passagens, pedidos de lotes de terra em núcleos, relatórios sobre núcleos, requerimentos de

lotes de terras por imigrantes recém-chegados; requerimentos de títulos provisórios ou definitivos; requerimentos de liquidação de dívidas; requerimentos de abertura de estradas, eventualmente acompanhados de abaixo-assinados; requerimentos de transferência; requerimentos de passagens para familiares virem residir no Brasil; requerimentos para emissão de guia de pagamento; requerimentos de passe de trem para ir ao núcleo; requerimentos de funcionários relativos ao cargo; propostas de nomeação de funcionários; requerimentos de correção de área de lote. Uma pequena amostragem levantou requerimentos bastante interessantes: livreto explicativo de como o imigrante pode obter restituição da passagem (C07237); calendário do colono italiano, 1907 (C07238); artigo da 'Voz de España', com injurias contra o Brasil, 1907 (C07239); álbum reclame do Lloyd Italiano, 1907 (C07240); mapas datilografados de informações sobre os núcleos coloniais São Bernardo, Bom Sucesso, Sabaúna, Rodrigo Silva, Quiririm, Barão de Jundiaí, Campos Salles, Nova Odessa, Jorge Tibiriçá e Pariquera Açu no ano de 1907 (C07171, vide exemplo transcrito); mapa estatístico da população do Núcleo Colonial de Jundiaí, com discriminação da idade, sexo, estado, religião, instrução e profissão, 1892 (C07177); mapa estatístico das criações do Núcleo Colonial de Jundiaí, 1892 (C07177); mapa dos edifícios públicos, casas, engenhos e fábricas existentes no Núcleo Colonial de Jundiaí, 1892 (C07177); mapa estatístico das rendas arrecadadas no Núcleo Colonial Martinho Prado Júnior, 1911, e relação dos objetos e animais do Núcleo Colonial Martinho Prado Júnior, 1911 (C07210); relação dos colonos que pagaram o preço dos lotes que lhes foram distribuídos por títulos provisórios no Núcleo Colonial Glória, aos quais [...] devem ser entregues os respectivos títulos definitivos, 1884 (C07210); planta de barracão para 14 famílias do Núcleo Colonial Pariquera Açu (C07178); planta de casa do Núcleo Colonial Pariquera Açu (C07178); quadro demonstrativo das áreas e preços dos lotes urbanos do Núcleo Colonial Senador Antônio Prado, em Ribeirão Preto (C07187); projeto para a colonização da Fazenda São José de Corumbatahy, município de São João do Rio Claro, 1904 (C07217); relatório da terceira inspeção que fez no Núcleo do Cambuhy, 1907 (C07234); planta do Núcleo Jorge Tibiriçá, 1907 (C07234); lista de imigrantes existentes na Hospedaria, 1907 (C07234); notificação da sentença pronunciada pelo tribunal de Florença na ação contra o Estado de São Paulo, movida por Eurico Somigli, 1907 (C07234).
• Acervo: Núcleo Colonial Campos Salles: (C07152), 1899-1900; (C07153), 1900; (C07154), 1901; (C07155), 1902; (C07156), 1904; (C07157), 1904; (C07158), 1905; (C07159), 1906; (C07160), 1906; (C07161), 1906; (C07162), 1906; (C07163), 1907; (C07164), 1908. Núcleo Colonial São Bernardo: (C07165), 1885; (C07166), 1886-1887; (C07167), 1888-1889; (C07168), 1890; (C07169), 1891; (C07170), 1892-1895; (C07171), 1896-1910. Núcleo

Colonial Sabaúna: (C07172), 1890; (C07173), 1892-1896; (C07174), 1900-1908. Núcleo Colonial Barão de Jundiaí: (C07175), 1887-1889; (C07176), 1890-1891; (C07177), 1892-1893. Núcleo Colonial Pariquera Açu: (C07178), 1887-1898; (C07179), 1901-1906; (C07180), 1907; (C07181), 1907; (C07182), 1907; (C07183), 1908-1910. Núcleo Colonial Nova Europa: (C07184), 1907-1908; (C07185), 1907-1908; (C07186), 1909-1910. Núcleo Colonial Senador Antonio Prado: (C07187), 1890-1893; (C07187-A), 1887-1890. Núcleo Colonial São Caetano: (C07188), 1885-1886; (C07189), 1887-1892. Núcleo Colonial Jorge Tibiriçá: (C07190), 1905-1906; (C07191), 1907; (C07192), 1908; (C07193), 1908-1912. Núcleo Colonial Boa Vista: (C07194), 1889-1898. Núcleo Colonial Cubatão: (C07195), 1886-1907; (C07196), 1907-1911. Núcleo Colonial Nova Odessa: (C07197), 1906; (C07198), 1906; (C07199), 1907; (C07200), 1907. Núcleo Colonial Cascalho: (C07201), 1892; (C07202), 1892; (C07203), 1893-1895. Núcleo Colonial Rodrigo Silva: (C07204), 1888-1895. Núcleo Colonial Quiririm: (C07205), 1889-1892; (C07206), 1893-1898. Núcleo Colonial Canas: (C07207), 1885-1895. Núcleo Colonial Ribeirão Pires: (C07208), 1888-1893. Núcleo Colonial Gavião Peixoto: (C07208), 1909-1910. Núcleo Colonial Bom Sucesso: (C07208), 1893-1895. Núcleo Colonial Bananal: (C07208), 1892. Núcleo Colonial Vale do Paranapanema: (C07208), 1887-1890. Núcleo Colonial Santana: (C07209), 1885-1890. Núcleo Colonial Piagui: (C07209), 1892-1907. Núcleo Colonial Glória: (C07210), 1878-1884. Núcleo Colonial Cananéia: (C07210), 1870. Núcleo Colonial Nova Veneza: (C07210), 1912. Núcleo Colonial Martinho Prado Júnior: (C07210), 1912.
Requerimentos diversos: (C07217), 1852-1904; (C07218), 1878-1904; (C07219), 1878-1904; (C07220), 1906; (C07221), 1906; (C07222), 1906; (C07223), 1906; (C07224), 1906; (C07225), 1906; (C07227), 1906; (C07230); 1907; (C07231), 1907; (C07232), 1907; (C07233), 1907; (C07234), 1907; (C07235), 1907; (C07237), 1907; (C07238), 1907; (C07239), 1907; (C07240), 1907; (C07241), 1907; (C07242), 1907; (C07243), 1907; (C07244), 1907; (C07245), 1907; (C07246), 1907; (C07247), 1907.

> *Marabello Giuseppe, italiano, ferreiro, pede a V. Sa. a concessão da chácara nº 2 do Núcleo de Ribeirão Pires, chácara onde o supplicante está residindo.*
> *Nesta chácara tem uma caza que o supplicante comprou por 80$000 ao colono Fomirotti Artidoro, o qual vendeu novamente o lote a uma mulher que se chama Rovo Rosa, proprietária do Hotel Leão de Cabreira, e reside na capital.*
> *Esta mulher tem mais dois lotes em Sabauna, lotes que comprou por espiculação.*
> *Que quando o supplicante comprou as benfeitorias da dita chácara em questão, o dono d'ella, isto é Fomirotti Artidoro, lhe passou escriptura com estampilha, e assignada pelas testemunhas Gallo Giuseppe e Andréa Gallo, Lodi Giorgio, Sgarbi Natale. (C07208, Tradução de carta de Marabello*

Giuseppe para o inspetor de Terras e Colonização; São Paulo, 24 de fevereiro de 1891. Em anexo, original da carta, em italiano, atestado e título do lote).

—

A nossa voz quando pedimos-vos o estabelecimento de prêmios de animação e ao mesmo tempo uma exposição agrícola, nessa capital, não poude (sic) ser ouvida por vós, por falta de verba no orçamento de nosso Estado, mas vendo que a agricultura municipal decahe quotidianamente e no intuito de impedir essa queda desastrosa e rapida deste município, julgamos de nosso dever lembrar differentes expedientes com o fim de evitar tamanho mal.

Como sabeis, o distincto paulista Conselheiro Francisco de Paula Rodrigues Alves, havia projectado a fundação de um núcleo colonial em nosso município, de que fala no Relatório que fizera de sua administração, o que infelizmente não poude levar a effeito, mas deixou-o recommendado ao seu successor.

Infelizmente passou-se o tempo e parece que foi abandonado semelhante projecto que tem summa importância para o Bananal.

Sabeis que o Bananal com a pequena producção do café que até hoje tem sido considerado como cultura principal precisa urgentemente de adoptar outras culturas mais remuneradoras, contribuindo com o seu contigente (sic) para o augmento da riqueza de nosso Estado, como fazia em epochas não remotas, em que era considerado como o mais rico dos seus municipios, e é necessário que o Governo anime pela sua parte essa mudança tão reclamada, e para fazel-o com mais efficacia, a fundação do núcleo pode contribuir poderosamente.

Temos terrenos feracissimos (?) e em proximidades desta Cidade que se vendem a preços módicos, onde sem grande dispêndios estabelecer-se-hia uma boa Colônia, que tendo uma boa administração, póde remunerar largamente os esforços que o vosso patriótico governo fizer, em praso curto.

Esta Intendência espera que attendereis a um pedido tão justo que faz como representante de um município que já contribuio fortemente para o Estado de adiantamento e prosperidade em que se acha actualmente o nosso Estado, pois a não serem tomadas enérgicas providencias veremos com a ruína da lavoura a do município do Bananal, mal esse que convém evitar a todo tranze e para qual pensamos contar com todo o apoio por parte do Governo de São Paulo. (C07208, Ofício da Intendência Municipal de Bananal para Prudente José de Morais Barros, Governador do Estado; Bananal, 31 de maio de 1890).

(resposta da Inspetoria Especial das Terras e Colonização)

[...] cabe-me informar–vos que não é curial [sic] que o Governo que se reconhece incapaz de promover por si mesmo o povoamento de terras e solo nacional devoluto, tanto que faz concessões d'elle a particulares, e mediante favores, para obter esse desejado intento, vá por outro lado fazer acquisição de terras do domínio particular para esse fim, a não ser em casos excepcionaes e em que as circunstancias o exijam ou aconselhem.

Demais, hoje novos recursos se apresentam: o ultimo Decreto sobre immigração e colonisação effectuada por particulares com auxílios do Governo Federal póde ser utilisado pelas zelosas Intendências Municipaes; e as companhias ou sociedades anonymas promovem estes melhoramentos. O município do Bananal foi há pouco contemplado com a organisação de uma companhia cujo objecto principal é a colonisação estrangeira, e estou certo que a sua digna Intendência tem n'esses recursos os meios de ver realizados os seus louváveis desejos. (C07208, Ofício de Antonio Candido de Azevedo Sodré, delegado da Inspetoria Especial das Terras e Colonização no Estado de São Paulo, para o Governador do Estado; São Paulo, 30 de setembro de 1890).

—

Em observância à clausula 13ª da novação de meu contrato com o Governo Imperial, sobre a introdução de colonos, cumpre-me levar á presença de V. Excia. um pequeno resumo dos factos mais importantes occorridos n'esta colonia durante o anno que hoje finda.

O movimento da população do estabelecimento foi o seguinte:
Indivíduos existentes em 31 de dezembro de 1878, 115.
Nascimentos, 3.
Entrados na Colônia, 25.
   Total, 143.
Indivíduos que saíram, 16.
Ditos que falleceram recem-nascidos, 2.
Ditos que falleceram adultos, 1.
   Total, 19.
      Existem, 124.
Augmento a favor da população, 9.
O fallecimento do empregado adulto foi instantâneo, causado por um aneurisma cujo lamentável acontecimento nos causou grande desgosto e afflição, ainda mais por que este empregado era um homem no vigor da mocidade, homem de excellentes qualidades, amigo da casa, e que deixou uma viúva inconçolável e 2 innocentes filhinhos reduzidos à orfandade.
Hoje mesmo recebi um telegrama da Côrte, communicando-me a chegada àquelle porto do paquete da Mala Real que conduz immigrantes com destino a esta colonia.
No longo período de 13 annos que tem decorrido a existência d'esta colonia, a chegar aos 6 de fevereiro próximo futuro, ainda não perdemos um só empregado adulto, por doença que o levasse à cama. Os três que tem fallecido, o primeiro foi de uma congestão cerebral fulminante; o segundo de asfixia por submersão e o terceiro de um aneurisma.
Isto prova de mais a favor da salubridade e da hygiene do estabelecimento.
Continuamos a gozar a paz, a harmonia e a boa ordem que são peculiares a este estabelecimento. No correr do anno a expirar não se deu um único facto /bem como nos outros 12 annos decorridos que alterasse a boa ordem da casa, ou nodasse a sua boa reputação; e, como sua consequencia, continuamos a estar isentos /mercê de Deus/ da intervenção da autoridade.
A colheita de café pertencente a este anno foi de 5 mil arrobas, cujo café já foi beneficiado na excelente machina Lidgerssood, de que este anno foi aquisição; cuja machina é movida por um vapor de força de 10 cavallos; o qual também serve de motor a um engenho de serrar madeiras que também consertei no correr d'este anno.
Já tenho em construção uma machina de esfolhar café, de modo que no proximo futuro devem ficar completos todos os machinismos tendentes a simplificar o trabalho do benefício do cafe e a melhorar a sua qualidade.
A proxima futura colheita de café que se esperava subiste a 7 mil arrobas, não poderá exceder a d'este anno por causa da grande secca de setembro e outubro que muito prejudicou a grande florescencia dos cafezeiros: este mal foi geral em toda a Província.
Diminuta foi a colheita de ervas, mas o vinho foi muito regular. A que estamos prestes a fazer, deve ser animadora se as chuvas em janeiro e fevereiro não forem por demais abundantes, o que viria a embaraçar a vindima e a estragar as ervas.
Continuo a esforçar-me para que da eschola nocturna da primeiras letras, que a minha custa mantenho na colonia, os meus empregados colham o maximo resultado possível; e para conseguir esse fim continuo a fornecer-lhes grátis livros bons e adaptados á sua inteligencia e habilitações.
E pelo o que deixo exposto poderá V. Excia. avaliar que este estabelecimento colonial longe de mostrar decadência - continua a florescer.
Sinto, porém, que em seguida a tão lisongeira, quanto viridica exposição a mais uma vez tenha que informar a V. excia. que continuo a luctar com sérias difficuldades que, mal grado meu, me parecem invencíveis.
Os meus antigos compromissos, a defficiencia, por enquanto, de recursos próprios – e não menos do que isso, a falta absoluta de protecção dos poderes publicos – vão de dia para dia, Exmo. Snr.,

aggravando a minha crítica a afflictiva situação, e alquebrando-me o animo e a grande força de vontade que sempre fui dotado.

Ultimamente recorri ao Banco do Brazil, a fim de ver se conseguia um emprestimo que me collocasse a sahir das impertinentes e vexatórias exigencias de certos credores de maior vulto, e podesse assim, mais desafogadamente gerir e fazer prosperar este estabelecimento que me merece tanta symphatia, como me rouba os cuidados e a força vital – aguardando uma época não longinqua em que meus novos e prometedores cafezaes viessem a indemenizar-me de tantos sacrifícios, e fazer-me esquecer outros prometidos e nunca cumpridos.

Parece que uma mão occulta tenta e consegue entorpecer a prosperidade da Nova Louzã, embaraçando nas trevas, se não anulando, os planos do seu proprietário.

Neste terreno, pois, vejo que não poderei continuar a todas com vantagem. Para acudir de prompto a necessidades inadiáveis vejo-me forçado a continuar a lançar mão do único recurso pratico que se me offerece = o sacrificar a futura safra de café realisando vendas, para poder obter dinheiro adiantado e por menos de 30 a 40 por cento do que o café devia dar opportunamente no mercado de Santos.

Bem compreenderá V. Excia. que assim não é possivel salvar-me.

Estou a braços com novas plantações de café e tento concluir as obras de maior necessidade a fim de ver se o meu estabelecimento sobe de valor, podendo d'este modo talvez realisar uma venda menos prejudicial.

Sucumbirei nesta lucta (ilegível) permita-me V. Excia. a imodestia em que tenho arcado com esforço inaudito a peito descoberto – soffrendo vexames e privações – passando inúmeras noites mal dormidas e só com um fim – qual seja o de plantar o trabalho verdadeiramente livre na Província de São Paulo.

Baldado intento! A hydra do trabalho escravo subjulgou até hoje a minha ideia – fazer são os homens fortes e de abnegação e que tem tentado imitar-me nesta cruzada.

Bem digno de lamentar-se é o meu arrojo – mas o que são treze annos perdidos n'esta campanha incruenta e civilizadora? A semente ahi fica lançada à terra e alguns fructos tem ella dado já, mostrando que este solo bem tratado e cuidado com dedicação é propisio para receber, fazer germinar e fructificar conveniente e vantajosamente.

Ainda não soou a hora da Redempção, mas os acontecimentos inesperados, oppostos aos calculos politicos e ao egoismo de muitos, certamente a fará aproximar.

Mas enquanto ella não chega teremos:
Em vez da animação – a indifferença,
Em lugar da protecção – o ostracismo.
Quando vingar a ideia do trabalho livre – o pária – o infeliz escravo nascido nos ardentes palmares africanos, ou nas ridentes plagas brasileiras, há de reenvidicar (ilegível) de homem livre.
Como o desengano há de ser fatal aos incautos!
Em chegando esse momento de igualdade de verdadeira civilização, não mais se dirá no estrangeiro, oh gigante Brazil que tu proclamas a liberdade dos filhos de tuas florestas, ao passo que lanças pesadas algemas aos homens da tuas cidades.
Salve! Dia sacrossanto da Redempção.
Deus Guarde V. Excia. (C07216, Carta de João Elisário de Carvalho Monte Negro para o conselheiro João Luis Vieira; Colônia Nova Lousã, 31 de dezembro de 1879).

—

Russo Michele, tendo chegado a Santos procedente de Napoli pelo vapor Citta di Milano no dia 18 de dezembro de 1905 e tendo aceito aceito os favores da lei que autorisa a restituição da importancia que despendeu com as passagens de 3ª classe para si e para sua família, vem requerer vos digneis mandar que lhe seja feita a dita restituição. O peticionario junta os documentos provando que se acha com sua família localizado na fazenda denominada Morro Alto de propriedade do sr. Coronel Manoel Christovão de Mococa e todos os demais exigidos pela lei. (C07245, Requerimento de Russo Michele para o Secretário dos Negócios da Agricultura; São José do Rio Pardo, 10 de abril de 1907. Em anexo, passaporte, atestado e outros documentos do proprietário da fazenda, atestado de entrada na Hospedaria de Imigrantes). *Atesto que o colono Miguel Rossi [sic] de 44 anos de idade bem como sua mulher Maria Ccatina de 36 anos suas filhas Carmela de 11 anos e Rosa de 8 anos estão localizados na lavoura de minha fazenda denominada Morro Alto deste município de Mococa. 26 de abril de 1907. Manoel Christovão (assina).*

—

O abaixo assignado procurador de Sinatra Paolo, filho de Giandinato Giuseppa e pae de Raffaele Sinatra, imigrantes vindos pelo vapor Diana – e com entrada na Hospedaria dos Immigrantes no dia 24 de outubro de 1906, conforme prova com os passaportes nº 3986 e 4006 e hoje estabelecidos na fazenda do sr. Coronel Elyseu de Campos Pinto fazenda essa situada em Villa Bomfim, Comarca de Ribeirão Preto. Como prova com os attestados junctos nº 1 e 2, vem perante V. S. pedir a restituição de suas passagens da Itália até aqui no valor de (555 liras) quinhentos e cinquenta e cinco liras de acordo com a lei e praxe estabelecido pela Secretaria de que V. S. é muito digno chefe [...]. (C07245, Requerimento de Sinatra Paolo para o Secretário dos Negócios da Agricultura; Vila Bomfim, 16 de abril de 1907. Em anexo, passaportes de Giuseppa e Paolo, documentos sobre o fazendeiro para o qual trabalha, atestado da Hospedaria dando conta de sua entrada).

—

Núcleo Colonial Sabaúna
Fundação
　O Núcleo foi inaugurado em 12 de Dezembro de 1889 com 1 família de Tyrolezez, composta de 4 pessoas.
Situação
　Situado no Município de Mogy das Cruzes de onde dista 12 Kilometros.
　Dista também da capital 62 Kilometros, e de Santos 141.
Terras
　No primeiro districto são boas e productivas; no segundo há manchas de terras boas, porém geralmente são pobres e no terceiro districto, ao lado de boas, existem péssimas.
Águas
　São abundantes, de boa qualidade, bem distribuídas e de regular volume, possuindo-a todos os lotes. São também approveitadas como força motriz pelas diversas cachoeiras existentes.
Mattas
　No primeiro districto escasseia, no segundo e terceiro as há em quantidade regular. Nos lotes cujo terreno é muito accidentado, os colonos, geralmente, reservam um capão de matto no espigão. A indústria extractiva de madeira, lenha e carvão não é explorada actualmente.
Topographia
　O terreno é geralmente accidentado e montanhozo, imprestável na maior parte para o emprego de arados. Há muitas pedras e rochas, existindo 2 pedreiras exploradas. As baixadas plainas são poucas e de pequena extensão.
Clima
　Fresco e saudável. Chove abundantemente.
Estradas
　São em número sufficiente. No primeiro districto seu estado de conservação é regular, no terceiro é péssimo. Neste districto há caminhos que não permitem a passagem de 2 animais em sentido opposto e há descidas e subidas taes, que é necessário apear-se do animal.

Meio de Transporte

O único empregado é o cargueiro, que convem naquelle terreno accidentado. Há em toda a colônia 4 carroças.

Estado da Colônia

É dividida em 3 districtos e sede, compondo-se o primeiro de 125 lotes, o segundo de 75, o terceiro de 109 e a sede de 63 lotes. Ao total existem 372 lotes, dos quaes alguns de tamanho considerável.

O primeiro districto é o mais adeantado e é prospero por isso que seus habitantes estão em boas condições econômicas.

O segundo é menos desenvolvido e no terceiro há bons lotes comparáveis a pequenas fazendas. Aqui há grande número de intruzos que escolhem as melhores terras existentes, para nelas se localisarem. Não existem mais as demarcações de lotes e a falta de caminhos torna aquella parte um certão.

População

Predominam as de Nacionalidades Hespanhola e Brasileira, sendo a primeira a mais prospera. A população actual é de 1022 almas, constituindo 202 famílias, sendo:

Hespanhola	73 famílias com 368 pessoas
Belgas	3 famílias com 20 pessoas
Brasileira	77 famílias com 386 pessoas
Austríaca	4 famílias com 16 pessoas
Italiana	29 famílias com 159 pessoas
Portugueza	10 famílias com 48 pessoas
Franceza	4 famílias com 14 pessoas
Siria	família com 1 pessoa
Allemã	2 famílias com 10 pessoas

Produção

O valor total da do anno findo foi de Rs. 95:460$000 aproximadamente. Comparada com a do anno 1892, dá o seguinte resultado:

	1892	1906
Batata alq.	3.000	5.782
Feijão alq.	300	521
Milho alq.	800	2.517
Aguardente litros	-	129.229
Café arrobas	-	2.184
Arroz alq.	-	25
Mandioca alq.	-	48
Frutas milheiros	-	74
Pimentões	-	476.000
Repolhos cabeças	-	348.500
Tomates kg.	-	200

O valor desta produção se distribue sobre as diversas nacionalidades como segue:

Hespanhola	79 lotes	48:570$000
Brasileira	79 lotes	24:530$000
Italiana	25 lotes	18:610$000
Franceza	4 lotes	2:350$000
Allemã	2 lotes	200$000
Belga	3 lotes	500$000
Austríaca	6 lotes	------
Portugueza	5 lotes	700$000
Siria	------	------
Diversas	169 lotes	------

Culturas

    Cultivam-se milho, feijão, batata, repolho, canna, arroz, mandioca, café, pimentões, abacaxi, tomate, e fructas. A área total cultivada é de 278 alqueires. A cultura de arvores fructiferas abrange 24.400 pés. A vinha não é cultivada.

Criações

    Existem as seguintes:

Aves	4.853 cabeças
Suínos	367 cabeças
Cavallar	98 cabeças
Bovinos	58 cabeças
Muares	94 cabeças
Caprinos	130 cabeças
Colmeas	75

Machinas Agrícolas

    Não são empregadas. Existem três arados e estes pouco usados.

Mercados

    Os productos são vendidos na sede do núcleo a negociantes ahi estabelecidos que os remettem pela estrada de ferro a São Paulo e ao Rio de Janeiro. Vae maior quantidade para o Rio, porque aquella praça, sendo maior, é, mais remuneradora.

Industria e Comercio

    Existem 9 casas commerciaes, algumas officinas e negociantes ambulantes. Há duas pedreiras que estão sendo exploradas, uma pela estrada de ferro e outra por particulares, uma fabrica de pólvora movida a água acha-se na proximidade da sede. Há também 16 engenhos de canna.

Edifícios

    Existem 247 casas, sendo, 1 escola, 1 religiosa, 212 particulares, 9 commerciaes e 24 industriaes.

Instrução Publica

    É extremamente insufficiente, pois para uma população de 1022 pessoas, só existe uma escola publica. Dos 1022 habitantes, 301 sabem ler e 721 são analphabetos.

Flagellos

    Formigueiros em abundancia.

São Paulo, 12 de Junho de 1907. Director da Agencia Oficial de Colonização e Trabalho. (C07171, Mapa datilografado de informações sobre o Núcleo Colonial Sabaúna no ano de 1907).

—

Diz o immigrante Italiano Minello Francisco, que tendo família, e sendo alfaiate deseja obter um lote urbano no Nucleo Antonio Prado, para nelle residir e estabelecer-ce, com sua officina. Sabendo que existe o lote nº 19, urbano, que sendo muito diminuto, porém é bastante para construir sua casa e estabelecer com sua arte, vem respeitosamente pedir-vos que lhe conceda o referido lote, obrigando-se a construir casa incontinente e residir. Nestes termos pede-vos favoravel difirimento [...]. (C07187, Requerimento de Minello Francisco para o delegado da Inspetoria de Terras e Colonização do Estado de São Paulo; Ribeirão Preto, 9 de março de 1891. Despacho: *lote concedido*; consta, em anexo ao requerimento, recibo do título definitivo, assinado pelo requerente; rascunho discriminando as confrontações do lote; recibo preenchido em formulário impresso, referente ao pagamento do imposto de terras e colonização; solicitação, por parte do requerente, da guia de pagamento do título definitivo, acompanhado do título provisório original - formulário impresso trilingue: português, italiano e alemão – onde consta número do lote, sua área em metros quadrados, seu valor, o preço do metro quadrado, o custo por hectare, o nome do colono beneficiado).

—

Diz José Nanini e Joao Bernardi, que sendo proprietarios de uma grande Fabrica de Cerveja dentro do Nucleo Colonial Antonio Prado sito a 3ª Secção lote nº 1, e precizando esgotar as aguas servidas para estas não prejudicar a saude publica vem portanto pedir-vos que lhes seja ordenado ao proprietario do mesmo lote nº 1 da 3ª Secção para concintir no mesmo esgoto. Visto ser de grande necessidade já tinha consintido em presença da ex Director Ceslao de Moura e do Colono João Antonello e hoje opponçe, sendo o prejuizo total para o povo e para esta grande Fabrica, sendo por um mero capricho do proprietário. (C07187, Requerimento de José Nanini e João Bernardi para o inspetor de Terras, Colonização e Imigração; Ribeirão Preto, 2 de março de 1893. Consta despacho confirmativo do encarregado do núcleo, mas sem despacho final).

—

Os abaixo assignados rezidentes na Colonia Antonio Prado dezejando eregir uma Capella onde seja cultivada a relegião apostholica romana, e como para esse fim lhes falte em primeiro lugar o local onde possa ser edificada; pedem os abaixo assignados que para esse fim V. Exa. lhe conceda o lote nº 7 A da sede logar mais propio para se formar um povoação. Os abaixo assignados julgão ser este um pedido da alta justiça de que V. Exa. é dotado os abaixo assignados ponderão que a sede da Colonia dista da cidade mais de um kilometro e os lotes ruraes mais de tres. Em segundo lugar os abaixo assignados immigrantes que não podem dispôr de quantia preciza para esta obra vem juntamente impetrar da alta venevolencia de V. Exa. Cuadjuvação e auxilio para esta obra dedicada a nossa religião; prontificando-se os abaixo assignados a contribuirem com as quantias que estiverem ao seo alcance. Crentes em um pedido tão justo e fiados nos altos feitos de V. Exa. esperão serem attendidos, pois assim não ficará inculta a grande obra de Deus, nesta colonia á grande numero de Crianças e a religião é uma obra de grande moralidade. Os abaixo assignados fiados na benevolencia de V. Exa. esperão benigno deferimento. (Seguem-se a assinatura de 54 imigrantes, diversos deles a rogo). (C07187, Abaixo-assinado de colonos dirigido ao Governador do Estado de São Paulo; Ribeirão Preto, 10 de outubro de 1892. Despacho: *No regimem instituido pelo Decreto do Governo Provisorio da Republica Nº 119-A – de 7 de janeiro de 1890, depois sanccionado pelos principios consagrados nas Constituições – Federal e Estadual (artigo 11 Nº 2 e artigo 72 § 7º.) e (artigo 57 nº IV a), não pódem os poderes publicos da União ou do Estado conceder subvenções ou auxilios a nenhum culto, cujo exercicio é inteiramente livre sem dependencias nem relações officiaes. Por isto não pode ser attendido o pedido dos supplicantes. Secretaria d'Estado dos Negocios da Agricultura, 22 de Dezembro de 1892. Jorge Tibiriçá*).

—

Ho Colono José Begnardi posuidor do Lote Urbano N. 21-A e tendo o novo Diretor declarado vago preque nem tem feito os benfeitoria competente, Honde que o dito colono roço e feiz uma casa provisoria para dispois fazer oltra; e mais nem pode fazer por causa da doenza conforme certificado medico que le foi apresentado, E en esto requerimento vei a sua presença apedirle o grande obiseque que le concede o que le deo os despaço cumpetente pereçer dono do dito Lote.
E paro clareça do affirmasam quantos suplicar vae em abaso asegnado que giustifica. (C07187, Requerimento de Bignardi Giuseppe e outros 8 assinantes, para a Delegacia de Terras e Colonização; Ribeirão Preto, 14 de dezembro de 1891. Despacho: *O attestado apresentado pelo Suppe. não justifica a falta de observancia do regulamento colonial, portanto, indefiro*).

—

Diz o immigrante Portuguez Esiquiel Vieira de Carvalho, que tendo familia e não tendo terras para cultivar e estabelecer-ce, sabendo que no Nucleo de Ribeirão Preto existe um pedaço de terras que divide com o lote 9º da 2ª Secção, e a linha Mogyana, a ponte deste Nucleo, e o Ribeirão, terreno este todo de pedregulho que poderá só servir para cultivar uvas, tendo o requerente pratica disso, vem respeitosamente pedir-vos que digneis conceder-lhe obrigando-se a cumprir com os regulamentos coloniaes e pagar a importancia do mesmo [...]. (C07187, Requerimento de Ezequiel

Vieira de Carvalho para o delegado da Inspetoria de Terras e Colonização do Estado de São Paulo; Ribeirão Preto, 31 de agosto de 1891. Pedido indeferido com base em informação de que seria mais conveniente dividi-lo em pequenos lotes. Interessante, no despacho, a informação: 'O terreno é todo de capoeirinha e não tem madeiras').

Cláudio Bode, Sênior, allemão, negociante residente n'esta capital, propõe-se á collaborar na solução do problema hoje mais vital para o Estado de São Paulo, o povoamento do solo com elementos profissionaes da lavoura, isto é: colonos agricultores proprietários.
Para este fim necessita do apoio e dos auxílios do Governo do Estado, consistindo na indemnisação das passagens dos Colonos, desde o seu respectivo paiz de origem até Santos e das passagens livres desde este porto ás estações ferroviárias mais próximas aos núcleos coloniais que o Supplicante pretende fundar em diversos pontos do Estado, além de outros favores que Constam das bases do contracto que o Supplicante toma a liberdade de offerecer á apreciação de V. Exa., juntamente com a presente petição [...].
Bases do Contracto.
Cláudio Bode, Sênior, por si ou por Empreza ou Companhia que organisar, introduzirá e localisará como proprietários agrícolas, quinze mil colonos, dentro do praso de seis annos da data deste contracto, segundo o disposto nas clausulas seguintes:
1ª) Noventa e cinco porcento dos colonos serão constituídos por famílias de agricultores, exclusivemente, e os restantes cinco porcento poderão ser solteiros, quando forem profissionaes, taes como ferreiros, carpinteiros, sapateiros, alfaiates e outros, necessários ou úteis em um núcleo colonial.
2ª) Os Colonos, pelos menos em duas terças partes do seu numero, serão provenientes e naturaes dos paises septentrionaes da Europa, como filandezes, russos, suecos, noruegueses, dinamarquezes, allemães, hollandezes, teuto-suissos, teuto-austriacos, húngaros e polacos. A terça parte restante poderá ser composta de portuguezes [anotação à lápis: já residentes no paiz], hespanhóes e italianos [riscado: das províncias ao norte de Roma].
3ª) Os lotes distribuídos aos colonos terão uma área que vaiará (sic) entre vinte e cinco hectares, no mínimo, e quarenta hectares no Maximo, conforme a vestimenta do terreno com mais ou menos matta, capoeira ou campo.
4ª) Da parte em matta ou Capoeirão o colono deverá respeitar e conservar uma sexta parte, servindo-se della apenas para madeiras de construção e outras, e de lenha para o gasto próprio. Não havendo no lote matta nem capoeira, o colono será obrigado á plantar arvores florestaes em uma área correspondente á décima parte do seu lote. Igualmente será obrigado á plantar annualmente um certo numero de arvores fructiferas, uma vez que o Governo, por intermédio da Empreza, lhe forneça as mudas necessárias.
5ª) Dentro em dous annos da data do contracto o proponente introduzirá e localisará três mil colonos, na proporção das clausulas 1ª e 2ª. Nos annos seguintes localisará três mil annualmente, na mesma proporção.
6ª) O proponente, ou a Empreza ou Companhia que organisar, antes de poder receber qualquer subvenção ou auxilio, deverá apresentar ao Governo do Estado as plantas e documentos de propriedade dos terrenos que tiver adquirido, correspondendo a sua área à necessária para a localisação dos Colonos de conformidade com os prasos da clausula quinta.
7ª) O Governo do Estado pagará pelas passagens dos Colonos introduzidos os seguintes preços:
Do Norte da Europa
£ 8 por adulto, de mais de 18 annos de idade,
£ 6 por menor, de 12 a 18 annos de idade,
£ 3 por menor, de 3 a 12 annos de idade,
Do Sul da Europa
£ 6 por adulto, de mais de 18 annos de idade,

£ 4 por menor, de 12 a 18 annos de idade,
£ 2.10/ por menor, de 3 a 12 annos de idade.
Os menos de 3 annos nada pagarão. De cada pagamento serão descontados Dez porcento de Caução.
8ª) Decorridos doze mezes desde a introducção de cada leva de Colonos, o proponente, ou seus successores em direito, deverão provar a permanência dos Colonos nos seus respectivos lotes, afim de poderem levantar a caução da clausula precedente, apresentando certidão de óbito dos que houverem fallecido.
9ª) Á chegada dos colonos ao núcleo, deverá n'este estar prompto para recebe-los uma casa provisória e um roçado de um hectare ou igual área arada para cada família.
10ª) O Governo concede ao proponente, ou aos seus successores em direito, uma gratificação correspondente ao numero de colonos localisados que houverem permanecido no respectivo lote pelo menos durante um anno e tiverem recebido o seu título definitivo de propriedade do lote, sendo de Cincoenta mil reis por pessoa de família ou solteiro, na proporção da clausula primeira.
11ª) O proponente, ou seus successores em direito, construirá em cada núcleo, desde que o numero de famílias localisadas houver attingido á cincoenta ou mais:
a, um engenho central com capacidade de beneficiar os productos dos colonos,
b, uma escola primaria mixta, sendo o professor nomeado e pago pelo Governo, ficando á cargo da empreza as demais despezas (à lápis, na margem: "língua portuguesa"),
c, uma Colônia modelo, com campo de experiencias.
12ª) O proponente, ou seus successores em direito, terão o direito de construir estradas communs ou vias-ferreas econômicas, de accordo com o que dispõe a lei estadoal nº 30 de 1892, para ligar os centros dos núcleos á estação de estrada de ferro mais próxima, ou entre os núcleos visinhos, concedendo lhes o Governo do Estado, para esse fim exclusivamente, o direito da desappropriação.
13ª) O proponente depositará no Thesouro do Estado uma caução em Dinheiro ou em Títulos que o Governo julgar aceitáveis, na importância de .... contos de reis, vencendo o juro de .... por cento quando for realisada em Dinheiro. Esta caução ser-lhe-há restituída logo que os colonos introduzidos por ultimo hajam permanecido durante um anno, pelo menos, nos seus lotes e estiverem de posse dos seus títulos definitivos de propriedade.
14ª) O Governo do Estado fornecerá gratuitamente e uma só vez, á chegada de cada leva de colonos na "Hospedaria de Immigrantes de São Paulo" as ferramentas e utensílios aqui especificados:
a, para cada adulto homem, um machado, uma fouce, uma enxada, uma pá e um facão de matto,
b, para cada mulher adulta, uma enxada e uma pá,
c, para cada menor de 12 a 18 annos, de qualquer sexo, uma enxada e uma pá,
d, para cada família, uma serra de atorar, um serrote de mão de 25 pollegadas, uma machadinha e duas foices ceifadeiras com pertinais.
15ª) O Governo fornecerá as sementes necessárias ás primeiras duas sementeiras dos colonos que se forem localisando e as mudas de arvores fructiferas e florestaes que forem precisas para o cumprimento da clausula quarta.
16ª) O proponente, ou seus successores em direito, poderão, caso lhes convenha, encontrando facilidade no alliciamento dos colonos e na acquisição de Terras adequadas, elevar até o dobro o numero dos Colonos á introduzir e localisar, nas mesmas condições acima propostas, augmentando o Governo, neste caso, o prazo para nove annos em vez de seis.
17ª) O Governo do Estado terá o direito amplo da fiscalisação em tudo que diz respeito ao cumprimento das clausulas do contracto, e de impor multas pelas infrações que se derem, salvo os casos de força maior [...]. (C07217, Requerimento e proposta de contrato de Cláudio Bode Sênior para o Secretário da Agricultura; São Paulo, 16 de dezembro de 1904. Em carta anexa, Bode solicita a suspensão dos estudos da proposta, por ter se deslocado inesperadamente para o Rio Grande do Sul).

É possível que o Estado de São Paulo no futuro pode prosperar sem uma lavoura poderosa? Não, isso só se alcanse com uma lavoura extensiva e mixta, aproveitando onde possível Machinas appropriados para as differentes culturas, e onde isto não seja possível, há de arranjar um Stock de trabalhadores em forma de Colonos domiciliados e trabalhadores ajudantes, no tempo de muito serviço, especialmente durante o tempo da colheita de Café e venho por isso expor a V. Exa. o meu projecto que está fundado no seguinte:

Na Republica Argentina a colheita (em geral Trigo e Milho) occupa os mezes de Novembro até Abril – Muitos trabalhadores vendo-se desoccupados no resto do anno, procuram voltar para terra – caso porém, se arranjasse serviço para elles aqui no Brasil para simplesmente ajudar na colheita, podia-se facilmente conseguir muitas mãos uma vez que a viagem ida e volta fosse facilitada. Para aproveitar esta gente precisa segundo minha opinião o seguinte: O Governo, depois que tem a certeza que o da Republica Argentina está de acordo com este movimento, há de abrir em Buenos Aires uma casa de informações que fornece os necessários esclarecimentos, destribui Boletins, especialmente feito para esta fim, e tratar do reclamo em geral, (que não deve ser pequeno, especialmente o primeiro anno), iniciar livros sobre os Emigrantes e passar Documentos, que dão o Emigrante o direito de fazer a viagem ida e volta por um preço mais baixo do que usado para outros Passageiros. O Governo há de ter em Santos uma pessoa, que recebe os Emigrantes indicados pela casa de informações de Buenos Aires, em primeiro lugar para fiscalizar a Emigração, em segundo para despachar os Emigrantes directamente para os respectivos lugares onde hão de trabalhar, para não ser explorados durante o caminho.

O Governo também há de convidar pelos Jornaes etc. os Fazendeiros de requerer o numero de trabalhadores, que desejam para a colheita.

As pessoas encarregadas com esta Emigração especial, provavelmente não hão de se occupar com este o anno inteiro. Neste caso o Governo pode aproveital-os para outro serviço, como ensinadores de differentes culturas etc.

Como uma vez estou escrevendo sobre trabalhadores, não posso deixar esta occasião opportuna sem dizer algumas palavras sobre o Colono de São Paulo a respeito do Colono domiciliado há de decidir entre 1) o Colono que chega para cá para povoar o Estado e que vem sem dinheiro e 2) o Colono que chega aqui sem dinheiro e para ganhar a sua vida, trabalhando para o Fazendeiro.

*   1) O Colono que vem para cá com dinheiro para comprar uma parcella de terra, que elle vai trabalhar para depois poder ter uma propriedade, onde vai passar a sua velhice em socego; só com muita difficuldade encontrará a mesma, porque tem muita terra – muitíssima, mas até dado, não serve, (o mais fructifera que seja) desde que não existem estradas boas para facilitar o transporte d'as colheitas, por isso o Governo devia fazer, como na América do Norte, dando Concessões para fazer Estradas de Ferro com direito de tantos kilometros de terra a ambos os lados da Estrada, d'este maneira o Pais fica com Estrada de Ferro mais barato, do que por qualquer outra maneira, e o que vale mais, o Pais fica povoado.*

*   2) O Colono que vem para cá sem dinheiro, para trabalhar para o Fazendeiro, com o systema actual está só aqui provisoriamente. No tempo do bom preço do Café e quando tinha bastante Café novo para fazer plantação de milho e feijão etc. elles passarem uma vida boa, e depois 5 a 6 annos voltarem (com dinheiro) para terra d'elles; este tempo acabou e uma grande parte d'elles vão para outros paízes, por isso é preciso que se mude o systema existente.*

O Fazendeiro deve ter um Stock de Colonos que não muda de um anno para outro, e, especialmente agora que se vai applicar arados e outros instrumentos agrícolas, deve ter trabalhadores, que sabem lidar com estes instrumentos.

Segundo minha opinião o melhor caminho á seguir será, que o Fazendeiro arrenda ao Colono, d'esta categoria, uma parcella de terra, 10-15 até 20 Hectares, conforme a família para 8-10 até

15 annos, com condições que o Colono faz tantos dias de trabalho (com ou sem animal) por semana, e no tempo da colheita ajudar por um preço estipulado; d'esta maneira o Fazendeiro sempre tem um Stock de trabalhadores bons e promptos, e que custa elle muito pouco dinheiro (relativamente), porque o Fazendeiro vai aproveitar terras, que salvo d'estes Colonos, ficarão à toa, e mais tarde, quando o tempo muda e elle precisa de tratar a Fazenda de outra maneira, sempre tem as terras (ainda cultivadas).

Esperando que acima mencionado terá a attenção de V. Exa. subscrevo-me com a maior estima e consideração. (C07217, Carta de Erico Lund para Carlos Botelho, Secretário da Agricultura; Santos, 24 de agosto de 1904).

—

Amostragem de documentos originais que se encontram anexados a requerimentos de restituição de passagens para imigrantes italianos, portugueses e espanhóis vindos em 3ª classe, 1907 (C07235).

Nacionalidade	N.º Processo	Nome	Documentos
Português	1.242	Anacleto de Souza	Passaporte
Italiano	1.209	Antoni Vicenzo	Passaporte e Passagem de 3ªclasse
Italiano	1.464	Azzi Guiseppe	Passaporte e Passagem de 3ª classe
Italiano	1.463	Azzi Giovanni	Passaporte e Passagem de 3ª classe
Italiano	S/N.º	Bonavigo Augusto	Passaporte e Passagem de 3ª classe
Italiano	1.553	Adate Antônio	Passaporte e Passagem de 3ª classe
Italiano	788	Alfonso Miele	Passagem de 3ª classe
Italiano	134	Angelo Gasparini	2 Passagens de 3ª classe
Italiano	236	Andréa Giovanni	Passaporte e Passagem de 3ª classe
Italiano	325	Alessandro Luigi	Passaporte e Passagem de 3ª classe
Italiano	360	Albertin Vittorio	Passaporte e Passagem de 3ª classe
Português	998	Adelino do Espírito Santo	Passaporte
Italiano	437	Arcangellitti Biagio	Passaporte, Bilhete de Viagem e Documento timbrado do consulado Italiano
Italiano	935	Astuto Luigi	Passaporte
Italiano	671	Augusto dell Ermellina	Passagem de 3ª classe
Italiano	261	Amicci Antonio	Passaporte e Passagem de 3ª classe
Italiano	568	Andreoli Bartolo	2 Passaportes
Italiano	534	Antonio di Renzo	Passagens de 3ª classe
Português	1.196	Antonio Pereira	Passaporte
Italiano	1.103	Alma Rozario	Passaporte
Italiano	1.603	Antonio Rossoni	2 Passaportes e 2 Passagens de 3ª classe
Italiano	343	Brasetto GioBatta	Passaporte e Passagem de 3ª classe
Italiano	148	Bortolleto Angello	Passaporte e Passagem de 3ª classe
Italiano	411	Bartoni Antonio	Passaporte e Passagem de 3ª classe, e recibo
Italiano	1.127	Antonio Giannini	Passagens de 3ª classe
Italiano	1.243	Amibale Severine	Passagem de 3ª classe
Italiano	1.310	Andriolo Luigi	Passagem de 3ª classe

3.11 Minutas da correspondência dos núcleos coloniais

• Descrição: volumes caracterizados como livros copiadores ou livros de minutas, que consistem nas segundas vias da correspondência encaminhada pelos núcleos coloniais, em geral para a própria Inspetoria. Correspondência de cunho administrativo, diz respeito a todo e qualquer assunto relativo ao funcionamento do núcleo e à vida cotidiana dos colonos.

- Conteúdo: pagamentos de colonos e empregados; organização e funcionamento do núcleo colonial; problemas na distribuição de lotes; solicitação de aberturas de estradas de acesso aos lotes; solicitação de material; relações das importâncias provenientes de venda de lotes; prestações de contas.
- Acervo: (E00099) – Núcleo colonial não identificado, 1906-1909; (E00101) – Núcleo Colonial Ribeirão Pires, 1889-1892; (E00121) – Núcleo Colonial Pariquera Açu, 1900-1902; (E01425) – Núcleo Colonial Pariquera Açu, 1898-1900; (E01778) – Núcleo Colonial Visconde de Indaiatuba, 1921-1922; (E01779) – Núcleo Colonial Visconde de Indaiatuba, 1922-1923; (E01780) – Núcleo Colonial Martinho Prado Júnior, 1916-1918; (E01781) – Núcleo Colonial Visconde de Indaiatuba, 1923-1924; (E01782) – Núcleo Colonial Martinho Prado Júnior, 1918-1920; (E01785) – Núcleo Colonial Nova Europa, 1902-1903; (E01786) – Núcleo Colonial Nova Europa, 1917-1919; (E01787) – Núcleo Colonial Pariquera Açu, 1907-1910; (E01788) – Núcleo Colonial Pariquera Açu, 1910; (E01789) – Núcleo Colonial Visconde de Indaiatuba, 1915-1918; (E01790) – Núcleo Colonial Nova Europa, 1916-1917; (E01791) – Núcleo Colonial Visconde de Indaiatuba, 1920-1921; (E01792) – Núcleo Colonial Nova Europa, 1919-1920; (E01793) – Núcleo Colonial Nova Veneza, 1912-1917; (E01794) – Núcleo Colonial Nova Veneza, 1911-1912; (E01795) – Núcleo Colonial Nova Europa, 1910; (E01796) – Núcleo Colonial Visconde de Indaiatuba, 1920-1921; (E01797) – Núcleo Colonial Nova Odessa, 1910-1913; (E01798) – Núcleo Colonial Visconde de Indaiatuba, 1921; (E01799) – Núcleo Colonial Nova Veneza, 1917-1921; (E01800) – Núcleo Colonial Nova Europa, 1910-1911; (E01801) – Núcleo Colonial Nova Europa, 1908; (E01802) – Núcleo Colonial Nova Europa, 1908-1909; (E01803) – Núcleo Colonial Visconde de Indaiatuba, 1903-1905; (E01804) – Núcleo Colonial Nova Odessa, 1920-1921; (E01805) – Núcleo Colonial Nova Europa, 1913-1914; (E01806) – Núcleo Colonial Nova Europa, 1911-1912; (E01808) – Núcleo Colonial Jorge Tibiriçá, 1909-1911; (E01809) – Núcleo Colonial Pariquera Açu, 1928-1930; (E01823) – Núcleo Colonial Nova Veneza, 1910-1911; (E01826) – Núcleo Colonial São Bernardo, 1896-1901; (E01833) – Núcleo Colonial São Bernardo, 1890-1894; (E01834) – Núcleo Colonial Campos Salles, 1899-1903; (E01836) – Núcleo Colonial Campos Salles, 1900-1903; (E01853) – Núcleo Colonial Pariquera Açu, 1890-1894; (E01950) – Núcleo Colonial Pariquera Açu, 1892-1896.

Com relação a procuração assignada por José Pedrini, a rogo de Donato de Angelis, informo que o requerente do Lote nº 54 é casado, tem 9 filhos de differentes idades, lavrador, residente neste municipio. É boa pessoa e tem bom comportamento. Pagou 200$000 da 1ª prestação. (E01780, p. 50, Informação prestada pelo diretor do Núcleo Martinho Prado Júnior; 4 de setembro de 1916).

Attendendo ás dificuldades que esta directoria tem encontrado no sentido de obter os dados com que possa formular informações, das procuras de colonos admittidos neste nucleo no exercicio do Snr. Cel. Ottoni de Almeida Queiros, visto não estarem os mesmos devidamente matriculados, não serem conhecidos pela actual administração e residirem em lugares ignorados, vos remetto os jornaes pelos quaes foram chamados aquelles concessionarios a assignar e prestar suas declarações sobre as respectivas procuras [...]. (E01803, p. 45, Ofício de núcleo colonial não identificado, para o Departamento de Terras, Colonização e Imigração; 10 de julho de 1913).

Considerando de grande necessidade a organização do serviço postal neste lugar, onde contam-se repartições publicas e população de 3000 pessoas approximadamente, tomo a liberdade de lembrar a V.Sas. a creação de tal serviço que, ao lado de preencher esta lacuna, vindo facilitar o serviço de colonisação dos tres nucleos coloniaes aqui reunidos e facilitar a prosperidade local que sobre outros recursos reclama este. (E01803, p. 49, Ofício de núcleo colonial não identificado, para o Departamento de Terras, Colonização e Imigração; 17 de julho de 1913).

Respondendo ao vosso officio nº 941 de 30 do mês proximo findo, tenho a honra de communicar á V.Sas. que o chamado que fiz pela imprensa aos colonos, ausentes deste nucleo, conquanto tenha sido bem acolhido por certo numero delles, não attingiu, entretanto, ao ponto desej[ado] quanto á sua maioria, alliás concessionarios dos melhores lotes desta colonia, verificando-se neste numero alguns, cujos lotes foram requeridos há mais de <u>um anno</u> não tendo ainda posto em pratica nenhuma exigencia regulamentar, creando assim sério embaraço aos serviços de saneamento e desenvolvimento geral desta mesma colonia.
Justamente neste momento em que, cada colono cogita de preparar-se para a época da plantação, não apparecem aquelles, fasendo crer, a quem observa, que requereram lotes para qualquer outra exploração que não seja a agricultura, como o trafico de madeiras [...]. (E01803, p. 62, Ofício de núcleo colonial não identificado, para o Departamento de Terras, Colonização e Imigração; 7 de agosto de 1913).

Accuso recebido, hoje, vosso officio nº 4455, datado de hontem, sendo seos portadores os hespanhoes Fernando Chenes, Felix Soares e Al(ber)to Chaves.
Estes homens chegaram quando eu estava almoçando e quando os procurei já tinham se retirado, tendo entregado o officio a outra pessoa, dizendo que não tiveram boa impressão das terras e tinham de tomar o trem.
Se a impressão não foi boa, e porque realmente (nada viram), apenas estiveram na sede do Nucleo, (donde) apenas se avista o campo da frente, que tambem não é bom.
Penso que a razão de não quererem (seus) lotes é estar já chovendo, á hora que chegaram [...]. (E01823, p. 2, Ofício da diretoria do Núcleo Colonial Nova Veneza para M... L... Ferraz, de São Paulo; Nova Veneza, 21 de setembro de 1910).

Commeçando, por parte de alguns colonos, o abuso de commercio de lenha, peço licença para trazer á vossa consideração á bem dos interesses do nucleo, a necessidade de ser modificado o art. 164 do Título IV, Decreto 1458.
Alguns lotes são inteiros de mattas, acontece que, paga a 1ª prestação de 300$000 (ou 150$000 para o recém-chegado) o colono apura, sem o menor trabalho, 300$000 de lenha por alqueire de terra, isto é, UM conto e quinhentos pela metade da matta e abandona o lote, este já depreciado.
Péor especulação se dá se o lote for pago integralmente, á vista: vendida toda a lenha, e madeira se houver, pode ser apurado mais de 3:000$000 e em seguida pedem autorização para vender o proprio lote.

O art. 164 é o engodo que os agentes na Europa atrahem os colonos, dahi se explica, porque, chegados estes, só procuram lotes com mattas, muitos tendo deixado a Europa, certos de não se dedicarem à agricultura. Note-se que, o regulamento de nucleos, traduzidos em diversas linguas, mostra por que é que os colonos chegam tão bem informados da optima especulação. Também o art. 165 favorece o abuso. (E01823, pág. 4, Ofício da diretoria do Núcleo Colonial Nova Veneza ao diretor de Terras, Colonização e Imigração; Nova Veneza, 25 de setembro de 1910).

3.12 Controle da produção de núcleos coloniais

- Descrição: livros destinados a registrar a produtividade dos núcleos coloniais.
- Conteúdo: campos, número do lote, nome do colono e uma série de gêneros com a especificação da área plantada e da safra colhida, bem como a relação dos animais existentes.
- Acervo: (E00108) – Núcleo Colonial Sabaúna, 1900-1901; (E01846) – Núcleo Colonial Pariquera Açu, 1900-1901.

3.13 Matrículas de colonos

- Descrição: os volumes eram destinados para o registro dos colonos admitidos em cada núcleo colonial.
- Conteúdo: cada registro contém os seguintes campos: número de ordem, nomes dos colonos, número de pessoas da família, lugar de nascimento, nacionalidade, religião, idade, sexo, estado civil, instrução, profissão, procedência, datas (da chegada na Hospedaria e do estabelecimento no núcleo), número e espécie do lote ocupado (urbano, suburbano ou rural), seção, distrito ou linha, débito dos colonos (valor do lote, auxílios e adiantamentos), crédito dos colonos (valor do lote, auxílios e adiantamentos, abatimento de 6%), data da entrega do título (provisório e definitivo), observação.
- Acervo: (E00123) – Núcleo Colonial São Bernardo, 1877-1892; (E00124) – Núcleo Colonial São Bernardo, 1888-1895; (E00125) – Núcleo Colonial São Bernardo, 1898-1899; (E00126) – Núcleo Colonial Campos Salles, 1897-1902; (E00127) – Núcleo Colonial Sabaúna, 1890-1899; (E00128) – Núcleo Colonial Sabaúna, 1898; (E00129) – Núcleo Colonial Piagui, 1891-1900; (E00130) – Núcleo Colonial Piagui, 1893-1898; (E00131) – Núcleo Colonial Piagui, 1892-1894; (E01824) – Núcleo Colonial Bom Sucesso, 1893-1899; (E01860) – Núcleo Colonial Sabaúna, 1891-1901; (E01867) – Núcleo Colonial Quiririm, 1890-1891; (E12003) – Núcleo Colonial São Bernardo, 1898; (E12004) – Núcleo Colonial Pariquera Açu, 1898; (E12009) – Núcleo Colonial São Bernardo, 1897; (E12010) – Núcleo Colonial Pariquera Açu, 1894-1895; (E12013) – Núcleo Colonial São Bernardo, 1877-1895; (E12014) – Núcleo Colonial São Bernardo, 1895.

Índice de livro de matrículas do Núcleo Colonial São Bernardo (E012014):
Sede Colonial, folhas 1 a 7.
Linha Jurubatuba, folhas 7v a 11.
São Bernardo Velho, folhas 11v a 12.
Meninos, folhas 12v a 14.
Camargo, folhas 14v a 15.
Galvão Bueno, folhas 15v a 17.
São Bernardo Novo, folhas 17v a 21.
Dutra Rodrigues, folhas 21v a 23.
Rio Grande, folhas 23v a 27.
Rio Pequeno, folhas 27v a 31.
Capivary, folhas 31v a 35.
Dr. Bernardino de Campos, folhas 35v a 38.
Capivary (Ramal), folhas 39v a 40.
Dr. Campos Salles, folhas 40 v a 42.

3.14 Livros-caixa diversos: de fornecimentos aos núcleos coloniais; diários de despesas; registros de fornecimentos de gêneros; conta corrente de colonos; folhas de pagamento

- Descrição: livros-caixa de controle dos fornecimentos em espécie ou gêneros efetuados para colonos e para o serviço do núcleo.
- Conteúdo: a nacionalidade dos colonos não é mencionada, fazendo-se necessário o cruzamento de informações com outras fontes documentais. Há lançamentos indexados por data e outros por nome do colono.
- Acervo: (E00062) – Núcleo Colonial Rio Novo, 1890-1894; (E00066) – Núcleo Colonial Cambuí, 1919-1921; (E00074) – Núcleo Colonial não identificado, 1912-1916; (E00079) – Núcleo Colonial não identificado, 1911-1914; (E00086) – Núcleo Colonial Cambuí, 1919-1921; (E00103) – Núcleo Colonial Campos Salles, 1900-1903; (E00106) – Núcleo Colonial Sabaúna, 1901; (E00107) – Núcleo Colonial Visconde de Parnaíba, 1911-1912; (E00117) – Núcleo Colonial Santana, 1877-1878; (E00119) – Núcleo Colonial Pariquera Açu, 1900-1901; (E00122) – Núcleo Colonial Pariquera Açu, 1890; (E00132) – Núcleo Colonial Pariquera Açu, 1898-1900; (E01415) – Núcleo Colonial Piagui, 1893-1900; (E01416) – Núcleo Colonial Pariquera Açu, 1892-1900; (E01417) – Núcleo Colonial Campos Salles, 1897-1900; (E01727) – Núcleo Colonial não identificado, 1919-1922; (E01728) – Núcleo Colonial Jorge Tibiriçá, 1919-1920; (E01730) – Núcleo Colonial não identificado, 1911-1914; (E01731) – Núcleo Colonial Nova Europa, 1911-1921; (E01733) – Núcleo Colonial Pariquera Açu, 1888-1890; (E01739) – Núcleo Colonial Pariquera Açu, 1917-1923; (E01741) – Núcleo Colonial Jorge Tibiriçá, 1889-1899; (E01754) – Núcleo Colonial Visconde de Indaiatuba, 1912-1925; (E01756) – Núcleo Colonial não identificado, 1867;

(E01757) – Núcleo Colonial não identificado, 1889; (E01758) – Núcleo Colonial Nova Europa, 1908-1913; (E01760) – Núcleo Colonial Martinho Prado Júnior, 1911-1926; (E01761) – Núcleo Colonial Gavião Peixoto, 1908-1911; (E01762) – Núcleo Colonial Nova Paulicéia, 1908-1913; (E01765) – Núcleo Colonial Nova Paulicéia, 1908-1919; (E01766) – Núcleo Colonial Pariquera Açu, 1909-1921; (E01767) – Núcleo Colonial não identificado, 1891; (E01768) – Núcleo Colonial Visconde de Parnaíba, 1911-1921; (E01769) – Núcleo Colonial Nova Europa, 1909-1922; (E01770) – Núcleo Colonial Nova Odessa, 1905-1913; (E01771) – Núcleo Colonial Pariquera Açu, 1902-1923; (E01773) – Núcleo Colonial Pariquera Açu, 1897-1922; (E01774) – Núcleo Colonial Pariquera Açu, 1905-1920; (E01816) – Núcleo Colonial Campos Salles, 1898-1915; (E01817) – Núcleo Colonial Nova Veneza, 1910-1921; (E01818) – Núcleo Colonial Nova Veneza, 1906-1922; (E01819) – Núcleo Colonial Jorge Tibiriçá, 1914-1927; (E01829) – Núcleo Colonial São Bernardo, 1890-1897; (E01840) – Núcleo Colonial Pariquera Açu, 1891-1892; (E01844) – Núcleo Colonial Pariquera Açu, 1900-1902; (E01845) – Núcleo Colonial Pariquera Açu, 1898-1902; (E01848) – Núcleo Colonial Pariquera Açu, 1898; (E01851) – Núcleo Colonial Pariquera Açu, 1891-1900; (E01852) – Núcleo Colonial Pariquera Açu, 1891; (E01854) – Núcleo Colonial Pariquera Açu, 1890-1891; (E01858) – Núcleo Colonial Sabaúna, 1890-1893; (E01865) – Núcleo Colonial Sabaúna, 1890-1901; (E01866) – Núcleo Colonial Quiririm, 1890-1891; (E02006) – Núcleo Colonial São Bernardo, 1878-1879.

Lançamentos por data (C00066)

1919 Janeiro 13	**Fornecimentos Núcleos do Cambuhy**	Débito	Crédito
7622-3	para Concetta Scarnavacca	8.800	
7624-5	para Enfermaria	8.500	
7626-7	para Rosina Scarnavacca	9.500	

Lançamentos por colono (C00066)

Augusto José de Oliveira 1921		Débito	Crédito
fevereiro 14	remédios seu camarada		10.000
fevereiro 28	remédios Theodoro		5.000
fevereiro 28	saldo devedor		15.000

3.15 Relação dos nascimentos e batizados; relação dos óbitos; borrador do recenseamento; registro civil de nascimentos; recenseamento de população

• Descrição: livros estabelecidos para registro vital da população dos núcleos, bem como para seu recenseamento.

- Conteúdo: os registros são bastante ricos, embora bastante pontuais no tempo.
- Acervo: (E00090) – Relação dos nascimentos e baptisados, diversos Núcleos Coloniais (Glória, São Caetano, São Bernardo, Santana), 1877-1879; (E00091) – Relação de casamentos, Estabelecimento Colonial no Município da capital da Província de São Paulo (São Bernardo, São Caetano, Santana e Glória), 1878-1879; (E00092) – Relação de óbitos, diversos Núcleos Coloniais (Glória, São Caetano, São Bernardo e Santana), 1877 a 1879; (E00115) – Recenseamento de núcleo não identificado, 1901; (E01772) – Recenseamento das famílias de colonos de núcleo não identificado, 1900; (E01830) – Livro borrador do recenseamento do Núcleo Colonial de São Bernardo, linhas Capivary, Rio Pequeno, Campos Salles, Dr. Bernardino de Campos, Rio Grande, 1900-1901; (E01839) – Registro civil de nascimentos do Núcleo Colonial Campos Salles, 1900-1903; (E01861) – Livro de recenseamento da população do Núcleo Colonial Sabaúna, sem data.

Batismos:
Registro 20 – Giuseppe Bernardo, sexo masculino, filho de Saja Domenico e Antonia, religião católica, nascido a 6 de setembro de 1877, batisado a 9 de setembro de 1877 no núcleo São Bernardo, observações, falleceu a 14 de outubro de 1877 (E00090).

Registro 21 – Giovanni, sexo masculino, filho de Basso Luigi e Teresa, religião católica, nascido a 28 de setembro de 1877, batisado a 14 de outubro de 1877 no núcleo São Bernardo, observações, sahio a 17 de Junho de 1878 (E00090).

Aos doze dias do mez de Julho do anno mil novecentos e um neste Nucleo Colonial Campos Salles municipio de Campinas Estado de São Paulo, compareceu o colono italiano Angelo Capraro, morador no Lote no. 31 deste Nucleo, e perante as testemunhas abaixo nomeadas e assignadas deo parte que hoje na sua residencia a 9 horas da manhã nasceo uma criança de sexo feminina cor branca, que se há de baptisar com o nome Victoria Capraro filha legitima de Angelo Capraro e de sua mulher Barbara Capraro allemãa.
Avós paternos Capraro Francisco já fallecido, Coronel Philomena residente na Itália. Avós maternos: Christian Friedrich Matte e Esther Matte nac. Kugler em Wurtenberg Allemanha, ambos fallecidos. E para constar a verdade lavrei o presente termo que assigna commigo o declarante e suas testemunhas. O declarante (ass.) Caprara Ângelo.
Testemunhas: (ass.) Golthilf Tucker (ass.) Franz Waller.
Eu Otto Herbst ajudante do Nucleo o escrevi (E01839).

Casamentos:
Mateotti Giuseppe com Cestari Metilde; filiação: (ele) ignorada, (ela) Cestari Salvatore e Madalena; idade: (ele) 28, (ela) 18; religião: catholica; nação: Áustria; profissão: lavrador; data do casamento: 19 de janeiro de 78; lugar: São Bernardo; observações (E00091).

Óbitos:
Registro 1 – Lucia Matezami, filha de Matezami Giacomo e Pasqua; idade, 70 anos; natural da Itália; profissão, agricultora; religião católica; sexo feminino; data de falecimento, 23 de julho de 1878, no núcleo da Glória; observações; viúva (E00092).

Recenseamentos:
(Uma família no Núcleo Colonial de São Bernardo, ano de 1900, E01830)

Nome	Nacionalidade	Religião	Estado	Idade	Entrada no Nucleo	Profissão	Instrucção	Nº do Lote
João Basso	Italiano	Católica	Casado	25	1898	Carpinteiro	Sim	1
Camilla Basso	Italiana	Católica	Casada	21	1898		Sim	
Bertholino	Brasileiro	Católica	Solteiro	1	1898			
Angela Balotin	Italiana	Católica	Viúva	49	1898		Não	
Regina	Italiana	Católica	Solteira	12	1898		Não	
Catarina	Brasileira	Católica	Solteira	9	1898		Não	
Maria	Brasileira	Católica	Solteira	6	1898		Não	
João	Brasileiro	Católica	Solteiro	4	1898		Não	

(Demais campos, genéricos, disponíveis para cada lote familiar)
Cultura: 100 pés abóbora, 400 pés repolho, 25 litros milhos, 20 litros feijão, 10 alqueires batata doce, 25 litros batatinha, verduras diversas, 2 capinzaes.
Producção: 150 abóboras, 350 repolhos, 10 alqueires de milho, 50 litros de feijão, 30 alqueires de batata doce, 3 alqueires de batatinha, 2 sacos de verduras, (capins) para animaes, taboas: 200 dúzias soalho, 300 dúzias forro, 30 dúzias caibro, 10 dúzias viga.
Bens Moveis e Immoveis: 1 casa coberta telhas, 1 serraria coberta palha movida a água, 1 cocheira coberta de zinco, 1 chiqueiro, 1 galinheiro, 1 forno, 1 venda com capital de 1:000$000, 1 carretão, 1 semi-troly, 1 cavalo, 6 burros, 5 porcos, 40 aves.

(Uma família no Núcleo Colonial Sabaúna, s.d., E01861)
Lodi Giorgio, 8 pessoas, italiano, (batizado), 50 anos, masculino, casado, não tem instrução, lavrador, procedente de Ribeirão Pires, chegou na Hospedaria em 1887, estabeleceu-se no Núcleo em 1891, lote rural, é concessionário.
    Palmira, esposa, 48, italiana, tem instrução
    Hygino, filho, 23, italiano, tem instrução
    Cesar, filho, 21, italiano, tem instrução
    Meliano, filho, 19, italiano, tem instrução
    Adelina, filha, 17, italiana, sem instrução
    Anselmo, filho, 13, bras. (Campinas), tem instrução
    Eduardo, filho, 8, bras. (Sabauna), tem instrução.

3.16 Registros médicos

• Descrição: livro de registro da atuação de médicos nos núcleos coloniais, que pode permitir melhor conhecer as condições sanitárias e de saúde reinantes entre os imigrantes ali instalados.
• Conteúdo: registros de receituários médicos e de acompanhamento de pacientes.
• Acervo: (E00098) – Receituário médico do Núcleo Colonial São Bernardo, 1896-1897; (E00102) – Livro do serviço clínico do Núcleo Colonial Campos Salles, 1898; (E01749) – Registro de receitas médicas no Núcleo Colonial Piagui, 1897-1901; (E01763) – Receituário médico de diversos núcleos coloniais, 1899-1901; (E01864) – Registro de visitas do médico no Núcleo Colonial Sabaúna, 1891-1893.

Dia 20 de Abril de 1898
Foram vizitados e medicados os seguintes doentes:
1 - Maria Troletti – dysenteria, enterhagia.
2 - ...
3 - Francisquita Lavinia, casada, 38 annos de idade, italiana, doente há 4 dias; teve calefrio de manhã, seguido de calor; ás 3 1/2, na occasião da visita, abundantes [...], e temperatura de 39°; lingua saburossa, sensibilidade hepatica – diagnostico, febre intermittente palustre. (E00102, Registro do serviço clínico do Núcleo Colonial Campos Salles; 20 de abril de 1898).

—

R1   Para o filho do Sr. Ignacio Martins
Óleo de meimendro (?)
Óleo de camomila
para passar sobre o ventre

R2   (não cita para quem – deve ser continuação da anterior)
Agua morna   30 grau
Óleo de Oliva   10 grau
Pª clysteres

R3   Para a família do Sr. José Umbelino
Agua distilada   120 grau
Ergotina de Benjean   2 grau
Xarope de flores de carqueija 30 grau
Para tomar uma colher de meia em meia hora. (E01763, Receituário médico de diversos núcleos coloniais, 1899).

4   Agência Oficial de Imigração no Porto de Santos (1890-1905) / Inspetoria de Imigração no Porto de Santos (após 1905)

Esta Inspetoria, subordinada à Inspetoria de Terras, Colonização e Imigração, agia diretamente no Porto de Santos, controlando o movimento de desembarque e embarque (retorno) de imigrantes. Produziu uma constante e profusa série de quadros estatísticos dando conta desse movimento, que provavelmente não deve conter números idênticos aos encontrados nos registros da Hospedaria de Imigrantes.

4.1 Movimento migratório / Lista de movimento de passageiros

• Descrição: esta série compõe-se de quadros estatísticos dando conta do movimento de imigrantes desembarcados e emigrantes embarcados no Porto de Santos. A estatística é mensal, contando também com resumos trimestrais, semestrais e anuais. Há diversas lacunas nas séries dos quadros, por motivos ignorados.
• Conteúdo: os diversos quadros eram organizados em séries, elencadas desde a série A até série E. De uma maneira geral, estas séries destinavam-se à descrição de

aspectos precisos do movimento migratório. O número de quadros por série tendeu a crescer ao longo do tempo, à medida que se ampliava o detalhamento da estatística de controle do processo imigratório. Esse conjunto de quadros resume as séries de quadros mensais, igualmente disponíveis no mesmo maço. Segundo relatório que acompanha os quadros referentes a dezembro de 1907, a Inspetoria do Porto de Santos estava "em seu segundo mês de instalação". A série aqui considerada cobre o período 1907-1953, com aparentes lacunas dos anos 1942-44 e 1949-52.

Década de 1910

Série A – Entrada

Quadro I – Passageiros por classe (1ª, 2ª e 3ª), e por condição de espontâneos ou subsidiados.

Quadro II – Classificação dos imigrantes entrados no porto de Santos durante o primeiro trimestre de 1909 (nacionalidade, número de indivíduos, número de famílias, número de avulsos, sexo, idades, grau de instrução, estado civil, religião, profissões e procedência).

Quadro III – Países, ilhas e colônias de cujos portos vieram os imigrantes desembarcados no porto de Santos durante o primeiro semestre de 1909 (procedência, número de imigrantes).

Quadro IV – Portos de onde vieram os imigrantes desembarcados no porto de Santos durante o primeiro semestre de 1909 (portos, número de imigrantes).

Quadro V – Companhias as quais pertencem os vapores que desembarcaram imigrantes no porto de Santos durante o primeiro semestre de 1909 (companhias de navegação, bandeiras, números de vapores, número de imigrantes).

Quadro VI – Classificação das famílias dos imigrantes entrados no porto de Santos durante o primeiro semestre de 1909 (nacionalidade, total da cada nacionalidade, número de agricultores e de "outras profissões", condição de espontâneo ou subsidiado, vindo em família ou avulso, origem).

Série B – Saída

Quadro I – Passageiros por classe: 1ª, 2ª e 3ª.

Quadro II – Classificação dos emigrantes (nacionalidade, total, número de famílias, avulsos, idades, sexo, estado civil, profissão, religião, grau de instrução, procedência).

Quadro III – Destino dos emigrantes (por continente e país, número de emigrantes).

Quadro IV – Portos de destino dos emigrantes embarcados no porto de Santos (por nacionalidade).

Quadro V – Companhias as quais pertencem os vapores nos quais embarcaram emigrantes no porto de Santos.

Série C
Quadro II – Demonstração (por nacionalidades) do excesso a favor da entrada de imigrantes ou saída de emigrantes pelo porto de Santos durante o primeiro semestre de 1909 (nacionalidades, diferença a favor da entrada ou da saída).
Quadro III – Demonstração (por países, ilhas e colônias de procedência ou destino) do excesso de entrada de imigrantes ou saída de emigrantes pelo porto de Santos durante o primeiro semestre de 1909 (procedência ou destino, diferença a favor da entrada ou da saída).

Série D
Quadro único – Relação dos imigrantes embarcados para a Hospedaria de Imigrantes durante o primeiro semestre de 1909 (número de famílias, indivíduos sem famílias, imigrantes espontâneos, imigrantes subsidiados, nacionalidades – totais para cada uma – profissão, procedência).

Série E – Movimento geral dos vapores
Quadro único – Quadros mensais.

Para o anos de 1945 e 1948 a relação dos quadros altera-se. Não foram encontrados conjuntos completos de tais quadros, ou nem todos foram regularmente elaborados, acreditando-se na numeração dada aos exemplares remanescentes.

Ano de 1945. Resumos dos passageiros desembarcados no Porto de Santos.
Série A
Quadro I – Totais do exterior, estrangeiros (permanentes e temporários), brasileiros, em portos do Brasil 1ª, 2ª e 3ª classe.
Quadro II – Permanentes e temporários.
Quadro VII – Classificação dos permanentes e retornos vindos em 1ª e 2ª classe (nacionalidade, famílias, avulsos, faixa etária, estado civil, profissão – agricultura, comércio, indústria, capitalistas, diversos, religião – católicos, protestantes, israelitas, diversos, instrução, procedência).
Quadro XII – Discriminação de estrangeiros vindos de portos do Brasil em 1ª e 2ª classe (idem anterior).
Quadro XVI – Movimento geral dos vapores inspecionados.
Quadros III, IV, V, VI, VIII, X – negativos.

Série B
Quadro II – Discriminação dos estrangeiros saídos em terceira classe: nacionalidades, idades, sexo, estado civil, profissão (agricultores, operários qualificados, operários não qualificados, comércio, domésticos e sem profissão).
Quadro III – negativo.
Quadro IV – Discriminação dos estrangeiros saídos (nacionalidades, idades – maiores e menores de 18 anos – sexo, profissão – agricultura, comércio, indústria, capitalista, diversos, destino).
Quadro V – Discriminação dos brasileiros saídos em 1ª e 2ª classe. Idades (maiores e menores de 18 anos), sexo, profissão (idem anterior), destino.
Quadro VI – Portos de destino dos passageiros saídos em 3ª classe.
Quadro VII – Discriminação dos passageiros saídos em terceira classe para portos do Brasil: nacionalidade, idade, sexo, estado civil, profissão (agricultores, operários qualificados, operários não qualificados, comércio, domésticos e sem profissão).
Quadro VIII – Discriminação dos passageiros saídos pelo porto de Santos para outros estados 1ª e 2ª classe: nacionalidade, idade, sexo, profissão.
Quadro IX – Portos de destino dos passageiros saídos pelo porto de Santos para outros estados em 3ª classe (nacionalidade e portos do Brasil).
Quadro X – Destinos dos passageiros saídos em 3ª classe (continente, país, nº de passageiros).
Quadro XI – Companhias de navegação.

Série D
Quadro I – Resumo do movimento de imigrantes e trabalhadores encaminhados para a lavoura; destino (hospedaria/interior), nacionalidades (nacionais/estrangeiros), categoria (subsidiado/espontâneo).
Quadro II – Classificação dos imigrantes e trabalhadores encaminhados para a lavoura, naturalidades, famílias, avulsos, idades, sexo, estado civil, profissão (agricultores, diversos), religião (católicos, acatólicos), instrução (alfabetizados/analfabetos), cor (brancos, mulatos, pretos), procedência (portos do Brasil).

Ano de 1948
Série A
Quadro I – Resumo do movimento geral de passageiros desembarcados no porto de Santos: do exterior, estrangeiros (permanentes/diversos), brasileiros; de portos do Brasil (1ª e 2ª classe; 3ª classe), totais.

Quadro II – Classificação geral pelos dispositivos do decreto-lei federal nº 7.967 dos estrangeiros desembarcados em Santos por nacionalidade e tipo de visto: permanente, retorno, temporário, temporário especial, trânsito, visto oficial, visto diplomático.

Quadro III – Discriminação dos estrangeiros de várias profissões, permanentes e retornos, vindos em 3ª classe, por nacionalidade, famílias, avulsos, idade, sexo, estado civil, profissão, religião, instrução, procedência.

Quadro IV – Discriminação dos brasileiros vindos do exterior em 3ª classe desembarcados em Santos por famílias, avulsos, idade, sexo, estado civil, profissão, religião, instrução, procedência.

Quadro V – Classificação dos permanentes e retornos vindos em 1ª e 2ª classe desembarcados em Santos: por nacionalidade, família, avulsos, idade, sexo, estado civil, profissão, religião, instrução, procedência.

Quadro VI – Discriminação dos brasileiros vindos do exterior em 1ª e 2ª classe.

Quadro VII – Portos de procedência dos permanentes e retornos desembarcados em Santos por: nacionalidade e porto.

Quadro VIII – Discriminação dos passageiros vindos de portos do Brasil em 3ª classe e desembarcados em Santos por: nacionalidade, família, avulsos, idade, sexo, estado civil, profissão, religião, instrução.

Quadro IX – Discriminação dos passageiros vindos de portos do Brasil em 1ª e 2ª classe e desembarcados em Santos, idem anterior.

Quadro X – Portos de procedência dos passageiros desembarcados em Santos vindos de outros estados do Brasil (nacionalidade e porto).

Quadro XI – Países de cujos portos vieram passageiros desembarcados em Santos por: procedência, permanente e retornos, temporários e diversos, brasileiros, total.

Quadro XII – Companhias de navegação as quais pertencem os vapores que transportaram passageiros para o porto de Santos.

Quadro XIII – Movimento geral dos vapores inspecionados.

Série B
Quadro I – Resumo do movimento geral de passageiros saídos pelo porto: para o exterior, para portos do Brasil.

Quadro II – Discriminação dos estrangeiros saídos pelo porto de Santos para o exterior em 3ª classe por: nacionalidade, idade, sexo, estado civil, profissão, destino.

Quadro III – Discriminação dos brasileiros saídos pelo porto de Santos para o exterior em 3ª classe por: idade, sexo, estado civil, profissão, destino.

Quadro IV – Discriminação dos estrangeiros saídos pelo porto de Santos para o exterior em 1ª e 2ª classe por: nacionalidade, idade, sexo, profissão, destino.

Quadro V – Discriminação dos brasileiros saídos do porto de Santos para o exterior em 1ª e 2ª classe por: idade, sexo, profissão, destino.

Quadro VI – Portos de destino dos passageiros saídos de Santos para o exterior em 3ª classe por nacionalidade.

Quadro VII – Discriminação dos passageiros saídos por Santos para portos do Brasil em 3ª classe por: nacionalidade, idade, sexo, estado civil, profissão.

Quadro VIII – Discriminação dos passageiros saídos pelo porto de Santos para outros estados em 1ª e 2ª classe por: nacionalidade, idade, sexo, profissão.

Quadro IX – Portos de destino dos passageiros saídos para outros estados em 3ª classe por: nacionalidade e destino.

Quadro X – Países para cujos portos se destinavam os passageiros saídos em 3ª classe (continente, país, nº de passageiros).

Quadro XI – Companhias de navegação as quais pertencem os vapores que transportaram passageiros do porto de Santos por: companhia, bandeira, número de vapores e número de passageiros.

Série D
Quadro I – Resumo do movimento de imigrantes e trabalhadores encaminhados para a lavoura do Estado por: destino (hospedaria, interior), nacionalidades (nacionais, estrangeiros), categoria (subsidiados, espontâneos).

Quadro II – Classificação dos imigrantes e trabalhadores encaminhados para a lavoura do Estado por: nacionalidade, família, avulsos, idade, sexo, estado civil, profissão, religião, instrução, cor, procedência.

Quadro III – Portos de procedência dos imigrantes e trabalhadores encaminhados para a lavoura por nacionalidade.

- Acervo: (C09824), 1907-1911; (C09825), 1912-1914; (C09826), 1915-1919; (C09827), 1920-1923; (C09828), 1924-1929; (C09829), 1930-1932; (C09830), 1933-1935; (C09831), 1936-1939; (C09832); 1940-1941; (C09833), 1945-1948; (C09834), 1953; (C09835), 1926-1929, 1931, 1932, 1958 e 1959; (C09840), 1908-1915; (C09843), 1937-1939; (C09844), 1955; (C09845), 1955; (C09846), 1955; (C09847), 1955-1956; (C09848), 1956; (C09849), 1956; (C09850), 1958; (C09851), 1958; (C09852), 1961; (C09853), 1961.

Serie B, Quadro III – Paizes, ilhas e colonias para cujos portos se destinavam os immigrantes sahidos pelo porto de Santos, durante o anno de 1926 (C09835).

Destino	Número de Immigrantes	
EUROPA		
Itália	4.167	
Hespanha	405	
Portugal	6.205	
França	637	
Allemanha	1.668	
Hollanda	170	
Inglaterra	12	
Bélgica	8	
Grécia	1	
Turquia	7	Total 13.280
ASIA		
Japão	348	
Syria	43	Total 391
AFRICA		
Cabo Verde	2	
Egypto	9	
Colônia do Cabo	4	
Senegal	6	
Canárias	8	
Madeira	289	Total 318
AMERICAS		
Estados Unidos	478	
Antilhas	5	
Argentina	1.984	
Uruguay	857	
Chile	1	
Portos do Brasil	9.111	Total 12.436
(TOTAL)	26.425	

Relatório dos Trabalhos da Inspectoria de Immigração no Anno de 1926 (C09835).
Pela Inspectoria de Immigração foi registrado, em 1926, o desembarque de 62.809 immigrantes, dos quaes vieram como expontaneos 50.096 e como subsidiados 12.713, procedentes de:
    Europa, 43.320
    Ásia, 7.720
    África, 889
    Norte América, 85
    Argentina, 2.431
    Uruguay, 331
    Portos do Brasil, 8.033 Total, 62.809.
Foi de 24.090 o numero de passageiros de classe, vindos do extrangeiro e de outros Estados do Brasil, desembarcados neste porto, sendo 20.353 de 1ª e 3.737 de 2ª classe, elevando portanto, a 86.899 o numero total de pessoas vindas do estrangeiro e de outros Estados do Brasil, desembarcados no porto de Santos durante o anno de 1926.

Entrada de Passageiros e Immigrantes pelo Porto de Santos no anno de 1926.

Passageiro		Immigrantes		Total
1ª Classe	2ª Classe	Subsidiados	Expontaneos	
20.353	3.737	12.713	50.096	86.899

Serie B, Quadro V – Companhias a que pertencem os vapores que transportaram emigrantes do porto de Santos, durante o Anno de 1926 (C09835).

Companhias de navegação	Bandeiras	Número de Vapores	Número de Emigrantes
The Royal Mail Steam Packet Co.	Ingleza	65	1.842
Pacific Steam Navigation	"	3	14
Nelson Steamship Lines	"	2	5
Lamport & Holt, Line	"	19	155
Sud Atlantique	Franceza	39	1.096
Chargeurs Reunis	"	60	996
Transports Maritimes	"	9	55
Navigation France-Amèrique	"	6	14
Navigazione Generale Italiana	Italiana	61	1.831
Lloyd Sabaudo	"	44	1.636
Transatlantica Italiana	"	26	758
Sociedade Triestina di Navigazione	"	27	807
Lloyd Latino	"	7	29
Hamburg-Sudamerikanische D. G.	Allemã	52	2.924
Norddeustscher Lloyd Bremen	"	50	1.755
Hugo Stinnes Linien	"	22	929
Hamburg-Amerika Linie	"	5	17
Lloyd Real Hollandez	Hollandeza	39	1.848
Munson Steamship Lines	N. Americana	34	333
Osaka Shosen Kaisha	Japoneza	9	318
Nippon Yusen Kaisha	"	4	62
Lloyd Brasileiro	Brasileira	235	3.780
Navegação Costeira	"	269	4.368
Empreza de Navegação Hoepcke	"	21	183
Commercio e Navegação	"	25	670
Sommas		1.133	26.425

Pelo exame do quadro seguinte, contendo a relação das entradas annuaes de immigrantes pelo porto de Santos desde 1908, verifica-se que o movimento do anno de 1926 foi menor do que o anno de 1925, devido a maioria dos immigrantes subsidiados destinados ao Estado de São Paulo, terem desembarcados no porto do Rio de Janeiro (C09835).

Immigrantes entrados pelo Porto de Santos, de 1908 a 1926.

Annos	Subsidiados	Expontaneos	Total
1908	8.360	29.515	37.875
1909	12.522	25.716	38.238
1910	14.461	23.229	37.690
1911	13.810	37.147	50.957
1912	35.555	55.908	91.463
1913	47.149	63.37	110.572
1914	15.294	31.906	47.200
1915	2.710	13.908	16.618
1916	6.771	11.086	17.857
1917	16.286	6.709	22.995
1918	6.730	5.330	12.060
1919	5.198	12.220	17.418
1920	8.024	24.460	32.484
1921	13.563	18.660	32.223
1922	9.903	22.570	32.473
1923	14.52	32.726	47.249
1924	21.479	36.331	57.810
1925	24.330	39.467	63.797
1926	12.713	50.096	62.809

No quadro que se segue, observa-se que o movimento migratório por Santos em 1926, foi bastante favorável para o Estado, havendo uma differença entre o movimento de entrada e o de sahida, de 36.384 a favor da entrada (C09835).

Movimento Migratório por Santos de 1908 a 1926.

Annos	Entrados	Sahidos	Saldos
1908	37.875	30.750	4.125 entrados
1909	38.238	34.512	3.726 entrados
1910	37.690	30.761	6.929 entrados
1911	50.957	27.331	23.626 entrados
1912	91.463	37.440	54.023 entrados
1913	110.572	41.154	69.418 entrados
1914	47.200	41.834	5.366 entrados
1915	16.618	26.183	9.465 sahidos
1916	17.857	12.776	4.081 entrados
1917	22.995	9.397	13.598 entrados
1918	12.060	6.542	5.518 entrados
1919	17.418	14.509	2.909 entrados
1920	32.484	16.748	15.736 entrados
1921	32.223	16.796	15.427 entrados
1922	32.473	20.612	11.861 entrados
1923	47.249	20.697	26.552 entrados
1924	57.810	24.085	33.725 entrados
1925	63.797	26.304	37.493 entrados
1926	62.809	26.425	36.384 entrados

Serie A, Quadro I – Resumo do movimento immigratorio pelo porto de Santos durante o Anno de 1926 (C09835).

Passageiros de 1ª Classe, 20.353
Passageiros de 2ª Classe, 3.737
Immigrantes (Passageiros de 3ª Classe) entrados, 62.809
Total, 86.899

Dos 62.809 immigrantes, eram Expontaneos 50.096 e Subsidiados 12.713.
O Estado de São Paulo considera como immigrantes todos os passageiros de 3ª classe vindos de portos extrangeiros ou de outros Estados do Brasil.
Nas estatísticas federaes, figuram como immigrantes todos os passageiros de 2ª e 3ª classe vindos de portos extrangeiros.

Serie A, Quadro V – Companhias de Navegação a que pertencem os vapores que transportaram immigrantes, digo, que desembarcaram immigrantes no porto de Santos durante o Anno de 1926 (C09835).

Companhias de Navegação	Bandeiras	Numero de Vapores	Immigrantes
Royal Mail Steam Packets	Ingleza	68	6.448
Pacific Steam Navigation	"	3	85
Lamport, Holt & Cia.	"	16	414
Chargeurs Reunis	Franceza	51	4.199
Sud Atlantique	"	35	1.693

(continua)

(continuação)

Companhias de Navegação	Bandeiras	Numero de Vapores	Immigrantes
France Amerique	"	4	1.643
Transports Maritimes	"	23	4.027
Lloyd Sabaudo	Italiana	48	2.984
Navigazione Generale Italiana	"	64	3.526
S. Triestina de Navigazione	"	30	2.431
Lloyd Latino	"	8	389
Transatlantica Italiana	"	26	1.787
Hamburgo Sudamerikanische B. G.	Allemã	58	5.381
Norddeustscher Lloyd Bremen	"	50	2.660
Hugo Stinnes Linien	"	21	1.023
Hamburgo Amerika Linie	"	7	777
Nelson St. Navigation	Ingleza	3	916
Osaka Shosen Kaisha	Japoneza	13	5.691
Nippon Yusen Kaisha	"	7	2.043
Munson Steamship Line	Americana	17	90
Lloyd Real Hollandez	Hollandeza	40	5.038
Lloyd Brasileiro	Brasileira	227	4.464
Navegação Costeira	"	276	4.199
Empreza de Navegação Hoepke	"	15	229
Commercio e Navegação	"	23	672
Sommas		1.133	52.809

4.2 Ofícios e cópias de certidões

- Descrição: ofícios nos quais constam colonos que requerem certidões de comprovação de desembarque e permanência no país, para fins de naturalização, registro de estrangeiros, equiparação ou legalização no país.
- Conteúdo: os requerimentos são inicialmente endereçados ao diretor do Departamento de Trabalho Agrícola de São Paulo (1931) e, após esta data, para a Inspetoria de Imigração de São Paulo no Porto de Santos.
- Acervo: (C09841), 1931, 1935, 1940; (C09842), 1946, 1947, 1960.

> *Justino Ignácio de nacionalidade portuguesa, tendo chegado ao Brasil desembarcando no porto de Santos em 23 de Fevereiro de 1914 em companhia de seus paes, vem solicitar a V. Excia. se digne certificar o que constar a respeito no archivo da Inspectoria de Imigração de Santos.* (C09841, Requerimento de Justino Ignácio para o diretor do Departamento do Trabalho Agrícola, 1931. Segue informação da Inspetoria: *Certifico que revendo as listas gerais de passageiros desembarcados no porto de Santos, arquivados nesta inspectoria, verifiquei constar da lista geral de passageiros do vapor 'Zeelandia', entrado em 23 de fevereiro de 1914, sob os números de ordem, 390-391-392-393-394-395 a seguinte família de imigrantes subsidiados Luiz Ignácio, chefe, com 42 anos de idade, casado, português, agricultor, sua mulher Amalia Ignácio com 43 anos de idade, casada, portuguesa, e seus filhos, Justino Ignácio com 12 anos de idade, solteiro, português, Manoel Ignácio, com 10 anos de idade, solteiro, português, Custodio Ignacio, com 6 anos de idade, solteiro, português e Francisco Ignacio com 3 anos de idade, solteiro, português, todos procedentes de Leixões em 3ª classe [...]. São Paulo, 11 de novembro de 1931).*

> *Artur Augusto Lopes, português, solteiro, filho de Antonio Joaquim Lopes, e de Ana Maria Dias, natural do Concelho de Meda, Freguesia de Barreiras, Portugal, nascido a 28 de janeiro de 1929,*

residente a Av. Pedro Lessa, 126, nesta cidade, tendo desembarcado em companhia de sua mãe Ana Maria Dias, no porto de Santos, em 22 de Fevereiro de 1935, pelo vapor Masilia, requer a V. Sa. se digne a passar-lhe Certidão de Desembarque, afim de instruir um processo para tratar de sua carteira modelo 19.
Nestes termos, Pede Deferimento. (C09842, Requerimento de Artur Augusto Lopes; Santos, 13 de Outubro de 1947. Segue informação da Inspetoria: Snr. Chefe. Nada consta sobre o desembarque de Artur Augusto Lopes, filho de Ana Maria Dias, da lista de passageiros para o Porto de Santos do vapor 'Massilia', entrado em 22 de fevereiro de 1935. Consta entretanto, da mesma lista, sob nº de ordem 59, o nome de Dias Artur, de sexo masculino, com 6 anos de idade, solteiro, português, sem profissão, filho de Dias Ana Maria, de religião católica, analfabeto, com última residência em Cotimos-Portugal, procedente de Lisboa, com destino a R. Aguiar de Andrade 87, Santos, em 3ª classe, passagem nº 46/47, passaporte nº 41, expedido em Guarda. Nada consta sobre o caráter do seu desembarque. Santos, 15 de outubro de 1947. Em anexo, a certidão: Em cumprimento ao despacho exarado no requerimento de Artur Augusto Lopes, protocolado nesta Inspetoria sob o número quatrocentos e noventa e quatro, do ano em curso, e à vista da informação prestada no verso do aludido requerimento e do ofício anexo ao mesmo, Certifico – para o fim especial de instruir processo de registro de estrangeiro – que, da lista de passageiros para o porto de Santos, do vapor 'Massilia', entrado em vinte e dois de fevereiro de mil novecentos e trinta e cinco, consta, sob número de ordem cinquenta e nove, o nome de Dias Artur, sexo masculino, com 6 anos de idade, solteiro, português, sem profissão, filho de Dias Ana Maria, de religião católica, analfabeto, com última residência em Cotimos-Portugal, procedente de Lisboa, com destino a R. Aguiar de Andrade 87, Santos, em 3ª classe, passagem nº 46/47, passaporte nº 41, expedido em 1935, em Guarda. Ingressou no país enquadrado no artigo 14, do Decreto número 24.258, de 16 de maio de 1934. O referido é verdade e dou fé. Eu, Honório Martins da Quinta, escriturário, classe 'K', da Inspetoria de Imigração do Estado de São Paulo, em Santos, a lavrei, conferí e assino, aos vinte e três dias do mês de outubro de mil novecentos e quarenta e sete).

—

Francisco D'Amico, italiano, com 27 annos de idade, tendo chegado ao Brasil em companhia de sua família, em janeiro de 1912, desejando provar a sua permanência neste paiz há mais de 10 annos, vem respeitosamente solicitar à V. Excia., se digne mandar certificar ao pé deste, o que constar a respeito no archivo da Inspetoria de Immigração em Santos. (C09841, Requerimento de Francisco D'Amico para o diretor do Departamento de Trabalho Agrícola; Santos, 30 de dezembro de 1931. Segue informação da Inspetoria: *Certifico que revendo as listas gerais de passageiros desembarcados no porto de Santos, arquivados nesta inspetoria, verifiquei constar da lista geral de passageiros do vapor 'Regina Elena' entrado em 14 de janeiro de mil novecentos e doze, sob numeros de ordem 94-95-96-97-98-99-100-101-102-103, procedentes de Genova, em terceira classe, a seguinte família: D'Amico Giovanni, chefe, com 38 annos de idade, casado, italiano, sapateiro, católico, sabendo ler, sua mulher D'Amico Annatonia, com 35 annos der idade, casada, italiana, domestica, catolica, sabendo ler, e seus filhos Marianna com 13 annos de idade, solteira, italiana, Gennaro, com 13 annos de idade, solteiro, italiano, Anna, com 11 annos de idade, solteira, italiana, Angela, com 9 annos de idade, solteira, italiana, Francisco com 8 annos de idade, solteiro, italiano, Isabella, com 6 annos de idade, solteira, italiana, Antonia, com 4 annos de idade solteira, italiana, e Felicia com 3 annos de idade solteira, italiana. Nada mais consta. Santos 30 de Dezembro de 1931).*

—

Carmen Veiga Giraldez, de nacionalidade hespanhola, com entrada n'este porto em 29 de junho de 1920 a bordo do vapor 'Andes', vem mui respeitosamente requer a V.S. se digne mandar passar por certidão junto a este o que constar a seu respeito no archivo d'esta Repartição, para fins de naturalização. (C09841, Requerimento de Carmen Veiga Giraldez para a Inspetoria de Imigração;

s.l., 6 de abril de 1936. Segue informação, no verso: *Certifico em virtude do despacho retro, que revendo as listas geraes de passageiros do vapor 'Andes', entrado em 29 de junho de mil novecentos e vinte e um, procedente de Vigo, sob numero de ordem vinte e nove, o nome da Senhora Carmen Veiga Giraldez, com a idade de quatro annos e meio, sexo feminino, estado civil solteira, nacionalidade hespanhola, sem profissão, filha de Pio Veiga Fernandez e Eugenia Giraldez Perez. Santos, 8 de Abril de 1936).*

—

João Mulato, de nacionalidade italiana, residente em S. Paulo – capital –, vem mui respeitosamente requerer à V. S., se digne mandar certificar o que consta sobre seu desembarque em Santos, a 16 de outubro de 1924, do vapor Nazario Sauro, em companhia de sua progenitora Polesel Emilia, para fins de registro de estrangeiro. (C09842, Requerimento de João Mulato para a Inspetoria Estadual de Imigração no Porto de Santos; Santos, 5 de novembro de 1947. Segue informação, no verso: *Da lista de passageiros para o Porto de Santos do vapor Nazario Sauro, entrado em 16 de outubro de 1924, consta como immigrante subvencionado pelo Estado de S. Paulo, procedente de Genova, sob numero de ordem 42 em 3ª classe, o nome de Giovanni Mulato, filho de Polesel Emilia, com 10 anos de idade, sexo masculino, solteiro, italiano, estudante, católico, alfabetizado e com ultima residência na Itália. Santos, 6 de novembro de 1947. Em anexo, consta uma certidão: Em cumprimento ao despacho exarado no requerimento de João Mulato, protocolado nesta Inspetoria sob número quinhentos e quarenta e um, ano em curso, e à vista da informação prestada no verso do aludido requerimento, Certifico – para o fim especial de instruir processo de registro de estrangeiro – que, da lista de passageiros, entrado em dezeseis de outubro de mil novecentos e vinte e quatro consta, procedente de Genova, como imigrante subvencionado pelo Governo do Estado de São Paulo, sob número de ordem quarenta e dois, em terceira classe, o nome Giovanni Mulato, filho de Polesel Emilia, com 10 (dez) anos de idade, sexo masculino, solteiro, italiano, estudante, católico, alfabetizado e última residência na Itália. O referido é verdade e dou fé. Eu, Honorio Martins da Quinta, escriturario, classe 'K', da Inspetoria de Imigração, do Estado de São Paulo, em Santos, a lavrei, conferí e assino aos seis dias do mês de novembro de mil novecentos e quarenta e sete).*

4.3 Expediente da Inspetoria e circulares

• Descrição: correspondência e documentos recebidos pela Inspetoria de Imigração no Porto de Santos.

• Conteúdo: ofícios recebidos de companhias de navegação, representações diplomáticas estrangeiras, Agência Oficial de Colonização e Trabalho, consulados brasileiros, funcionários (memorandos), Patronato degli Emigranti (S.Paolo), Secretaria da Agricultura, Comércio e Obras Públicas, Hospedaria de Imigrantes, Instituto Agronômico, Agence Consulaire de France à Santos, Diretoria Geral de Estatística, núcleos coloniais, Santa Casa de Misericórdia, Real Centro Português; pedidos de atestados de embarque; cartas de autoridades nacionais e estrangeiras no exterior tratando de questões relativas à imigração; circulares recebidas da Secretaria da Agricultura, Comércio e Obras Públicas; correspondência dando conta da criação de associações de socorros mútuos sobre bagagens de imigrantes, solicitando informações estatísticas sobre entrada de imigrantes, dando conta do envio de máquinas, peças e sementes para diversas localidades do Estado, solicitando passagens a imigrantes subsidiados, informando sobre a inspeção sanitária nos navios entrados no porto, encaminhando ou solicitando certificado de famílias que não desembarcaram e de famílias que responderam à chamada no desembarque; cartas manuscritas de colonos sobre questões de bagagens e chegada de familiares; fichas do albergue noturno.

- Acervo: (C09854), 1908 e 1909; (C09855), 1910-1911; (C09856), 1912; (C09857), 1908-1914; (C09858), 1914-1915; (C09859), 1916-1917; (C09860), 1919-1921; (C09861), 1922, 1925-1927; (C09862), 1928-1929; (C09863), 1930-1933; (C09864), 1934.

De conformidade com a ordem de V. S. exarada na carta, recebida ontem dos Srs. Antunes dos Santos Cia. d'esta cidade, cumpre-me informar o seguinte:
1º) A família de nº 13 de que trata a lista de bordo do vapor Orissa, entrado em 11-6-08 e embarcada em Leixões em 26 de março p. passado, compõe-se de 4 pessoas, a saber:
Salvador Teixeira (chefe) com 32 anos,
Ludovina de Jesus (mulher) 30 anos,
Maria (filha), 7 anos,
Silveira (filha), 18 meses.
(À margem, na coluna de observação, os dizeres: Requisição nº 112).

A família nº 15 da mesma lista, compõe-se de seis pessoas:
Sebastião Cardoso (chefe), 35 anos,
Maria do Rosário (mulher), 32 anos,
Virgínia de Jesus (filha), 13 anos,
Alexandre (filho), 7 anos,
Esperança (filha), 4 anos,
Margarida (filha), 14 meses.
(À margem, na coluna de observação, os dizeres: Requisição nº 136).

2º) Todas as pessoas de que se compõem estas famílias, responderam à chamada a bordo do dicto vapor, feita por mim.
3º) As famílias de que tracta esta informação, recusaram-se a seguir para a Hospedaria de Immigrantes em São Paulo, tendo a de nº 15 declarado querer ficar nesta cidade, em virtude de aqui acharem-se parentes seus.
É o que me cumpre informar a V.S. (C09854, Ofício do auxiliar interino para o inspetor; Santos, 15 de junho de 1908).

—

Apresento-vos, por esta, o colono Simonato Gustavo, representante de cinco famílias de colonos de Araraquara e que vai ao Núcleo Colonial Conde do Pinhal visitar lotes, para comprar, peço-vos conseguir para elle passagem de ida e volta, no serviço marítimo 'Joaquim Garcia' de acordo com a requisição que vai com esta, esclarecendo-o no que for preciso. (C09854, Ofício do diretor da Agência Oficial de Colonização e Trabalho para Oscar Loefgren, inspetor de imigração no Porto de Santos; São Paulo, 14 de fevereiro de 1908).

—

De posse de vossa carta de 22 do corrente, comunico-vos que, para poder encaminhar pedido de chamada, que me enviaste, feito pelo Sr. Dr. Cajado, é necessário que este fazendeiro mande dizer se os chamados tem parentes localizados na fazenda, e, no caso afirmativo, qual o nome desses parentes e o grau de parentesco entre chamantes e chamados, porque, se não tiver parentes na fazenda, não poderei encaminhar o pedido, visto o regulamento exigir que a família a ser chamada, deve ser composta de, pelo menos, 3 pessoas com as edades entre 12 e 45 annos. E, tratando-se de 2 menores, como no presente pedido, só poderão ser encaminhados se os chamantes são os paes dos chamados. (C09854, Ofício do diretor da Agência Oficial de Colonização e Trabalho para Oscar Loefgren, inspetor de imigração em Santos; São Paulo, 25 de setembro de 1908).

—

A fim de que tomeis conhecimento, transmito-vos a inclusa cópia do contracto celebrado a 10 de janeiro ultimo, entre esta secretaria e a Companhia Agrícola Fazenda Dumont, para introdução, durante o corrente anno, de 200 famílias de imigrantes destinadas ás suas fazendas. (C09854, Ofício do diretor geral da Diretoria de Terras, Colonização e Imigração para o inspetor de imigração do Porto de Santos; São Paulo, 16 de março de 1908; despacho manuscrito alerta *para a conveniência de enviar esses imigrantes para a Hospedaria e não diretamente para Ribeirão Preto*; em anexo, encontra-se a cópia do contrato. Entre outras cláusulas, *famílias de imigrantes de origem européia, exclusivamente agricultores, famílias de 3 pessoas aptas para o trabalho, de 12 a 45 anos*).

De acordo com o telegrama de 29 Agosto ultimo, dos Srs. Janowitzer, Veit & Cia., comunico-vos para os fins convenientes, que, pelo vapor 'Francesca' esperado nesse porto em 13 do corrente, deverão chegar 91 famílias de agricultores hespanhoes, que se destinam a lavoura deste estado. (C09854, Ofício do diretor geral da Diretoria de Terras, Colonização e Imigração para o inspetor de imigração no Porto de Santos; São Paulo, 1º de setembro de 1908).

—

Sendo de grande interesse para o serviço desta hospedaria, que muitas attenções já vos deve aos seus dignos auxiliares, – serem os immigrantes, procedentes do Porto de Santos, acompanhados de suas respectivas bagagens, quando em grande numero e transportados em trens especiaes, – venho por este e tão só no intuito de acautellar a saúde dos mesmos e especialmente das crianças que os acompanham, pedir-vos a fineza de providenciar para que as referidas bagagens, como muitas vezes se dá, venham sempre para a Hospedaria no mesmo trem dos immigrantes, facilitando-se, por esse modo, a entrega das mesmas pela secção da Alfândega, no dia seguinte da chegada, e impedindo-se o apparecimento de molestias, como se deu com muitas das crianças immigrantes do vapor "Sofia Hohemberg", chegados a esta hospedaria, no dia vinte do corrente e só hoje receberam as bagagens, inclusive as de mão, em que vinham as cobertas, cuja falta sensivelmente sofreram.
No caso de não ser possível vir a bagagem com os imigrantes, por não haver tempo na descarga de bordo para os vagões, peço-vos ordenar que cada immigrante possa embarcar com a bagagem de mão, em que vêm as cobertas, com que passar a primeira noite nesta capital.
Acreditando que verificareis, neste meu pedido, mais um pequeno esforço em relação ás comodidades com que o Governo procura cercar os imigrantes e para as quaes muito tem concorrido a digna administração dessa Estrada, termino, reiterando-vos as seguranças de minha elevada estima e distincta consideração. (C09855, Ofício do diretor da Hospedaria de Imigrantes para Antonio Fidelis, chefe do tráfego da São Paulo Railway Company; São Paulo, 1910).

—

Informacion Y Cronica.
Emigracion al Brasil – Noticioso el Consejo Superior de emigracion de que nuestros compatriotas emigrados en el Brasil eran objeto alli de malos tratos y vejaciones realmente intolerables, acrodó praticar una informacion, y al efecto encargò de este servicio al Inspector, Teniente de Navio, Don Angel Gamboa quien há informado ampliamente respecto à la situacion de los emigrantes españoles, que non pude ser, en verdad, mas deplorable.

La totalidad de la emigracion gratuita se compone de familias completas exclusivamente de agricultores, com tres individuos por lo menos aptos para el trabajo, que es a quien ùnicamente admiten en las haciendas, movidos sin duda, principalmente, por la intencion de que no les sea posible regresar a su pais, como lo seria, si no tuviera las trabas que supone la familia.

Puede asegurarse qui sin excepcion todas estas familias disponen en sus pueblos de medios bastantes para vivir, hasta el punto de que ni à uno solo de los interrogados por el Inspector le faltaban elementos para atender a sus necesidades, si bein modestamente, nunca en lucha com la miseria que se supone y siempre infinitamente mejor que en el Brasil, adonde se dirigen todos, seducidos por los engaños de los agentes que pululan por los pueblos y les hacen las mas alagadoras promesas, tan absolutamente falsas como las de que alli les regalan terrenos, ganados, aperos de labranza [faltam trechos].

A la llegada a Santos, atracan los vapores a un muelle, sobre el qual espera el tren que há de transportar los emigrantes a la Hospedaria de San Pablo. Estos pasan del barco al tren por una plancha, uno de cuyos lados está cubierto por un cordon de empleados al servicio de la Inspectoria de emigrantes, que com la desculpa de proteger a los que desenbarcan cuidan de que no se escape ninguno y de que no comuniquen con nadie.

Desenbarcaron varios niños com sarampió y apesar de haberlo advertido el director de la Hospedaria y haber prometido este que seria trasladados a la enfermeria y debitamente asistidos por el medico, al dia siguiente a las veintecuatro horas de haber desembarcado, aun estaban en brazos de sus madres, mal cubiertos de harapes, y sin que se les hubiera proporcionado medicamentos, ni siquiera alimentacion adecuada.

Por la tarde, al ingresar en el hospital de aislamento, la madre de uno de los enfermitos, sintiò dolores de parto, y fué despedida por el medico del estabelecimiento y conducida a un coche de enfermos a la Hospedaria, à pesar de los rogos e de las protestas de las enfermeras, que temian que aquella mujer diese a luz en el camino, cmo sucedió pues el alumbriamento ocurriò en el momento de descender del coche, en el mismo patio de la Hospedaria, sin tiempo de llegar a la enfermeria y sin mas assistencia que a de un paisano de la paciente, compañero de viaje, que por causalidad se hallaba alli. Esta infeliz falleciò a los pocos dias á causa de la infeccion consiguiente [faltam trechos].

Todo el viaje, de Santos a San Pablo, lo hacen los emigrantes cerrados com llave los vagones, y com las ventanillas habiertas nada mas que los estrictamente necesario para que hoya alguna ventilacion. En las mismas condiciones son condicidos a las haciendas.

Los contratos los hacen en la Hospedaria directamente com los emigrantes los representantes de las "haciendas" y son ratificados ante los encargados de la Oficina de Colonizacion y Trabajo. Esta garantia oficial es puramente ilusoria y ademas despues de llegar a las "haciendas" estos contratos, ponen entre lineas los hacendados ò administradores si cumplem las condiciones establecidas por la Administracion sin especificar que condiciones son esas.

Otras veces sustituyen los contratos oficiales por otros a capricho.

Las casas que les dan en las "haciendas" tienen una sola habitacion y en su mayoria estan construidas com estacas clavadas en tierra y entrelazando com ellas cubren luego com barro esta especie de tejido. Tienen que dormir en el suelo, sobre la tierra, hasta que se proporcionen lecho que suelen ser monton de hojas de maiz. [faltam trechos].

Ademas, la asistencia medica es tan vcara y deficiente, que son muchos los inmigrados que tienen que prescindir de ella.

Cualquier medico de un poblado, requerido para visitzr una "hacienda" no cobra menos de 100 a 120 pesetas. Los de las "haciendas" se igualan com los colonos, cobrando unas 200 ptas al año pero generalmente no atieneden a los enfermos, a cuyo llammiento acuden tarde, quando acuden.

Hay noticias de violaciones cometidas por hijos de hacendados ò admnistradores en hijas de colonos. En lupanares de algunos poblados hay gran numero de muchachas prostituidas en las haciendas.

La administracion de justicia no ampara a los colonos, ni a estos les es facil acudir a ella para hacer valer sus derechos.

En comprobacion a estos hechos se cita el caso de berbardo Martin Rodriguez de Salamanca, a quien asesino hace poco as de un año de un tiro por la espada al capitan hacendado Jose Prieto en el momento de volverse aquel para retirarse despues de protestar contra algunas frases injuriosas para los españoles en general y para Bernardo en particular.

La colonia española del poblado mas proximo, a tres kilometros de la hacienda hizo una suscripcion cuyo produto destinaba al pago de un abogado que sostuviera la acusacion y aunque logrò reunir el dineo suficiente para ello, no encontrò letrado alguno que quisiera encargarse del sunto y el asesino fuè absuelto a los ventitres dias de cometer el crimen y quedaron desamparados por la muerte de Bernardo su mujer, su padre septenario y cinco hijos.

El mismo triste provenir quw a las familias que van contratadas para el trabajo en las haciendas espera allì a las que van a formar nucleos coloniales, pues el terreno dedicado a estos generalmente de mala calidad y tan quebrantado en algunos como el de Sabauna, que no permite la labor de arado, y necesariamente há de hacerse com azadon, lo cual representa un trabajo ciclopeo, que no puede estar en ralacion com sus productos, por lo que he dicho nucleo, compuesto en su totalidad de familais españolas, há sido abandonado, en su mayor parte perdiendo sus terrenos y com ello el fruto de sus esfuerzos y los mermados rendimientos, que su trabajo en las haciendas en los buenos tiempos del [faltam trechos].

Los inmigrantes son victimas de toda clase de vejaciones, no se les paga en dinero sino en vales solamente, utilizables en el almacen de la hacienda y por causalidad indispensable para la aquisicion de habichuela, arroz, manteca de puerco, que constituye com el café su principal alimentacion. En algunas haciendas pasan hasta siete meses sin que les den siquiera esos vales, y forzados por el hambre tienen que huir, abandonando los pocos enseres que poseen parqa [sic] *su fuga no sea advertida por los centinelas de vista, llamados en el pais, capangas, especie de maton que dedican a este servicio de vigilancia los administradores, en cuanto tienen noticia de que alguno proyecta marcharse, com en cargo de impedirlopor la fuerza.*

Aunque los contratos dicen que se pagaran por cada cinco litros de café cogido "tal candidad" se les exige doble recoleccion para acreditarles en la libreta los estipulados en el contrato.

En las haciendas donde se permite al colono sembrar maiz le obligan a venderlo a la hacienda misma por el precio que el administrador determine. Si, lo vende a algun vecino, es multado fuertemente y se há comprobado muchos casos en quel el administrador há pagado 15.000 réis por cada carro de maiz, mientras en el poblado ms proximo se pagaba à 50.000.

Excusado es decir que el administrador no hace nunca el pago en dinero, sino simplemete acreditandolo en la libreta del colono vendedor.

El imponer multa es cosa admitida en todas las haciendas como lo mas natural y legitimo, y se castiga asi costantemente a todos los colonos com el mas futil pretexto; y la determinacion de su cuantia es tan arbitraria, que depende unicamente del estado de animo del administrador nel momento de imponerla.

Las pulmonias son muy frecuentes y motivadas sin duda por los frecuentes cambios de temperatura en las veintecuatro horas del dia de 30º a 0º, en invierno.

El tracoma es alli tan comum, que puede asegurarse que no hay familia alli libre de esa enfermedad, de la que seguramente estan atacados el 95 por ciento de los mismos.

Es también frecuente la ankilotomasis, de dificil curacion en todos los casos, y que llega a ser imposible cuando el afectado de ella [faltam trechos].

[...] café les produjo.

En resumen: puede asegurarse que el 98 por 100 de los españoles emigrados en el Brasil, permanecen alli por falta de medios de volver é indudablemente se repatriaran todos si se les ofreciera de hacerlo. Como consecuencia de estos hechos la seccion primera del Consejo Superior de la Emigracion há acordado dirigirse al Ministro de la Gobernacion, para que com caracter urgente, adopte las disposiciones necesarias al efecto de prohibir la emigracion al Brasil com billete costeado por aquel Gobierno. (C09855, Páginas datilografadas com transcrição de artigo de jornal espanhol, s.d.)

De ordem do Sr. Dr. Secretario Interino, recomendo-vos novamente que não deve ser dado publicidade aos actos que têm por fim promover ou desenvolver a immigração, especialmente a subsidiada. (C09857, Circular do diretor geral da Diretoria de Terras, Colonização e Imigração para o inspetor de imigração em Santos; São Paulo, 2 de junho de 1913).

—

Como de costume peço ao amigo mandar-me os attestados dos seguintes immigrantes, vindos pelos vapores seguintes e que desembarcados ahi, não deram entrada n'esta Hospedaria:
"Sequana" de 28-7-13.

nº	45 Manoel Julio Rodrigues	23 anos	
	46 Maria da Glória	26 anos	
	47 João	2 anos	2 pass.

"Samara" de 11-9-13.

nº	407 Laura d'Oliveira	25 anos	1 pass
nº	408 Antonio Maria Brochas	34 anos	
	409 Silvina de Jesus	32 anos	
	410 Albano	7 anos	
	411 Maria	5 anos	
	412 Albertina	1 ano	2 ¾ pass

Agradecido e sempre ás ordens, sou com particular estima e consideração (C09857, Carta de Antunes dos Santos e Cia., de São Paulo, para Oscar Loefgren, inspetor de imigração em Santos; São Paulo, 17 de setembro de 1913).

—

Tenho a honra de accusar recebido o seu officio de hontem datado, pelo qual solicita desta Provedoria providências para que sejam entregues á essa Inspectoria a quantia de Rs. 27$000 e os objectos deixados pelo immigrante italiano Offini Ludovico, fallecido neste hospital.
Em resposta, cumpre-me scientificar á V.S. que esta Provedoria não póde attender ao pedido que lhe é feito, em virtude de deliberações administrativas anteriores que resolveram que os expolios de finados, só fossem entregues aos representantes consulares das nações dos fallecidos ou então ao Juizado de Direito que promovesse arrecadação de taes bens.
Nesta condições, os objectos reclamados só poderão ser entregues ao Snr. Consul da Italia nesta cidade ou a um dos Meretíssimos Juízes de Direito, que fizer a arrecadação. (C09857, Carta do vice-provedor da Santa Casa de Santos para Oscar Loefgren, inspetor de imigração em Santos; Santos, 22 de janeiro de 1913).

—

Tendo o Sr. Edmundo Cesar Huffenbaecher, fiscal de embarque de immigrantes em Gibraltar, comunicado, por telegrama de 8 do corrente, a sahida daquele porto do vapor Espagne com lotação excedida, transportando immigrantes introduzidos pelos Srs. Antunes dos Santos e Cia., por conta do Estado, – comunico-vos, em nome do Sr. Dr. Secretário, que deveis proceder a rigoroso exame por occasião da chegada daquelle vapor, para verificar si, de facto, vem com lotação excedida e quaes foram as condições do transporte dos immigrantes, afim de serem applicadas aos introductores as penas que couberem. (C09857, Ofício do diretor geral da Diretoria de Terras, Colonização e Imigração para o inspetor de imigração no Porto de Santos; São Paulo, 16 de dezembro de 1913).

—

Para os fins convenientes, comunico-vos, de acordo com o aviso dos Srs. Antunes dos Santos & Cia, de 15 do corrente, que devem chegar a esse porto, pelo "Espagne", a 23 do corrente, 1.200 imigrantes por conta do Governo do Estado. (C09857, Ofício do diretor geral da Diretoria de Terras, Colonização e Imigração para o inspetor de imigração no Porto de Santos; São Paulo, 19 de dezembro de 1913).

—

Em referência ao vosso officio nº 270 de 24 do corrente, prestando informações a respeito da vistoria realizada, por instrucção telegráfica deste secretariado, no vapor italiano "rio Amazonas", entrado em 12 do corrente, com 1299 imigrantes subsidiados, - comunico-vos, de ordem do Sr. Dr. Secretario, que essa Inspectoria deve, de ora em deante, trazer ao conhecimento desta Secretaria, imediatamente, todos os casos de vapores com lotação de 3ª Classe excedida, ou em condições menos favoráveis aos transporte de immigrantes. (C09857, Ofício do diretor geral da Diretoria de Terras, Colonização e Imigração para o inspetor de imigração no Porto de Santos; São Paulo, 29 de dezembro de 1913).

—

Para os fins convenientes e de accôrdo com o aviso telegraphico de 11 do corrente, do Snr Fiscal de embarque nos portos portugueses, de Lisboa, comunico-vos que no vapor "Gelria", embarcaram n'aquelle porto 454 immigrantes subsidiados e 90 expontâneos. (C09857, Ofício do diretor geral da Diretoria de Terras, Colonização e Imigração para o inspetor de imigração no Porto de Santos; São Paulo, 17 de novembro de 1913).

—

Pela presente tomamos a liberdade de chamar a atenção de V. Excia. sobre faltas da parte da Estrada de Ferro São Paulo Railway que motivam a entrega da cópia de uma carta que recebemos da Companhia Transports Maritimes (em anexo).
No vapor "Espagne" que chegou ontem à Santos, repetiu-se o mesmo caso. Esse vapor atracou ao caes nº 19 as 8 horas da manhã e somente as 21 horas da tarde é que a estrada forneceu 11 carros para trazer 1.300 imigrantes.
O trem saiu as 5 horas e chegou a hospedaria da capital as 11 horas da noite.
Inútil será demonstrar á V. Excia os prejuizos materiaes que estas irregularidades nos occasionam, como também o mau effeito que isto produz a esta pobre gente que passam horas sem comer e beber, tudo por culpa da Estrada de Ferro que nunca dá a devida attenção ás contínuas reclamações do sr. Inspector de Santos.
Contando com o justo e alto criterio de V. Excia entregamos o caso para V. Excia. resolver [...].
(C09857, Cópia de Ofício de Antunes dos Santos e Cia. para Paulo de Moraes Barros, Secretário da Agricultura, Comércio e Obras Públicas; São Paulo, 4 de outubro de 1913).

—

[Fichas] *Albergue Nocturno, 1919.*
Nome: Saturnino Eugenio Esposito
Idade: 27 anos
Estado: Casado
Sabe ler: sim
Cor: Branco

Profissão: Jornaleiro
Nacionalidade: Espanhol
Procedência: Cidade
Mês: Janeiro
Ano:1919
Santos, 8 de Janeiro

Observação nas margens:
Embarcado em 9/1/1919. Pernoitou neste albergue algum tempo, indo depois trabalhar na cidade. Actualmente deseja seguir para o interior, em uma fazenda onde já esteve trabalhando.
Observação do verso: Ilmo. Sr. Dr. Inspetor de Imigração, Saudações. É portador deste, Saturnino Eugenio Esposito que, com sua família deseja seguir a uma fazenda no município de Jaú, onde tem trabalho na lavoura. Tem estado neste estabelecimento lutando sempre com dificuldades por falta de trabalho.
Há também a ficha relativa à sua mulher (Premitiva Alonso) constando que o casal tem duas filhas pequenas. (C09860, Ficha de inscrição de entrada em albergue; Santos, 8 de janeiro de 1919).

—

Cartão de visita de
Amigo Oscar Loefgren
Cumprimento e peço obsequio de conceder passagem para a família do colono Luiz Espigado contactado para minha fazenda Santa Olívia do [...] situada em Jahu, estação de Campos [...]. Fará obsequio encaminhal-o por intermedio da Immigração com destino aquella estação.
Muito Grato [...] o colega e amigo. (C09860, Bilhete de Afrodísio de Sampaio Coelho, manuscrito em cartão de visita de Sampaio Coelho & Cia. – Commissarios – para Oscar Loefgren; s.l., s.d.; segue a informação: foi embarcado em 30/10/1919, e o despacho de Loefgren para 'attender ao pedido').

—

Pedimos a Va. Sa. a finesa de, por conta dessa repartição, mandar fornecer passagens para sete pessoas e suas respectivas bagagens, sendo cinco adultos e dois menores, que se destinam a nossa fazenda S. José situada na estação Pedro de Barros da Southern S. Paulo Railway Cy. (C09860, Ofício da Companhia Indústrias Reunidas e Agrícolas 'R. Vasconcellos' para Oscar Loefgren, inspetor de imigração; Santos, 10 de outubro de 1919; à margem, consta anotação de Loefgren para 'attender').

—

Modelo de Carta de Chamada, modelo B2 (C09860)

Hospedaria de Immigrantes – São Paulo
Serviço de Chamada de Immigrantes
Nº_____
O abaixo assignado Francisco Pereira de Castro proprietário da fazenda Monte Alto, no município de Casa Branca Estação de Vargem Grande requer a essa Secretaria a introducção, como immigrantes chamados, na forma do Decreto nº 1458, de 10 de abril de 1907, das pessoas constantes da relação em seguida, as quaes se destinam, como colonos, à sua propriedade agrícola, submettendo-se o mesmo às condições geraes adoptada nas cadernetas da Hospedaria de Immigrantes e mais às seguintes:
Pagar por mil pés, por anno cento e cinquenta mil réis.
Pagar por mil pés por carpa trinta mil réis.

Pagar por alqueire (50 litros) de café colhido oitocentos réis.
Pagar por dia de serviço sem comida dois mil e quinhentos.
Fazer os fornecimentos por conta dos serviços em 60 em 60 dias à razão de 30.000 por mil pés.
O pagamento da colheita e liquidação final do anno será feito em 30 de setembro do corrente anno.
Permitirá plantar nos cafezais e terreno por fora.
Declara o abaixo assignado que, para os effeitos do decreto acima mencionado, assume a responsabilidade que lhe couber pelas declarações constantes da relação em seguida.
Vargem Grande 19 de Novembro de 1919. (Assina Francisco Pereira de Castro e mais duas testemunhas).
(Em anexo, consta a relação das pessoas chamadas, com nome, grau de parentesco, idades, residência e observações):

Relação das Pessoas Chamadas

Conceição Rosa	mãe	39 anos	Santos
José Alexandre	filho	18	"
Vasco Alexandre	filho	14	"
Laura Conceição	filha	13	
Clarice Conceição	filha	5	
Otilha Conceição	filha	1	

—

Tendo recebido um pedido do Snr. Ministro de Portugal em Buenos Aires para colocação de quinze famílias portuguesas que se encontram no Chile sem colocação e de profissão agricultores, tenho a honra de solicitar a V. Exa., caso haja algum pedido, o obsequio de informar assim como para onde serão destinados e qual a forma de contrato e pagamento, a fim de poder fornecer todos os esclarecimentos necessários á Legação de Portugal em Buenos Aires. (C09860, Ofício do consulado de Portugal em Santos para o inspetor de imigração; Santos, 14 de maio de 1921).

—

Damos abaixo os nomes de quatro famílias de imigrantes vindas de Lisboa pelo vapor "Ligier" entrado n'este porto em 6 do corrente, que fugiram n'este porto e dos quaes desejamos que V.S. tenha a bondade de nos fornecer um certificado de desembarque, afim de evitar a perda das passagens, pelo que ficamos sumamente gratos:

Manuel dos Reis Basílio	chefe	26 anos
Maria Rosa Rodrigues	mulher	27 anos
Elvira	filha	1 ano
Maria da Luz Loureiro	chefe	54 anos
Maria José	filha	20 anos
Joaquina	filha	18 anos
Carmina	filha	15 anos
Sylvina	filha	14 anos
José Rodrigues	chefe	24 anos
Maria Augusta Barbosa	mulher	26 anos
Alice de Jesus	filha	2 anos
Manuel Borges	chefe	40 anos
Maria dos Prazeres	mulher	39 anos

Anunciação	*filha*	*17 anos*
Maria Emília	*filha*	*15 anos*
Guilhermina	*filha*	*10 anos*
Abel	*filho*	*6 anos*
Carlota de Jesus	*filha*	*3 anos*
Beatriz dos Prazeres	*cunhada*	*25 anos*

(C09860, Ofício da Companhia Comercial e Marítima, de Santos, para o inspetor de imigração em Santos; Santos, 9 de fevereiro de 1921).

—

Communico-vos que tendo verificado, por occasião da visita a bordo do vapor francez "Aquitaine" a existência de dois casos de moléstia infectuosos nos passageiros da 3ª classe Antonio Mioja Cambafort e Torre Leopoldo, para os quaes expedi guias de remoção para o Hospital do Izolamento e a mais 8 immigrantes de moléstias communs para o Hospital da Santa Casa, não podendo prever que outros casos se venham a verificar. Dentre os immigrantes se acha a louca Maria Gonsales – a quem impedi o desembarque, dando desse meu acto conhecimento as autoridades a bordo [...]. (C09860, Ofício da Inspetoria de Saúde de Portos do Estado de São Paulo para Oscar Loefgren, inspetor de imigração; Santos, 10 de fevereiro de 1921; em anexo, ofícios encaminhando os dois doentes citados: Cambafort e Torre, o primeiro com escarlatina e os segundo com varíola, já curados).

5 Sociedade Promotora de Imigração

Embora seja uma entidade de caráter privado, seus documentos foram recolhidos à Secretaria da Agricultura por ocasião de sua dissolução.

5.1 Livro de atas

• Descrição: o livro em questão encontra-se não identificado em uma lata com nome inadequado "Lepra/Imigração"; é o único livro de Atas mantido pela Sociedade Promotora de Imigração durante sua existência.

• Conteúdo: a série de atas permite acompanhar em detalhes todas as etapas do funcionamento da Sociedade, pois os registros incluem a transcrição de contratos e outros documentos de vital importância para a história da entidade e do processo imigratório como um todo. Há, também, folhas soltas no interior do livro, onde constam procurações, aditivos à escritura da Sociedade Civil ou contrato celebrado entre os sócios da Sociedade Promotora de Imigração, lavrado nas notas do Tabelião Ângelo Carlos de Abreu, em 2 de julho de 1886, e ata à lápis, com rasuras e correções, provável rascunho, datada de 24 de julho de 1873.

• Acervo: (C07886) – Lepra/Imigração – Minutas, 1886-1935 (esta lata contém, entre outros, o livro de atas).

1ª Ata, 3 de julho de 1886

Não cita a fundação da Sociedade propriamente dita, até porque a diretoria já está instituída (Doutores Martinho Prado Júnior, Nicolau de Souza Queiroz e Raphael de Aguiar Paes de Barros). Escolhido para Presidente Martinho Prado Júnior e Tesoureiro Nicolau de Souza Queiroz, também servindo de Vice-Presidente.

Assuntos: abertura de conta em banco da capital; anunciar nos jornais da capital e Rio de Janeiro a chamada de contratantes para transporte de 6 mil imigrantes para se apresentarem em 18 do corrente (julho) para conhecerem as bases do contrato; anunciar em todos os jornais da Província que a Sociedade incumbe-se de mandar vir parentes, constituindo família, de todos os estrangeiros residentes na Província e que quiserem nela se estabelecer, devendo inscreverem os mesmos parentes por intermédio da Sociedade, indicando relação de parentesco e localidade de residência; alugar casa para escritório da Sociedade, comprar livros e o que mais for preciso; o Presidente ofereceu à Sociedade um folheto manuscrito tendente a fazer a propaganda da emigração para a Província de São Paulo e que, quando traduzido em italiano e alemão, deverá ser largamente distribuída na Europa; nomear comissões em todos os pontos da Província, com o fim de convocarem os estrangeiros residentes nos competentes municípios, fazendo-lhes ver os fins da Sociedade e oferecendo-se para mandar vir os parentes.

Assinam Martinho Prado Júnior, Nicolau de Souza Queiroz e Raphael Aguiar Paes de Barros.

<u>2ª Ata, 24 de setembro de 1886</u>

Assuntos: comunicação de aluguel de casa para escritório da Sociedade, a 100$000 réis mensais; decisão de tomar 400 assinaturas do jornal Gli Italiani al Brasile, remetendo esses números para a Itália, como propaganda; impressão do folheto destinado à propaganda, com auxílio de 12 contos do Governo Geral, para um custo total de 25 contos: 70 mil exemplares em português, italiano e alemão; celebrando contrato para se introduzir 6 mil imigrantes (cópia do contrato transcrito na ata); comunicação do Presidente sobre o grande número de chamados de imigrantes pelos seus parentes e amigos.

Cópia do contracto para introducção de seis mil immigrantes feito com Angelo Fiorita no cartório do 2º tabellião Angelo Carlos de Abreu em 18 de setembro de 1886.
Livro de Notas numero 70 a fls. 191 vº 1º traslado de escriptura, estabelecendo clausulas, condições e pagamento para introducção de seis mil immigrantes n'esta Província.
Saibam quantos este publico instrumento virem, que no anno do nascimento de Nosso Senhor Jesus Christo de mil oitocentos e oitenta e seis, aos dezoito de setembro, n'esta Imperial Cidade de S. Paulo, em meu cartório, perante mim tabellião compareceram partes entre si justas e contractadas, reciprocamente outorgantes e outorgados, de um lado Angelo Fiorita, negociante, residente no Rio de Janeiro, representado por seu bastante procurador o Doutor Joaquim José Vieira de Carvalho, cuja qualidade fez certo pela procuração que exibiu e fica n'esta dacta registrada no livro de

Registro numero nove d'este cartório, e de outro a Sociedade Promotora de Immigração, estabelecida n'esta capital, representada pela sua Directoria, composta do Doutor Martinho Prado Junior, Presidente, Doutor Raphael Aguiar Paes de Barros e Nicolau de Souza Queiros, Directores reconhecidos pelos próprios de mim e das testemunhas adiante nomeadas e assignadas do que dou fé. E perante as mesmas testemunhas pelo outorgante Angelo Fiorita, foi dito que elle outorgante tem contractado com a "Sociedade Promotora de Immigração" estabelecida n'esta cidade e representada pela sua Directoria a introducção de seis mil immigrantes sob as seguintes condições: – Primeira. Os immigrantes a introduzir-se serão exclusivamente italianos e austriacos, chamados pelos parentes já estabelecidos n'esta Provincia de São Paulo ou expontaneos. – Paragrapho único. – Os immigrantes expontaneos constituirão famílias do seguinte modo: primeiro) marido e mulher com ou sem filhos ou enteados; segundo) marido ou mulher com filhos ou enteados; terceiro) viuvo ou viuva com filhos ou enteados; quarto) avó ou avô com netos ou descendentes; quinto) tios ou tias com seus sobrinhos, e sexto) irmão ou irmã com seus irmãos, de conformidade com as leis provinciaes o parentesco será provado pelos passaportes e na falta d'estes, por meio de documentos das autoridades dos paízes de onde immigraram, uma vez que sejam visados pelos consules brasileiros. Igualmente pagará subsídio a Sociedade pelos immigrantes que forem cunhados ou cunhadas que vierem em companhia de seus irmãos. – Segunda. Entende-se que os seis mil immigrantes a introduzir, quatro mil serão chamados de conformidade com as listas que entregará a Sociedade, e dous mil expontaneos, podendo-se porem reformar os numeros de uns e de outros de acordo com a Sociedade, e conforme as conveniencias da mesma e do contractante. Os immigrantes que forem artistas somente virão no numero d'aquelles que forem chamados pelos seus parentes, por intermedio da associação. – Terceira. O embarque effectuar-se-há no porto de Genova para o de Santos porto de desembarque, devendo os immigrantes seguirem para esta cidade de S. Paulo em caminho de ferro, sendo a passagem fornecida pela "Sociedade Promotora de Immigração". – Quarta. Para as familias que vierem a chamado de seus parentes já estabelecidos na provincia de S. Paulo, e pelas quaes a Sociedade reserva-se de dar as indicações por listas, pagará a Sociedade a quantia de oitenta mil reis para cada passagem de indivíduos de doze annos de idade para cima, quarenta mil reis por cada passagem de immigrante de sete a doze annos, vinte mil reis por cada passagem de immigrante de tres até sete anos. – Quinta. Para facilitar e desenvolver a immigração expontanea o proponente reserva-se o direito de reduzir para as famílias que se destinarem expontaneamente á Provincia de S. Paulo, o preço das passagens do porto de Genova até Santos, de modo que este não exceda cem francos por adulto e em proporção para os menores e creanças como do artigo ou condição Quarta. Alem da quantia de sem [sic] francos que será paga pelo immigrante que quizer embarcar, a "Sociedade Promotora de Immigração" pagará ao proponente trinta mil reis por cada adulto e para os menores em proporção como do artigo ou condição Quarta. – Sexta. Os pagamentos, seja na condição Quarta como na Quinta, serão feitos pela Sociedade na cidade de S. Paulo, trez dias depois de terem entrado os immigrantes no alojamento do Governo Provincial e em moeda corrente d'este Imperio. – Setima. O outorgante Angelo Fiorita obriga-se a principiar o mais breve possível o embarque dos immigrantes de modo que os seis mil sejam embarcados até 31 de Maio de 1887, salvo caso de força maior. – Oitava. O outorgante Angelo Fiorita reserva-se o direito de introduzir até dous mil immigrantes por cada mez, dando avizo em tempo á Sociedade em S. Paulo para as disposições a tomar para o recebimento d'elles. – Nona. Se até o fim de Janeiro de 1887 o contractante não tiver introduzido ao menos mil e quinhentos e trez mil e quinhentos até 31 de março de 1887, ficará na faculdade da Sociedade rescindir o presente contracto. – Decima. Serão considerados casos de força maior, toda a demora que houver dos vapores em sua viagem, como arribadas, bloqueios ou impedimento por parte do Governo da Italia ou da Austria, e tudo e qualquer outro caso previsto pela lei. – Decima primeira. Os immigrantes a que se refere o paragrapho único da condição primeira devem constituir famílias, quer sejam expontaneos, cujos

nomes forem fornecidos pela Sociedade pelos cunhados ou cunhadas que vierem em companhia de seus irmãos. O que tudo ouvido pela outorgante "Promotora de Immigração" [sic], representada por seu Presidente e Directores, por elles foi dito que aceitaram este contracto pelo modo referido obrigando-se fielmente cumprir todas as clausulas e condicções. E por se acharem assim accordes e convencionados me pediram que lavrasse este contracto o que fiz em vista da distribuição seguinte: Ao 2º Tabellião. – Escriptura de contracto para introducção de seis mil immigrantes que fazem. Angelo Fiorita e a "Sociedade Promotora de Immigração". S. Paulo, 18 de Setembro de 1886. Este contracto não está sujeito a sello proporcional por não Ter valor determinado, devendo elle ser pago quando se liquidar o mesmo contracto. Feita esta escriptura, li ella as partes (sic) perante as testemunhas, aceitaram, outorgaram e assignaram com as testemunhas que são: Capitão José Balduino de Albuquerque e José Martins de Freitas conhecidos de mim tabellião".
Ass. Martinho Prado Junior
Raphael Barros
Nicolau Sousa Queiros.

3ª Ata, 28 de dezembro de 1886

Assuntos: anúncio do Presidente de que vai ausentar-se por seis meses na Europa e descrição detalhada, por escrito, do que já havia feito; participação de que obteve despacho favorável do Governo Geral sobre a introdução de 500 famílias de colonos com o fim de estabelecerem propriedades particulares, pagando o Governo todas as despesas de transporte, depois de estabelecidos nas fazendas; requerimento de pagamento adiantado ao Governo Provincial de sete contos para despesas feitas com a Sociedade; participou o Presidente que se retira da Diretoria por algum tempo e que na Itália envidará todo o esforço em benefício da imigração para São Paulo.

4ª Ata, 5 de janeiro de 1887

Assuntos: resolvido, de acordo com o que determinam os estatutos, convidar o sócio Dr. Elias Antônio Pacheco Chaves para substituir Martinho Prado Júnior.

5ª Ata, 10 de fevereiro de 1887

Assuntos: lida uma carta de William C. Taitt e Companhia, agentes da Companhia da Mala Real no Porto, oferecendo os seus serviços para a introdução de imigrantes portugueses e espanhóis; resolve-se responder que, atualmente, a Sociedade não pode fazer novas entradas, pois a Província já contratou a introdução de grande número de imigrantes daquelas nacionalidades, mas que no próximo ano financeiro talvez haja possibilidade de renovar o contrato com o governo provincial. Resolveu-se remeter 500 folhetos, a fim de os distribuírem em Portugal e na Galiza.

6ª Ata, 16 de fevereiro de 1887

Assuntos: resolvida a alteração de contrato com Angelo Fiorita, para a introdução de imigrantes: em lugar de 4 mil chamados pelos parentes, serão

5 mil; em lugar de 2 mil espontâneos, serão 1 mil; resolveu-se requerer ao Governo Geral a fixação dos preços das passagens para as 500 famílias da seguinte maneira: 75$000 pelos imigrantes maiores de 12 anos e proporcionalmente para os médios e menores.

7ª Ata, 25 de julho de 1887

Assuntos: celebração de contrato, no dia 22 com o Governo Provincial, para a introdução de 30 mil imigrantes, ficando assentado que continuasse Angelo Fiorita a introduzir, por conta do mesmo, vinte mil imigrantes, mas por preços reduzidos, sendo os maiores de 12 anos à razão de 73$000, menores de 7 a 12 à 36$500, 18$250 os de 3 a 7, e grátis os menores de 3; se fizesse bem este contrato, introduziria os outros 10 mil; não tendo o Governo Geral pago ainda à Sociedade a importância das passagens das famílias que, por autorização do mesmo, ela introduziu, resolveu a diretoria, sob sua responsabilidade, contrair um empréstimo num banco que melhores vantagens oferecer, visto não lhe ser mais possível adiar o pagamento a Angelo Fiorita, a cujo cargo ficou a introdução dos imigrantes.

Cópia do Contracto celebrado com o Governo Provincial para o fim de introduzir e promover a immigração na província.

Aos vinte e dous dias do mez de Julho de mil oitocentos e oitenta e sete, no Palacio do Governo perante o Exmo. Sr. Visconde de Parnahyba, Presidente da provincia, Drs. Martinho da Silva Prado Junior, Nicolau de Sousa Queiros e Raphael Aguiar Paes de Barros, membros da Directoria da referida Sociedade e entre o Exmo. Sr. Presidente da Provincia e a mesma Directoria ficou assentado o respectivo contracto, debaixo das clausulas seguintes:

1ª A Sociedade Promotora de Immigração contracta e obriga-se por este, a promover por todos os meios convenientes a immigração estrangeira para esta provincia e a introduzir dentro do anno financeiro, até trinta mil immigrantes.

2ª Para este fim contractará com Companhias de Navegação ou pelo modo que julgar mais conveniente o transporte de immigrantes para esta provincia.

3ª A Sociedade receberá da província para as despesas inherentes ao serviço de introducção e promoção os subsidios pecuniarios na seguinte razão: 75$000 rs por individuo maior de 12 annos; 37$500 por individuo de 7 a 12 annos; 18$750 por individuo de 3 a 7 annos, achando-se os immigrantes nas condições das leis vigentes, que concedem subsidio.

4ª Os immigrantes introduzidos por força d'este contracto, ficam com plena liberdade de se collocarem nesta provincia de modo e onde lhes approuver ficando a cargo da Sociedade promover todos os meios de colloca-l-os convenientemente.

5ª Por conta d'este auxilio, Governo Provincial antecipará á Sociedade as quantias que lhe forem requisitadas pela Directoria da mesma Sociedade.

6ª Para garantia da provincia os socios da Sociedade Promotora de Immigração Srs. Drs. Martinho da Silva Prado Junior, Nicolau de Sousa Queiros, Raphael Aguiar Paes de Barros, Marqueses de Itu e Trez Rios, Conde do Pinhal, Barões de Tatuhy, de Mello Oliveira, de Piracicaba, Drs. Augusto de Sousa Queiros, José de Sousa Queiros, Elias Antonio Pacheco Chaves, Augusto Cincinato d'Almeida Lima, Francisco Antonio de Sousa Queiros Filho, Francisco Aguiar Paes de Barros, Coronel Antonio Leme da Fonseca, Joaquim da Cunha Bueno, Jorge Tibiriçá, Antonio Paes de Barros, Benedicto Augusto Vieira Barbosa, Luis de Sousa Queiros e Antonio *de Sousa Queiros por intermedio dos directores que este assignam e na forma da escriptura da Sociedade que fica archivada n'esta Secretaria; toma a responsabilidade solidaria de todas as quantias, que forem adiantadas á mesma sociedade até o maximo de quinhentos contos de réis / Rs$ 500:000:000.*

7ª Aos pagamentos que se fizer a Sociedade por occasião da entrada de immigrantes no alojamento provincial, serão descontados os adiantamentos de accordo com a directoria.

8ª A directoria apresentará um relatório e prestará suas contas, quando concluir a introducção dos immigrantes constantes d'este contracto.

9ª Se nas contas apparecer algum saldo sobre as despesas da sociedade, será este recolhido ao Thesouro Provincial na forma e no prazo que for determinado pelo Presidente da Província, ou ficando em poder da Sociedade para os mesmos fins, no caso de novação do contrato.

E para firmeza de tudo mandou o Exmo. Sr. Presidente da provincia lavrar este termo de contracto que assignará com os membros da Sociedade Promotora de Imigração. E eu Estevam Leão Bourroul Secretario da Província o subscrevo. – Visconde de Parnahyba – Martinho da Silva Prado Junior – Nicolau de Sousa Queiros – Raphael Aguiar Paes de Barros.

Estavam trez estampilhas no valor de 200 rs cada uma devidamente inutilizadas.
São Paulo, 25 de Julho de 1887
Ass. Martinho Prado Junior
Nicolau de Sousa Queiros
Raphael Aguiar Paes de Barros.

<u>8ª Ata, 28 de Novembro de 1887</u>

Assuntos: autoriza-se ao Presidente a mandar vir, por intermédio de Angelo Fiorita, 200 famílias de italianos meridionais, principalmente dos Abruccis; aprovado que a Sociedade subvencione o jornal *Gli Italiani al Brasile*, tomando as assinaturas no valor de 4 contos de réis anuais, sendo o jornal publicado duas vezes por semana; resolveu-se que os 10 mil imigrantes que restavam do contrato com o Governo Provincial fossem introduzidos por Angelo Fiorita, e se o autorizasse a introduzir dois mil galegos. Segue até a 35ª Ata, datada de 21 de julho de 1893. Há, a seguir, uma Ata de sessão de diretoria, de 2 de Agosto 1894, dando conta que a Sociedade achava-se em liquidação.

5.2 Livro-caixa

- Descrição: livro-caixa para registro da movimentação de recursos pela Sociedade Promotora de Imigração.
- Conteúdo: após a abertura com indicação do capital destinado à Sociedade e a relação dos sócios, seguem escriturações com as despesas efetuadas pela sociedade com as diversas rubricas, tal como pagamentos efetuados a intermediários que trouxeram imigrantes, custeios de alojamento, juros, despesas gerais. Pode-se calcular o número de imigrantes trazidos pela Sociedade e o montante gasto na operação. Informações constantes: local e data, número de imigrantes maiores, médios menores e grátis, valor pago, nome do vapor, data de entrada do mesmo. Infelizmente não é citada a nacionalidade, nem discriminada com precisão as faixas etárias.
- Acervo: (E01409) – Livro-caixa da Sociedade Promotora de Imigração, 1887-1893.

São Paulo, 14 de Outubro de 1887
Sócios à responsabilidade   R. 500.000$000
Importância do capital constituído, sob responsabilidade pessoal de cada um dos Senhores Sócios abaixo mencionados, para garantir os contratos que fizer a Sociedade Promotora d'Immigração, constituida n'esta cidade, em virtude do tratado celebrado com o Governo Provincial em dois de julho de 1886 para a acquizição e introducção d'immigrantes para a Província de São Paulo, a saber:
Marquez de Itu
Marquez de Tres Rios
Conde de Pinhal
Barão de Tatuhy
Barão de Mello e Oliveira
Barão de Piracicaba
Dr. Nicolau de Souza Queiroz
Dr. Rafael Aguiar Paes de Barros
Dr. Augusto de Souza Queiroz
Dr. José de Souza Queiroz
Dr. Elias Antonio Pacheco Chaves
Dr. Martinho Prado Jr.
Dr. Augusto Cincinato d'Oliveira Lima
Dr. Francisco Antonio de Souza Queiroz Filho
Dr. Francisco Aguiar de Barros
Dr. Jorge Tibiriçá
Dr. Antonio Paes de Barros
Cel. Antonio Leme da Fonseca
Joaquim da Cunha Bueno
Benedicto Antonio Vieira Barboza
Luiz de Souza Queiroz
Antonio de Souza Queiroz
divididos em partes iguais (E01409, Registro de constituição do capital da Sociedade Promotora de Imigração; São Paulo, 14 de outubro de 1887).

5.3 Registro de entrada de imigrantes por contrato

• Descrição: livro de grande formato, no qual, em cada página, está anotado, em seu topo, o nome de quem estava introduzindo os imigrantes. Cada linha diz respeito a um navio ("vapores"), cujo nome vem discriminado. Na vertical, há diversos campos sobre o contingente de imigrantes desses navios e sobre as verbas recebidas pela Sociedade Promotora de Imigração. Total de páginas, 49. Livro importante por conter dados sobre os grandes contratos para introdução de imigrantes, com números gerais de indivíduos aqui chegados.

• Conteúdo: campos: entradas de imigrantes, data da chegada, vapores, maiores de 12 anos, de 7 a 12 anos, de 3 a 7 anos, menores de 3 anos, total, número de famílias, movimento de dinheiro, auxílio recebido do governo, pagamento de passagens, saldo, observações (onde são anotados os totais de imigrantes entrados pelos registros da página, separados por sexo, por estado civil e por nacionalidade).

- Acervo: (E01411) – Sociedade Promotora de Imigração, registro de entrada de imigrantes, por contrato, 1887-1894. (no Catálogo: 'Hospedaria, Entrada de imigrantes').

Os cabeçalhos das páginas mencionam os contratos, e são os que se seguem:

> *Contracto de 3 de julho de 1886 com Angelo Fiorita (6.000 imigrantes).*
> *Authorização do Governo Geral (500 familias).*
> *Contracto com o Governo Provincial em 23 de julho de 1887 e com Angelo Fiorita (30.000 imigrantes).*
> *Contracto de 2 de Março de 1888 (100.000 imigrantes).*
> *Authorização do Ministerio da Agricultura, Aviso de 21 de fevereiro [1888] (1.000 familias).*
> *Contracto de 22 de julho de 1887 com o Governo Provincial.*
> *Contracto feito com o Governo Provincial em 22 de julho de 1887, para introducção de 30.000 familias de immigrantes.*
> *Contracto celebrado com o Governo Provincial em 3 de março de 1888 para introducção de 60.000 imigrantes.*
> *1000 familias introdusidas por Authorização do Ministério d'Agricultura, Commercio e Obras Publicas, de 19 de Abril de 1888.*
> *2000 familias introduzidas por Authorização do Ministério d'Agricultura C. e O. Publicas em Aviso no. 71, de 29 de novembro de 1888.*
> *Angelo Fiorita e Companhia – Contracto para introducção de 50.000 immigrantes celebrado com o Governo do Estado a 23 de Fevereiro de 1892.*
> *Francisco Cepeda – Contracto para a introducção de 15.000 imigrantes hespanhóis e italianos.*
> *De Campos, Gasparetti e Companhia – Contracto para a introducção de 15.000 imigrantes.*
> *Angelo Fiorita e Companhia – Contracto para a introducção de 10.000 immigrantes (1894).*

5.4 Documentos diversos

- Descrição: conjunto de documentos contábeis, não organizados.
- Conteúdo: documentação contábil da Sociedade, em especial canhotos de talões de cheque de vários bancos, recibos diversos, cadernetas de controle do movimento de contas-correntes, folhas de pagamento.
- Acervo: (C06119) – Terras e Colonização, 1893.

6 Hospedaria de Imigrantes

6.1 Movimento de Imigrantes

- Descrição: livro destinado ao controle diário dos imigrantes encontrados na Hospedaria de Imigrantes.
- Conteúdo – campos: ano, dia, mês, existiam, entraram, saíram, existem, passagens pedidas, passagens concedidas, embarcaram (por conta própria, por conta do Governo), observações.

- Acervo: (E00116) – Livro de controle da Hospedaria da capital, 1895-1899; (E01411) – Controle de Entrada de Imigrantes, 1887-1894.

31 de maio de 1895
Existiam 1.072, entraram 120, saíram 196, existem 996 [portanto, o saldo], passagens pedidas 182, passagens concedidas 182, embarcaram por conta do Governo, 182, observações: destino ignorado, 15 (E00116).

II PRESIDENTE DA PROVÍNCIA/PRESIDENTE DO ESTADO/ GOVERNADOR DO ESTADO

Algumas latas reúnem diversos documentos encaminhados ao Poder Executivo, em nome do Presidente da Província e, já na República, do Governador do Estado, dando conta de questões relacionadas à temática da imigração. Na impossibilidade de reconstituir a organização original desse acervo, optou-se pela manutenção, dentro do possível, da nomenclatura hoje observada no Arquivo do Estado, destacando-se apenas a correspondência das demais séries documentais.

1 Correspondência

1.1 Colônias

- Descrição: correspondência e documentos recebidos pelo Presidente da Província, tratando de questão relativa à imigração, especialmente no que diz respeito às colônias privadas e núcleos coloniais.
- Conteúdo: há muitos mapas com relações de colonos, além de uma variada documentação descrevendo a situação das colônias; há também documentação diversa, referente aos núcleos coloniais públicos e ao desembarque de imigrantes nos portos de Santos e Cananéia. Diversos documentos interessantes foram detectados em amostragem: mapa dos colonos da colônia do alferes Joaquim Francisco de Camargo, situada na fazenda Morro Azul, distrito de Limeira, 1852 (C07212); Colônia Cananéia, diversos documentos, (C07212); mapa dos colonos do termo de Mogi Mirim (C07212); – mapa dos colonos existentes na colônia do Bom Retiro do capitão Joaquim da Silva Diniz (C07212); mapa dos habitantes das colônias estabelecidas no município da cidade de Campinas, 1858 (C07212); relação da colônia Senador Souza Queiroz em São Jerônimo (07212); relação dos colonos vindos na barca portuguesa Santa Clara (C07212); três quadros estatísticos dos colonos entrados na Província de São Paulo, pelo Porto de Santos, em 1857 (C07213); lista de 137 passageiros imigrantes, lavradores prussianos e belgas, vindos de Anvers em 1857 (C07213); correspondência sobre colônias e mapas nominativos

da composição das mesmas: colônia de Santo Amaro (1829 e 1830); colônia Ibicaba, Rio Claro, colônia Angélica, Rio Claro e colônia Sete Quedas, Campinas (1852, 1856); colônia de Pedro José dos Santos Camargo, no sítio denominado Dores, Campinas; colônia Florence, Campinas (1856); colônia Boa Vista, pertencente a Floriano de Camargo Penteado, Campinas (1856 e 1857); colônia da Fazenda da Palmeira, Campinas (1855); colônia de Luiz Antonio Pereira, Ubatuba (1855); colônia de Nova Olinda, pertencente a Francisco José de Castro, Ubatuba (1856); colônia da Fazenda da Lagoa, pertencente a Albérico Robillard, Ubatuba; colônia Senador Souza Queiroz, Limeira (1854); colônia de Pouso Alegre, pertencente a Francisco Gomes Botão, Jaú (1855); colônia da Fazenda Boa Vista, pertencente a Benedito Antonio de Camargo; colônia São Joaquim, Jundiaí; colônia de São José da Lagoa; colônia de Santo Antônio, pertencente a Elias da Silveira Leite (1857); colônia da Fazenda Independência, pertencente a Monteiro e Filhos, Taubaté (1857); colônia pertencente a Antônio de Queiroz Telles; colônia São José, Jundiaí, pertencente a Antonio Joaquim Guimarães (C07213); relatório do exame feito em várias fazendas e localidades na margem esquerda do Rio Tietê – Fazenda São Caetano, Pasto da Glória, Sítios da Porteira e Cubatão Acima, Sítio do Pedroso, Sítio do Rio Grande, Sítio do Taboão, Fazenda do Itahim e Fazenda de São Bernardo Velho, 1874 (C07214); colônia da Fazenda Salto Grande, em Amparo, pertencente ao Barão de Indaiatuba: relato da polícia sobre problemas com colonos, quadro sinótico das famílias dos colonos, pareceres de comissão de exame sobre o estado da colônia, 1878 (07214); mapa da colônia Sete Quedas, 1854 (07214); diversos quadros demonstrativos dos colonos e imigrantes entrados no Porto de Santos durante a década de 1870 (07214); disposições legais sobre núcleos coloniais – recorte de papel impresso (07214); relatório da colônia de Cananéia, 1876 (07214); instruções pelas quais se devem guiar os agentes oficiais de colonização, folha manuscrita com nove artigos, elaborado pela Inspetoria Geral das Terras e Colonização, 18 de Novembro de 1876 (07214); documentos diversos sobre núcleos coloniais e colônias na capital, Limeira, Iguape, Campinas, São Sebastião, Xiririca, Jacareí, Faxina, Itu, São Bernardo e Cascalho (C07216).
• Acervo: (C07212) – Colônias, 1827-1869; (C07213) – Colônias, 1827-1858; (C07214) – Colônias, 1870-1877; (C07215) – Colônias, 1878; (C07216) – Colônias, 1879-1890.

> *Os colonos francezes se tem conduzido bem, são trabalhadores e plantão mantimentos necessarios para o seu mister. Os alemães pelo contrário são demasiadamente vadios, fugitivos e a cada passo propalam por hum enviado da Alemanha que vem pagar suas dívidas e leva-los.* (C07213, Mapa da colônia de Santo Antônio, pertencente a Elias da Silveira Leite, final da década de 1850).

De todas as localidades examinadas, é sem contestação a fazenda São Caetano, pertencente aos frades de São Bento, a mais apropriada para receber uma colonia, já pela sua posição, já pela qualidade de suas terras e dimensões, já pela facilidade de poder-se empregar em uma grande parte dela os instrumentos aratórios.

Divide esta fazenda pelo lado do Rio dos Meninos com a fazenda de São Bernardo Velho, pertencente aos mesmos reverendos, e que pelas informações que della tenho não só é mais extensa que a primeira como tem excellentes terras de lavoira.

Com a junção destas duas fazendas pode portanto formar-se um districto colonial nas condições do Regulamento para as Colonias do Estado [...]. (C07214, Relatório do exame feito em várias fazendas e localidades na margem esquerda do Rio Tietê por ordem do Ilmo. Exmo. Snr. Doutor João Theodoro Xavier muito digno Prezidente da província de São Paulo, por Nicolau A.).

—

No Vapor Itajahy, entrado hoje pela manhã de Montevidéu, desembarcarão nesta Cidade cerca de cincoenta emigrantes cujas bagagens não foi possível desembarcar a tempo de seguirem para essa no trem de hoje e assim tive de acommodal-os na igreja de Santo Antonio e seguem amanhã. Pedem comedorias visto não terem dinheiro para compral-a e a minha recusa produzio grande barulho e queixas por parte d'elles é provável que amanhã se rellate a mesma scena de hoje a tarde, levo pois ao conhecimento de V. Excia. esta occurrencia. (C07214, Telegrama urgente do fiscal de colonização Francisco de Paula Coelho para o Presidente da Província; Santos, 23 de fevereiro de 1875).

—

Critica e anormal vae-se tornando o estado do socego publico n'este município; e em cumprimento de meus deveres appresso-me em participar a V. Exa. para que providencias sejão dadas.

A uma e meia légua da cidade existe uma colônia de perto de quatro centos Portuguezes, pertencente ao Dezembargador Gavião. Estes homens estão n'um estado de insubordinação e taes são as ameaças que fazem que, medidas enérgicas e promptas são o único meio de garantir o socego publico.

Assignarão em Portugal um contrato de locação de serviços; chegando aqui julgão-se logrados por não serem realizadas suas esperanças, e d'ahi vem esse descontentamento, e até certo dezespero que lhes inspirão os projectos terríveis que passo a expor.

Projectão incendiar a colônia e outros estabelecimentos ruraes annexos pertencentes ao mesmo Dezembargador; depois seguirem em columna o rumo que bem lhes parecer, levando á fogo o que se lhes oppuzer, para o que estão munidos de muitas armas de fogo.

Tenho recebido muitos avizos do Administrador e pedido providencias, e o alarma na cidade é geral, temendo algum acto de depredação da parte dos motinados colonos.

Peço a V. Exa. instrucções para meu procedimento.

As medidas a tomar-se, julgo devem ser as seguintes: a vinda para aqui d'algum Portuguez de respeito, ou do Cônsul, para ver se acomoda-os, e o dezarmamento dos colonos, para aqui julgo imprescindível a vinda de umas 30 á 40 praças de linha, que depois de proceder a essa deligencia deixará um destacamento na cidade até serenarem-se os ânimos e as couzas tomarem melhor caminho.

A não vir esse numero de praças, julgo temeridade hir-se á colônia á vista da exarcerbação dos ânimos. (C07214, Ofício de Francisco Fernando de Barros, delegado de Policia, para o chefe de Policia da Província; Capivari, 29 de fevereiro de 1872).

—

Tendo V. Exa, em consequência de representação do Barão de Indaiatuba e communicações officiaes da autoridade policial da Cidade do Amparo, ordenado que eu fosse pessoalmente inquirir das causas do descontentamento dos colonos situados na fazenda Salto Grande, que se recusavão ao trabalho a que erão obrigados por contractos em devida forma, recusa que, apoiavão com manifestos signaes de insubordinação, havendo receio de que fosse perturbada a tranquilidade da colônia, e o socego publico do termo; para lá me diriji no dia 3 do corrente, acompanhado de um official do contingente do 1º de Infantaria, e 20 praças, de reforço ao destacamento da mesma Cidade. Cheguei na tarde desse dia á Cidade do Amparo. Tendo noticia de que os dous colonos que se tinhão arvorado em chefes da greve, achavão-se na Cidade, procurei ouvil-os sem demora, reduzindo á escripto as declarações que tive e, desembaraçadamente fizerão e forão tomadas por um interprete, devidamente juramentado.

Estes dous colonos, Giovanne Ferrari e Daniele Bernarde, tinhão dirigido por si e em nome de seos companheiros da colônia uma reclamação escripta, ao Barão de Indaiatuba, nos seguintes termos:

1º *davão como não cumprida a promessa de se lhes fornecer dentro do praso de seis mezes, casas em certas condições, para residência definitiva de cada uma família;*

2º *observão que os gêneros alimentícios erão fornecidos por preços superiores aos do mercado do Amparo;*

3º *que recebião quantidade de fubá inferior a de milho, que fornecião de suas plantações;*

4º *pedião uma vacca para cada família;*

5º *reclamavão contra a ordem dada para abandonarem terrenos em que tinhão suas plantações de cereais, recebendo em troca outras ainda não cultivadas;*

6º *julgavão-se illudidos, não só porque forão informados que a colheita não variava de um anno para outro, mas ainda porque os cafezaes apresentavão grandes falhas;*

7º *julgavão-se prejudicados, porque devendo ser as visitas medicas pagas repartidamente por todos os colonos e pelo proprietário, na rasão dos escravos da fazenda, pagavão na totalidade e na rasão de cada visita aquelle que necessitava dos soccorros da medicina;*

8º *pediam o fornecimento gratuito de lenços para o serviço da colheita;*

9º *pediam finalmente escola e professor sem ônus pecuniário para o Chefe da família.*

Sobre estes pontos, que também por escripto haviam sido generosamente respondidos pelo Barão de Indaiatuba, mas sem resultado, por que os dous influentes não tinhão cedido do propósito de esquivarem-se ao trabalho, impedindo ao mesmo tempo, por meio de ameaças, como verifiquei, que boa parte dos colonos tratassem de suas obrigações, sobre estes pontos digo, versou a inquisição. Giovanne Ferrari, apoiado por seo companheiro, explicou-se do seguinte modo, como se vê, do termo incluso (documento nº 1).

1º *que quando veio da Europa, conhecia as condições do contracto que assignou; tanto que elle e Daniele forão encarregados em Genova, mediante porcentagem, pelo agente do mesmo Barão, de contractar colonos, que vieram scientes de seu destino para a Provincia de São Paulo e directamente para as colonias d'aquelle proprietário;*

2º *que elle e seos companheiros julgarão-se com direito á casas, mas quanto ao praso de seis mezes fundão-se apenas em promessa verbal; que sabem das diligencias feitas pelo proprietário para contractar a factura de casas definitivas, tendo ido á Colônia dous ou trez empreiteiros para examinarem terrenos, e materiaes, tendo elle conhecimento do modelo para a edificação projectada; que as casas provisórias, com excepção de poucas, são más; que os colonos do Saltinho (município de Campinas) chegados antes delle e seos companheiros, morão em boas casas;*

3º *que a reclamação sobre gêneros limitava-se ao toucinho e ao sal, debitados por preço superior ao do mercado, bem como as enxadas para o trabalho da lavoura;*

4º *que a quantidade de milho fornecido para ser reduzido a fubá, não é restituído na mesma quantidade; que nunca apresentou sobre este ponto reclamação ao mesmo Barão, mas ao ex Director da Colônia;*

5º *que apenas supplicarão o fornecimento de uma vacca para cada família, e não foram attendidos pelo actual Director, mas que todo o leite que há na fazenda é gratuitamente fornecido aos colonos;*

6º *que não houve troca do terreno de suas plantações; que estão de posse dos que forão destribuidos logo que chegarão, correndo o serviço da derrubada das mattas e queima por conta do proprietário;*

7º que no acto de assignarem o contracto, á elles e seus companheiros assegurou o mesmo Barão que as colheitas erão sempre bôas, com quanto elle declarante não desconheça que há alternativas; que á respeito das falhas dos cafezaes confessa que se vai dar a replanta por conta do proprietario, para o que estão feitas as covas;

8º que não recebeo lenções para a colheita, por dizer o Director que erão por conta do colono, embora soubesse que isto se praticava em outras fazendas, confessando que a este respeito não se entendera com os companheiros de quem era procurador;

9º que suppunha quanto á escola dever correr toda a despeza por conta do proprietário, mas que este ponto da reclamação não passava de simples peditório.

Decidi partir para a Colônia no dia seguinte, o que fiz pela manhã, em companhia dos membros da commissão que V. Exa. nomeou para uma syndicancia mais detida e exame do estado da colônia, commissão composta dos Dors. Antonio Augusto Bithencourt, João Pinto Gonsalves, e do Commendador Joaquim Pinto de Araújo Cintra.

Recommendei aos chefes da greve que comparecessem na fazenda Salto Grande. Fiz seguir a força, e estacionar um pouco distante da colônia. Chegando ao Salto Grande reuni os chefes de família para ouvil-os e conhecer as disposições em que se achavam.

Alguns, como por exemplo Giovanetti Giuseppe, que me disserão ser muito attendido na colônia pela tradição da autoridade que exercia em certa parte do Tyrol, como empregado da communa, apoiaram com calor a reclamação de Ferrari; mas conheci que não tinhão juízo seguro á respeito dos differentes pontos della. Estes mesmos apenas julgavão-se prejudicados pela falta de casas, e pediam concessão para possuir vacca de leite. Outros, ainda que signatários da representação, não tiveram queixas a formular, antes declararam que não trabalhavão por imposição dos influentes (Ferrari, Daniele, e Giovanetti). Outros, como Farlani Leonardo, com seis pessoas de família; Dorigate Francisco, com família igual, e Chioya Catharina, viúva, declararão-se contentes, sem queixas a fazer. Julgavão-se serem ameaçados por seus companheiros por não adherirem ao plano, que desde logo – me pareceo suggerido por pessoa extranha á Colônia.

O Barão de Indaiatuba, antes de recorrer á intervenção da autoridade, tentou pelos meios á seo alcance resolver a greve, argumentando com o contracto em vigor há nove mezes, ratificando certas concessões favoráveis aos colonos, que elles já gosavam, e concedendo novos favores. Devo aqui ponderar que a greve formára-se há um mez talvez, continuando entretanto o fornecimento de alimentos.

Tomarei em consideração a resposta do mesmo Barão, quando tiver de emittir juízo sobre o valor do protesto offerecido.

O interprete, cidadão italiano, pessoa completamente insuspeito, residente na capital, fez conhecer aos colonos, chefes do movimento, a resposta do proprietário, mas estes, tergiversando a cada passo, revelaram que estavão compromettidos a manter semelhante attitude illegal, se bem que pacifico, por motivos extranhos aos seus interesses. Basta dizer que ao sahir da Colônia na tarde do dia 4, elles apenas insistiam pela gratuidade do ensino na escola que já funciona, e pelos serviços de um medico de partido.

Procurei combinar os termos da reclamação escripta com os do contracto de locação de serviços; examinei a escripturação da Colônia para conhecer o valor da divida dos colonos, chefes da greve, e os preços dos gêneros fornecidos, etc.

A commissão por V. Exa. nomeada desempenhará o seo dever de modo a ellucidar a questão, prestando esclarecimentos completos sobre pontos que merecerem especial e acurado exame. (seguem-se 16 páginas) (C07214, Ofício de Joaquim de Toledo Piza e Almeida, chefe de Policia, para João Batista Pereira, Presidente da Província; São Paulo, 9 de julho de 1878).

—

Honrado com o officio [...] eressado de V. Excia. sob data de 27 do mês proximo passado, no qual V. Excia. exige que eu informe a essa Prezidencia do que me constar sobre o seguinte: 1º, em que colonia regida pelo systhema de parceria, vinte e tres familias ganharão em tres annos apenas trinta e oito mil reis cada uma, dos quaes ainda se descontarão vinte e quatro mil reis; 2º se ao colono Felippe Bossard, casado, foi tirado o que tinha de ganho depois de passar algum tempo na cadea.

Sinto não poder satisfazer agradavelmente a V. Excia. sobre essa duas perguntas, visto que nada me consta em relação á existência destes factos.

O que porém, posso informar a V. Excia. é que tanto n'esta colonia como na de Nova Louzã, regidas pelo systhema de sallario, como V. Excia sabe – cada uma familia composta apenas de tres individuos uteis para o trabalho, ganha em um só mês quantia superior áquella que ganhou cada uma das referidas familias no longo periodo de tres annos, segundo se conclue do citado officio de V. Excia. (C07214, Carta de João Elisário de Carvalho Monte-Negro para João Teodoro Xavier, Presidente da Província; Nova Colombia (Campinas), 7 de março de 1874).

—

Na visita, que faço neste núcleo, verifiquei que sete famílias insistem no propósito de recusar os lotes de terra, livres de contestação, que lhe tem sido offerecidos.

Tomei a resolução de intimar-lhes o prazo de 24 horas para que, dentro do perímetro do núcleo, escolhão a terra que melhor lhes convenha, sob pena de, não o fazendo dentro do prazo fixado, serem eliminados do quadro colonial e expulsos do núcleo.

Alem dessas famílias que considero verdadeiro foco de insubordinação e indolência, há 8, cujos chefes por seu reprehensivel comportamento aggravão ainda mais a situação actual do núcleo. A respeito de quatro, que podem corrigir-se em outra parte, aconselhei o Engenheiro chefe da comissão incumbida da medição de lotes e estabelecimento de colonos, a entender-se com o diretor da fabrica de ferro de Ipanema no sentido de recebel-os ali.

Quanto aos outros, estou resolvido a expulsal-os do núcleo, se não mudarem de conducta.

Devo manifestar a V. Exa o propósito, em que estou de suspender a entrega do auxilio gratuito e o abono da diária ás famílias, cujos chefes não querem estabelecer-se ou procedem mal.

É possível que esta medida produza alguma agitação.

Não querendo impor-me senão pela autoridade que resulta de minha posição official, não reclamo o augmento das praças, que aqui estacionão.

Communico isto a V. Exa. no duplo fim de prevenil-o estar preparado para qualquer requisição, que eu possa fazer, sem espalhafato, nem exageração. (C07215, Ofício urgente de Augusto José de Castro Silva para o Barão de Três Rios, Presidente da Província; Núcleo de São Bernardo, 8 de dezembro de 1878).

—

O portador é o Colono Italiano Casa Giuseppe, à quem, por seu estado de moléstias, que foi classificada ulcera no estomago, S. Exa. o Sr. Presidente desta Província dignou-se prometter uma passagem para Rio de Janeiro, onde pretende implorar os soccorros da Sociedade de Beneficência Italiana para tratar se. (C07215, Bilhete endereçado ao Presidente da Província; Núcleo Colonial de São Bernardo, 18 de abril de 1878).

—

Levo ao conhecimento de V. Exa que há três dias me acho neste Núcleo, afim de conter os colonos que estão desesperados com a demora do pagamento de seus salários. Hoje invadirão a casa da Administração, por que alguns ignorantes acreditarão que recebi o dinheiro para este fim e que não o quero entregar. Consta me que hoje fazem uma deputação a V. Exa afim de sollicitarem o prompto pagamento e significarão me bem claro o seu desejo para que eu ficasse aqui até sua volta. Estou portanto retido e peço a V. Exa promptas providencias sobre o dito pagamento, afim de evitar comflitos que podem dar-se a todo o momento. (C07215, Ofício do engenheiro chefe bacharel Leopoldo José da Silva para João Batista Pereira, Presidente da Província; Núcleo Colonial de São Bernardo, 28 de fevereiro de 1878).

―

Informando o requerimento junto do ex-colono do Núcleo de S. Bernardo Scopel Donato, cumpre-me dizer que foi um dos cabeças de motim e que em 28 de junho foi expulso do Núcleo de S. Bernardo por constituir-se elemento de perturbação no dito núcleo. Scopel Donato vive constantemente embriagado e não se entregava ao trabalho rural, querendo viver á custa do Estado. (C07216, Ofício de Leopoldo José da Silva, engenheiro chefe da Comissão de Medições de Lotes Coloniais na Província de São Paulo, para Laurindo Abelardo de Brito, Presidente da Província; São Paulo, 3 de setembro de 1879).

―

Diversos colonos italianos da fazenda do Senhor Joaquim Pacheco da Fonseca em Pedra Azul – Itu me pedirão conselho em presença de graves modificações que o dito snr. Pacheco introduzio nos seus contractos a prejuizo dos mesmos colonos. Escrevi-lhes de dirigir-se ao Snr. Juiz de Direito que certamente não lhes teria negado o seu amigavel appoio para acomodar as dificuldades.
O Dr. De Barros declarou-lhes que ainda reconhecendo a plena razão das queixas não podia intervir em alguma maneira salvo elles fizessem uma causa regular.
Os colonos não tendo meios de fazer despesas de causas, pois os seus unicos recursos são justamente o salario do seu trabalho, venho rogar a V. E. de dignar-se assumir informações e examinar se talvez uma sua benevola palavra não pudesse eliminar esses malentendidos entre patrão e colonos [...]. (C07216, Ofício do consulado da Itália em São Paulo para o Governador do Estado; São Paulo, 25 de abril de 1890).

―

Satisfazendo ao seu pedido verbal, venho expor-lhe com a maior lisura o que occorreu entre mim e os colonos da fazenda Pedra Azul de minha propriedade.
Em agosto do anno passado ao terminar a colheita de café fis com os meos colonos o seguinte convenio, que devia vigorar neste anno: deduzir da importancia de cada capina no cafezal 20% que ficaria de caução em meo poder para lhes ser entregue depois de finda a colheita. Este convenio foi fielmente observado durante tres capinas. Agora, porem, quando devo dar a Quarta e ultima capina para começara a colheita, quatro famílias se dispoem a retirar da fazenda, desfazendo assim o que foi livremente conveniado entre nós.
Naturalmente me oppus a essa exigencia, isto é, a entrega da caução antes de terminada a colheita como foi ajustado, mas de modo algum lhes impedirei a sahida da fazenda para onde tem elles inteira liberdade, e o poderão fazer quando lhes approuver.
Tomei o expediente de deduzir 20% como caução para garantir a permanência dos colonos na fazenda até acabar a colheita, para não se dar o facto já muitas vezes repetido de receber o colono a importancia das capinas e depois de apurar dinheiro de suas plantações retirar-se antes da colheita, deixando-nos em sérios embaraços, como me tem acontecido.
Este convenio, pois, é uma garantia tanto do lavrador, como do colono, tanto mais que depois da colheita do café pode fazer dinheiro para fazer face a todas as despesas de custeio. Já vê V. Excia. que trato de garantir reciproca obrigação de uma e outra parte, com a qual ainda não faltei na forma do nosso contracto verbal.
Deixo de expender os motivos pelos quaes não fiz contracto por escrito, por julgar escuzado de mostrar a sua ineficacia, por isso que a lei de locação de serviços, como V. Excia. não ignora, está sendo abandonada por imprestável, não offerecendo garantia alguma a lavoura.
Devo ainda informar-lhe que os colonos reclamantes permaneceram na fazenda, donde poderão se retirar quando lhes approuver, por entenderem naturalmente que lhes convem aguardar a colheita e receber com a maior e escrupuloza pontualidade a importancia de seos salarios. São estas as informações que com o maior prazer levo ao seo conhecimento estimando ter occazião de esclarecer um facto que poderia não ser apreciado com justiça e commentado diversamente.

Tenho a honra de subscrever-me com toda extima e consideração. (C07216, Carta de Joaquim Manoel Pacheco da Fonseca para o juiz de direito da Comarca de Itu; Itu, 6 de maio de 1890).

1.2 Imigração

• Descrição: documentação genericamente agrupada pelo assunto, constituída de correspondência proveniente de uma ampla variedade de remetentes públicos e privados, muitas vezes acompanhada de listas, mapas, quadros estatísticos e relatórios.

• Conteúdo: as caixas contêm, de uma maneira geral, correspondência bastante diversa sobre imigração, além de muitos quadros e mapas estatísticos sobre entradas de imigrantes: notas de despesas com imigrantes (05528, cx. I); carta de oferecimento para servir como engajador em Barcelona para a Associação Auxiliadora,1871 (05528, cx. I); lista com relação dos estrangeiros naturalizados no ano de 1884 (05528, cx. I); correspondência da Sociedade Central de Imigração dando conta do estado deplorável do alojamento de recepção dos imigrantes, na "adiantada terra", 1885 (05528, cx. I); lista de colonos da colônia Santa Maria e da colônia do Lageado, s.d. (05528, cx. I-A); lista de imigrantes que seguem para Iguape, 1867 (05528, cx. I-A); lista de imigrantes que seguem para Cananéia, 1867 (05528, cx. I-A); lista de imigrantes italianos que querem ir para o sul do Império, 1885 (05528, cx. I-A); correspondência da Inspetoria Geral de Imigração, dando conta da chegada de imigrantes (05528, cx. I-A); pedidos de pagamento de auxílio provincial à imigração (05528, cx. I-A); cópias de contratos com a Sociedade Promotora de Immigração (C05529); relatório da Inspetoria Geral de Imigração, 1887 (C05529); ofício da Inspetoria Geral de Imigração sobre medidas higiênicas a serem adotadas na Hospedaria de Imigrantes, 1888 (C05530); ofício da Inspetoria de Higiene sobre prevenção de epidemias na Hospedaria de Imigrantes, 1887 (C05530); termos do juramento de naturalização (C05530); requerimentos de lotes de terras e de reembolso de passagens (C05530); diagrama do movimento das enfermarias do Alojamento de Immigrantes (no Braz), em maio de 1889 (C05531); relação dos imigrantes que não querem ficar nesta Província, 1889 (C05531); mapa do movimento de entradas e saídas de imigrantes no porto de Santos, durante o mês de julho de 1894 (C05532); mapas gerais de entrada e saída de imigrantes no porto de Santos de 1882 até 1886, e de 1882 até 1897, impressos em precário estado de conservação, elaborados pela Agência Oficial de Imigração em Santos (C05532); relação dos imigrantes que foram separados para serem repatriados, agosto de 1889 (C05532); listas com quadros estatísticos de imigrantes, Comissariado Fiscal de Imigração do Estado de São Paulo, 1901 (C05532); relação dos imigrantes chamados/partidos durante o mês de julho de

1901, do Porto de Napoli (C05532); boletins diários da Hospedaria de Imigrantes, 1891 (C05532); relação dos imigrantes portugueses entrados na Hospedaria, por conta do contrato de 21 de agosto e rejeitados por declararem que não eram agricultores, 1896 (C05532); brochura impressa intitulada 'Noticia Descriptiva do mappa geral do Movimento de Imigrantes em 1897', elaborada pelo Agente Oficial de Imigração em Santos, 1898 (C05532).

• Acervo: (C05528) – Imigração, 1885-1886 – esta caixa foi subdividida em caixa I e caixa I-A; (C05529) – Imigração, 1887; (C05530) – Imigração, 1888-1888; (C05531) – Imigração, janeiro a junho de 1889; (C05532) – Imigração, 1889-1901.

> *Termo de contrato que faz o Dr. Fernando [ilegível] com a Fazenda Provincial para a introdução e immigrantes.*
>
> *Aos 12 dias do mês de Dezembro de mil oitocentos e oitenta e quatro, nesta imperial cidade de São Paulo em a Sala da Secção do Contencioso do Thesouro Provincial, presente o Doutor Procurador Fiscal, Americo Ferreira de Abreu, compareceu o Dr. Fernando Terchi[?], cidadão italiano, e por elle foi dito que, pelo presente termo faz com o Governo Provincial a contratação seguinte:*
>
> *1º Obriga-se a introduzir nesta Província, sendo previamente recolhidos ao alojamento provincial desta capital, família de immigrantes destinadas à lavoura, sendo ellas compostas de marido, mulher e filhos, marido, mulher sem filhos, e pais ou mães acompanhadas de filhos e parentes menores de vinte e um annos.*
>
> *2º Por este serviço que presta á Província, receberá do Governo a titulo de gratificação, a quantia de dez mil réis (10.000) por cada uma família, recebendo porém adiantamento para accudir as despesas que já tem feito a quantia de cento e cincoenta mil réis (150.000) que se lhe descontará nas gratificações futuras á razão de cinco mil reis (5.000) por família que introduzir na Província.*
>
> *3º Obriga-se a exhibir documentos da entrada d'essas familias no alojamento provincial, para assim se habilitar ao recebimento das gratificações mencionadas [...]. (C05528, caixa I, Cópia de termo de contrato entre o Dr. Fernando [ilegível] e a Fazenda Provincial; São Paulo, 12 de dezembro de 1884).*

> *O prezidente da Provincia para execução da lei Nº 14 de 11 do corrente mez que revoga a 2ª parte do artigo 1º da Lei Nº 28 de 29 de Março de 1884 manda que se observe o seguinte Regulamento.*
>
> *Artigo 1º - os immigrantes da Europa ou das Ilhas dos Açores e Canarias que se vierem estabelecer n'esta Província, perceberão os seguintes auxilios como indemnização de passagem: 70$000 para os maiores de 12 annos, 35$000 para os maiores de 7 até 12 annos e 17$500 para os maiores de 3 até 7 annos.*
>
> *§1º Este auxilio será concedido somente aos immigrantes constituindo familias do seguinte modo: 1º marido e mulher com ou sem filhos ou enteados; 2º marido e mulher com filhos ou enteados; 3º viúvo ou viúva com filhos ou enteados; 4º avô ou avo com netos ou outros descendentes; 5º tios ou tias com seus sobrinhos; e 6º irmão ou irmã com seus irmãos.*
>
> *§2º Os immigrantes terão direito ao mencionado auxilio desde que deem entrada na Hospedaria Provincial de Immigração.*

§3º Os immigrantes receberão o auxilio mediante um attestado passado pelo Inspector de Immigração, mencionando o dia da entrada na Hospedaria, os nomes dos immigrantes, sua procedencia, nacionalidade, idade, estado e membros que compõem a família.

§4º As relações de parentes estabelecidas no §1º quando não vierem mencionadas nos passaportes deverão constar de documentos fornecidos pela competente autoridade do logar de onde emigrarem.

Artigo 2º - O inspector da Immigração dentro de 3 dias da entrada dos immigrantes na Hospedaria fornecerá uma relação geral dos mesmo immigrantes com todas as clarezas mencionadas no § antecedente e, inserindo n'ella o seu attestado de que podem elles receber o auxilio que lhes fôr devido, e remeterá com officio ao Inspector do Thesouro Provincial.

§1º Para confecção da mencionada relação, o inspector da Immigração se socorrerá dos passaportes que tiverem trazido os immigrantes; na falta destes servirá um attestado do Inspector Geral de Terras e Colonização na Côrte e, em falta, de attestado da Agencia do Vapor que tiver feito o transporte dos immigrantes. Se o immigrante tiver desembarcado no porto de Santos passaportes ou attestados serão visados pelo respectivo Agente Provincial de Immigração.

§2º Na Inspectoria de Immigração deverá ficar copia autentica em livro competente da relação e attestado que fôr remettida ao Thesouro Provincial.

Artigo 3º - O Inspector do Thesouro Provincial tendo recebido a relação mencionada no artigo antecedente, dentro de 3 dias mandará por um empregado fazer a entrega do auxilio na Hospedaria de Immigrantes, na presença do Inspector da Immigração e de accôrdo com a conta previamente organizada.

§1º A entrega do auxilio será sempre ao immigrante que, conforme a relação attestada representar o chefe da familia, salvo aos immigrantes maiores de 21 annos, que não forem mulheres em companhia de seus maridos, aos quaes a entrega será directamente.

Artigo 4º - Fica entendido que os immigrantes que entrarem para esta Provincia deverão em seguida a um desembarque se recolher a Hospedaria Provincial de immigração sendo acompanhado por um empregado da Immigração sob pena de perderem o direito ao auxilio.

Artigo 5º - A conta pelo qual o Thesouro mandar fazer a entrega do auxilio deverá ter uma columna e casa próprias para os recibos que serão passados pelo empregado do Thesouro, sendo apennas assignados pelo immigrante ou por outrem a seu rogo e com duas testemunhas, se não puder ou não souber escrever.

Artigo 6º - O auxilio de que trata o artigo 1º poderá ser concedido directamente pelo Governo por meio de contracto de qualquer Companhia de Navegação, a empresa ou a particulares, que se propuzerem a transportar para esta Provincia os immigrantes d'aquelles paizes.

Artigo 7º - Nos contractos que forem celebrados para a execução do artigo antecedente serão inseridas, além de outras cláusulas para a fiel execução do § 2º Artigo 1º da mencionada Lei nº 14 de 11 do corrente, o seguinte:
- o auxilio só será entregue depois de provar que os immigrantes deram entrada na Hospedaria Provincial e tiverem sido apresentados ao Inspector de Immigração os competentes passaportes trazidos pelos immigrantes dos paizes donde emigraram e um attestado circunstanciado com os nomes, procedência, estado e idade dos immigrantes passado pela Companhia de Navegação que houver feito o transporte observando-se também o disposto no §4º do artigo 1º quanto a prova do parentesco.

§1º Em relação a estes immigrantes se observará o disposto no §2º do artigo 2º.

Artigo 8º - Os passaportes e mais documentos dos immigrantes ser-lhes hão restituidos pelo Inspector da Immigração depois de datados e rubricados.

Artigo 9º - Os favores de que trata o presente regulamento só serão concedidos provando-se pelos modos estabelecidos, que os immigrantes vindos para o Brazil chegaram a esta Provincia posteriormente ao dia 14 de Fevereiro de 1885, data da sancção da citada lei nº 14.

Artigo 10º - Ficão revogadas as disposições do Regulamento de 12 de Setembro de 1884 na parte em que se oppõe aos do presente Regulamento. Palacio do Governo de São Paulo, 24 de Fevereiro de 1885. José Luiz d'Almeida Couto (assina). (C05528, caixa I, Regulamento sobre imigração, com cópias em francês e alemão; São Paulo, 24 de fevereiro de 1885).

———

Cumprindo o despacho de V. Exa. exarado no officio dirigido pelo Inspector de Saude no porto de Santos, na parte que se refere ao serviço da immigração, cabe-me informar o seguinte:
O porto de Santos é incontestavelmente o porto preferencial para a entrada dos immigrantes que se destinam a provincia de São Paulo: tanto assim que o Governo, nos contactos firmados com varios individuos, tornou obrigatoria a vinda dos immigrantes pelo porto de Santos.
O outro ponto, o da Estrada de ferro do Norte, não offerece a mesma comodidade, visto como vem os immigrantes de passarem 13 horas em um trem, mal acomodados e privados de alimentos durante tão longo periodo de tempo.
A ideia de obter-se o antigo arsenal da Marinha em Santos e suas dependências me parece muito acertada, não para a creação de uma Hospedaria de Immigração, como já pretendeu a Sociedade de immigração d'aquella cidade em officio dirigido a um dos antecessores de V. Exa., mas sim para um armazem de bagagens.
Havendo dous trens que diariamente partem de Santos a esta capital e encontrando-se um lugar onde fosse facil o desembarque dos immigrantes e bagagens, que ao mesmo tempo offerecesse a vantagem de ficar proximo da linha de bondes, como o edificio indicado poderiam os immigrantes, sem grande trabalho, separar as bagagens e tomar o trem para São Paulo, ganhando n'este serviço pouco tempo.
O mesmo porem não se dá com as bagagens que com alguma demora chegam a esta capital, devido isto, não só a morosidade do trem de carga, como também porque o empregado, tendo-se occupado com o desembarque e reembarque dos immigrantes só pode tratar do embarque da bagagem depois de terem os immigrantes seguido para a capital [...]. (05528, caixa I, Ofício do inspetor João de Sá e Albuquerque, da Inspetoria Geral de Imigração, para o Presidente da Província; São Paulo, 12 de janeiro de 1886).

———

A Comissão encarregada da escolha de terreno para a nova Hospedaria de Immigrantes incumbio-me de trazer ao conhecimento de V. Exa. o resultado de seos trabalhos.
A comissão infelizmente, depois de longos e minuciosos exames relativos a materia, empatou na votação; dous de seos membros derão preferência a um local entre o Braz e a Mooca, e dous a um outro na Luz, quaze defronte ao Jardim Publico.
Os Senhores Drs. Rafael de Barros e Nicolau Queiroz derão preferencia ao terreno de Joze Gregorio Rodrigues que fica ao lado da estrada de ferro de Santos a Jundiahy; por detraz das oficinas da estrada de ferro do Norte, entre o Braz e a Mooca, de modo a poder ser servido por caves derivadas de ambas estas estradas, o que facilita em extremo o serviço com os immigrantes. Entendem elles que o motivo principal da lei que authorizou a mudança, foi collocar o novo estabelecimento em localidade proxima a essa, por que a mencionada lei exige que a nova hospedaria seja nas immediações das duas estradas. Tem ella, alem disso, a vantagem de ser muito salubre, e de estar servida pelos bonds da Mooca que passam no quarteirão proximo.
Esse terreno foi offerecido a Comissão pela quantia de 20:000$000 (vinte contos de reis) deixando-se ao proprietario a faculdade de retirar o corte de capim que nelle existe.
Na proximidade immediata das estações do Braz não existe terreno algum que possa ser comprado e tendo o espaço suficiente, se não por preço que não comporta a verba que authorizou esta despeza.
E pois, o que fica apontado é (ilegível) bairro, o mais proximo e mais barato que se poude encontrar, capaz de distar da estação do Norte cerca de 750 metros.

Os outros dous membros da comissão Srs. Drs. Sá de Albuquerque e o signatario deste officio, sentindo não concordar com esta opinião, derão preferencia ao terreno que foi do (Convento) da Luz, quazi defronte ao Jardim Publico pelos motivos seguintes:

Não tendo a lei marcado o limite da proximidade em que a Hospedaria devia ficar das mencionadas estradas, entenderão elles que esse limite devia ser derivado da maior conveniencia dos diversos e complicados serviços que se ligão ao movimento de immigrantes, serviços que abrangem não só a facilidade de alojal-os em sua chegada como o de alimental-os pelo que a vizinhança do mercado é importante; a de expedil-os para o interior pelo que a proximidade das estações de internações devia ser egualmente contemplada; a facillidade de sua relações com os que queirão empregar o seo trabalho e d'ahi a conveniencia de tomar em consideração a distancia e a facillidade de comunicação com o centro da cidade; limpeza e salubridade e policia do logar, e finalmente o preço e area do terreno. Pezando todos esses motivos julgarão que a preferencia devia ser dada ao citado terreno da Luz, como rezumidamente passão a comprovar:

Distancia do Centro da Cidade
Do largo do Mercadinho ao terreno de Joze Gregorio Rodrigues ha a distancia de dous kilometros setecentos e cincoenta metros; desse ponto ao terreno da Luz um kilometro e novecentos metros.
Da praça do Mercado ao terreno de Joze Gregorio, dous kilometros e quinhentos metros. Desse mesmo ponto ao terreno da Luz um kilometro e setecentos metros.
Dos bonds da Mooca ao terreno de Joze Gregorio 350 metros.
Dos bonds da Luz 50 metros
As menores distancias em relação a Luz facillitão: 1º as relações dos immigrantes com as pessoas que queirão empregar o seo serviço; 2º o fornecimento de viveres, socorros medicos e policia do logar, o que em dadas emergencias pode tornar-se assumpto muito serio.
Embora o serviço que mais avulta seja feito em carro ou bonds, ha nessas grandes aglomerações de estrangeiros pobres, enorme movimento a pé; e ahi, não só a distancia desse terreno dificulta a comunicação com a cidade, como em tempo de chuva, o plano quazi nivellado do terreno entre o Braz e a Mooca dificulta por tal forma o escoamento das aguas, que não ha exageração em dizer-se que durante alguns mezes as partes não calçadas ou macademizadas dos caminhos d'alli se convertem em verdadeiros pantanaes intranzitaveis.

Distancia para a estação de reembarque
A maioria dos colonnos reembarca-se para o oeste da provincia; é possível uma chave da Estação da Luz, ao passo que para o Braz ou seria necessario trem especial o que a Companhia só se prestará a fazer quando houver de 20 colonnos para cima ou terão de vir de bond.
Quanto a estação para desembarque a do Braz é mais comoda para os que vem pela estrada do Norte.
Os contractos recentes porem exigem, e mui acertadamente, que o desembarque se faça no porto de Santos, e para os que vem pela estrada ingleza melhor é virem logo a Luz do que ficarem no Braz. A viagem dos immigrantes pela estrada do Norte é tão longa e encomoda que progressivamente ha de ser reduzida a minimo.

Salubridade
Nos logares subjeitos a grandes aglomerações de população que, por isso mesmo pouco se demorão nelles, e é indifferente ao seo aceio, um sollo quazi nivellado, sem escoamento e de turfa, facillita muito mais a accumulação de detrictos e reziduos de toda especie, do que um collocado em iminencia, com pendores de 4 a 5 por cento, e com a drenagem natural de um ribeirão de agua corrente como é o Tamanduatehy; que corre no fundo do valle sob cujo pendor esta o terreno da Luz. Com as chuvas

torrenciais do nosso clima o terreno da Luz sera periodicamente lavado e ficara seco pouco depois da chuva.

As chuvas no Braz e com o grande trafego de gente produzirão lamaçal geral, infiltração pela terra a dentro numerosos detritos animaes, que nos dias de calor, serão restituidos e viciarão a atmosphera. Não será lizongeiro o estado de saude de individuos que, estando acostumados a estarem calsados, se virem, durante dias, com o pé na lama de manhã ate a noute.

Agua Corrente
Depois de longa viagem, onde a limpeza para os passageiros de terceira classe é extremamente difficil, a necessidade de agua corrente abundante figura entre as primeiras, como se ve na Hospedaria do Bom Retiro onde o tanque alli existente esta sempre apinhado de lavadeiras.
No terreno de Joze Gregorio, ou em suas proximidades não existe agua a não ser do poço; no da Luz existe o Tamanduatehy que lhe corre nos fundos, alem de um chafariz publico, em sua frente.

Preço
O terreno de Joze Gregorio, que mede aproximadamente 3 hectares, custa 20 contos. O terreno da Luz que mede 9 ou nada custa, ou na peor das hypotheses custará 20 contos que é a indemnização que o respectivo syndico, o Exmo Snr. Conde de Itu, declarou que exigiria no caso de ganhar a cauza que o Convento tem com o Governo a propozito desse mesmo terreno; isto equivale a dizer que o terreno é tres vezes mais barato do que o outro.
A questão da area é importante; se por agora uma Hospedaria para mil immigrantes é suficiente, seria imprevidente collocal-a em logar onde se a não podesse dezenvolver; a torrente immigratoria que é agora pequena, ha de, algum dia, ser proporcional a area dezocupada da Provincia; não seria desacertado tomar logo espaço para alojar 3 ou 4 mil homens, quando esse espaço custa agora tão barato como o que só pode conter mil homens, pois não nos devemos esquecer que a capacidade que a provincia tem de receber população é enorme em comparação com a população que tem actualmente.
Foi este o parecer da comissão. (C05528, caixa I, Officio de J. V. Couto de Magalhães, servindo de relator da Comissão encarregada da escolha de terreno para a nova Hospedaria de Immigrantes, para José Luiz de Almeida Couto, Presidente da Província; São Paulo, 5 de maio de 1885).

—

Quadro demonstrativo da entrada de imigrantes na Inspectoria Provincial de Immigração em São Paulo, por nacionalidade, durante o 1º semestre de 1º de janeiro a 30 de junho de 1885.

Nacionalidade	Jan	Fev	Mar	Abr	Mai	Jun	Total
Italianos	369	257	397	189	349	232	1.793
Austríacos	14		6	1.406	30	4	1.460
Portugueses	44	57	520	442	66	242	1.371
Espanhóis	2	9	9	8	47	51	126
Alemães	1	1	6	1	4		13
Belgas		9					9
Ingleses			2		5		7
Franceses		2				4	6
Suissos			1				1
Holandeses				1			1
Soma	430	335	941	2.047	501	533	4.787

(C05528, caixa I-A, Quadro demonstrativo da entrada de imigrantes na Inspetoria Provincial de Imigração; São Paulo, 11 de julho de 1885).

—

Quadro demonstrativo do movimento de imigrantes durante o mês de dezembro de 1884.

Nacionalidade	Quantidade
Italianos	238
Portugueses	129
Austríacos	20
Alemães	11
Espanhóis	5
Franceses	2
Existentes em 1º de dez.	30
Total	435

Destinos	Quantidade
Capital	207
Ribeirão Preto	37
Oliveiras	28
Campinas	23
Descalvado	21
Santos	19
Tiete	12
Mogi Guassu	11
Tanque	9
Caldas	8
Lage	8
Amparo	5
Morro Grande	5
Rio Claro	4
Os Perus	4
Sorocaba	4
Pirassununga	3
Cachoeira	3
Casa Branca	3
Mato Seco	2
Cordeiros	2
São Simão	1
Capivary	1
São Carlos	1
Soma	421
existe no alojamento	14
Total	435

(C05528, caixa I-A, Quadros demonstrativos do movimento de imigrantes em dezembro de 1884; São Paulo, 7 de janeiro de 1885).

—

Lista de colonos introduzidos por José Antunes dos Santos, de 22 de agosto de 1886 a 23 de janeiro de 1887 (C05529).

Nacionalidade	Quantidade
Portugueses	2.262
Dinamarqueses	548
Belgas	218
Espanhóis	86
Suecos	33
Franceses	18
Alemães	11
Italianos	8
Ingleses	2
Brazileiro	1
Total	3.187

A Colonia Italiana reunida hontem em Assemblea Geral extraordinaria, no intuito de deliberar relativamente as prevaricações de poder que por parte de Autoridades e Sociedades, são commettidas contra subditos italianos, considerando:
- que o regulamento actualmente em vigor no Hospedaria dos Immigrantes é vexatório e um atentado a todos os direitos da liberdade individual;
- que não se pagão colonos, porque justas reclamações provarão serem Elles credores de 7 meses de serviços;
- que na colonia nova do Barão de Jundiahy tentou-se assassinar um italiano sem que por parte das autoridades fossem tomadas as providencias opportunas.
Delibera unanimemente:
-Conferir amplos poderes a Commissão abaixo asignada a qual em nome da Colonia Italiana pede a V.E.:
1º que aos italianos recolhidos na Hospedaria da Immigração seja deixada ampla liberdade para que durante o dia possão sahir e entenderem-se com quem melhor lhes convenha;
2º que seja revogada a nomeação dos corettores [sic] porque representam a speculação em veste official;
3º que V.E. solicite urgentes informações relativamente ao gravíssimo facto da tentativa de assassinato na pessoa de um Italiano na colonia Nova do Barão de Jundiahy;
4º que ou por parte do Governo Provincial ou Geral sejão dadas imediatas providencias para o pagamento aos colonos de sete meses de serviço.
E a colonia Italiana confiando que o honrado Presidente da Província attenderá as presentes reclamações, respeitosamente pelos seus representantes assigna-se [seguem-se oito assinaturas]. (C05530, Carta em nome da 'Colonia Italiana' para o Presidente da Província; São Paulo, 9 de julho de 1888. Há um despacho: *Ao Ilmo. Snr. Dr. Chefe de Polícia para que se sirva de informar sobre as ocorrências havidas na Colonia 'Barão de Jundiahy'*; São Paulo, 6 de agosto de 1888).

—

Accusando recebida a Portaria de V. Exa. Sob no. 24 de 27 de Fevereiro ultimo, relativa à local do "Diario de Noticias" de 26 do mesmo mez sob a epigraphe Immigrantes turistas, *cumpre-me informar o seguinte:*
A local, de que se tracta, é destituida de todo o fundamento, e revela, da parte do jornal que a inseriu, a mais completa ignorancia do serviço de Immigração e dos regulamentos que o regem, porquanto nenhum immigrante pode receber o auxilio provincial no curto prazo de 2 dias, como affirma o Diario de Noticias, na 1ª parte do local, a que tenho a honra de informar.
O Regulamento de 27 de julho do anno passado, para execução dos Artigos 3º e 4º, § 1º e 2º da lei nº 1 de 3 de Fevereiro de mesmo anno dispõe no seu art. 3º que os immigrantes só podem receber o auxilio provincial provando sua localização em estabelecimentos agricolas por mais de 30 dias. Acontece ainda que, provando essa localização, o immigrante tem necessidade de requerer a V. Exa. esse pagamento, que será feito por despacho de V. Exa. 60 dias depois da entrada do immigrante na Hospedaria Provincial – artigo 4º do citado regulamento.
Assim, pois, a 1ª parte da referida local demonstra apenas da parte do jornal, como tive a honra de affirmar, ignorancia absoluta do serviço. Demais, uma familia composta de 5 pessoas – embora todas maiores de 12 annos, não pode receber 400$000 de auxilio; porque, sendo elle de 70$000 por pessoa maior de 12 annos, e a familia composta de 5, o auxilio seria de 350$000.
Quanto às outras partes da local, tenho a honra de ponderar que o immigrante que permanece na capital, sem se empregar na lavoura fóra dos limites urbanos da Cidade não tem direito algum ao auxilio provincial, nem pode recebel-o. (C05531, Ofício de Manoel Antonio Dutra Rodrigues, fiscal da Hospedaria Provincial, para Pedro Vicente de Azevedo, Presidente da Província; São Paulo, 2 de março de 1889).

—

Devolvendo a V. Exa. a petição dos immigrantes portugueses Antonio Pereira de Azevedo e outros, pedindo pagamento do auxilio provincial, tenho a honra de informar a V. Exa. que os supplicantes como immigrantes espontaneos têm direito de receber pela Colectoria da Limeira o auxilio que pede que deve ser feito de acordo com as respectivas guias e da seguinte forma: Antonio Pereira de Azevedo, rs 297$500, Francisco da Rocha Povoa, rs 140$000, Manoel Pinto, rs 140$000.
(C05531, Ofício de Manoel Antonio Dutra Rodrigues, fiscal da imigração, para Pedro Vicente de Azevedo, Presidente da Província; São Paulo, 1889).

—

Tenho a honra de communicar a V. Exa. que, entre os immigrantes vindos por conta do Governo Provincial, para se estabelecerem na lavoura desta Província, há um grande numero que se recusa a procurar trabalho, regeitando contractos com agricultores, e declarando querer transporte para a Província do Rio Grande do Sul.
Na Secretaria desta Sociedade, Exmo. Snr., se acham, remettidas pelo Introductor, as declarações assignadas por todos esses immigrantes, de que se destinavam e vinham estabelecer-se nesta Provincia; e só por suggestões d'indivíduos perturbadores da ordem e inimigos da immigração, podem ter mudado de resolução, ao ponto de se declararem contrarios à disciplina regulamentar da Hospedaria Provincial, recuzando, como recusam, obedecer à intimação de sahirem d'aquele estabelecimento, desde que não querem acceitar trabalho e já alli de acham há mais de quinze dias.
Digne-se, pois, V. Exa. de ordenar as providencias que melhor entender, para evitar um conflicto, que parece eminente, e para repressão de qual não dispões esta Sociedade de força, visto que o diminuto destacamento policial que existia na visinhança da Hospedaria, foi supprimido, e sendo certo, pelas informações vindas a esta Sociedade, que taes immigrantes são de indole a temer-se.
Cumpre notar a V. Exa. que um dos jornaes italianos, que se publicam nesta Cidade – Il Garibaldi – tem trasido em seus ultimos numeros o incitamento da revolta contra todas as ordens da Administração, aconselhando aos immigrantes de uzarem de meios violentos.
Levando esta communicação a V. Exa., a Directoria desta Sociedade confia que se dignará de dar as providencias que o caso requer. (C05531, Ofício de Nicolau de Sousa Queiroz, vice-presidente da Sociedade Promotora de Imigração, para Pedro Vicente de Azevedo, Presidente da Província; São Paulo, 10 de janeiro de 1889).

—

Os abaixo assignados, colonos do Nucleo Colonial da Bôa Vista, vem representar a V.Excia. sobre a demissão do Encarregado do mesmo Nucleo o Snr. Jozé Jacintho Ferreira da Silva. Quando aqui chegaram há cerca de dois mezes, sem conhecer a lingua, nem os costumes, lavoura, alimentação e modo de trabalhar, encontraram no Encarregado demittido um amigo que fêz por elles o que só faria um verdadeiro páe. E hoje que se acha o Snr. José Jacintho Ferreira da Silva demittido, por exigencias da politica e não porque tivésse dado causa à demissão, os abaixo assignados vem pedir a V. Excia. que interponha o seu valimento, junto ao Governo, afim de que seja o dito Snr. Ferreira da Silva reentregado no cargo de Encarregado da Colonia, medida esta que julgam necessaria à regularidade do serviço da Colonia, e que desejam ver attendida para sua tranquilidade pessoal e de suas familias. [seguem-se muitas assinaturas] (C05531, Abaixo assinado de colonos do núcleo colonial Boa Vista para o Presidente da Província; Jacareí, 20 de junho de 1889).

—

Peço-te um obsequio: saber da Secretaria onde para a reclamação d'um italiano que pede providencias ao Governo sobre o auxilio que lhe dá a Lei, como immigrante que é.
A Collectoria Provincial fez difficuldade em pagar-lhe, parecendo que do Presidente da Provincia vinham ordens mais "terminante" e que acabassem de vez com a chicana que alguns máus empregados publicos oppoem às partes, às vezes com intuitos incomfessaveis.
Peço-te que descubra a reclamação aqui de Araras; não me ocorre o nome do italiano.

Teu am(igo) e collega. (C05531, Carta de Pinheiro Machado para Estevão Luis Borroul; Araras, 10 de abril de 1889).

—

Tenho a honra de levar ao conhecimento de V. Exa. os factos que acabam de dar-se no estabelecimento de immigração.
Recolhidos a hospedaria de immigração no dia 16 do corrente, os immigrantes vindos pelos vapores Maria e Sirio, conduzidos pelo Snr. Floriano Rossi, manifestaram elles desejos de seguirem sem demora para o interior da provincia, à procura de trabalho, segundo a requesição dos fazendeiros, que por intermedio da casa Fiorita & Tabollara os havia contractado na Europa, declarando mais que tinham obtido as passagens maritimas mediante condição de indemnisarem, apenas chegassem a esta provincia, as pessoas que lhes fizeram taes adiantamentos.
Nestas disposições achavam-se os immigrantes, quando hontem declararam-me, que, melhor aconselhados, não se retiravam da hospedaria, visto como o Governo havia dado ordens para serem elles transportados gratuitamente da Europa a esta provincia e que alem d'isto tinham direito a receberem o auxilio garantido por lei.
Communiquei logo a decisão de V. Exa. e os immigrantes continuaram recalcitrantes, o que fez-me suspeitar a intervenção de terceiras pessôas.
Procurando bem verificar os factos, fui informado de que o individuo de nome Augusto Nardelle éra, quem abusando da bôa fé e ignorancia dos pobres colomnos, incutia-lhes essas crenças erroneas, com o fim de desviá-los do louvavel intento em que se achavam e perceber por isto indebida recompensa pecuniaria.
Insistindo nas pesquizas e investigações, soube então com o testemunho dos immigrantes, Sergut Pritro, Guria Giovanni, Margagio Batta, Graton Adriano, Donato Giuseppe e muitos outros, na presença de Manfredo Mayer, Floriano Rossi, Italo Stefanini e Alfredo Esposto, perante o dito Augusto Nardelli, que taes conselhos partiam d'este.
Immediatamente foi communicado o facto a V. Exa. que sem perda de tempo fez comparecer o Snr. Dor. Chefe de Policia, que teve occasião de interrogar diversos immigrantes e sindicar os factos narrados no presente officio.
Devo ainda declarar, afim de ser fiel na informação prestada a V.Exa. que, o dito Augusto Nardelli, sendo por mim advertido em outra occasião, que, segundo denuncias recebidas, constavame não ser regular seu modo de proceder, e que eu não consentiria em seu ingresso no estabelecimento, elle procurou fazer das tabernas proximas a immigração ponto de reunião para conferencias e especulações.
Chamei a minha presença os donos d'estes estabelecimentos, fiz-lhes ver que não podia consentir em tal abuso, e elles, attendendo as minhas observações não consentiram mais que o falso protector de immigrantes continuasse nas tabernas a propalar doutrinas contrarias a ordem.
Hoje porem, acompanhado de um grupo de capangas armados, e quando eu já não estava na hospedaria, appareceu o refferido Nardelli e no pateo do estabelecimento cercado de immigrantes, pregava doutrinas subversivas a ordem e em manifesto antagonismo a bôa marcha do serviço da immigração, aconselhando a intervenção do Consul Italiano e resistencia armada a decisão de V. Exa. (C05531, Ofício do inspetor geral João de Sá, e Albuquerque para José Luiz de Almeida Couto, Presidente da Província; São Paulo, 22 de abril de 1885).

—

Tenho a honra de passar ás mãos de V. Exa. a inclusa copia da guia do Snr. Dr. Inspector Geral de Terras e Colonização mandando recolher á Hospedaria de Immigrantes os emigrantes constantes da mesma guia.
Peço licença para ponderar a V. Exa que não me parece licito dar alojamento e sustento a emigrantes que tendo se collocado em diversos pontos da provincia, procuram a esta capital com a intenção de

abandonar a província. E, quando mesmo a não abandonem, tendo já gozado dos favores concedidos pela província aos immigrantes que a procuram, não podem novamente recebel-os. Estes foram admitidos em attenção e por ordem daquelle mesmo inspector. (C05531, Ofício de Manoel Antonio Dutra Rodrigues, fiscal da Hospedaria Provincial, para Pedro Vicente de Azevedo, Presidente da Província; São Paulo, 2 de março de 1889. Em anexo, cópia da guia mencionada).

Guia (cópia)
Com esta se apresentaram ao administrador da Hospedaria Provincial os emigrantes constantes da relação abaixo, para serem recebidos e alojados. 1 de março de 1889. [assinado] O Inspector Especial João Bernardo da Silva.

Relação
Cornero Domenico com familia (4 pessoas)
Fré Francesco com familia (4 pessoas)
Picco Giovanni com familia (5 pessoas)
Peretti Bartolomeu com familia (6 pessoas)
1 de março 1889. [rubricado] J. Bernardo.

—

Devolvendo a V. Exa. a petição do immigrante Guzzo Tomaso e outros, pedindo pagamento do auxilio provincial, tenho a honra de informar a V. Exa. que os supplicantes havião entrado na Hospedaria Provincial em Junho do anno passado, parecendo-me não poderem receber o auxilio que pedem por ter excedido o prazo determinado no artº 16 do Regulamento de 27 de Julho do anno passado. (C05531, Ofício de Manoel Antonio Dutra Rodrigues, fiscal da Hospedaria Provincial, para Pedro Vicente de Azevedo, Presidente da Província; São Paulo, 2 de março de 1889).

—

Devolvendo a V. Exa. o officio do Collector de Araraquara, remetendo os papeis do immigrante Eschinaglia Giovanni sobre o pagamento do auxilio provincial tenho a honra de informar a V. Exa. que o supplicante pode receber pela referida Collectoria a quantia de 108$000, na forma da guia da Hospedaria Provincial. (C05531, Ofício de Manoel Antonio Dutra Rodrigues, fiscal da Hospedaria Provincial, para Pedro Vicente de Azevedo, Presidente da Província; São Paulo, 2 de março de 1889).

—

Levamos ao conhecimento de V. Exa. a maneira porque temos sido tratados, e esperamos que V. Exa. se dignará a attender as nossas queixas, e dará providencias para que se nos faça justiça.
Confiados nas promessa de serem pagas as nossa passagens contrahimos dividas para vir para a Provincia de S. Paulo a onde temos parentes, a elles nos reunimos em uma colonia pertencente ao Sr. Capitam Feliciano Leite da Costa no município de Serra Negra, aonde nos achamos ha mais de dois meses. Trouxemos uma ordem do Sr. Inspector Fiscal da Immigração para que nos fossem pagas as ditas passagens na Collectoria desta cidade, o Snr. Collector nos respondeu que não há dinheiro. Temos voltado muitas vezes á Collectoria, solicitando o nosso pagamento, dão-nos sempre a mesma resposta. Pobres estrangeiros carregados de familia, sem vintém, sem sabermos a quem nos dirigir, estamos contrahindo mais dividas para nossa manutenção. Pedimos a V. Exa. se digne a ordenar o pagamento dessas passagens como é de justiça para que nos não aconteça o mesmo que se está dando com duas nossa patricias, que tendo vindo para esta mesma colonia a chamado de seus maridos que ja aqui se achavão e trazendo uma dellas um filho conforme está declarado no seu passaporte não lhes tem sido possivel obter a importancia das suas passagens apesar das continuas solicitações que tem feito, por mais de dois annos dando sempre indeferidos os seus pedidos sob

pretexto de não terem vindo em companhia de seus maridos, embora viessem a chamado delles, que por falta de meios não puderam trazer consigo, e uma dellas trouxesse um filho, também para estas pedimos a protecção de V. Exa. e certos na sua justiça contamos que se dignará a ordenar igualmente o pagamento das suas referidas passagens a vista desse documento que ellas apresentão provando terem estado na Hospedaria dos Immigrantes uma dellas ter trazido um filho, etc. Em vista do direito que nos assiste esperamos ser attendidos. (C05531, Carta de Spignardo Antonio e de Bapttista Ângelo para o Barão de Parnaíba, Presidente da Província; Serra Negra, 21 de janeiro de 1887).

—

Cumpro um dever Communicando a V. Exa. que, os colonos Ângelo Begliomeni e sua família em numero de 5 pessoas, Gabriel Volppi e sua mulher, aqui chegados no dia 22 de Junho do anno passado no vapor Barmania, requererão o auxilio a que tinhão direito em força de Lei expressa; porem não querendo irem elles para o meu sitio na cidade de Parahybuna, achão-se aqui á mezes trabalhando no Bom Retiro e outros pontos d'esta cidade; e poriso, sem direito ao auxilio da Lei, salvo, se V. Exa. por equidade mandar pagar; em cazo contrario, resolv[era] como sabiamente julgar [...]. (C05532, Ofício de Guido de Andrade para José Vieira Couto de Magalhães, Presidente da Província; São Paulo, 15 de agosto de 1889).

—

Devolvendo a inclusa petição de Basilia Carolina, tenho a honra de informar a V. Excia. que parece-nos não estar a Supplicante no caso de merecer o favor especial da repartição, visto como ella é perfeitamente apta para o trabalho e pode aqui facilmente encontrar emprego, e os seus filhos Carlos de 15 annos e Caliope de 11 annos, já se acham empregados, como se vê do attestado do encarregado do Núcleo Colonial de Jundiahy, junto a este. No entanto, V. Exia. resolverá como for de justiça. [...] (C05532, Ofício do inspetor geral Antonio Teixeira da Silva, da Inspetoria Geral de Colônias e Imigração, para José Vieira Couto de Magalhães, Presidente da Província; São Paulo, 17 de setembro de 1889. Não se encontram os anexos citados).

—

Tenho a honra de, em breve relatório, expor a V. Excia. o estado anormal em que, ao tomar posse do cargo de Inspector Geral de Colônias e Immigração, encontrei a Hospedaria de Immigrantes; solicitando ao mesmo tempo, de V. Ecia., providencias reclamadas urgentemente para boa regularidade d'este importante ramo de serviço publico.
Logo ao começar a minha administração, chegou-me ao conhecimento o facto de existirem, há mezes, na Hospedaria, grande numero de immigrantes na mais completa vadiação, (muitos d'elles voltados do estabelecimento agrícola donde foram despedidos e de novo admittidos na Hospedaria), sem quererem de modo algum empregar-se, não obstante ter-se-lhes offerecido muitas vezes trabalho em condições vantajosas.
Para melhor virificar este facto, mandei extrahir uma relação dos immigrantes em taes condições; o que se fez, apresentando-me o ex-Director Domingos Ferreira, a Relação inclusa, pela qual se mostra que existem na Hospedaria algumas famílias de immigrantes, há mais de cinco mezes, e muitas há mais de dois mezes atingindo o numero de immigrantes n'estas condições a 373!!
No entanto, dispõe o regulamento para o serviço de Immigração da Província de S. Paulo, de 30 de agosto de 1887 o seguinte:
"Artigo 12 - A hospedaria provincial de immigrantes é distinada a receber e dar agasalho e alimentação por oito dias, não contando o da chegada, aos immigrantes que se vierem estabelecer na província.
 # 1º - O praso deste artigo poderá ser excedido no caso de moléstias ou força maior ou por concessão expressa do governo; e dentro delle devem os immigrantes contractar-se ou procurarão destino sob pena de serem despedidos.

 # 2º - Entretanto, não é permittida a permanência na hospedaria aos immigrantes que, antes deste prazo, tiverem encontrado collocação conveniente a juízo do inspector geral.
Artigo 13 - Os immigrantes que se despedirem ou forem despedidos da hospedaria em nenhum caso serão readmittidos.
Entre os immigrantes da Relação inclusa há alguns inválidos e algumas viúvas cem filhos, porem, a maior parte é composta de gente apta para o trabalho; em todo caso a Hospedaria não pode ser convertida em Asylo de inválidos nem em caza de caridade.
Grandes são os inconvenientes que resultão da conservação desses immigrantes na Hospedaria, sobre elevando entre outros, o seguinte:
A) Alimentação da vadiagem dando-se quartel á ociosidade – mal de todos os vícios;
B) A má impressão que recebem os immigrantes recém chegados, encontrando alli immigrantes, há mezes, sem se empregarem;
C) As falsas informações e mãos conselhos que dão aos recém chegados. Já tem sido observado alguns aconselharem aos recém chegados que não vão para as fazendas do interior, por terem nellas, não só que luctar com as serpentes e os bichos abumdantes no paiz, e que maltratão chegando a matar aos immigrantes, como também terem de soffrer os mãos tratos dos fazendei[ros], que acostumados a lidar com escravos, tratão aos colonos como se escravos fossem;
D) A despeza inútil que faz o Governo da Província, alimentando e dando agasalho a grande numero de pessoas que permanecem completamente inactivas só consumindo, sem nada produzir. Mas, como fazer cessar este estado de cousas?
Diversas medidas tem sido lembradas conducentes a solução desta questão, como sejão: a repatriação desses immigrantes, a creação de um Asylo Agrícola para onde sejão elles remettidos e a retirada dos mesmos da Hospedaria: Repatriação – Inquirindo-se áquella gente a razão por que se acham a tanto tempo na Hospedaria e não se empregão respondem que querem voltar para a Pátria e estão a espera que o Governo lhes forneça transporte gratuito.
Nos parece, porem, que esta medida não deve ser adoptada pelas seguintes razões:
O facto de ser repatriada esta gente causará péssimo effeito na Europa e dará motivo aos inimigos da immigração para o Brazil a fazerem disto grande celeuma pretendendo provar que os immigrantes não se dão bem neste paiz, e, aqui não encontrão trabalho. Ainda mais, propalando-se pela Província a noticia da repatriação, muitos outros immigrantes em condição mais ou menos idênticas hão de apparecer querendo voltar para a Europa, com passagem paga pelo Governo.
Asylo Agrícola – A idéia da creação de um asylo agrícola, onde esta gente, em retribuição da alimentação e agasalho que recebe por parte da Província, seja obrigada a prestar algum serviço; idéia, segundo estou informado concebida pelo actual Director da Hospedaria de Immigrantes Snr. Antonio Alves Pereira de Almeida, nos parece boa, porém, demanda largo tempo para ser posta em pratica, não podendo por isso ser aproveitada para o caso vertente.
Retirada da Hospedaria – Esta medida parece ser a única, que levada a effeito com critério e prudência, pode dar bons resultados. Assim, os inválidos podem ser removidos para o Asylo de Mendissidade; os doentes podem ser transportados para Santa Caza de Misericórdia; e os aptos para o trabalho pode-se marcar um praso rasoavel (8 dias), por exemplo, para procurarem occupação honesta e se retirarem da Hospedaria, sendo afinal expulsos do estabelecimento, se exgotado o praso ainda forem ahi encontrados; sendo certo que existem na Hospedaria, muitos immigrantes, que podem ser postos fora desde já, visto como se achão em condições de poder encontrar trabalho facilmente mesmo nesta Cidade. [...] (C05532, Ofício do inspetor Antonio Teixeira da Silva, da Inspetoria Geral de Colônias e Imigração, para Luiz Carlos de Assumpção, Vice-Presidente da Província; São Paulo, 8 de julho de 1889).

———

Tendo ficado extinta a Inspectoria de Colonias e Immigração, vos peço para que vos digneis a orientar-me sobre o destino que devem tomar os papéis que vão inclusos visto como julgado esta

Directoria não ter interferência com os serviços da colonia deste estado, remeteu os mesmos documentos à Inspectoria Especial de Terras e Colonização que m'os devolveu dizendo que eram papéis tendentes a colonias provinciaes, sendo ella repartição geral. (C05532, Ofício do diretor Antonio Alves P. de Almeida para Prudente José de Moraes Barros, Governador do Estado; São Paulo, 12 de dezembro de 1889).

—

O Governo Provisório do Estado attendendo ao pedido de Giuseppe Scutari subdito italiano, concede-lhe naturalização nos termos do Decreto do Governo Provisório Federal, nº 134 de 26 de Novembro findo. (C05532, Registro de concessão de naturalização para Giuseppe Scutari, súdito italiano; São Paulo, 13 de dezembro de 1889).

—

Em resposta ao officio de V. Excia, sob nº 59, de hontem datado, tenho a honra de informar-lhe que infelizmente são verdadeiros os factos denunciados pelo jornal 'Lega Italiana' em editorial do nº 245, sob epígraphe – Una visita All'Asilo degli immigranti – os quaes dão a conhecer ao publico que a Hospedaria de Immigrantes acha-se convertida em Asylo de Invalidos e Casa de Caridade. Taes factos, que constituem uma parte da herança danosa legada pela administração passada à actual, antes de serem publicados, foram levados ao alto conhecimento de V. Excia em officio desta Inspectoria de 8 do corrente.
Naquelle officio procurou esta Inspectoria expor o estado anomalo em que se acha a Hospedaria de Immigrantes, tornando patente os graves inconvenientes que desse facto podem resultar, e indicando as medidas que lhe parece, uma vez postas em prática, farão cessar aquelle estado de cousas, concorrendo ao mesmo tempo para realçar os sentimentos humanitários que tanto ennobrecem o Governo de V. Excia.
Prestando estas informações, esta Inspectoria julga que deve acrescentar, que só aguarda a resposta do citado officio que dirigi a V. Excia. no dia 8 do corrente para saber qual deve ser o modo de proceder em relação a este importante assumpto. (C05532, Ofício de Antonio Teixeira da Silva, inspetor geral de Colônias e Imigração, para Luiz Carlos de Assumpção, 2º Vice-Presidente da Província; São Paulo, 12 de julho de 1889).

—

A Sociedade Promotora de Immigração, por seu Vice Presidente abaixo assignado, vem perante V. Excia. requerer prorogação por um anno a contar desta data, do prazo de seu contracto firmado com o Governo Provincial, em 2 de Março de 1888, para introducção nesta Província de 60.000 immigrantes europeus, nos termos da Lei de 3 de Fevereiro do mesmo anno.
Os motivos de força maior, que impediram a Sociedade de, no tempo determinado, concluir a introducção desses immigrantes, conhecidos do Governo Provincial e ponderáveis como são, parecem autorizar o acto da Administração, que ora vem ella solicitar.
Como sabe V. Excia, a accumulação de grande numero de immigrantes na Hospedaria Provincial, nos últimos mezes do anno de 1888, accumulação devida á chegada quase ininterrupta desses immigrantes e ao retrahimento por parte dos lavradores, que, não se tendo ainda preparado para convenientemente recebel-os, demoravam a procura, procedimento aliás louvável, e outros motivos de perturbação da ordem naquella Hospedaria, cujo conhecimento tem V. Excia, produziram difficuldades no serviço de collocação e necessário foi que a Directoria da Sociedade ordenasse suspensão de embarque nos portos de Itália.
Mais tarde, a epidemia que affligio a nossa província, notadamente as suas principaes cidades, Santos e Campinas, levaram o Governo Italiano a por sua vez embaraçar e por uma positiva prohibição a sahida de immigrantes com destino ao Brazil, prohibição que ainda não foi cassada mão grado os esforços empregados perante aquelle governo.
A procura, entretanto, por parte de nossos lavradores e os inummeros pedidos e chamados por parte de colonos estabelecidos em fazendas de parentes naturaes e rezidentes daquelle paiz, continuam

insistentes e demonstram quão prejudicial, inconveniente e injusta é a continuação de tal prohibição que não tem mais em seu apoio o estado de insalubridade, felizmente extinto na nossa província. Assim, Exmo. Snr., a Supplicante que tem feito remessa desses pedidos para Itália, precisa que, quando se consiga daquelle governo a abertura de seus portos e franca sahida, V. Excia. a tenha habilitado, pela prorogação de prazo que ora vem de requerer, a promover o immediato embarque desses immigrantes que vindo completar o numero dos 60.000 cuja introducção foi autorisada, virão tirar a nossa lavoura dos embaraços e difficuldades em que se acha pela escassez de trabalhadores. (C05532, Ofício de Nicolau de Sousa Queiroz, da Sociedade Promotora de Imigração, para o Presidente da Província; São Paulo, 22 de agosto de 1889).

—

[...] Em virtude do contrato celebrado pela Sociedade Promotora de Immigração com o Governo Provincial em 2 de março de 1888 para a introducção de 60.000 immigrantes, nos termos da lei de 3 de Fevereiro do mesmo anno, foram introduzidos n'esta província, conforme informações fidedignas prestadas pela mesma Sociedade – 45.795 immigrantes, sendo 32.815 maiores de 12 annos, 6.545 de 7 annos, 6.435 de 3 a 7 annos, vindo mais em companhia d'estes 5.068 menores de 3 annos que tiveram passagem gratuita, elevando-se assim o número dos introduzidos ao total de 50.863. Mas, parecendo-nos que não devem ser contados no numero dos 60.000 que a Sociedade Promotora contractou, os menores de 3 annos, porque com estes nada despendeu a Thezouraria, pois tiveram passagem gratuita, temos que em virtude do dito contracto tendo introduzido 45.795 immigrantes, faltam então 14.205 para dar ao referido contracto inteiro cumprimento. [...] (C05532, Ofício do inspector geral Antonio Teixeira da Silva, da Inspetoria Geral de Colônias e Imigração, para o brigadeiro José Vieira Couto de Magalhães, Presidente da Província; São Paulo, 3 de setembro de 1889).

—

Nicolas Medina y Cristobal Gonzáles de naturalidaddes Españoles y de oficio Sombrereros: esponen a su Emxmo. Snor. lo si siguiente:
Habiendo emigrado de Montevideo para esta Republica: more unos cuantos dias em la Capital Federal: trabajando em nuestro oficio que lo es el de sombrerero, y habiendome propuesto la mejoria tanto en el trabajo como en el sueldo llegue a esta Província el 19 del pasado hasta la fecha no encuentro trabajo; habiendonos obligado la nesecidad a empenar nuestras ropas y prendas y hoy que nos bemos sin recursos de ninguna especie para marchar a Rio de Janeiro donde encontraremos trabajo tan pronto como lheguimos.
Por lo cual nos bemos obligados a llegar a pedirle a los Buenos sentimientos y noble corazon de su Illmo Snor. para ber el modo de mandarnos a dicha capital lo mas promto posible pues caresemos de recursos.
Gracia que esperan de su Illmo. Snr.
Nicolas Medina / Cristobal Gonzáles. (C05532, Carta de Nicolas Medina e Cristobal Gonzáles para o Governador do Estado; São Paulo, 1890).

—

Hospedaria de Imigrantes
Boletim diario do Movimento de Immigrantes, no dia 19 de agosto de 1891 (C05532).

Movimento	> 12 anos	de 7 a 12	de 3 a 7	< de 3	Total
Existião na Hospedaria	2.240	268	121	258	2.887
Entrarão (nacionalidades diversas)	337	49	30	67	483
Sahirão	123	22	17	8	170
Existem*	2.454	295	134	317	3.200

* boletim impresso, mas neste item, acrescentados à mão, "italianos, espanhóis, alemães, iuguslavos, belgas".

—

Comunico-vos para os devidos effeitos, que sendo natural da Itália, considero-me desde já cidadão brasileiro em virtude do decreto de 15 de dezembro de ano pp, desitindo do prazo de seis meses concedido pela mesma lei a todo o estrangeiro que quer fazer declaração em contrário. (C05532, Carta de Pascoal Sansoni para Prudente José de Moraes Barros, Governador do Estado; Bragança, 15 de janeiro de 1890).

—

A Sociedade Central de Immigração tem, com o maior extremecimento, acompanhado os tristissimos transes, porque hão passado os duzentos e tantos immigrantes, que periginaram do Rio de Janeiro para essa província e hoje reclamam irremissivelmente a sua repatriação.

É mais uma consequência do infeliz systema de immigração em uso na província de S. Paulo, systema, cujos inconvenientes irão de dia em dia se aggravando, produzindo os mais cruéis desenganos, sobretudo em outras zonas brazileiras, que o queiram tomar por modelo.

Os factos ahi estão comprovando eloqüentemente, com quanto acerto tem procedido a Sociedade Central, buscando dar melhor orientação ao problema immigrantista e fazendo-o sahir da vexatória esphera do simples salariado, da empreitada ou de qualquer das variantes dos contractos de locação de serviços.

Bastaram com effeito cerca de duzentos mil immigrantes para saturar a província de S. Paulo de assalariados e pôr todo o seu systema de immigração em dolorosa crise.

Nesses duzentos mil difficilmente se poderá dizer, que haja dous mil realmente estabelecidos n'essa vasta zona, incorporados ao solo e definitivamente adquiridos á pátria brasileira.

A realidade é, que tudo se acha em estado instável e fluctuante.

Nas épocas de boa colheita, extraordinária procura de assalariados, alta de pagamentos; movimento de attracção para S. Paulo, despovoando as províncias de Minas, Rio de Janeiro, Paraná e até Santa Catharina, cujos núcleos immigrantistas são perturbados pela anciã de ganhar muito dinheiro em pouco tempo.

Terminada a colheita, baixa de salários, movimento de sahida dos immigrantes deslocados para as cidades, para as republicas do Prata e para a Europa, levando todas as economias realizadas nos dias de prosperidade.

É um movimento continuo de fluxo e refluxo de pessoas e capitães desviados inteiramente da sua útil applicação e inconvenientissimo á economia nacional.

Cumpre repetir á saciedade: "Tudo isto está radicalmente errado". Não foi para viver como mourada á procura de salário, que o immigrante abandonou a terra natal, rompendo com todos os seus hábitos e todos os seus affectos.

O immigrante [...] uma nova pátria, em que tenha propriedade territorial, perfeita e garantida nos novos typos das leis do <u>homestead</u> e <u>Torrens</u>, quer mais ar e mais espaço, mais liberdade e mais direitos; quer em tudo e por tudo um meio biológico superior ao que deixou no velho mundo.

Qualquer constrangimento deve ser logo removido. Bastou, na Republica Argentina, a reclamação de alguns italianos <u>catholicos</u>, que pediam casamento civil de conformidade com as leis do seu paiz, para que o Congresso discutisse sem demora essa imprescindível reforma, resistisse a todos os clamores e protestos do clero, puzesse á margem o manifesto de 40 mil senhoras, encabeçado pelo arce-bispo de Buenos Aires e decretasse aquella civilisadora providencia, que, collocando-se acima de todos os cultos, garante pleníssima liberdade de consciência.

Que esplendido exemplo de energia e conhecimento das cousas! Que contraste com a nossa habitual frouxidão, tibiesca e culposas condescendências!

É para grandiosos problemas como este e outros, que tendem pela verdadeira acquisição dos bons elementos immigrantistas, povoar os nossos desertos – e estes começam, mal terminem os arrabaldes da cidade – é para objectivos desses que deve voltar-se a mentalidade nacional e não para

extemporâneas e imprudentes questões que abalam e põem em risco a unidade do Brasil e só forão augmentar os desvarios do bairrismo e do nativismo.
V. Exa., que conhece este Império, por tel-o percorrido em quase toda a sua extensão, sabe tão bem como nós a vastidão dos desertos, a deficiência da população, o infinito dos latifúndios, todas as penurias, todas as misérias e todos os escândalos do monopólio territorial.
Na própria província de S. Paulo, há deserto á beira mar e em toda a região limitrophe com o Paraná; há deserto em todo o extremo occidental, nas fertilíssimas zonas banhadas pelo Tiété, pelo Pardo, e Paranapanema.
Há espaço, alli para milhões de immigrantes, e esse espaço, entretanto, ou já foi ou está sendo occupado por centenas apenas de pretendidos fazendeiros! E isto quando a província toda de S. Paulo parece dar-se por satisfeita por ter chamado asi menos de duzentos mil europeus!...
A crise actual deve ser, pois, tomada como uma grande lição; como um estimulo para reformas largas e liberaes, que assegurem á immigração suas verdadeiras bases – terra e direitos civis e políticos: propriedade territorial, garantida pelas leis <u>homestead</u> e <u>Torrens</u>, franquezas dignificadoras e completas nas relações sociaes e <u>nacionalisação</u>, isto é, <u>naturalisação tácita</u> unida, á <u>grande naturalisação</u>. (C05532, Ofício da Sociedade Central de Imigração para José Vieira Couto de Magalhães, Presidente da Província; Rio de Janeiro, 11 de agosto de 1889).

—

Os abaixo assinados rezidentes em São Bernardo veem respeitosamente pedir a V. Excia que tendo-se que mudar a Hospedaria de Imigrantes da capital, para outro qualquer ponto, seja a nova Hospedaria estabelecida na Estação de São Bernardo ou na vila do mesmo nome, que reune todas as condições necessárias, já pela sua salubridade incontestável, já pela amenidade do clima, já pela abundância de água potavel e pela facilidade de comunicação; tem as condições precizas para um estabelecimento de tal natureza.
Certo do patriotismo de V. Excia. os abaixo assignados esperão que vós dignareis tomar em consideração este justo pedido dos habitantes de São Bernardo. (C05532, Abaixo-assinado do vereador Luiz Bruno e outros membros do diretório do Partido Republicano em São Bernardo para Bernardino de Campos, Presidente do Estado; São Bernardo, 20 de janeiro de 1895).

—

Devolvendo-vos o incluso ofício em que Alessandro Maglia, director e proprietário do periódico 'Lega Italiana' pede pagamento da importância de Rs 106$920 pelas publicações feitas de avisos de núcleos e despachos de expediente nos mezes de Agosto e Setembro últimos; cumpre-me vos informar, que tal despeza não foi authorisada por esta Directoria mas sim pelo fallecido Engenheiro Chefe da Inspectoria de Terras e Colonisação, como diz o peticionário; parece-me, portanto, competir áquella Inspectoria informar sobre o pagamento solicitado. Alessandro Maglia fez o contracto, cuja cópia incluo, com a Inspectoria extincta de Colônias e Immigração, para a publicação de despachos e etc., porem esse contracto só começou a vigorar a 1º de Novembro ultimo. (C05532, Ofício de Antonio Alves P. de Almeida, diretor da Hospedaria de Imigrantes, para Prudente José de Morais Barros, Governador do Estado; São Paulo, 19 de dezembro de 1889. Não se encontram os anexos citados).

—

Os nossos superiores da Fazenda de S. José da Corrente, escreverão os nossos nomes em uma carta sem que nos o soubéssemos, e nos fizerão declarar brasileiros voluntários e essa carta a trouxerão para Araraquara. Nos abaixo assignados pedimos de ser riscados daquela lista porque a nossa vontade é di ser sempre Italianos livres.
Assignaturas: Gallano Luigi – Ottaviani Desiderio – Lughi Rinoldo – Stabilini Giuseppe – Cisori Pietro – Zampa Antonio – Mantovani Luigi – Pavan Luigi – Pavan Giuseppe – Panzora Angelo – Panzora Giuseppe – Fusari Pasquale – Damin Stefano – Damin Eugenio –

Damin Giuseppe – Degonelo Luigi – Menighella Giuseppe – [...] Gelmon Antonio – Savazzi Onorato -- Bonifaldi Antonio – Albertini Ferdinando – Bottaro Antonio – Fregno Basilio – Belloni Giovanni – Queira desculpar a nossa ignorancia. Respostas ao Senhor Damin Giuseppe. São Paulo, Estação Fortaleza, Fazenda S. José da Corrente, 13-3-1890. (C05532, Carta traduzida, junta ao original em italiano, de colonos da fazenda de São José da Corrente para o Cônsul Italiano em São Paulo, e encaminhada como anexo de ofício do Consulado da Itália em São Paulo para Prudente José de Moraes Barros, Governador do Estado; São Paulo, 22 de março de 1890).

1.3 Requerimentos diversos

- Descrição: Requerimentos da mais variada procedência dirigidos ao Presidente da Província, incluindo muitos enviados por colonos ou tendo por assunto a imigração e seus trâmites.
- Conteúdo: pela natureza da estrutura de poder imperial, todo e qualquer cidadão, incluídos os imigrantes, tinha direito de requerer a intervenção do Presidente da Província nos mais variados assuntos da vida cotidiana. No que diz respeito aos imigrantes, encontram-se requerimentos de reembolso do valor de passagens, pedidos de naturalização, requerimentos de lotes de terras e de auxílio pecuniário pelo governo. Há também diversos requerimentos de passagens por parte de imigrantes que alegam haver desembarcado em Santos por ignorância ou má-fé dos funcionários do porto e que desejam seguir para seu destino final, geralmente Porto Alegre.
- Acervo: caixas (C01341) a (C01569), 1822-1895.

Diz Henri Raffard, que tendo R. P. Lobedanz contractado com o Governo desta Província a introducção de 2000 immigrantes por contracto assignado a 25 de Abril de 1885, doc. nº 1, transferiu ao Supplicante os direitos e ônus desse contracto por escriptura publica de 12 de Setembro do mesmo anno, doc. nº 2; ocorre, porém, que o Supplicante por diversos motivos de força maior, entre os quaes avulta a propaganda actualmente feita na Europa official, e extraofficialmente, feita no Brasil e até nesta Província por agentes uns ostensivos, outros disfarçados convergindo seus esforços para o fim de arredar a immigração desta Província e do Império e encaminhal-a para os paizes circumvizinhos, occorre, repete, que por diversos motivos de força maior não é de vantagem nem para a Província, nem para o Supplicante a perduração desse contracto, uma vez que circumstancias especiaes e independentes da vontade o tornam inexeqüível; pelo que vem respeitosamente requerer a V. Exa. a desistência do mesmo contracto. [...] (C01520, Carta do advogado Manuel Corrêa Dias, procurador de Henri Raffard, para o Presidente da Província; São Paulo, 2 de janeiro de 1886).

Giuseppe Nardone espoe a Va. Ea. que vindo nesta Província de São Paulo, com a mulher Maria Chiappetta, o Inspector da Immigração pagou 70.000 reis á mulher e negou o auxilio ao supplicante por verificar-se ter estado outra vez no Brazil.

Feita exepção de poder o espoente contestar de ter estado no Brazil, também que o Regulamento Provincial é muito differente interpretado do Snr. Inspector.

Todos aquelles que chegam da Europa, diz o Regulamento, se constituem certas relações de parentella, hão o direito de receber o auxilio.

Façamos o cazo que o espoente tivesse estado no Brazil, e daqui fosse voltado para a Itália e buscar sua mulher e depois vindos ajuntos nesta Província, qual é o artigo do Regulamento que nega o auxilio, ao marito e á mulher?
Si é verdade como diz o Regulamento que o auxilio concede-se para franquear em parte o immigrante da passagem, e se é verdade que o espoente do Brazil fosse voltado em Itália, d'onde regressou com sua mulher, se acharia no cazo, de ter pagado uma passagem, d'aqui para a Europa e uma da Europa para o Brazil.
V. Exa. valutará estas validas e indiscutíveis razões, e esperamos que faça em maneira, da evitar tantos damnos que faz o Inspector da Immigração com a interpretação a seu gosto do Regulamento Provincial. (C01520, Requerimento de Giuseppe Nardone para o Presidente da Província; São Paulo, 18 de maio de 1886).

—

Dizem os abaixo assignados, membros da Directoria da Sociedade Italiana de beneficência – Victorio Emanuele 2º, - que tendo a referida Sociedade deliberado a reforma de alguns dos Artigos de seus Estatutos, como tudo se vê do exemplar incluzo; para que esta reforma produza os seus effeitos legaes, os Supplicantes PP. a V. Exa. haja de aproval-a, interpondo a sua Autoridade como é de direito. (C01520, Requerimento de Giuseppe Guelfi, Fregni Giuseppe e Colombo Carlo, pela Sociedade Italiana de Beneficência, para o Presidente da Província; São Paulo, 1º de julho de 1886).

—

Diz Dante Giuzeppi, de nacionalidade italiana, que residindo na Colônia de S. Bernardo Velho, d'esta Província, o qual só pussue o lote nº 14, o que foi comprado do primeiro dono e como seja chefe de numeroza família, e o lote que o Supplicante possue não é Suficiente para manter sua família; Por isso pede a V. Excia., que lhe seja dado um lote na Colônia de Ribeirão Pires, pois que sendo sua família laborioza, por isso promete beneficiar o referido lote que V. Excia. dezignar em benigno despacho, pois que do deferimento E. V. Mce. (C01538, Requerimento de Dante Giuzeppi para o Presidente da Província; São Paulo, 29 de fevereiro de 1888. Constam vários despachos e informações na margem e verso).

—

Crusco Maria Grazia e seu figlio Giuseppe, Italiana, vem pidir a V. Exia. a gracia seguinta. Sendo chegata na immigração desta Província, no dia 27 do mez de Janeiro; não recebeu o subsidio que a Província da, pela razão che tinha esquisido o passaporto na sua caixa. Pour em remette a V. Exca. o passaporto, que se digna mandar pagar-lhe a quantia que tem direitto em qualitade de immigrante. (C01538, Requerimento de Crusco Maria Grazia para o Presidente da Província; São Paulo, 5 de março de 1888).

—

Disposizioni Amministrative
Le spese di tutte le quarantene, fatte in qualsiasi luogo, sia in alloggio che in vitto ecc., sono a carico del passeggiere. – In caso poi fossero scontate a bordo del Piroscafo, I passeggieri dovranno pagare per il vitto in ragione di:
Franchi 8,50 al giorno per la I. Classe
Franchi 6,50 al giorno per la II. Classe
Franchi 2,00 al giorno per la III. Classe
Ogni passegiere dovrà essere munito di regolare passaporto. – Il bagaglio per ogni passegiere no dovrà eccedere i kilogrammi 100 e non passar la misura di cent. 30 di metro cubo. – L'eccedenza sara tassata in ragione di Fr. 10 per ogni 100 kilogrammi, oppure per ogni décimo di metro cubo. – Sono considerati bagagli i soli effetti d'uso e la biancheria.

Il passeggiere dichiara dia ver preso conoscenza ed accettare le predette disposizioni.

Razioni dei Viveri per i Passeggieri in viaggio di lunga navigazione		
Qualitá dei Generi	Fazione (grammi)	Giorni di Distribuzione ed annotazioni
Pane bianco fresco	700	Tutti i giorni
oppure Biscotto di prima qualitá	500	Idem
Carne fresca o salata di Bue	250	Cinque giorni della settimana a scelta del Capitano
Riso	80	In due giorni della settimana nei quail venga distributta la carne
Pasta Bianca fina	80	Tutti i giorni della settimana, meno due nei quali viene distribuito il riso
Piselli o fagiuoli secchi	50	Cinque giorni della settimana nei quali vien distributa la carne
Stokfish o merluzzo	160	Nei due giorni della settimana in cui non si distribuisce la carne
Patate	150	Idem
Formaggio d'Olanda, Piacentino di Brà, Iª qualità	50	Idem
Caffè di seconda qualitá	20	Tutti i giorni (in ter giorni della settimana si distribuirà thè invece di caffè)
Zucchero biondo 3ª qualità	30	Tutti i giorni
Alici salate, o peperoni all'aceto o cetriuoli	20	Nei due giorni della settimana in cui non si distribuisce la carne
Olio d'olivo mangiabile	10	Tutti i giorni
Sale	20	Idem
Vino	½ litro	Idem

Nei tropici sara distribuita uma razione di 6 centilitri di acquavite per ciascun passeggiere.
L'armatore deve provvedere la quantità necessária di combustibile per la buona cottura delle razioni.

(C01538, Termos de viagem impressos no verso de bilhete do vapor Sud América, trajeto Gênova-Santos, 17 de abril de 1887, anexo ao requerimento de Tomasello Luigia para o Presidente da Província; Ribeirão Preto, 11 de março de 1888).

—

Zamboni João Anselmo, alfaiate e barbeiro nascido em 18 de Março 1830 no Municipio de Curtatone Provincia de Mantua, e Zamboni Romolo filho de João Anselmo, desenhista nascido em 28 de Novembro 1865 no mesmo Municipio partiron de Genova no dia 10 de Abril e, au Bordo do naviu francez Tibet, tendo pagado na Agencia do Snr. Gallo B. Giuseppe 100$000 reis para dous pessoas da importancia da viagem; chegaron na Hospedaria da ilha das flores de Rio de Janeiro no dia 2 de Maio 88, e depois chegaron na Hospedaria da Immigração de S. Paulo no dia 13 de Maio de anno corrente. Hous dous abaixo acinado pedimo-lhes ao Snr. Presidente gentilmente que a nous sai concedido o direito de indemnisação de passagem conforma o Regulamento para o serviço de Immigração da Provincia de São Paulo. Sabendo pour uma sertesa que tambem Ferrari João e o proprio filho Abdam partimos juntos no mesmo navio tenhão tido uma indemnisação de 140$000 reis, e muito mais pour uma sertesa muintos outros nas mesmas condições de Zamboni João e o proprio filho Romolo tiverão ou mesmo compenso.
La Regia Questura de Verona não quis fazer um unico Passaporto, pour que disseron que o filho Romolo tinha sahido da minoridade tendo pasado os 21 annos. Agradecendo anticipadamente o Senr. Presidente da Província. (C01550, Requerimento de Zamboni João Anselmo e Zamboni Romolo para o Presidente da Província; s.l., 1888).

—

Diz Giacomo Olívio imigrante italiano, que tendo de boa fé adequerido terrenos na Fasenda Ribeirão Preto abaixo antes da medição judicial a que se procedeo, e verificando-se posteriormente que o supplicante tinha sido emganado, pois ficou redusido a não ter terras para a sua cultura, não obstante ter despendido todos os recursos, que dispunha por isso requer a V. Exma. a conceção de um lote colonial no lugar já ocupado pelo supplicante sugeitando-se ao pagamento e mais comdições em vigor. Nestes termos, pede a V. Exa defirimento. (C01550, Requerimento de Giacomo Olívio para o Presidente da Província; Ribeirão Preto, 19 de março de 1887. Segue a informação: Informo que não está matriculado no livro de entradas deste Núcleo. Ribeirão Preto, 10 de abril de 1889. O Encarregado Florestan Rodrigues de C[...] Despacho: *Em vista da informação da Inspectoria Especial de Terras e Colonisação nº 218 de 16 do corrente mez, não tem lugar o que requer – Palácio do Governo de São Paulo, 22 de abril de 1889. B. de Jaguará*).

—

Diz Domingos Bebecchi colono antigo e natural de Itália, e traz a conhecimento de Va. Excia que, com escriptura publica do primeiro dia do mez de Outubro de 1886, e que vale como instrumento comprou dos seus patrícios José Enrique Camussi e sua molher Cleonice Camussi meio lote do Nº 21 da linha de São Bernardo Novo pertença deste Núcleo Colonial de São Bernardo, pelo preço de cem mil réis, e isto pelas bemfeitorias feitas do vendedor Enrique Camussi, ainda comprou de outro seu patrício Francisco Buccoletti o lote Nº 37 da mesma linha, ou a metade deste lote pelo preço de cem e vinte mil reis, pelo qual lote Francisco Buccaletti tem pagado na Thesouraria da Fazenda da capital 61$256 réis, como do recibo 12 de Outubro de 1885 Nº 496, e assim agora roga a justiça e bondade de Excia. Vossa de fazê-lhe entregar os relativos títulos deffinitivos desses dous meios lotes. (C01550, Requerimento de Domingos Bebecchi para o Presidente da Província; São Bernardo, 25 de março de 1889).

—

Una quantita di libri a larga stampa, soltoscritti dalla Società Promotrice di Emigrazione di questa provincia, spediti in tutte le città e paesi d'Italia, i quali libri avoisano e promettono a tutti coloro che intendessero d'emmigrare, un ausiglio o indennizzo per le spese di viaggio. Com questa promessa, e speranza di ricevere, emmigrai con mio figlio, viaggiando sul vapore Tibet pagando per l'imbarco di due persone It. Lire 250. Siamo giunti a questa terra il giorno 2 Maggio 1888 ove siamo stati battesati e cresimati come veri emigranti dall'autorità competente, forniti gia daí nostri giusti ed esatti documenti. Fra i compagni di viaggio ve ne erano di quelli i quali sono stati indennizzati secondo la promessa falta dalla stessa Società, Ed a noi, padre e figlio non vuole darcelo, perché dicono che siamo giunti all'Emigrazione di San Paolo nel 13 Maggio. La pecora che rimane un pocchino indietro e fuori della sua compagne, per essere un pó zoppina o per qualche altro motivo, non é forse pindi proprietà di quel pastore? Diciamo pure seriamente che é sua.
Inostri compagni di viaggio nel mese di Guglio sono stati indennizzati, e per la stessa ragione a noi a compete lo stesso indennizzo. Domandiamo quindi all'Illmo. Sig. Presidente di voler fare o dar ordine per il medesimo assegno.
In quest'ufficio m'hanno detto di presentare il Certificato di Emigrazione il quale é qui unito. Il Sig. Console si rifuito alla Vidimazione dei Passaporti, e gli altri ricevettero l'indennizzo beuché non siamo stati alle fazende.
Com tanto rispetto
Zamboni Giovanni
Zamboni Romolo
Padre e Figlio.
São Paulo, 25 de Feverreiro 1889.

Rua do Gazometro no. 2 (C) (C01550, Requerimento de Zamboni Giovanni e Zamboni Romolo para o Presidente da Província; São Paulo, 25 de fevereiro de 1889. Em anexo, os dois passaportes).

—

Diz Rosa de Araujo, viuva de Francisco Rodrigues, que tendo este falecido no dia 15 de Agosto do corrente, deixando a Supplicante na mais completa penuria com tres filhos todos menores, e não encontrando a Supplicante meios de subsistencia fora da sua terra natal que é Portugal e não tendo a Supplicante meios para regressar a terra, resolveu a Supplicante requerer a V. Exa. se digne ordenar que sejam fornecidas passagem gratuita a Supplicante e a seos tres filhos para Portugal, Varzea do Teixeira, destricto do Porto.
A Supplicante veio para o Brasil em companhia do seu marido, como immigrante, e aqui chegou no dia 20 de dezembro do anno passado, por conta da Sociedade Promotora. (C01550, Requerimento de Rosa de Araujo para o Presidente da Província; São Paulo, 6 de novembro de 1889. O documento está em papel timbrado: Dr. Magalhães Couto – Advogado – São Paulo; Segue despacho: *Não tendo a Presidencia verba para a repatriação de immigrantes, não pode ser attendida a supplicante. Palacio do Governo de S. Paulo, 6 de Novembro de 1889*).

—

Os abaixo assignados immigrantes italianos, recem chegados nesta Provincia, há mais ou menos dous mezes, a convite de parentes que se achão localizados e estabelecidos no nucleo colonial do Cascalho, municipio do Rio Claro, pretendendo estabelecer-se no mesmo nucleo, pelas razões que V. Exa com facilidade deduzirá, respeitosamente vem pedir a V. Exa que mande fazer entre os signatarios desta petição, a distribuição de um quarto de terreno disponivel e que sobra dos lotes já distribuidos pelo pessoal localizado.
Os abaixo assignados não precisam encarecer a V. Exa os motivos deste procedimento, porisso que longe da patria e em pais extranho, parece aos peticionarios que reunidos e congregados mais ou menos em familia, poderão com mais facilidade arrastar a essas contrariedades que apparecem com o novo estabelecimento.
Rio Claro, 17 de Março de 1889.
Spinazze Pietro, Tonon Antonio, Tonon Giuseppe, De Nadai Matei, De Nadai Paolo, De Nadai Pietro, Dalla Coletta Antonio, Dalla Coletta Francesco, Dalla Coletta Giovanni, Dalla Coletta Pietro, Sacon Giovanni Batista, Furlan Antonio, Marchesin Giovanni, Tomasin Tiziano, Celot Alesandro, Celot Pietro, Carpene Giuseppe. (C01550, Abaixo-assinado de Spinazze Pietro e outros para o Presidente da Província; Rio Claro, 17 de março de 1889).

—

Diz Agostino Del Bianco, cidadão italiano, morador na Freguesia de São Bernardo, da Comarca desta capital, e há mais de nove annos residente nesta Provincia, que tendo requerido a V. Exa em meiados do anno proximo findo a sua naturalisação e a competente carta, lhe foi exigida a prova de idade legal.
O Supplicante, em satisfação ao despacho de V. Exa, vem com esta exhibir a sua baixa do serviço do exercito italiano, documento publico e authentico, pelo qual prova ter nascido o Supplicante em 2 de Janeiro de 1849, em San Michele, Provincia de Lucca, tendo portanto o Supplicante hoje quarenta annos de idade [...]. (C01550, Requerimento de Agostino Del Bianco para o Presidente da Província; São Paulo, 18 de março de 1889).

—

Nos abaixos assignados Immigrantes residentes neste Nucleo Colonial de São Bernardo, vem respeitosamente pidir a V. Exa. Mo. Sr. Presidente da Provincia se diguine auxilha-mo-nos.
Seria de grande utelidade tanto para o Governo como para nos dandonos seis a oito mezes de Alimentação e ajudarmos-nos em fazermos as casas nos lotes.

1º porque em breve tempo o lote que nos é emtregue ficaria coltivado. E não só offerecia grandes vantajem pelo emgrandecimento deste Nucleo Colonial, como tamben o Governo ficaria garantido com as bemfeitorias feitas no lote, pelo qual asseitamos ou debito perante ou Governo da despesa que nos fisermos, tanto pela alimentação como para fasermos nossas casas.

Deferetamente poucos somos aqueles que á qui pode permanecer, por que sem dinhero, e sem credito, não é pocivel didicarmos-nos a coltivar os lotes e alimentar nossas familias, é eis um grande atraso para o nucleo Colonial. Por isto vimos perante V. Exa. fazer este justo pidido, do qual confiados nos encançaveis esforços que sempre dispos pelo emgrandecimento deste emportante cerviço de Immigração, é bem estar de nos pobres Immigrantes! Esperamos ser attendidos.

São Bernardo 25 Fevereiro de 1889.

Grada Luigi, Mazzarollo Marco, Muneron Gaetano, Lorgazzi Fortunato, Conte Giuseppe, Bernardi Angelo, Munaviri Angelo, Vivaldi Giuseppe, Batieri Giuseppe, Grenzi Giovanni, Cuzzani Ferdinando, Campi Giovanni, Bachi Celeste, Violam Andrea, Rivalta Pietro, Baraldi Antonio, Gastaldello Enole, Migel Montagna, Magualo Pietro, Penego Carlo, Oceoto Domenico, Olivato Gaetano, Giovanni Maresehini, Rinaldi Angelo, Rinaldi Giuseppe, Vicenzi Stefano, Vicenzi Amado, Cortisi Pietro, Marini Paolo, Stellini Luigi, Tufaneti Gulielmo, Servidei Angelo, Guizzardi Raffaele, Zogdi Rodolfo, Sonne Antonio, Pasin Antonio, Spessotto Pietro, Spessotto Antonio, Dalmolin Domenico, Deroto Luigi, Ghirardello Antonio, Quadrati Osoaldo, Modalin Giuseppe, Garofali Vincenzo, Bonini Luigi, Grandoto Giovanni, Finco Carlol, Bargiero Batista, Oliaro Emiliano, Massia Luigi, Cazin Lorenzo, Lodo Giovanni. (C01550, Abaixo-assinado de Grada Luigi e outros para o Presidente da Província, 25 de fevereiro de 1889. Segue despacho: *Indeferido, em vista da informação da Inspectoria Especial de Terras e Colonisação nº 348 de 14 do corrente mez. Palacio do Governo da Provincia de São Paulo, 18 de Junho de 1889).*

—

Disem, Siviero Serafino por si e por seu filho menor Domenico. Siviero Massimiliano por si e por seu filho menor Crisostomo conforme os passaportes e mais documentos juntos, que tendo elles vindo da Italia para esta Provincia, como immigrantes, tomaram alojamento na Hospedaria destinada pelo Governo, para a estada de immigrantes, em 6 de Junho do corrente, sahindo dias depois contractados para trabalharem na Fazenda de Iracema, de propriedade dos Snrs. Silverio Rodrigues Jordão & Irmão, no Municipio de Limeira, onde ainda se conservam no trabalho da lavoura de café e cereaes.

Acontece, porem, que estrangeiros, sem conhecimento da língua que se falla no paiz, e muito menos das leis e dos direitos que lhes assistem, fiseram a sua retirada da Hospedaria sem instrução alguma, sobre o modo porque deviam procederem, para receberem o auxilio que lhes é promettido pelo Regul. de 27 de Julho do corrente anno, e ao mesmo tempo sem as respectivas guias, do Administrador da Hospedaria de que tracta o artigo 8º do citado Regulamento.

Tendo decorrido cerca de seis mezes, posteriores as suas retiradas da Hospedaria e localização na Fazenda Iracema, com seus filhos menores, depois de terem atravessado uma serie de tempo em que forão acommettidos de encommodos de saude proprios a aclimatação, é que por ouvirem a patricios, recem chegados, que tractavam de requererem o levantamento do auxilio provincial, lembraram-se os Supplicantes acharem com direitos iguaes, visto como até então todo lhes era estranho e nada tinham recebido. [...] (C01550, Requerimento de Siviero Serafino e filhos para o Presidente da Província; Limeira, 4 de janeiro de 1889).

—

Diz José Affonso Vianna, immigrante portuguez, com 40 annos de idade, morador há tres annos nesta villa, que, achando-se sem trabalho certo para a sua subsistencia e de sua familia, vem encarecida e respeitosamente pedir a V. Excia. que se digne conceder-lhe um lote de terras no Nucleo Colonial Senador Antonio Prado, *sujeitando-se o supplicante ás condições impostas pelo regulamento colonial* (C01550, Requerimento de José Affonso Vianna para o Presidente da Província; Ribeirão Preto, 16 de janeiro de 1889. Segue informação: *Informo que o suplicante não está matriculado no livro de entradas deste Nucleo e não é colono; Despacho: Em vista da informação da Inspectoria Especial de Terras e Colonisação nº 218 de 16 do corrente mez, não tem lugar o que requer. Palacio do Governo de São Paulo, 22 de Abril de 1889. B. de Jaguari*).

1.4 Correspondência recebida do Ministério dos Negócios Estrangeiros

- Descrição: correspondência recebida do Ministério dos Negócios Estrangeiros.
- Descrição: as caixas em questão contêm livros, nas quais podem ser encontradas portarias e correspondência sobre imigração ou sobre o serviço consular dos países de origem dos imigrantes. Requerimentos para permanência de estrangeiros para exercerem determinadas funções; nomeações de cônsules e vice-cônsules de diversas nacionalidades; correspondência oficial entre estrangeiros e o governo brasileiro, referentes a anúncios de acidentes, atos de apresamento de navios brasileiros por ingleses (1850), naufrágios, espólios de estrangeiros falecidos no Brasil, tratados de reciprocidade, denúncias de maus-tratos a estrangeiros, pedidos de expulsão de estrangeiros, informações sobre conduta suspeita de imigrante; exemplares do Decreto nº 3.085, de 28 de abril de 1863, promulgando a 'Convenção Consular entre Brasil e o Reino da Itália, para regular os direitos, privilégios, imunidades e recíprocas dos Cônsules, Vice-cônsules, Delegados Consulares e Chanceleres, bem como as funções e obrigações a que ficam reciprocamente sujeitos os dois países' (C07755).
- Acervo: (C07754) – Estrangeiros, vindos, 1825-1875; (C07755) – Estrangeiros, vindos, 1864-1869 (na realidade, 1854-1869); (C07756) – Estrangeiros, vindos, 1870-1883; (C07757) – Estrangeiros, vindos, 1873-1876 (na realidade, 1873-1884); (C07758) – Estrangeiros, vindos, 1878-1879; (C07759) – Estrangeiros, vindos, 1880-1883; (C07760) – Estrangeiros, vindos, 1822-1830; (C07761) – Estrangeiros, vindos, 1839-1852; (C07762) – Estrangeiros, vindos, 1853-1866; (C07763) – Estrangeiros, vindos, 1866-1874; (C07764) – Estrangeiros, vindos, 1874-1878; (C07765) – Estrangeiros, vindos, 1879-1883; (C07766) – Estrangeiros, vindos, 1883-1889.

> *Transmito à V. Exa., por cópia inclusa, a Nota Confidencial que acaba de dirigir-me o Ministro de Sua Magestade Fidelíssima nesta Corte, declarando constar-lhe que na Fazenda Denominada Cascata, sita no logar do Bananal, tem sido maltratados com pancadas alguns trabalhadores, subditos portuguezes engajados para o serviço da mesma fazenda; assim que V. Exa. mande averiguar o caso de que tratão a dita Nota e documento annexo, e providencie como convêm, sendo verdadeiros os factos; comunicando-me tudo depois.* (C07754, livro 1, Ofício do Ministério dos Negócios Estrangeiros para Paulino José Soares de Souza, Presidente da Província; Rio de Janeiro, 1º de junho de 1853. Segue despacho, no verso da carta: *Exigiu-se em 8 de junho informação do Juiz*

Municipal de Bananal; Respondido em 1º de Agosto. Em anexo, cópia de carta confidencial do embaixador português na Corte, e ofício recebido por este de Bananal).

—

Constando-me que no logar do Bananal, na Fazenda denominada da Cascata, de cujo proprietário ignoro o nome, tem sido maltratados de pancada alguns trabalhadores subditos portuguezes, engajados para o serviço da mesma Fazenda, affirmando-se-me haverem sido surrados desapiedadamente os ditos trabalhadores, tratei de averiguar, como me foi possível até que ponto era fundada similhante informação não obstante a respectibilidade do author d'ella que suponho insuspeita.

Pelo extracto junto (cópia quasi) de uma carta do dito lugar do Bananal, em referência ao mesmo objecto, julgará V. Exa. se há materia para satisfação de pedido que a V. Exa. tenho a honra de dirigir, de que por meio da Autoridade no citado lugar se proceda à escrupuloso exame mui sério à similhante respeito, e de que se tomem consequentemente medidas, que ponhão cobro ao dito abuso, verificada a existencia d'elle.

Muito de proposito fiz sublinhar certas expressões do mesmo extracto, por isso que n'elle se observou rigorosamente o espírito de redacção do documento primitivo, o qual mais parece desculpa, do que confirmação dos factos, taes quaes me forão referidos á princípio. Isto não obstante, espero se dignará V. Exa. attender o meu pediturio, inclinado infelizmente, como estou, a crer quenão será perdida a sollicitada diligência.

Embora não confirme senão o que consta do dito documento, enviado do Bananal, parece-me, n'este caso, inadmissível absolutamente o castigo de pancadas quer por meio de palmatoadas, quer pelo emprego do rêlho, seja qual fôr a nacionalidade dos respectivos mandador e mandatário [...]. (C07754, livro 1, Cópia confidencial de carta de José de Vasconcellos e Souza, da Legação de S. M. Fidelíssima no Rio de Janeiro, para Paulino José Soares de Souza, Ministro Secretário de Estado dos Negócios Estrangeiros; Rio de Janeiro, 30 de maio de 1853).

—

Bananal, 7 de Maio de 1853 = Cumpre-me participar a V[...] que o resultado das indagações à que procedia para trazer à realidade os boatos espalhados de terem sido surrados dois subditos Portuguezes dos engajados na Fazenda da Cascata, convence taes boatos de falsidade, pela prova de que elles forão originados de alguns bôlos de palmatória, de castigo a vários menores d'entre os mesmos trabalhadores e de duas relhadas em um d'elles, e uma em outro por mandado do feitor também Portuguez, e engajado como os sobreditos. É porem fora de dúvida, que se queixão estes de não serem bem tratados pelo encarregado da sua direcção. (C07754, livro 1, Cópia extrato de uma carta de Bananal em referência ao tratamento de alguns trabalhadores portugueses engajados pelo proprietário da fazenda denominada Cascata, realizada pela Legação de S.M. Fidelíssima; Rio de Janeiro, 28 de maio de 1853).

—

Relação dos Estrangeiros naturalizados, residentes nesta província que, prestarão juramento e assignaram termo de promessa perante a Presidência (nomes e data da carta):
Adriano Augusto Mendes, 10 de Janeiro 1885.
Dr. Manoel Rodrigues Alves Barbosa, 24 de Janeiro 1885.
Vicente Carpinelli, 14 de Fevereiro 1885 (C7766, livro 284).

1.5 Correspondência enviada ao Ministério dos Negócios Estrangeiros

- Descrição: livros de registro da correspondência enviada ao Ministério dos Negócios Estrangeiros.

- Conteúdo: correspondência tratando de prisão de estrangeiros, nomeações de cônsules, brigas envolvendo brasileiros e estrangeiros, assassinato de súditos portugueses, espólios deixados por estrangeiros, núcleos coloniais, requerimentos diversos.
- Acervo: (C07782) – Estrangeiros, idos, 1823-1876, (C07783) – Estrangeiros, idos, 1869-1881; (C07784) – Estrangeiros, idos, 1866-1883.

Tenho a honra de levar ao conhecimento de V. Exª. que, conforme participou-me o Juiz Municipal de termo de Itapetininga, nesta Provincia, em off^o. de 29 do mez findo, falleceu, assassinado naquelle termo, o súdito Italiano Donato Curcy, procedendo-se à arrecadação, por não haver deixado herdeiros conhecidos. (C07783, livro 349, registro nº 13, 1869).

—

Remettendo á V.Exª, por copia, o incluso officio datado de 5 do corrente sob nº 9, em que o Dr. Chefe de policia d'esta Provincia representa sobre a necessidade da nomeação de Agentes Consulares da nação Italiana, pelo menos n'esta capital, e na Cidade de Campinas, onde assinam e por mais tempo estacionão os imigrantes d'aquella nacionalidade; cumpri-me declarar que me parecem procedentes as razões expostas pelo mesmo Dr. Chefe de Policia, as quais V. Exª., entretanto, as tomará na consideração, que [mencionei] [...]. (C07783, livro 353, registro nº 2, 10 de janeiro de 1876).

—

Accusando o recebimento do Aviso circular de 10 do corrente sob nº 3, acerca da necessidade de serem reconhecidas as firmas das certidões de óbitos dos suditos estrangeiros fallecidos no Império, a fim de poderem ser legalizados na Secretaria do Estado, tenho a honra de scientificar a V. Exª. que similhante recommendação será cumprida [...]. (C07783, livro 353, registro nº 6, 22 de janeiro de 1876).

1.6 Correspondência enviada ao Ministério dos Negócios da Justiça

- Descrição: livro de registro da correspondência enviada para o Ministério dos Negócios da Justiça.
- Conteúdo: correspondência diversa, tratando de questões relacionadas à ordem pública.
- Acervo: (C07767) – Justiça, idos, 1822-1858; (C07768) – Justiça, idos, 1844-1858; (C07769) – Justiça, idos, 1858-1861. (C07770) – Justiça, idos, 1864-1870; (C07771) – Justiça, idos, 1870-1873; (C07172) – Justiça, idos, 1874-1876.

Pelas copias juntas dos officios do Dor. Chefe de Policia e Delegado da Cidade de Santos, ficara V. Exª. informado que na noite de 7 do corrente mez, tendo-se nos dias anteriores espalhado o boato de que alguns Portuguezes, trabalhadores da estrada de ferro pretendião percorrer as ruas munidos de cacetes e bandeiras e resistir aos que procurassem impedir taes excessos foi a gente que assistia ao espetáculo no theatro alarmada pelo grito imprudente de que tinhão chegado os homens a quem se attribuia a intenção de praticar esses excessos.

N'essas circunstancias o Delegado mandou o Commandante da Guarda verificar a existência d'esses grupos, e intimar-lhes pelo Escrivão do Juiz a sua dispersão, ou effectua-a pelo emprego de força se elles desobedecessem a intimação; já não se encontrarão então mais que trez homens, dos quaes um esteve ferido; e pelas averiguações, à que procedeo n'essa mesma noite e no dia seguinte, conheceo o Delegado que com effeito percorrerão as ruas alguns trabalhadores dando vivas inoffensivas, e que tendo encontrado com outro grupo de pessoas nacionaes, mas de infima classe, entre elles se travara conflicto, do qual resultarão espancamentos e o ferimento à que já alludi. A vista d'este estado de couzas e sendo frequentes, principalmente nos Domingos, disturbios entre esses trabalhadores que se agglomerão na Cidade, resolvi na deficiencia de força de linha e de policia, chamar a serviço de destacamento por dous mezes um official e vinte cinco praças de Guarda Nacional do Batalhão da Cidade de Santos para auxiliar o serviço da policia e guarnição da mesma Cidade, se antes d'isso o Snr. Presidente do Conselho e Ministro da Guerra, me não puder mandar pelo menos mais 60 praças para reforçar o Corpo de Guarnição da Província que está excessivamente desfalcado. Peço a approvação de V.Exª. á este meo acto, e espero merecel-a, attendendo V.Exª. a gravidade que pode tomar conflictos d'essa ordem, se não houverem os meios necessários para as providencias ou para os reprimir quando não poderem ser previnidos. (C07767, livro 296, Registro de ofício do Presidente da Província para João Jacinto de Mendonça, Conselheiro Ministro e Secretario de Estado dos Negócios da Justiça; São Paulo, 12 de setembro de 1861).

1.7 Registro de correspondência com o Ministério dos Negócios da Justiça e Ministério da Agricultura

- Descrição: livros de registro de correspondência encaminhada aos dois ministérios.
- Conteúdo: pode ser encontrada correspondência tratando sobre assuntos relacionados à imigração.
- Acervo: (C07787) – Justiça e Agricultura, idos, 1885-1888.

[registro de uma lista dos súditos italianos naturalizados brasileiros, na província desde 1870 à 1888 – amostragem] (C07787, livro 377)

Naturalizados de 1872:	Naturalizados de 1873:
[...] Vicente dos Santos	Tecio ? Chefado
Luiz Colangi	
Naturalizados de 1875:	**Naturalizados de 1876:**
Pascoal Blotta	Pascoal Cazenco
Domingos Lourenço de Lima	Francisco Petralha
Naturalizados de 1878:	**Naturalizados de 1879:**
Domingos Montasi	Bonifácio de Alexandre
Naturalizados de 1881:	**Naturalizados de 1882:**
Lourença Grecco	Miguel Mauro
Angelo Fenili	Miguel Piemonte
Ângelo Giovani	José Grecco
Raffaele Spinelli	
Felix Fusco	
Ângelo Petralha	
Naturalizados de 1883:	**Naturalizados de 1884:**
Francisco Janini	Carlos Rocca
Salvador Verbomi	Favilla Agostinho
Vicente Finomores	José Palmieri
Dr. Ignácio Betholdi	Vicente Marotta
Matheus Moglia	Francisco de Aiello

(continua)

(continuação)

Naturalizados de 1885:	Naturalizados de 1886:
Padre Antonio Malatesta	Francisco Bruno
Rafael Malatesta	Annunciato Gallo
Vicente Carpinelli	Francisco Cipolli de Sabóia
Rafael Policastro	Aleixo Giovanini
Nicolao Priante de Mansueto	Padre José Giannine
Naturalizados de 1887:	**Naturalizados de 1888:**
Francisco Prunji	Padre Mathias Felipe
Giovachino Pardini	Caetano Viola
Antonio Peragine	Paschoal Pepe
Serafim Andreucci	Carlos Cappellamo
Celestino Ducci	Carlos Pepe

1.8 Minutas da correspondência dirigida às companhias de estradas de ferro

• Descrição: minutas da correspondência dirigida às diversas companhias de estrada de ferro atuantes em São Paulo.
• Conteúdo: ofícios tratando do transporte de imigrantes e de suas bagagens, reclamações contra o serviço das companhias para com os imigrantes, concessão de passes para imigrantes, com listagens e indicação de destino.
• Acervo: Estrada de Ferro, não identificada: (C05582), (C05628), (C07871), (C07873) e (C07874), 1854-1890; Estrada de Ferro Santos-Jundiaí: (C05578), (C05580), (C05596) a (C05604), 1865-1890; Estrada de Ferro Bragantina: (C05595), (C05638), 1874-1889; Estrada de Ferro Central do Brasil: (C05579), (C05584) a (C05594), (C05639), 1874-1898; Estrada de Ferro Ituana: (C05608) a (C05610), (C05636), 1873-1890; Estrada de Ferro Mogiana: (C05605), (C05606), (C05611), 1874-1891; Estrada de Ferro Paulista: (C05583), (C05607), (C05612) a (C05627), (C05629), 1870-1890; Estrada de Ferro Sorocabana: (C05630) a (C05635), (C05637), 1870-1890; Companhia Inglesa: (C07872), 1876-1881; Estradas de Ferro ('Fepasa'): (C09155), 1887-1890; Companhia de Carris de Ferro São Paulo – Santo Amaro: (C05652), 1864-1885.

Por conta do Exm°. Governo Provincial e serviço de Immigração queira V.S. dar passagens de Segunda classe aos Imigrantes da relação abaixo, dessa Estação para a de Jundiaí e bem assim dar transporte á bagagem dos mesmos. (C05596, Ofício da Inspetoria Provincial de Imigração para o chefe da Estação da Luz; São Paulo, 4 de novembro de 1886).
1, Giacomelli Gio Battista, 34 annos
2, Maria Marcolina, 32 annos
3, Victorio, 5 annos
4, Luigi, 2 annos
5, Marcolino Santo, 19 annos
6, Maria Godarti, 57 annos
7, Romani Raffaele, 20 annos
[...] 5 inteiras, 1 meia, 1 grátis [...].

Trinta e quatro volumes bagagem, peso 1.163, a razão de 18.000, abº 50%, livre na C.P. e C.M. Por conta do Exmº. Governo Provincial e serviço de Immigração, sirva-se V.S. remetter para a estação de Penha Rio do Peixe os volumes que acompanham este officio, bagagens de Imigrantes, que seguiram para aquelle logar.
O empregado desta repartição Manoel Joaquim de A. Ramos assistirá o pezo e declarará em baixo deste o número de kilos. (C05596, Ofício da Inspetoria Provincial de Imigração para o chefe da Estação da Luz; São Paulo, 29 de outubro de 1886).

—

Relação dos Imigrantes que seguem viagem por conta do Ministério da Agricultura e á requisição desta Inspectoria no paquete Rio de Janeiro, da Corte para S. Paulo no dia 4 de Dezembro de 1886. (C05596, Relação de imigrantes elaborada pela Inspetoria Geral das Terras e Colonização; Rio de Janeiro, 4 de dezembro de 1886).

Número	Nomes	Idade	Nação	Destinos	Nome do vapor em que vierão
1	Bevelacqua Francesco	42	Italiano	São Paulo	Vapor Poitsu
2	Idem Maria	38	Idem	Idem	Idem
3	Idem Domicio	9	Idem	Idem	Idem
4	Idem Angelo	7	Idem	Idem	Idem
5	Idem Maria	4	Idem	Idem	Idem
6	Idem Catarina	2	Idem	Idem	Idem
335	Cesino Luigi	37	Idem	Idem	[Cenisco]

—

Por conta do Exmo. Governo Provincial e serviço de Immigração queira V.Sa. dar passagem de 2ª classe aos Imigrantes da relação junta dessa estação para a de Piracicaba e bem assim dar transporte as bagagens dos mesmos. (C05597, Ofício da Inspetoria Provincial de Imigração para o chefe da Estação da Luz; São Paulo, 1º de março de 1884).

—

Relação Nominal dos Imigrantes que seguem viagem até Piracicaba.
Pertence a Portaria nº 643

1	Ventureli Luigi	18 Annos
2	Tomazi Gaetano	41 Annos
3	Forli Marco	54 Annos
4	Tomazi Francesco	37 Annos
5	Contatoze Maria	44 Annos
6	Contatoze Concetta	1 Anno
7	Contatoze Giuseppina	18 Annos
8	Contatoze Givi Batta	24 Annos
9	Camperouzo Francesco	24 Annos

—

Colonos chegados ante hontem, destinação fazendas 3 famílias. Brussolo Giacomi, Giovani Brussolo; Brussolo Giuseppe; total 17 pessoas, ficarão aqui para matricular-se núcleo, posso recebel-os. (C05623, Telegrama de 'Scatari', Estação Campinas, para o engenheiro chefe da Comissão de Colonização; Campinas, 22 de junho de 1887).

—

Haja Vmce. de providenciar no sentido de serem dadas passagens nas estradas de ferro, aos Colonos que vierem por conta da Associação de Colonização, a vista de pedido assignado pelo Senador Barão de Souza Queiroz, Presidente da mesma Associação, ou por quem suas vezes fizer. (C07872, Minuta de ofício para o superintendente da Companhia Inglesa; São Paulo, 18 de março de 1876).

De conformidade com as clausulas do contracto dessa Companhia com a Província proporcione V. Mce. 115 passes de 2ª classe da Estação de Santos a de Itupeva, na linha Ituana, a 25 famílias de Colonos imigrantes – Tirolezes Italianos, de Genova e Marselha e que seguem para a Colônia do Monserrate, do Tenente coronel Antonio Leme da Fonseca, Município de Jundiahy, sendo 19 menores de 12, e 15 menores de trez, e bem assim a respectiva Bagagem para o dia em que forem solicitadas. (C07872, Minuta de ofício do Presidente da Província para o superintendente da Estrada de Ferro da Companhia Ingleza; São Paulo, 11 de dezembro de 1880).

Relação de Colonos imigrantes, que seguem com destino à fazenda do Doutor Tamandaré [novembro 1881] (C07872):

Nomes	Idades
Manoel de Medeiros	40 anos
Romana de Jezus	30 anos
Jozé Muniz	47 anos
Anna de Jezus	38 anos
Antonio	13 anos
Maria	15 anos
Emilia	11 anos
Mariana	9 anos
Antonia	5 anos
Jacintha	2 anos
João	1 mez
Anna	8 anos
Antonia	6 anos

Relação dos Colonos imigrantes, que seguem com destino à fazenda do Doutor Tamandaré [dezembro 1881]:

Nomes	Idades
Strozi Antonio	53 anos
Roza Varrasquini	49 anos
Agostinho Strozi	23 anos
Serafino Strozi	18 anos
Benjamim	16 anos
Antonio	14 anos
Josephi	11 anos
Joanni	9 anos
Theolinda	16 anos

Tenho a honra de accusar recebimento do officio de V. Exa. datado de 27 do corrente, e em resposta fico certo de que o mesmo me declara V. Exa., isto é que em virtude do Aviso sob Nº 6.903 de 23 deste mez, do Ministério do Império, durante a medida excepcional d'internação não estão sujeitos ao imposto do transito os immigrantes remettidos para esta província pelo Ministério do Império ou para ella contratados pelo d'Agricultura Commercio e Obras Publicas. (C05639, Ofício da Inspetoria Geral para Laurindo Abelardo de Brito, Presidente da Província; São Paulo, 29 de dezembro de 1880).

Tenho a honra de accusar o recebimento do Officio nº 175(?) de 12 de junho do corrente em o qual V. Excia. Communica a esta Inspectoria que, em virtude da cláusula 6ª do contrato celebrado pela Presidencia desta Província com a Sociedade Promotora da Immigração, o director da Hospedaria Provincial está autorizado a requisitar desta Estrada de Ferro, transporte para immigrantes e suas bagagens, bem como para qualquer empregado que tenha de viajar em serviço. (C05639, Ofício da Inspetoria Geral para Francisco Antonio Dutra Rodrigues, Presidente da Província; São Paulo, 14 de junho de 1888).

1.9 Terras e colonização

• Descrição: documentos encaminhados pelo inspetor de Terras e Colonização para o Governador/Presidente do Estado.

• Conteúdo: encontra-se o ofício de encaminhamento, mas muitas vezes o documento ou ofício que estava anexado foi separado e arquivado em outro conjunto – provavelmente, constituiu outras séries documentais, o qual era o acervo do Palácio do Governo. São encontrados documentos relativos a: indicação de nomes de funcionários para os núcleos; problemas administrativos; propostas de aquisição de terras; resolução de conflitos; regularização de títulos; denúncias contra funcionários; solicitação de regularização de terrenos em terras devolutas; remessa de títulos definitivos para assinatura do Presidente do Estado; pedidos de repatriação; lista dos emigrantes embarcados em Vigo no vapor português 'Peninsular', 1893 (C06118); ofício contendo cópia de nota verbal da Legação Italiana, em Petrópolis, endereçada ao Ministério de Relações Exteriores, reclamando contra a não observância dos procedimentos da repatriação de imigrantes italianos por parte do governo de São Paulo, conforme previsto pelo Decreto nº 37, de 16 de março de 1892; abaixo-assinado de negociantes e fazendeiros de Jaboticabal, contra a Companhia Paulista, pelo atraso na construção do trecho da estrada de ferro entre Jaboticabal e Guariba; nas assinaturas, muitos imigrantes assinando principalmente como negociantes; Jaboticabal, 1893 (C06118); ofício contendo proposta para construção de uma hospedaria de imigrantes em São Bernardo, com orçamento e planta inclusos; 1893 (C06118).

• Acervo: (C06111) – Terras e Colonização, 1854-1887; (C06112) – Terras e Colonização, 1880; (C06113) – Terras e Colonização, 1888; (C06114) – Terras e Colonização, 1890-1891; (C06115) – Terras e Colonização, 1891; (C06118) – Terras e Colonização, 1893; (C06120) – Terras e Colonização, 1893. A caixa C06116, apesar de ter a mesma denominação, refere-se à área de Obras Públicas; a caixa C06117, por sua vez, compõe-se de correspondência dirigida à Secretaria da Agricultura, e se encontra descrita no respectivo verbete; e a caixa C06119 compõe-se de documentos da Sociedade Promotora de Imigração e se encontra descrita no respectivo verbete.

Tomando posse da fazenda Quiririm, a qual o Dr. Paulo Toledo se obrigara a entregar livre e desempedida no prazo maximo de 60 dias – encontrei o Dr. Francisco Eugenio Toledo, filho do ex-proprietário da fazenda estabelecido com uma venda em casa pertencente ao Governo e mais 52 agregados com famílias, que declararão-me que tinhão edificado as casas que n'ellas rezidião há mais de 10 annos, havendo alguns já ahi residindo a cerca de 30 annos, tendo sido essas casas e as unicas bemfeitorias que possuião, vendidas ao Governo pelo Dr. Paulo Toledo, por dez contos de reis. Durante os trabalhos de medição encontrei trabalhadores derribando madeiras de construcção, tirando lenha e fabricando tijolos em mais de cinco olarias; – productos estes que eram vendidos na cidade de Taubaté – enterrogando-lhes, então, quem dera autorização ou por conta de quem entregavão-se áquelle trabalho, – responderão-me que erão empregados do Dr. Paulo Toledo e por conta do mesmo estavam n'aquella occupação. (C06114, Ofício do engenheiro chefe da Comissão de Terras do Quiririm, João José Vaz de Oliveira, para Antonio de Campos Toledo, inspetor especial de Terras; São Paulo, 9 de janeiro de 1890).

—

Sobre a petição junta firmada por immigrantes pedindo passagens para Porto Alegre, vos informo que o motivo que allegam de falta de trabalho neste Estado, não é procedente; e que esses immigrantes, que não estam na Hospedaria e que ignora-se quando fôram introduzidos, talvez há muito, não provam que o seu destino era Porto Alegre vindos para S. Paulo por engano; nem tão pouco que tenham alli parentes que os reclamam, e de maneira que se justifique a concessão de novas passagens. (C06114, Ofício do delegado Antonio Candido de Azevedo Sodré, da Delegacia da Inspetoria Geral das Terras e Colonização no Estado de São Paulo, para o Governador do Estado; São Paulo, 7 de novembro de 1890. Petição em anexo: *Excelentissimo Señor Gobernador civil de esta provincia. Los inmigrantes que a continuacion firman, suplican a su Excelencia le conceda pasaje para Puerto Alegre, por no encontrar trabajo en estas provincia favor que esperamos recibir de su Excelencia.* [assinam] José Castilla y Familia 3, José Alonso, José Sanchez y Familia 2, Pedro Lopes y Família, Jose Cabrera, Biton Rosillo y Familia, Lorenso Sanchez Vallez, Mansamino Crespo, José Nora, Manuel Galvan, Pedro Berrocal, Antonio Romero, Mario Garcia Falia, Pedro, Maria, Josefa hijos, Manuel Diaz, Tomas Ortega, Manuel Galvan, Benigno Rodriguez, Juan Reinoso y Família, Domingo Gomez, Juan Garcia y Família, Roman Fernandez, José Lirio y Família, José Yglesia, Catalina Madri Hijos, etc. Segue o despacho: Não tem lugar o que requerem).

—

Cumpre-me levar ao vosso conhecimento as ultimas occurencias, para mim desagradaveis, que derão-se n'esta Commissão e que vêm ainda mostrar o estado anarchico a que foi conduzida esta Colonia pela administração passada. Por um telegramma que recebi n'essa capital e que vos mostrei, ficastes sabendo que trez colonos insubordinados procurarão revoltar os outros, contra a actual administração, apresentando como causa, algumas medidas de repressão que eu tinha mandado executar e entre ellas a da redução de salarios. Tendo eu chegado a Iguape no dia 13 á tarde e tendo de transportar commigo, a força que veio destacar aqui, só pude obter condução para o dia 16, conhecendo porém o estado de sedição em que estavão os colonos, informei-me do Ajudante d'esta Commissão quaes as providencias que estavão dadas para suffocar alguma revolta por parte dos colonos, soube então que a autoridade policial de Jacupiranga já estava prevenida e bem assim, que uma turma de trabalhadores estava na séde armada a espera da revolta que estava combinada para a minha chegada. No dia 14 cerca de 30 colonos armados de facas, garruchas e espingardas dirigirão-se ao escriptorio em grande vozeria, ameaçando ao empregado que alli se achava, o collocador de immigrantes. Comparecendo a autoridade policial de Jacupiranga foi dispersado o grupo e presos 10 colonos á minha ordem. Não é a primeira vez que os colonos fazem aqui d'estas manifestações, soube que era habitual esse costume e que toda a vez que um grupo aqui se revoltava, era revogada a ordem que os contrariava e destribuia-se bebidas aos revoltosos que satisfeitos voltarão ás suas casas.

Mostrando-se agora os colonos arrependidos, por terem obtido rezultado contrario as suas manifestações habituaes, mandei soltal-os, e mantive todas as ordens dadas inclusive a da redução de salarios. A ordem acha-se completamente restabelecida, tendo para isso concorrido efficazmente a presença do destacamento que se acha n'esta Colonia e que espero aqui será mantido. (C06114, Cópia de ofício do engenheiro chefe Jeronymo Francisco Coelho, da Comissão de Terras e Colonisação do Pariquera-Açu, para o delegado da Inspetoria de Terras e Colonização; Colônia do Pariquera-Açu, 30 de setembro de 1890).

—

Estando a antiga Colonia de Santa Ana em completa desordem quanto á occupação de lotes pelos colonos, sem titulos, e ás condições de abandono de alguns de seus lotes, procurei regularisar esse serviço indo em pessôa examinar o estado do nucleo e pedindo todos os titulos dos colonos, uns não registrados e sem caracteristicos, outros com menções erradas, e grande auzencia d'elles, sem que os occupantes tivessem pago o valor do lote, pelo que submetto á vossa consideração e assignatura alguns titulos definitivos e outros em substituição dos irregulares passados anteriormente, pedindo mandar depois devolver-me todos os papeis junctos. Vos informo que é uma parte do trabalho, devendo remetter-vos depois o restante. (C06114, Ofício de Antonio Candido de Azevedo Sodré, delegado da Inspetoria de Terras e Colonização de São Paulo, para o Governador do Estado; São Paulo, 11 de outubro de 1890).

—

Em solução á vossa ordem verbal incumbindo-me da organisação do projecto de uma hospedaria para immigrantes na cidade de Campinas e confecção do respectivo orçamento, venho trazer ao vosso conhecimento que acha-se concluido todo o estudo a respeito, prompto o orçamento e quasi terminados os desenhos, o que tudo vos enviarei dentro de poucos dias. (C06114, Ofício do delegado Antonio Candido de Azevedo Sodré, para o Governador do Estado; São Paulo, 16 de outubro de 1890. Segue o despacho: *Tendo examinado o projecto e orçamento para uma Hospedaria de Immigrantes na cidade de Campinas, orçada em 125:000$ pela Delegacia de Terras e Colonisação, approvo o projecto e orçamento e autoriso o Dr. Delegado de Terras e Colonisação a mandar executar a obra no terreno para esse fim adquirido, por contracto mediante concurrencia e sob a immediata fiscalisação d'aquella repartição. As despesas serão pagas pelo crédito para esse fim concedido pelo Ministro da Agricultura. [Comunique-se ao Ministério e á Thesouraria]. Prudente de Morais*).

—

Restituo-vos a petição juncta de colonos do núcleo do Ribeirão Pires informando que não devem ser attendidos na reclamação que fazem. Pelos esclarecimentos que mandei annexar a essa petição, vereis que trata-se de colonos collocados há dois annos, como são todos os d'esse nucleo, que receberam favores promettidos pelo Governo, inclusive o de trabalhos em serviços publicos na colonia por seis mezes, e que irregularmente teem sido mantidos como trabalhadores n'esses serviços até a presente data. A colonia já não tem, há muito, caminhos a fazer e mais trabalhos do Governo em que possam ser utilisados os colonos; inventa-se serviço, manda-se capinar ruas não edificadas e habitadas, e gasta-se por mez um conto e quinhentos com esses trabalhos presentemente dispensaveis, sendo n'elles empregados, não os immigrantes recem-chegados e que carecem de amparo e auxilio nos primeiros mezes, e sim colonos antigos, já sufficientemente soccoridos.
Esta pratica que encontrei, julgo que deve cessar, e n'esse sentido recommendei verbalmente ao Encarregado não que suspendesse de todo com esses serviços como éra do meu dever, mas sim que fôsse pouco a pouco cortando o abuso sem prejuizos nem abalos; o Encarregado manteve um colono, de cada familia, recebendo verdadeiros auxilios pecuniarios directos do Governo; d'ahi a reclamação dos que firmão a petição, dos quaes dois nem colonos são e todos continuam a receber para as suas familias os auxilios prestados por intermedio dos membros da familia que foram conservados. (C06114, Ofício de Antonio Candido de Azevedo Sodré, delegado de Terras e Colonização, para o Governador do Estado; São Paulo, 12 de julho de 1890. Petição não anexada).

—

Dizem os abaixo assignados, colonos, no nucleo acima referido que tendo-lhes sido vendido os lotes do mesmo nucleo sob Nº 86 e 88, cujos lotes continham na occasião, em que lhes foi concedido, uns mil pés de café mais ou menos, pés de café estes que pelo abandono em que se achavam, nada offereciam de lucrativo, os subscriptos logo que tomaram conta de seus lotes fixaram suas vistas principalmente sobre os referidos pés de café e assim começaram a tratal-os, limpal-os, e enfim consiguiram relevantal-o, e enfim fazel-os fructifar (sic)*, e enfim estão vendo mais ou menos remunerado o suor de seu trabalho. Pois agora que o cafezal mostra algum futuro, appareceu, no lote dos supplicantes, um individuo de nome Mariano Jose de Godois, e intimou aos supplicantes de não tocarem nas fructas dos cafezaes, e que a elle pertenciam, allegando que imbora seu pae vendesse ao Governo esta fazenda e que ella pertencesse agora ao Governo, elle tinha o direito de colher os fructos, visto ter o mesmo governo ter-lhe feito perder seus escravos. Enfim insistiu tanto esse cavalheiro a empossar-se dos cafezaes que quazi chegamos a vias de facto. Cidadão, nos recebemos os lotes, cultivamo-os e é justo que colhamos o fructo de nosso trabalho. Porém vem esse homem nos querer tirar o que nos pertence, sem termos aqui quem nos defenda os direitos nem mesmo nosso administrador. Não querendo ser nossos direitos e nosso trabalho roubado, recorremos a vossa justiça para que deis as necessarias providencias afim de que nossa liberdade não seja ameaçada, e para que não estejamos subjectis* (sic) *a um systema de feodalismo, em pleno regimem de liberdade. Pedimos a vos que vos digneis fazer por vossas ordens arrestar esse sicario de nossas terras, e mesmo das terras do dominio d'este Nucleo, sem o que recorreremos a nosso consul.*
Esperamos que dareis as providencias para que não deixe chegar as cousas em ponto de haver um desfeicho mais ou menos fatal, a nossa vida social. Viemos d'Espanha para adoptarmos esta nova Patria, para aqui criarmos nossos filhos, e não para sermos escravisados, pelos ex fazendeiros. Esperamos Justiça. Saude e Liberdade. (C06114, Carta de Gregório Calvo e Antonio S... Cerdan, para o Governador do Estado; Núcleo Colonial da Boa-Vista, em Jacareí, 22 de fevereiro de 1890. Segue o despacho: *A Inspectoria Especial de Terras e Colonisação, para providencias, com urgência. Palácio do Governo do Estado de São Paulo, 1 de março de 1890. Prudente de Morais).*
—
Em cumprimento ao despacho exarado na incluza carta do Gabinete do cidadão Dr. Governador do Estado, solicitando informações sobre a allegação de fazendeiros que dizem não terem encontrado immigrantes n'esta Hospedaria, quando no respectivo boletim do dia 6, consta a existencia de 1888, cabe-me prestar-vos as seguintes informações:
Como haveis ordenado, procedeu-se hontem a uma conferencia no numero d'immigrantes existentes n'esta Hospedaria, notando-se uma differença diminuta, causada pela sahida de alguns immigrantes que dormiram fora, ou por perderem a hora de recolhida, ou voluntariamente.
Temos na Hospedaria promptos para partir, cerca de 200 immigrantes, que só esperam carros, que os transportem, visto ser costume da Estrada de Ferro, não lhes conceder passagens para o interior, quando há immigrantes a chegar de Santos.
De hontem para hoje sahiram para a capital 818 pessôas; que pela conferencia feita, verificando-se estarem com o prazo esgotâdo, e não quererem se contractar, foram postos fora da Hospedaria com as respectivas bagagens.
Trezentos sessenta e quatro polacos, aqui se acham a quatro mezes, voltados do nucleo do "Pariquerassu" sem quererem tómar outra collocação, e outros da mesma nacionalidade, que tém chegado, tomam a rezolução dos primeiros.
Grande quantidade de immigrantes, se bem que já engajados, não podem seguir a seus destinos por falta de suas bagagens, e isso se verifica pelo nosso registro de officios, a immensidade de reclamações de bagagens que diariamente fazemos.
Alem das provas que acabo de vos dar, chamo a vossa atenção para os grandes grupos de immigrantes que se vêm em redor das agencias de collocação, que temos pelas immediações da Hospedaria, os

quaes recem-chegados, e aqui ainda hospedados, sahem as 9 horas, logo que abre-se o portão, e vão ouvir os conselhos dos agentes, voltando a Hospedaria para as refeições e dormir.

Pelo que vos exponho podeis comprehender que os reclamantes, deixam-se illudir pelo que vêm de um só momento, e não procurando syndicar os motivos porque o total dos immigrantes aqui hospedados não lhes apparecem, de prompto, fazem suppozições erroneas, que as levam a fazer ao Snr. Dr. Governador do Estado reclamações como a que acabo de vos informar.

Eis o que me cumpre vos dizer na qualidade de vosso Ajudante, e encarregado da fiscalização e organização do movimento diario da Hospedaria. (C06115, Ofício de Antonio G. de Oliveira, ajudante do diretor da Hospedaria, para Antonio Alves Pereira de Almeida, diretor da Hospedaria de Imigrantes; São Paulo, 4 de junho de 1891).

—

Tenho a honra de passar as vossas mãos o requerimento incluso que vos foi dirigido pelo subdito hespanhol Balvino Utrilha, propondo-se a introduzir por conta do Estado doze mil familias de agricultores, á excepção de uns 25% que serão industriaes.

Sobre tal pretenção devo informar-vos que ao Estado de São Paulo não convem actualmente fazer contractos de introducção de immigrantes, mas sim esperar os beneficios resultados que forçosamente advirão da iniciativa particular que devendo pôr em execução os numerosos contractos celebrados com o Governo Federal para a realização de tão importante serviço, aliviarão os cofres do Estado por muitos annos [...]. (C06115, Ofício do delegado Leandro ..., da Delegacia da Inspetoria Geral das Terras e Colonização no Estado de São Paulo, para o Governador do Estado; São Paulo, 9 de junho de 1891).

—

Havendo o Governo Provisório da República firmado, em 24 de outubro de 1890, com o Cidadão Francisco das Chagas Pinto Salles, contrato para fundação de nucleos agricolas neste Estado, obrigou-se o contratante, sobre as condições do Decreto No. 528 de 8 de junho de 1889, a proceder, á sua custa, a medição e demarcação de uma área de 90.000 hectares de terrenos neste municipio, denominados = Terrenos dos Indios = e n'ella o estabelecimento de trez mil familias de Nacionaes e Estrangeiros. Ainda mais, por esse contracto, obrigou-se tambem o contractante a construir edificios destinados para Pharmacia, emfermaria e escolas e a estabelecer fabricas para o beneficiamento e preparos dos principaes productos do nucleo, tudo de accordo com as disposições do Decreto citado, de 1889; a fazer dentro de um anno a acquisição do territorio preciso para a fundação do primeiro nucleo, o qual ficaria definitivamente constituido com a construcção dos edificios, fabricas e o estabelecimento, pelo menos, do numero de familias marcado em uma das clausulas do contracto, aberturas de caminhos, e estradas, etc., tudo dentro do praso de dois annos. Trez annos são passados, Exmo. Snr., e o concessionario – até agora – nada fez, no sentido de satisfazer o contracto de que se obrigou [...]. (C06118, Ofício da Câmara Municipal do Rio Verde, para Bernardino de Campos, Presidente do Estado; Rio Verde, 8 de novembro de 1893).

—

A Camara Municipal desta cidade, hoje em sessão, vem lembrar-vos a necessidade da creação de uma Colonia agricola neste municipio; temos terrenos de superior qualidade em distancia menor de 30 kilometros da estrada central, os quaes sendo aproveitados na pequena lavoura, concorrerão para abastecer com vantagem os nossos mercados de generos alimenticios; assim, esta camara sabedora dos bons intuitos do Governo, pede da vossa valiosa cooperação, promovendo os meios necessarios para conseguirmos este tão util melhoramento [...]. (C06118, Ofício da Câmara Municipal de Paraibuna para o Presidente do Estado; Paraibuna, 16 de outubro de 1893).

—

O Comissario de immigração em Genova communica-me em confidencial de 24 do passado, que entre os immigrantes embarcados naquelle porto no dia 21 de Janeiro, no vapor Solferino, e por

conta da Promotora de S. Paulo, vierão anarchistas perigosos, aos quaes a policia facilitou todos os meios para sahirem da Italia, e os quaes vão especificados na inclusa relação.
Figurão alguns como cunhados, fazendo parte de familias, quando nenhum parentesco existe entre elles.
O de nome Annuci Leoni foi espião de policia em Genova, encarregado de denunciar os companheiros e planos que estes tinhão, recebendo ao partir da mesma policia a gratificação de 350 liras.
O de nome Geraas Loduvic Emilio não é jornaleiro, porem correspondente de jornaes. Levando ao vosso conhecimento a communicação que me foi feita por aquelle commissario, tomareis as providencias que entenderdes necessarias a boa paz do Estado, cuja direcção vos está confiada. (C06118, Ofício de Licurgo José de Mello, inspetor geral, para o Presidente do Estado; Capital Federal, 21 de fevereiro de 1893. Em anexo, relação de emigrantes embarcados).
Relação de emigrantes embarcados em Genova no vapor italiano "Solferino" e que acompanha o officio desta data:
1 – De Rassi Santo de 31 annos e Santi Leonardi, de 32 annos, reunidos como cunhados á familia de Barbieri Roberto.
2 – Marroni Regono, de 28 annos, idem de "Casonia Luigi".
3 – Faille Gaspare, de 27 annos, idem, de "Bianconi Gioachino".
4 – Pieri Costantino, de 24 annos, idem de "Tesori Augusto".
5 – Vincenzo de 23 annos, idem, de "Turconi Antonio".
6 – Angelo, de 32 annos, e Nazzareno, 26 annos, idem de "Savao Francisco".
7 – Pettinelli Natale, de 32 annos, idem, de "Montanari Pasquale".
8 – Romeu, de 27 annos, e Francesco, de 27 annos, idem, de "Leoni Loreto".
9 – Secondasi Secondo, de 31 annos.
10 – Forchini Ettore, de 31 annos.
11 – Gallini Guiseppe, de 27 annos.
12 – Amici Leonida (com familia).
13 – Pittone Filippo (com familia).
14 – Morelli Guiseppe, de 33 annos.
15 – Semprini Domenico, de 30 annos.
16 – Ceccarelli Odoardo, de 33 annos.
17 – Guaas Lodovic Emilio (com familia).
18 – Giuli Francisco de 31 annos.
Gênova, 24 de Janeiro de 1893. Assignado, Manoel Maria de Carvalho.

—

O abaixo assignado, vêm á presença de V. Exa. expôr respeitosamente o seguinte:
Devido a diversas causas – entre as quaes, prima a crise financeira que afflige momentaneamente o organismo da Republica, na sua totalidade - a emigração italiana, fonte para este Estado, de melhoramentos economicos ethnicos, não se dirige mais como no passado para o nosso paiz.
Querer desconhecer as vantagens, que nos trazem o forte braço e o sangue generoso de uma raça que tem commum comnosco as origens, a religião e os ideaes, não é possivel, nem mesmo por parte dos improvisados fautores do trabalhador asiatico.
Governar, presentemente, no rico Estado de São Paulo, significa popular-o principalmente, não descurar qualquer meio para chamar a si, a melhor entre as emigrações, a mais adaptada ao nosso ambiente, a mais perseverante na lucta contra a natureza, a que mais se assimila comnosco e cujo apparecimento n'este solo virgem, marcou a éra do renascimento agricola e da supremacia economica d'este Estado sobre os demais da Republica.
Não vêm ao caso o discutir a vantagem de introduzirem-se da Asia os braços que, já não podemos mais obter em quantidade sufficiente da Europa.

Porem V. Exa. permittir-nos-há que affirmemos que o decreto auctorizando a introducção da emigração asiatica nos portos da Republica, foi originado pelo enfraquecimento da corrente emigratoria europeia. Enfraquecimento este que tem as suas origens, nas calumnias que além-mar feriram no peito o nosso credito.

Assim pois São Paulo, que da sã emigração europeia e principalmente italiana espera o completamento do seu desenvolvimento agricola-industrial, como tambem o aperfeiçoamento ethnico da sua população, deve reunir todos os seus esforços para reconquistar aos costumados diffamadores da nossa patria, o terreno perdido.

É com profunda convicção da verdade das razões anteriormente expostas, que nos abalamos a submetter ao recto juizo de V. Exa., a seguinte proposta:

Publicar n'esta cidade, mensalmente, em lingua italiana, um periodico que conterá todos os dados que se refiram à vida economica do Estado de S. Paulo e que será gratuitamente enviado aos "8080" syndicos da Italia.

Redigido com o maximo cuidado e editado elegantemente sob o titulo "Lo Stato di San Paolo", o periodico que projectamos será do formato do "Diario Official" do Estado, com 16 paginas de material de redacção. Publicará tudo quanto possa interessar directa ou indirectamente a immigração e a colonisação e demonstrará como no Estado de São Paulo, se encontram reunidas todas as vantagens para o trabalhador europeu.

Ficará sempre à disposição de V. Exa. para a publicação de tudo quanto possa interessar à immigração por parte d'esse Ministerio.

Opinamos ser esta a melhor e a mais economica entre as propagandas para activar a corrente emigratoria da Italia para este Estado.

V. Exa. não ignora que em todas as regiões agricolas da Italia, o syndico é para o camponez a pessôa mais auctorizada e mais digna de confiança, à qual se recorre para qualquér juizo ou esclarecimento. Convencer o syndico de uma aldeia italiana, de que no Estado de São Paulo para o trabalho manual, existe maior e mais fecundo campo de acção, do que na Europa, é vencer uma batalha e determinar o exodo expontaneo de muitas familias de robustos camponezes e operarios.

Podemos talvez enganar-nos, mas crêmos firmemente que este simples e economico meio de propaganda, têm maior valor e alcance que todos os que até hoje têm sido empregados.

Propondo-o, tomamos a liberdade de pedir a V. Exa. toda a attenção e o apoio necessario, para a realisação do nosso proposito, isto é:

Que o Ministério da Agricultura, subscreva por um anno, os exemplares que serão enviados gratuitamente, todos os mezes aos syndicos da Italia, sendo o preço da subscripção annual por cada exemplar, incluidas as despezas postais, de 8$000 rs:

O pagamento será feito por esse Ministerio, por quotas mensaes, logo depois da publicação do correspondente numero do periódico.

O Ministerio poderá fiscalisar como melhor entender a regular remessa para a Italia dos "8080" numeros da publicação.

Na esperança que V. Exa. tomará na devida consideração a nossa proposta, attendendo aos incalculaveis beneficios que d'ella tirará o Estado, respeitosamente a depositamos nas mãos de V. Exa. e aguardando o seu deferimento. (C06118, Carta de Manoel de Araujo Porto Alegre para o Ministro e Secretário de Estado dos Negócios da Agricultura do Estado de São Paulo; São Paulo, 24 de janeiro de 1893).

—

Muy Sr. mio: Teniendo entendido que la Compañia de estrada de ferro Mugiana paga pasaje a los trabajadores de 16 a 40 años por el vapor 'Peninsular' de la Empresa de Navegação Insulana directamente á Santos, destinandolos al Estado de San Paulo para trabajar alli en las obras que aquella Compañia está realizando, por la presente solicito de V. me concedam pasage para aquel puerto, ya que me quiero aprovechar de dicha ventaja y tengo pensado, en llegando al Brasil, tomar empleo en las citadas obras. (C06118, Carta de José Vidal Barros ao agente do vapor 'Peninsular'; Salvatierra, 15 de junio de 1893).

—

Por transporte de 782 immigrantes vindos de diversos portos no vapor francez Provence entrado no porto de Santos em 9 do Corrente mez por conta do contracto de 21 de Agosto de 1894.
535 Pessoas adultas, Passagen 535.
81 Pessoas menores de 12 até 7 annos, Passagen 40 ½.
87 Pessoas menores de 7 até 3 annos, Passagen 21 ¾.
79 Pessoas menores de 3 annos, Passagen Grátis.
(Total) 782 Pessoas, Passagens 597 ¼.
597 1/4 Passagens a L 5.160 = L 3464.10.
São Paulo, 20 de Fevereiro de 1895.
P/ A Fiorita & Ca.
Eduardo Nicolich. (C06120, Prestação de contas por imigrantes introduzidos pela firma A. Fiorita & C.; São Paulo, 20 de fevereiro de 1895).

—

A Hospedaria emitia atestados acusando o recebimento desses imigrantes, eventualmente recusando alguns ("glosando"), por "não serem agricultores", "não constituírem família" ou "por serem artistas" (C06120). Os atestados reunidos são:

N. imigrantes	Origem	Vapor	Nacionalidade	Data
542	Diversos	Charente	Francês	14/02/1895
494	Lisboa	Tamar	Inglês	13/02/1895
547	Lisboa	Tagus	Inglês	15/01/1895
3	Lisboa	Tagus	Inglês	15/01/1895
782	Diversos	Provence	Francês	09/02/1895
5	Málaga	Bearn	Francês	05/12/1894
235	Gênova	Pará	Italiano	30/12/1894
140	Málaga	Bretagn	Francês	10/01/1895
511	Diversos	Dordogne	Francês	28/12/1894
95	Gênova	San Gottardo	Italiano	21/12/1894
56	Lisboa	Patagonia	Alemão	22/03/1895
604	Diversos	Matapan	Francês	05/04/1895
1251	Nápoles	Fortunata R	Italiano	06/05/1895
658	Lisboa	Tagus	Inglês	09/05/1895
517	Diversos	Provence	Francês	06/05/1895
302	Diversos	Medoc	Francês	04/05/1894
69	Lisboa	Itaparica	Alemão	09/05/1895
109	Lisboa	Campinas	Alemão	25/04/1895
645	Diversos	Aquitaine	Francês	24/04/1895
218	Lisboa	Mendoza	Alemão	03/05/1895
734	Vigo	Espagne	Francês	11/04/1895
902	Diversos	Bretagne	Francês	04/04/1895
47	Lisboa	Amazonas	Alemão	01/06/1895
46	Lisboa	Tijuca	Alemão	20/06/1895
581	Lisboa	Trent	Inglês	04/06/1895
224	Diversos	Charente	Francês	06/06/1895
629	Gênova	America	Italiano	04/06/1895
118	Diversos	Bearn	Francês	03/06/1895
420	Gênova	Solferino	Italiano	19/05/1895
453	Diversos	Italie	Francês	19/05/1895
24	Nápoles	Pará	Italiano	22/05/1895

(continuação)

N. imigrantes	Origem	Vapor	Nacionalidade	Data
185	São Miguel	Cintra	Alemão	23/05/1895
105	Lisboa	Paraguassu	Alemão	16/05/1895
104	Gênova	San Gottardo	Italiano	10/05/1895
307	Diversos	Bretagne	Francês	20/06/1895
16	Lisboa	Patagonia	Alemão	14/06/1895
420	Gênova	Arno	Italiano	15/06/1895
189	Diversos	Cordonan	Francês	30/06/1895
153	Diversos	Espagne	Francês	02/07/1895
216	Lisboa	Tamar	Inglês	04/07/1895
27	Lisboa	Curityba	Alemão	05/07/1895
959	Gênova e Nápoles	Italia	Italiano	06/07/1895
32	Lisboa	Belgrano	Alemão	16/07/1895
8	?	Paraguassu	?	08/08/1895
158	?	Matassan	?	01/08/1895
5	?	Itaparica	?	03/08/1895
243	Málaga e Tenerife	Aquitaine	Francês	19/12/1894
763	Porto, Lisboa e Vigo	Peninsular	Português	18/12/1894
443	Málaga e Madeira	Bearn	Francês	05/12/1894
555	Portugal	Bourgogne	Francês	24/11/1894
79	Lisboa	Santos	Alemão	29/03/1895
73	Lisboa	Lissabon	Alemão	17/03/1895
430	Vigo	Corsica	Francês	20/03/1895
90	Gênova	Pará	Italiano	08/03/1895
50	Gênova	Ré Umberto	Italiano	19/02/1895
579	Lisboa	Trent	Inglês	13/03/1895
716	Diversos	Bearn	Francês	09/03/1895
198	Gênova	America	Italiano	16/02/1895
767	Barcelona e Vigo	Espagne	Francês	21/01/1895
406	Diversos	Vega	Português	17/02/1895
75	Nápoles	Ré Umberto	Italiano	31/07/1895
332	Gênova	Washington	Italiano	17/07/1895
324	Diversos	Aquitaine	Francês	20/07/1895
47	São Miguel e Lisboa	Argentina	Alemão	16/07/1895
15	?	Amazonas	?	23/08/1895
148	Lisboa	Tagus	Inglês	31/07/1895
615	?	Italie	?	17/08/1895
20	?	San Gottardo	?	16/08/1895
6	?	Cintra	?	16/08/1895
335	?	Bearn	?	05/09/1895
6	?	Patagonia	?	05/09/1895
946	?	Caffaro	?	03/09/1895
11	?	Tijuca	?	11/09/1895
180	?	Guahyba	?	14/09/1895
1311	Gênova e Málaga	Espagne	Francês	14/09/1895
128	Gênova	Pará	Italiano	29/09/1895
296	Porto Leixões	Tamar	Inglês	26/09/1895
1056	Gênova	America	Italiano	29/09/1895
179	Vigo e Lisboa	Charente	Francês	30/09/1895
525	Diversos	Provence	Francês	03/10/1895
107	?	Trent	?	29/08/1895
10	?	Olinda	?	30/08/1895
191	?	Medoc	?	25/08/1895

1.10 Ofícios diversos

- Descrição: ofícios sobre assuntos diversos, encaminhados por particulares e autoridades municipais ao Presidente da Província.
- Conteúdo: correspondência de estrangeiros e de nacionais que tratam de questões relacionadas à imigração.
- Acervo: número de caixas não identificado, com datas-limite de 1822-1891.

A Situação de Campinas se tornando de Dia em Dia mais insupportavel devido á insolência do comportamento dos Selvagens Extrangeiros que a Via férrea nos traz, faço esta para implorar á Va. Exa. Providencias taes que permittão q. os Pais de família se ausentem para suas legitimas ocupações sem levar o espírito em dessasocego com a apprehensão de insultos á que suas famílias poderão ser expostas á qualquer momento.

Hontem dous Selvagens Norte Americanos invadirão uma casa próxima áquella de minha residência, e uma Senhora de uma das mais nobres famílias de S. Paulo teve de atirar se de uma janella afim de escapar de algúa violência.

A repetir se taes factos a reacção por parte dos Paulistas que não forem Progressistas será inevitável, e as conseqüências de uma matança merescida desta gente que se diz vem nos civilisar pode levar o Governo á velar pela ordem Publica, o que infelismente os desacatos soffridos por Paulistas não tem conseguido.

Varias Senhoras contemplão a necessidade de conservar um Revolver ao pé de si! á vista dos casos que se tem dado de insolências praticadas por Extrangeiros; já se vê que não fallo de Portuguezes de quem não temos queixas neste ponto, e sim de outros Europeos e sobre tudo Norte Americanos. Os Sulistas da América do Norte são também como regra bem comportados, e como inimigos dos Nortistas grangeão sympathias.

Entendo que nada menos de uma força de 100 homens he sufficiente para Campinas, e que são indispensáveis Patrulhas de dia e de Noite. Eu, se algum destes indivíduos me incomodar, o atirarei immediatamente, mesmo por saber quanto os Norte Americanos são promptos com o Revolver. A Senhora que foi assustada hontem he mulher de um dos mais notáveis Proprietários deste Município.

Deos guarde a Va. Exa. por muitos annos. (C00857, Carta do doutor Ricardo Gumbleton Daunt para João Teodoro Xavier, Presidente da Província; Campinas, 18 de julho de 1873).

—

Peço a V. Exa. mandar amanhã sem falta força para guarnecer o theatro visto ser o beneficio da Emilia Adelaide, se espera grande desordem entre Brasileiros e Portuguezes, com grande prevenção. (C00857, Telegrama do subdelegado de Polícia da Conceição, Campinas, para o Presidente da Província; Campinas, 12 de setembro de 1877).

—

A Camara Municipal de Campinas como representante legitima e fiel de um dos municípios maiores, senão do maior município agrícola da província, resolveu em Sessão de 1º do corrente dirigir-se a V. Exa. pedindo que não sancione a lei ultimamente votada na Assemblea provincial e que estabelece o imposto de um conto de réis sobre cada escravo que for vendido na província. Os males que resultarão para o paiz todo de semelhante lei são viziveis e inquestionáveis: basta ponderar que elles vão affectar a principal fonte de renda publica e particular como é a lavoura, ferindo-a de morte pelo escasseamento dos braços, a ella que já lucta com enormes difficuldades e que tem sido sempre onerada de tributos em todos os tempos e por todas as maneiras.

São ainda muito mais para temerem se os resultados de tal lei, quando procurando-se por ella diminuir ou antes obstar o accrescimo, entre nós do elemento servil, não se attentou nos meios de o substituir convenientemente, preparando-se os agricultores para aceitarem e reconhecerem os benefícios da colonisação.

A Câmara Municipal de Campinas acredita que os argumentos deduzidos já contra a alludida lei pela imprensa e por meio de um Congresso de fasendeiros que se realisou nesta Cidade terão pezado sufficientemente no animo esclarecido de V. Exa., e que por isso V. Exa. está mais no Caso, de que ella, de medir-lhes o alcance e a importância. Conta, pois, a Câmara Municipal de Campinas que V. Exa. tendo de decidir n'um assumpto de summa gravidade, há de fazê-lo de accôrdo com os grandes interesses sociaes de que pendem os destinos da nossa bella província hoje confiados á direcção de V. Exa.[...]. (C00857, Ofício da Câmara Municipal de Campinas para João Batista Pereira, Presidente da Província; Campinas, 2 de abril de 1878).

—

A Camara Municipal de Campinas reunio-se hoje em Sessão extraordinária para o fim especial de representar a V. Exa. sobre o seguinte objecto, que julga de grande momento:

Esta Cidade por sua nomeada de opulenta tem attrahido grande affluencia de população extrangeira, e, d'envolta com a mesma, indivíduos de mãos costumes; dahi a freqüência de attentados já contra a pessoa, já contra a propriedade, merecendo especial attenção a tentativa de roubo há pouco commettida contra a Collectoria, e a grave aggressão de que ainda há poucos dias foi victima uma família importante do lugar, em uma rua publica da Cidade.

A audácia dos malfeitores cresce diariamente, convictos como estão de que a authoridade não dispõe de meios para reprimir esses attentados; e com rasão, por que a força publica aqui existente é insignificantissima para policiar a Cidade em vista de sua vasta área e grande população, da qual sem exageração se póde avaliar que uma quarta parte não tem rezidencia permanente; accrescendo a tudo isto que o Município tem uma população escrava maior que a população livre, o que, por motivos que não podem escapar a perspicacia de V. Exa., torna imprescindível a existência de uma força respeitável neste lugar.

Por estas ponderózas rasões a Câmara resolveo pedir a V. Exa. a Collocação aqui de um destacamento permanente de 50 praças pelo menos, cuja presença, talves, será bastante para prevenir muitos crimes.

E nem se diga que Conveniências deste ramo de serviço publico estorvão esta medida.

Campinas pela sua Collocação e facilidade de meios de Communicação com outros pontos da Circunvizinhança é o Centro mais adequado para a Conservação de uma força publica importante, com que poderá accudir facilmente os reclamos das populações e municípios vizinhos. [...] (C00857, Ofício da Câmara Municipal de Campinas para João Batista Pereira, Presidente da Província; Campinas, 25 de junho de 1878).

2   Registros diversos

2.1 Livro de registro de passaportes

- Descrição: livro no qual se registravam, no Palácio do Governo, os passaportes concedidos.
- Conteúdo: a maioria dos passaportes destina-se a oficiais do governo e militares, mas o livro examinado apresenta ao menos um registro de passaportes para súdito português. *Vide* também o conjunto de registros feitos pela Polícia.

- Acervo: (E00740) – Livro de passaportes a passageiros, 1836-1873; (E01488) – Registro de passaportes, 1853-1874; (E01491) – Registro de passaportes, 1842-1847.

Tendo de Retirar-se para a Europa o Portuguez Francisco da Roza, ordena o Presidente da Província ás autoridades d'esta mesma Provincia a quem for esta apresentada, que não lhe ponhão embaraço algum na sua passagem, e que nas Fortalezas não se apresentem obstáculos a sua viagem. Palácio do Gov°. de S. Paulo 5 de Julho de 1851. Vicente Pires da Motta. (E00740, Registro de passaporte concedido a Francisco da Roza; São Paulo, 5 de julho de 1851).

2.2 Controle de imigrantes residentes em São Paulo

- Descrição: esses residentes são aqueles empregados ligados aos consulados dos diversos países, permitindo alguma análise da evolução das representações consulares na província.
- Descrição: há um índice, na primeira página, que remete às nacionalidades dos estrangeiros residentes em São Paulo, bem como à respectiva página do livro. O livro vem dividido em colunas, com as seguintes informações: empregos, nomes, residência, datas do *exequatur*; datas dos exercícios, observações. Para os portugueses há uma organização em separado, dando conta das vilas onde se encontravam.
- Acervo: (E02089) – Controle de imigrantes residentes em São Paulo, 1836-1880.

[Para os portugueses:]

Localidade	Folha
Santos	26
Bananal	18
Capital	15
Ubatuba	25
Iguape	21
Guaratinguetá	16
Brotas / Eliminado	24
Piracicaba	20
Campinas	14
Taubaté	23
Sorocaba	19
Areias / Eliminado	22

2.3 Termos de juramento de naturalização

- Descrição: livro no qual foram registrados termos de juramento de naturalização.
- Descrição: Há cerca de 26 termos, a maioria de italianos, espanhóis e portugueses.
- Acervo: (E00869) – Termos de juramento de naturalização, 1889.

Termo de juramento que assigna o subdito hespanhol Pedro José Rotger.
Aos dezenove dias do mês de setembro de mil oitocentos e oitenta e nove na Secretaria do Governo, perante Sua Exa. o Snr. Dr. Presidente da Província, compareceu o subdito hespanhol Pedro Jose Rotger, naturalisado cidadão brazileiro por carta de onze do corrente e de conformidade com os artigos 5° e 6° do Dec. No. 1950 de 12 de julho de 1871 e artigo 14 da Lei no 3140 de 30 de

outubro de 1882, prestou juramento de obediencia à Constituição e às Leis do Paiz jurando ao mesmo tempo reconhecer o Brazil por sua patria desta data em diante e na mesma ocasião declarou: professar a religião catholica apostolica romana, ser natural da Hespanha, casado com brazileira, de 35 annos de idade, negociante em Itapecerica, e não ter filhos. [...] (E00869, Termo de juramento de naturalização de Pedro José Rotger, firmado por J. V. Couto de Magalhães, Presidente da Província; São Paulo, 19 de setembro de 1889).

III INSTRUÇÃO PÚBLICA

A documentação a seguir refere-se à função de instrução pública, posteriormente transformada na atual Secretaria da Educação.

1.1 Relação de alunos, mapas

- Descrição: mapas de alunos do ensino privado e público.
- Conteúdo: muitos dos mapas são mensais e constituem uma série. Em sua maior parte resumem os totais de alunos, todavia há outros (minoria), nos quais os dados são nominativos, incluindo nacionalidade, endereço, idade e disciplinas ministradas (italiano, história da Itália, geografia da Itália).
- Acervo: (C04917) – Relação de alunos, Mapas, 1850-1903; (C05003) – Mapas de notas de várias escolas, 1900-1902; (C05004) – Mapas de notas de várias escolas, 1900.

Mapas do ensino privado dos municípios, 1899 (C04917).

Colegio Francez
Rua Bento Freitas 68 – São Paulo
Primário e secundário, feminino
31 nacionais, 22 estrangeiras
Diretora, D. Maria do Rosario Machado, estrangeira
Relação das disciplinas

Galliano Giuseppe
Rua Vergueiro 143 – Vila Mariana, São Paulo
Primário, misto
25 nacionais, 13 estrangeiros
Diretor/Professor, Amalia Carezzato e Paulo Carezzato – estrangeiros

Manoel Ribeiro Pinto
Rua Visconde de Parnaíba 152
Primário, masculino
30 nacionais
Manoel Ribeiro Pinto, estrangeiro

Rainha Margarida
Rua Solon 50 – Bom Retiro

I a IV Classes – misto
46 nacionais, 19 estrangeiros
Diretora, Carlota Toller Isipato, estrangeira
Professor, Marco Isipato

José Garibaldi
Largo Paysandú 105
Primário e secundário – misto
32 nacionais, 30 estrangeiros
Diretor, Vicente Robertiello, estrangeiro

Istituto Dall'Acqua
Ladeira de Santa Efigenia 17
Primário, misto
63 estrangeiros
Diretor, Professor Cypriano Dall'Acqua – estrangeiro
Profa. Elvira Michelini Dall'Acqua – estrangeira
Profa. Zemira Rovida Michelini – estrangeira

Istituto Italiano Privato "Elena Cairoli" – fundato il 1895
Grande mapa com nome, idade e filiação de 46 alunos italianos em 1899/1900
Quadros resumo

Escola do Povo
Rua da Tabatinguera 24
Primário e secundário – masculino
32 nacionais, 2 estrangeiros
Diretor, Antonio Pereira de Mello Junior – estrangeiro

Scuola Italiana
Rua Barra Funda 18
Primário – mista
33 italianos
Diretora, Branca Catani

Escola Mixta Italiana
Rua Marechal Deodoro 34
Primário – mista
6 nacionais, 13 estrangeiros
Diretora, Emma Savelli

Externato de Nossa Senhora do Carmo
Rua do Carmo 33
Primário e secundário – masculino
98 nacionais, 6 estrangeiros
Diretor, Irmão Andronico, estrangeiro
Prof., Irmão Alexandre, estrangeiro
Prof., Irmão Alphonse, estrangeiro
Prof., Irmão Amance, estrangeiro

*Grande quadro dos alunos da "Maestra Severina Candeli Fantatto", da rua Luiz Gama, Cambuci
41 alunos, maioria de filhos de italianos e somente quatro efetivamente italianos; dá-se a filiação
(prenomes de pais e mães) e local de residência (endereço).*

*Lyceu do Sagrado Coração, SP
Lista com nome, filiação e naturalidade dos alunos, com diversos italianos e espanhóis.*

*Colégio de Santo Agostinho
Rua Dr. Jorge Miranda
Primário e secundário – masculino
34 nacionais, 12 estrangeiros
Diretor, Padre Thomas Espejo, estrangeiro
Prof. Alfredo C. Valdés, estrangeiro
Prof. Mariano Lobato, estrangeiro
Prof. Henrique Villalba, estrangeiro
Prof. Phelippe Alono, estrangeiro
Prof. Theodosio Tigero, estrangeiro
Sr. Arnaldo L. Lagoa, nacional*

*Escola Particular
Rua Luiz Gama 99
Primário – misto
35 nacionais
Diretora, Severina Fantatto*

*Escola mista particular
Largo de São José do Belenzinho
Primário – feminino
20 nacionais, 11 estrangeiras
Diretor, Manuel Antonio Martins, português*

*Escola
Rua Alegria 9
Primária – mista/italiana
37 italianos
Diretora, Carolina Panin, italiana*

*Mapa da Escola Publica Italiana, titulada Popolare
Lista de alunos, idade, filiação, moradia e naturalidade, lista de presença*

*Scuola Vittorio E. II / Italiana
Rua Julio Conceição 52
Primária – mista
84 nacionais, 68 estrangeiros
Diretor, Ettore Marangoni*

*Scuola Elementare Italiana
Rua Barão do Jaguara 159 – Cambucy
Primário – misto*

36 nacionais, 19 estrangeiros
Prof. Giulio Malavolta
Prof. Ester Malavolta (moglie)
Lista dos alunos: nome, filiação

Scuola Principi Ereditari
Rua Barão de Jaguara ("Giaguará"), 96
Primário – misto
24 nacionais, 6 estrangeiros
Prof. Cecilia Marita Cristofori Basaglia

Massimilla Sturari – Insignamento a segundas dos programas governativos. Italianos
Rua Dotre. Muniz de Souza 45
Primária – mista
24 nacionais, 9 estrangeiros

Scuola Francisco Desanctis
Rua Mooca 78
Quadro dos alunos (nome, nacionalidade, sexo, frequência)
—
Mapas de notas de várias escolas, 1900-1902 (C05003)

Escola: Segundo Grau do Brás/ capital
Masculino
Data: 10 de novembro de 1900
1º ano: 136 alunos, sendo 7 espanhóis, 15 portugueses, 8 italianos, 1 alemão e 105 brasileiros.
Faixa etária: 7 a 11 anos.

Data: s/ data.
2º ano: 52 alunos, sendo 3 espanhóis, 9 portugueses, 5 italianos, 1 argentino e 34 brasileiros.
Faixa etária: 8 a 12 anos.

Data: 8 de novembro de 1900
3º ano: 38 alunos, sendo 10 portugueses, 1 espanhol, 4 italianos, 1 argentino e 22 brasileiros de 8 a 12 anos.

Data: 7 de novembro de 1900
4º ano: 22 alunos, sendo 3 italianos, 3 portugueses e 16 brasileiros de 10 a 15 anos

Data: 20 de novembro de 1900
5º ano: 18 alunos, tendo 1 espanhol de 14 anos.

Feminino
Data: 13 de novembro de 1900
1º ano: 102 alunas, sendo 7 italianas, 11 portuguesas, 6 espanholas e 78 brasileiras de 7 a 10 anos

Data: 12 de novembro de 1900
2º ano: 21 alunas, sendo 3 portuguesas, 3 italianas, 1 espanhola e 14 brasileiras de 8 a 14 anos

1.2 Recenseamento escolar

• Descrição: documentação de recenseamento da população escolar do Estado, promovido nos anos finais da década de 1890.
• Conteúdo: recenseamento da população escolar com nomes dos alunos, nome do pai (ou da mãe), idade e naturalidade. Separados por sexo, por escola (no caso dos matriculados) e por bairro (no caso daqueles que não recebiam instrução). Aparecem diversas naturalidades italianas e espanholas, aparentemente relacionadas às crianças (e não aos pais). Alguns são mais completos, com maior número de campos: nome da criança, nome do pai ou mãe, idade da criança, nacionalidade da criança, condição pecuniária (ocupação do pai), distância em km aproximadamente entre o domicílio e a escola, menores, abaixo da idade obrigatória, em idade obrigatória, acima da idade obrigatória, com/sem instrução. Bastante interessante para analisar a inserção dos imigrantes no sistema de ensino público e mesmo privado, que aí também consta.
• Acervo: (E01179) – Recenseamento escolar de Itu e Salto, 1896; (E04616) – Recenseamento escolar de Parnaíba, 1895; (E04484) – Recenseamento escolar do sexo masculino, município de São Vicente, 1895; (E04486) – Recenseamento escolar do sexo feminino, município de Limeira, s.d.; (E04487) – Recenseamento escolar do sexo masculino, município de Limeira, s.d.; (E04488) – Recenseamento escolar, município de São Vicente, 1895; (E04489) – Recenseamento escolar do sexo feminino, diversas localidades, 1894-1896; (E04490) – Recenseamento escolar do sexo masculino, diversas localidades, 1894-1896; (E04491) – Recenseamento escolar do sexo masculino, município de Taubaté, 1896; (E04492) – Recenseamento escolar do sexo feminino, município de Itu, 1898; (E04493) – Recenseamento escolar do sexo masculino, município de Itu, 1898; (E04494) – Recenseamento escolar do sexo feminino, município de Santa Cruz do Rio Pardo, 1898; (E04495) – Recenseamento escolar do sexo masculino, município de Santa Cruz do Rio Pardo, 1896; (E04496) – Recenseamento escolar, município de São José do Paraitinga, 1896; (E04616) – Recenseamento escolar, município de Parnaíba, 1895; (C05016) – Recenseamentos escolares, diversos municípios, 1895-1897.

Recenseamento Escolar de Itu e Salto, 1896 (E01179).
Masculino: 1.517 alunos, sendo 90 italianos e 23 espanhóis, de idade de 5 a 16 anos.
Feminino: 1.048 alunas, sendo 37 italianas, 11 espanholas e 1 portuguesa, de idade de 5 a 15 anos.

1.3 Registro de professores

• Descrição: livro da Instrução Pública onde eram registrados os professores diplomados.

• Conteúdo: os registros contêm os seguintes campos: número, nomes, escolas, ano da formatura, data do nascimento, média de notas, observações. Embora a nacionalidade não seja fornecida há, visivelmente, diversos professores com sobrenomes estrangeiros, provavelmente descendentes ou naturalizados.
• Acervo: (E01203) – Instrução Pública, Registro de Professores diplomados pelas Escolas Normais Secundárias, Primárias e Complementares, 1912-1915. (Na capa: "Secretaria do Interior, 2ª Subdiretoria, 1ª Seção, Professores Diplomados, sexo masculino, 2").

1.4 Livros de chamada ou de freqüência

• Descrição: livros de uso dos professores para o registro diário da freqüência de seus alunos.
• Conteúdo: as presenças e ausências são marcadas; faltas e abandonos são geralmente justificados, permitindo analisar a evasão escolar. Há livros específicos para escolas instaladas em núcleos coloniais.
• Acervo: número desconhecido de volumes, abrangendo toda a Província/Estado de São Paulo, com datas-limite de 1869-1919.

1.5 Livros de matrícula

• Descrição: livros destinados à matrícula dos alunos do ensino público, inclusive das escolas instaladas nos núcleos coloniais.
• Conteúdo: com algumas variações ao longo do tempo, os modelos mais detalhados contemplam diversas informações sobre o aluno: o livro é dividido em colunas indicando, para cada aluno, seu número de matrícula, nome, idade, naturalidade, residência (local, rua, nº da casa), época das inscrições (na matrícula primitiva – dia, mês, ano; matricula do ano letivo – dia, mês, ano), grau de adiantamento (ao tempo da 1ª matrícula, no 1º semestre do ano letivo, no 2º semestre do ano letivo), inteligência, comportamento, faltas (dividido com os meses do ano mais a soma), eliminações (datas e causas) e observações.
• Acervo: número desconhecido de volumes, abrangendo toda a Província/Estado de São Paulo, com datas-limite de 1869-1919.

IV POLÍCIA

1.1 Cadeia e penitenciária

• Descrição: livros de registro das passagens de detidos pelas delegacias de polícia e de presos pela Cadeia Pública e Penitenciária, com finalidades e conteúdos distintos.

Chama a atenção a forte presença de imigrantes registrados. Alguns volumes dizem respeito à ação policial de detenção de suspeitos, enquanto outros servem para o registro, pela Justiça, das sentenças e das prisões dos condenados.

• Conteúdo: os campos de informações variam substancialmente de um livro para outro, bem como os títulos a eles atribuídos, e nem sempre todos os campos foram preenchidos. Os registros podem acumular informações ao longo do tempo, à medida que o preso avança – ou não – rumo à condenação e prisão definitiva, e posterior colocação em liberdade.

• Acervo: (E01554) – Registro de entrada e saída de presos recolhidos à Cadeia, 1890-1892; (E01556) – Registro de entrada e saída de presos da Cadeia, 1854-1855; (E01561) – Registro de presos na Cadeia de São Paulo, 1893-1894; (E01563) – Registro de presos na Cadeia de São Paulo, 1892-1893; (E01589) – Cadeia Pública do Estado de São Paulo, livro de entradas, 1890; (E01599) – Movimento geral da Cadeia Pública da capital durante o ano de 1897; (E01610) – Registro de entrada e saída de presos recolhidos à Cadeia, 1893-1900; (E01611) – Registro dos Presos sentenciados da Cadeia Pública da capital, 1905-1908; (E01621) – Registro das entradas e saídas de presos na Cadeia Pública, 1883-1886.

Foi recolhido a prisão pelas 5 e 35 minutos da tarde a ordem do Illustre Cidadão Dr. Chefe de Policia d'este Estado, o Gatuno Henrique Disposti, vindo transferido da Estação Central de Urbanos, me foi entregue pela escolta 1: 880 em dinheiro, 1 lenço de seda, e um Chapéu de sol, pertencentes ao mesmo preso, hoje pelas 5 da manhã seguiu para a Corte o preso asima mencionado, devidamente escoltado, por ordem superior, fiz entrega do dinheiro e os objectos, os quaes achavam-se em meu poder, pertencentes ao preso Henrique Disposti, não ocorrendo novidade alguma. São Paulo, 16 de abril de 1890. Joaquim Rufino de Oliveira e Silva, 2º Sargento Commandante. (E01554, Registro de detenção de Henrique Disposti pela Secretaria da Polícia; São Paulo, 15 de abril de 1890).

———

Cypriano Branco, vindo de Santa Iphigenia.
Recolhi nesta Cadea por ordem do Sr. Subdelegado de Sta. Iphigenia, o prezo ásima declarado, conduzido pelo pedestre Ignacio Antonio do Espirito Santo, e outros, dis o prezo que foi por motivo de ser conhecido hum cavalo em seu poder, e ser este roubado, quando elle havia comprado, porem não conhece ainda devido q(uem) lhe vendeu. Cadea de S. Paulo 15 de 8bro. de 1854. O Carcereiro interino Benedito Joaquim Taborda.
Observação:
Recolhido este Portugues a huma ora da tarde. A 24 de outubro de 1854, foi pronunciado para Subdelegacia de Santa Iphigenia no artigo 257 do C. Criminal. Intimado a 24 dito. Taborda. Solto por Alvará asignado pelo Snr. Dor. José Tavares Bastos, Juiz de Direito por ser o crime particular, nos casos que a Justiça não pode progredir na acuzação, no dia 21 de Abril de 1855. Taborda. (E01556, Registro de prisão de Cypriano Branco na Cadeia; São Paulo, 15 de outubro de 1854).

———

Niculao Frederico Serage e Joaquim Antonio Lopes d'Almeida.

Recolhi nesta Cadea por ordem do Exmo. Sr. Dor. Chefe de Policia, os prezos asima declarados, conduzido por uma escolta vindos de Piracicava ou Constituição; sem ordem por escrito por que não acharão em casa authoridade referida. Cadea de S. Paulo 15 de Janeiro de 1855. O Carcereiro interino Benedito Joaquim Taborda.
Copia da Ordem
Secretaria da Policia de S. Paulo, 15 de Janeiro de 1855. O Carcereiro recolha a Cadea o reu Joaquim Antonio, conhecido por Joaquim Pião, e o Francez Nicolao Frederico Seanvage vindo da Vila da Constituição, e lhes abra assento conforme as inclusas guias que devolverá. Almeida.
Copia da Guia
Seguem da Cadea desta villa para a de S. Paulo os prezos João Martins, capturado em virtude de huma depreceada vinda da Policia de S. Paulo – Nicolao Frederico Seanvage, Francez, prezo por intruzo e Revolucionario da Colonia denominada S. Lourenço – Leonardo Bueno, recrutado pela Delegacia desta villa – segue igualmente hum Permanente dezertor, estes dous ultimos vão pagos até o dia 20 do corrente, da diaria concedida a tal prezos pobres. Constituiçam, 11 de Janeiro de 1855. João Morato de Carvalho Delegado de Policia 1º Suplente.
Guia 2ª
Segue da Cadea desta Villa para a da capital o Réo Joaquim Antonio, conhecido por Joaquim Pião, afim de cumprir a sentença de 12 anos de prizão com trabalho que pelo Jury desta villa lhe foi imposta em dous Processos, sendo um 11 anos de prizão que sofrerá na casa da Correcção e reduzindo-se a prizão simples, sofrerá mais a sesta parte; e em outro Processo de uma anno de prizão = vai pago até o dia 20 do corrente da diaria concedida a presos pobres. Constituiçam, 11 de Janeiro de 1855. João Morato de Carvalho, Delegado de Policia 1º Suplente. (seguem observações sobre soltura). (E01556, Registro de detenção de Nicolau Frederico Seanvage e Joaquim Antonio Lopes de Almeida na Cadeia; São Paulo, 15 de janeiro de 1855).

—

Leopoldo Guare, Afonço Grisi, Manoel Guinione Duarte, José Alvares Ojeda, João Sabino, Raphael Gonçalves, José Campos Bernardes, Luiz Girades e Juvenal de Teru, Antonio Carlos. Por ordem do Cidadão Dr. Chefe de Policia forão recolhidos a prisão os individuos de nome acima, presos por gatunos na Immigração. A 11 passarão a desposição do Cid. 5º Delegado, sendo transferidos para a Cadea Publica. São Paulo 10 de agosto de 1893. Luis Magdaleno, 2º Sargento. (E01561, Registro de prisão de Leopoldo Guare e outros na Cadeia de São Paulo; São Paulo, 10 de agosto de 1893).

—

O livro E01561 contém diversos registros de possíveis imigrantes:

João Ladarnez, preso por ter promovido desordens numa venda da rua da Boa Vista. Veio escoltado pela praça do 5º Batalhão, da 1ª Cia no. 319. A 11 foi transferido para a Cadea Publica. São Paulo, 10 de agosto de 1893.

Luiza Terú, preso por ter jantado num hotel e não ter pago, por deficiencia de meios. São Paulo, 10 de agosto de 1893.

José Fernandes, José Altamirano, Francisco Robles Mingole e Salvador Coronado, presos por gatunos na rua Visconde de Parnahyba. São Paulo, 10 de agosto de 1893.

Ferdinando Sanchini, preso na rua 15 de Novembro por estar vendendo relojos velhos que suspeita-se serem roubados. São Paulo, 10 de agosto de 1893.

Jose Benedito dos Santos, presos por vagabundo na rua 15 de Novembro. São Paulo, 10 de agosto de 1893.

Alexandre Montalbano e Henrique Endrizi, presos por suspeita de gatunos na rua da Boa Vista. São Paulo, 10 de agosto de 1893.

Jose Amorem, preso em Santa Ephigenia, por gatuno e tentar passar o conto do Vigario. São Paulo, 11 de agosto de 1893.

Carlos Alves, Manoel de Freitas e Sebastião Vieira, presos por vagabundos na rua 15 de Novembro. São Paulo, 11 de agosto de 1893. A 17 foram postos em liberdade.
—

Albano Murelli – Por ordem do cidadão Dr. 1º Delegado de Polícia, foi recolhido a prisão o individuo assima, declarado, preso por assacino, vindo da estação do Braz, no dia 17 de 9bro de 92, Acompanhado pelo sargento Marcolino de Castro e as praças da 1ª Companhia de Nº 209, 257, 239 e da 2ª de Nº 143, 103, 131. Ambas do 5º Batalhão e foi entregue ao 2º Sargento Francisco Bernardes das Chagas, e 2 praças do 1º Batalhão o preso assima declarado para çer entregue em casa branca por ordem do Dr. Chefe de Policia. São Paulo, 18 de 9bro de 92. (E01563, Registro de prisão de Albano Murelli na Cadeia de São Paulo; São Paulo, 18 de novembro de 1892).
—

Honorato Bonano – Por ordem do cidadão Major, segundo delegado, de policia, foi recolhido o menor acima, no dia 1º de dezembro de 1892. Prezo por gatuno, e foi posto em liberdade, por ordem do 2º delegado o menor acima, no dia 3 de dezembro de 1892. São Paulo, 3 de 10bro de 1892. JJ Ferreira, 2º Sargento. (E01563, Registro de prisão de Honorato Bonano na Cadeia de São Paulo; São Paulo, 3 de dezembro de 1892).
—

Vicente Tedesco – Por ordem do cidadão Dr. 4º delegado, foi recolhido a prizão o individuo assima, por dezordeiro, no dia 26 de janeiro de 1893. A 27 foi posto em liberdade, por ordem do mesmo cidadão. São Paulo, 27 de janeiro de 1893. (E01563, Registro de prisão de Vicente Tedesco na Cadeia de São Paulo; São Paulo, 27 de janeiro de 1893).

Joaquim Inglesias
Data de entrada: 9/6/1890
Motivo da prisão: a 12 annos de prisão em trabalho
Data da sahida:
[Obs.] Acha-se na Penitenciaria
Copia da portaria: Juizo de Direito do 1º Distrito Criminal de S. Paulo, 8 de junho de 1890. Carcereiro da Cadea d'esta capital receba a mesma o réo Joaquim Inglesias, condemnado a doze annos de prizão com trabalho pelo Jury de Pirassununga, e até que haja logar na Penitenciaria, a onde deve o mesmo cumprir a pena. E cumpra. Assignado: Joaquim Augusto Ferreira Alves.
Observações: Foi removido para a Penitenciaria em 19 de Junho de 1890 por ordem do Cidadão Doutor Juiz de Direito da 1ª vara Criminal. (E01589, Registro de entrada de Joaquim Inglesias na Cadeia Pública; São Paulo, 9 de junho de 1890).
—

Constantino Razzo, José Razzo, Carlos Nastre, Rezamo Metarazo e Pascoal Laba.
Data de entrada: 10/6/1890
Motivo da prisão: Por offensas phisicas

Data da sahida: em 12/6/1890
Foram postos em liberdade em 12 de Junho de 1890, por ordem do Snr. Doutor 2º Delegado de Policia por terem prestado fiança provizoria. (E01589, Registro de entrada de Constantino Razzo e outros na Cadeia Pública; São Paulo, 10 de junho de 1890).

—

Eduardo Vieira Carneiro
Data da entrada: 20/6/1890
Motivo da prisão: 10 annos de prisão com trabalho
Data de sahida: 8/8/1890
Cor: branca
Cabello: (castanhos)
Olhos: pardos
Rosto: redondo
Bocca: regular
Nariz: chato
Barba: nenhuma
Idade: 23 annos
Estado: solteiro
Natural de: Portugal
Altura: 1m72cm
Occupação: caixeiro
Filho de: Custodio Alves da Conceição
Observações: Por ordem do Cidadão Doutor Juiz de Direito da 1ª Vara Criminal foi removido a casa da Penitenciaria em 8 de Agosto de 1890. (E01589, Registro de entrada de Eduardo Vieira Carneiro na Cadeia Pública; São Paulo, 20 de junho de 1890).

—

Nome do preso sentenciado: José Savone – Altura 1m e 62 e 1/2, filho Miguel Savone, natural da Italia (Bazilicatte), 55 annos de idade, viuvo, sabe ler e escrever, sapateiro, procedencia São Paulo. Signaes: cor branca, cabellos grisalhos, olhos castanhos, bigode grande e grizalho, usa barba feita, boca e nariz regular, tem boa dentadura. Defeitos visíveis: não tem.
Data da entrada: Entrou para esta Cadeia no dia 29 de Abril de 1905, as 2 horas da tarde. Mandado pelo Dr. Juiz de Direito da 1ª Vara Criminal, à cuja disposição fica. É condenado a 6 anos de prisão por crime de morte.
Número do Preso e Assentamentos Diversos: Nº 995 – Portaria. O Carcereiro da Cadeia Pública da capital em cumprimento desta indo por mim assignado que em seu cumprimento faça entrega ao Dr. Diretor da Penitenciaria da capital, o preso sentenciado José Savone, que vai naquele estabelecimento cumprir a pena a que foi condenado. O que cumpra. São Paulo, 13 de Julho de 1906. (assinado) Urbano Marcondes de Moura, Juiz de Direito. (E01611, Registro de sentença de José Savone, preso sentenciado à Cadeia Pública; São Paulo, 13 de julho de 1906).

—

O livro E01661 registra as sentenças dos presos recolhidos à Cadeia Pública, e indica que muitas penas eram leves, de poucos dias de detenção, relativas a vadiagem, desordem e desobediência, mas também se encontram penas longas por crimes de morte. Muitos dos sentenciados são imigrantes, como indica a pequena amostra:

José Savone, Italia, Bazilicatte, 55, sapateiro, morte
Antonio Savone, Italia, Bazilicatte, 31, sapateiro, morte
Luiz Andrezetti, Italia, Lucca, 48, torneiro, vadiagem

Nicolau Barone, Italia, Salerno, 23, barbeiro, tentativa de morte
Victorio Bertini, Italia, 44, ferreiro, violência carnal
Felicio Mingobelli, Italia, Avelina, 24, marceneiro, vadiagem
Hermenegildo Bogoni, Italia, Veduva, 34, padeiro, roubo
Cyrillo Barbado, Italia, Veneza, 39, padeiro, roubo
Gennaro Rijo, Italia, Catanzzaro, 25, jornaleiro, tentativa de morte
Bellarmino do Nascimento, Bahia, 49, carroceiro, vadiagem
Izidoro Pozzatti, Italia, Milão, 37, pintor, moeda falsa
Catarina Alexandrina, Cananea, 50, cozinheira, vadia
João Anisio Rodrigues, Taubaté, 28, lavrador, violência carnal
Francisco Scaranari, Italia, Rovigo, 28, vendedor ambulante, vadio
Pedro Reis, Bananal, 38, proprietário, morte
Honorio da Silva, RJ, 41, lavrador, furto
Vicente Caputo, Italia, Napoli, 36, pedreiro, morte
Geraldo Sabiá, Italia, Potenza, 50, folheiro, morte
Lidio Manuel do Nascimento, Bahia, 75, lavrador, morte
Luiz Avolio, Italia, Cosenza, 29, alfaiate, ?
Joao Dorzzi, Italia, Milão, 40, mecânico, ferimentos leves
Domingos Raphael, Italia, Caserna, 17, sapateiro, desobediência
Ulysses Concinato de Senne, MG, 25, viajante, moeda falsa
Jose Maria Pereira de Sousa, PE, 30, tecelão, vadiagem
Antonio de Camargo, Limeira, 20, barbeiro, roubo
Ottonio Orciten, Portugal, 26, pintor, roubo
Marcelino Mareca, Espanha, 28, jornaleiro, ferimentos graves
Paulo Cacciatore, Italia, 34, sapateiro, roubo
Paulo Marques Cavalheiro, RJ, 20, vidraceiro, vadio
Melicio Antonio de Moura, Paraiba do Norte, 58, lavrador, vadio
Sebastião Cantinho do Amaral, SP, 20, copeiro, vadio
Fortunato Pierrote, Italia, Milão, 47, copeiro, roubo
Alberto Faustelli, Italia, 22, carpinteiro, roubo
Antonio Lopes Mendes, Portugal, 19, engraxate, moeda falsa
Euclides do Amaral Pinto, Araras, 24, lavrador, morte
Joaquim Alves (Machinista), SP, 25, pintor, vadio
Marcilio de Oliveira, Itu, 28, jornaleiro, vadio
Nebuloni Angelo, Italia, Milão, 57, servente de pedreiro, vadio
Bernardo Senna Garcia, RS, 24, marinheiro, vadio
Lillo Nicola, Italia, Potenza, lavrador, morte e roubo
Donato Cento Diccati, Italia, Potenza, 36, carvoeiro, morte e roubo
Luiz Monteleoni, Italia, Salerno, 30, pedreiro, morte
Antonio de Lemos, Portugal, 22, foguista, vadio
Vicente Ferrara, Italia, Peruggi, 50, carroceiro, vadio
Maria Gertrudes Nazareth, Lorena, 17, domestica, vadia
Miguel Laricia, Italia, Campo-baço, 30, marceneiro, vadio
José Pedro Henrique, Portugal, Ilha de S.Miguel, 29, lavrador, moeda falsa
Paulo Maesi, Italia, Salerno, 19, jornaleiro, furto
Sebastião Cantinho do Amaral, SP, 20, copeiro, ?
Jose da Silva, Campinas, 26, lavrador, vadiagem.
—

Entrada					Saída		
Data	Nº	Nome	Cor	Motivo	Naturalidade	Procedência	(motivo)	Data
27/6/1891	1	Antonio Gotta	B	Homicidio	Espanha	SP	-	-
3/3/1892	2	André Amancio	B	Homicidio	Italia	SP	Penitenciaria	24/11/1897
3/3/1893	3	Antonio Ramires	B	Homicidio	Espanha	SP	Penitenciaria	27/3/1897
5/4/1893	4	Angelo Stamatti	B	Homicidio	Italia	Ribeirão Preto	-	-
15/6/1893	5	Antonio Trecastro	B	Roubo	Espanha	Campinas	Penitenciaria	4/2/1897
19/6/1893	6	Antonio Pedro Pereira de Oliveira	Morena	Homicidio	Ceará	Bragança	Penitenciaria	24/9/1897
19/7/1893	7	Ambrosio José de Almeida	Preta	Homicidio	RJ	Ribeirão Preto	-	-
18/9/1893	8	Antonio Benedito Ribeiro de Novaes	Preta	Homicidio	Bahia	Jaú	-	-
28/12/1893	9	Angelo Vittorite	B	Homicidio	Italia	SP	Penintenciaria	27/3/1897
12/4/1894	10	Antonio Simone	B	Homicidio	Italia	Itapira	-	-
1/5/1894	11	Antonio Vieira	B	Roubo	Espanha	SP	Penitenciaria	4/2/1897
1/6/1894	12	Antonio Marinho	Preta	Roubo	RS	SP	Penitenciaria	27/9/1897
11/7/1894	13	Antonio Pereira de Araujo	B	Homicidio	Portugal	Cachoeira	-	-
8/3/1895	14	Abrahão Jorge	B	Homicidio	Syria	SP	Penitenciaria	1/2/189
18/3/1895	15	Antonio Rozales	B	Homicidio	Espanha	Santos	-	-
10/4/1895	16	Antonio Manuel de Araujo	B	Homicidio	SP	SP	Penitenciaria	15/1/1897
29/5/1895	17	Antonio Gonçalves de Paula	Morena	Roubo	SP	SP	Penitenciaria	27/3/1897
8/8/1895	18	Andre Pedullo	B	Homicidio	Italia	S.João da Boa Vista	-	-
16/8/1895	19	Antonio José Francisco	Preta	Roubo	SP	SP	Penintenciaria	27/3/1897
31/8/1895	20	Alfredo Bandeira	B	Moeda falsa	Italia	SP	-	-

(E01599, Movimento de presos na Cadeia Pública da Capital, 1897 – por ordem alfabética)

1.2 Licenças e alvarás

• Descrição: pequeno e único livro do gênero detectado, no qual são registradas licenças e alvarás emitidos pela Polícia.
• Conteúdo: licenças e alvarás para o funcionamento de bailes, espetáculos e jogos, muitas vezes solicitados por imigrantes.

- Acervo: o livro encontra-se catalogado sob denominação errada, (E01622) – "Registro de entradas e saídas de presos", 1862-1864.

> *O Chefe de Policia do Estado attendendo ao que lhe requereu Joanna Petroni resolve conceder-lhe licença para dar bailes publicos aos domingos e dias feriados, exceptuando os sabados, em á rua Rodrigo dos Santos, 2, depois de pagos os direitos devidos ao Estado e a Municipalidade; sujeitando-se ás prescripções policiaes, ficando esta Chefia com o direito de cassar a presente licença quando julgar conveniente.* (E01622, Licença concedida para Joana Petroni; São Paulo, 4 de janeiro de 1905).
>
> —
>
> *O Chefe de Policia do Estado attendendo ao que lhe requereu Felippe Salvini resolve conceder-lhe licença para dar espectaculos com o circo Salvini em a travessa do Paysandú, terreno particular depois de pagos os direitos devidos ao Estado e a Municipalidade; sujeitando-se ás prescripções policiaes.* (E01622, Licença concedida para Felippe Salvini; São Paulo, 7 de janeiro de 1905).
>
> —
>
> *O Chefe de Policia do Estado, attendendo ao que lhe requereu João Zamboni resolve concecer-lhe licença para dar bailes publicos em á rua dos Pescadores, 42, depois de pagos os direitos devidos ao Estado e a Municipalidade; sejeitando-se as prescripções policiaes.* (E01622, Licença concedida para João Zamboni; São Paulo, 9 de janeiro de 1905).
>
> —

O livro E01622 contém uma série de registros de outros alvarás e licenças que foram concedidos para possíveis imigrantes:

Manoel Ballesteros, para dar espetáculos com a Companhia Equestre de sua propriedade no largo do Coração de Jesus, 4/1/1905.
Amadeo Fonfreda, para o funcionamento da diversão denominada "Tiro ao Alvo", por senhoritas, com venda de [...] na rua São João 21, 27/1/1905.
Francisco Rabizzi, para o funcionamento de um jogo de bolas na rua da Liberdade, 62, 24/1/1905.
Tito Oliani, para jogo de bolas na rua da Concórdia 59, 26/1/1905.
Saverio Annunziato, para jogo de bolas na rua da Concordia 155 A, 26/1/1905.
Luiz Saraginelli, para jogo de bolas na rua Piratininga 79, 26/1/1905.
Angelo Faszanello, para jogo de bolas na rua de Santa Rosa 14, 26/1/1905.
Alberto Guidone, para jogo de bolas na rua Piratininga 110, 26/1/1905.
Angelo Pasquale, para jogo de bolas na rua da Concórdia 155, 26/1/1905.
Ettore Bassan, para jogo de bolas na rua V. Parnahyba 1, 26/1/1905.
Luiz Saraginelli, para o funcionamento de um jogo de bolas na rua Piratininga 79, 26/1/1905 (repetido)
Maria Baptista, para dar bailes publicos na rua do Gazômetro 114, 26/1/1905.
Paschoal Amendola, para jogo de bolas na rua V. Parnahyba 108, 26/1/1905.
Miguel Rossi, para jogo de bolas na rua da Moóca 119, 26/1/1905.
Carlo Travaine, para jogo de bolas na rua da Moóca 145, 26/1/1905.
Angelo Pasquale, para jogo de bolas na rua da Concordia 155, 26/1/1905
Tito Oliani, para jogo de bolas na rua da Concordia 59, 26/1/1905. (repetido)
Armida Gavonni, para o funcionamento de um jogo de bolas na rua Julio Conceição 70, 1/2/1905.
Ettore Bassan, para jogo de bolas na rua V. Parnahyba 1, 26/1/1905.
Alberto Guidoni, para jogo de bolas na rua Piratininga 110, 26/1/1905.

Novelli Giuseppe, para jogo de bolas na rua V. Parnahyba 96, 26/1/1905.
Zanotto Victorio, para jogo de bolas na rua V. Parnahyba 117, 26/1/1905.
Luiz Scarpini, para jogo de bolas na rua Alegria 1, 1/2/1905.
(seguem-se registros até a data de 31/12/1908).

1.3 Polícia, rol de suspeitos

- Descrição: livro de registro de detenções efetuadas pela polícia da capital.
- Conteúdo: os registros são nominais, com uma série de informações acrescidas, inclusive pelas repetidas detenções do mesmo indivíduo. Principais motivos das prisões: averiguação, gatuno, contista do vigário, ébrio, vagabundagem, ferimentos, desordeiro e ofensa moral.
- Acervo: (E04730) – Polícia, rol de suspeitos, 1897-1898.

Carlos Lazarino, com 16 annos, filho de Paulo Lazarini, solteiro, empregado, Italiano, sabe ler e escrever.
Prezo em flagrante no dia 7 de Janeiro de 98, as 9 hs noite, na Vila [Mariana], por desordeiro [...]. (E04730, Registro de detenção de Carlos Lazarino; São Paulo, 7 de janeiro de 1898).

Parise Joani, com 29 annos, filho de Antonio Parise, pedreiro, Italiano, sabe ler e escrever.
Prezo em flagrante no dia 2 de Novembro de 97, as 9 hs noite, no Largo do Riachuelo, por ferimentos, a ordem do 3º Sub. pelo civico nº 318, em seo poder nada foi encontrado. (E04730, Registro de detenção de Parise Joani; São Paulo, 2 de novembro de 1897).
—
Antonio Gouvea (vulgo Antonio Garcia), com 33 annos, filho de Antonio Gouvea, casado, negociante, portuguez, não sabe ler etc.
Prezo no dia 2 de 9bro de 97, a 1 hora tarde, na Rua 25 de março, por desordeiro, a ordem do 1º Delegado, pelo cabo ordenança, sendo posto em liberdade, entregando-se seus objetos. Prezo no dia 28 de 9bro de 97, as 11 hs manhã, no mercado, por gatuno, a ordem do 5º Delegado, pelo soldado nº 181, sendo posto em liberdade, nada tinha em seo poder. Prezo no dia 7 de Dezembro de 97, as 8 hs noite, na Ladeira São João, por gatuno, a ordem do 1º Delegado, pelo cabo ordenança, sendo posto em liberdade, nada tinha em seo poder. Prezo no dia 14 de Dezembro de 97, as 9 hs noite, na rua Direita, por gatuno, a ordem do 5º Delegado, pelo cabo ordenança, sendo posto em liberdade, nada tinha em seo poder. Prezo no dia 18 de janeiro de 98, as 7 hs noite, na rua [Carmelicão], por gatuno e vagabundo, a ordem do 1º Delegado, pelo secreta Julio, sendo posto em liberdade, nada tinha. (E04730, Registro de detenção de Antonio Gouvêa; São Paulo, 2 de novembro de 1897).

1.4 Registro de passaportes expedidos pela Polícia

- Descrição: livro utilizado pela Polícia para registro dos passaportes emitidos para nacionais e estrangeiros viajarem ao exterior.
- Conteúdo: conjunto diminuto, pouco representativo, com raros estrangeiros. *Vide* conjunto semelhante de registros emitidos pela Presidência da Província.
- Acervo: (E01601), 1890; (E01602), 1901; (E01603), 1898-1899; (E01604), 1903.

1.5 Requerimentos e ofícios

- Descrição: conjunto documental que abrange toda a correspondência recebida pela Polícia da capital.
- Conteúdo: correspondência recebida ou minutas de ofícios encaminhados. Os remetentes ou destinatários são, em sua maior parte, autoridades policiais e judiciais da capital e do interior, bem como de outras províncias. Os ofícios referentes à imigração são relativamente poucos, mas em geral interessantes, pois são relacionados à manutenção da ordem, permitindo vislumbrar os percalços no processo de assimilação do imigrante na sociedade.
- Acervo: número de caixas indeterminado, abrangendo os anos 1890-1906.

Tenho a honra de annunciar á V. Sa. que hontem as 9 e meia hora da noite foi ferido gravemente o hespanhol Jose Maria Lopes, por outro hespanhol de nome Sebastião Ribeiro, quando se achavam trabalhando na Padaria de Miguel de tal, á Rua do Commercio nº 25. O offensor foi preso em flagrante e o offendido condusido para a Santa Caza de Misericórdia, depois das diligencias que se puderam fazer hontem. Abri inquérito. [...] (C02651, Ofício do subdelegado José Taques Alvim, da Subdelegacia do Distrito do Norte da Sé, para o Chefe de Polícia; São Paulo, 8 de junho de 1885).

—

Cumpre-me levar ao conhecimento de V. Exa. que, na madrugada de hoge, um grupo de indivíduos de nacionalidade, Espanhoes, e Portuguezes, agredirão ao Guarda 60, conseguindo feri-lo na mão esquerda: os agreçores comsegirão evadir-se por um Portão de um Curtisso da rua Victoria. Cumpre-me ainda comunicar a V. Exa. que as praças de Cavalaria que fasião o serviço da rua da estação forçarão o Portuguez Jose Dias Cavaleiro a darlhes bebida, e dinheiro, o que tudo conseguirão [...]. (C02651, Ofício de Julio Alexandrino Esteves, da Subdelegacia de Polícia de Santa Efigênia, para Antonio Joaquim de Souza Paraizo, chefe de Polícia da capital; São Paulo, 24 de junho de 1885).

—

Communico a V. Exa. que na noite de 23 para 24 do corrente foi assassinado na Fazenda Ibicaba deste termo o escravo Theodoro da mesma Fazenda. O seu assassino Angelo de Tal, italiano e empregado na dita Fazenda, acha-se foragido.
Recebi o respectivo corpo de delicto e prosigo no inquérito policial. (C02651, Ofício do delegado em exercício João Xavier de Lima Aguiar, da Delegacia de Polícia de Limeira, para Antonio Joaquim de Souza Paraíso, chefe de Polícia da Província; Limeira, 27 de junho de 1885).

—

Hontem pelas 8 horas da noite Carlos Peppi ferio meu sócio Raphael com uma faca, o qual está à morte. Peço suas providencias; sigo como infermo pelo mixto para S. Paulo. (C02651, Telegrama de Vicente Esbraja para o Chefe de Polícia; Lageado, 27 de junho de 1885).

—

Communico a V. Exa. que hoje, pelas duas horas da manhã, foi encontrado morto á rua do Bom Retiro, um individuo de nacionalidade portuguesa de nome Francisco Ferraz, conhecido por Chico Boi, apresentando uma pequena contusão na nuca e face esquerda [...]. (C02651, Ofício de Julio Alexandrino Esteves, da Subdelegacia de Polícia da Freguesia de Santa Efigênia, para o chefe de Polícia; São Paulo, 27 de maio de 1885).

—

Tendo o Delegado de policia de Taubaté me communicado acharem-se naquella cidade os italianos Tolognini José, Retiro Luiz, Olive Boline e Vicenso Barchote, que dizem pertencer ao alojamento de immigrantes onde chegaram a 31 de Março findo com mais companheiros e que para alli seguiram enganados, deixando suas bagagens e passaportes, rogo a V. Sa. informar-me a respeito, com a possível urgência, visto como os referidos italianos pedem passagens para regressar a capital, por faltar-lhes meios para isso. (C02697, Minuta de ofício para o fiscal de Taubaté; São Paulo, 4 de abril de 1889).

—

Tenho a honra de passar às mãos de V. Exa. a inclusa comunicação, por copia, que dirigio me o delegado de policia de São João do Rio Claro, desta Província, relativo ao italiano Bonnigio Juliano, denunciado por um compatriota Francisco Mottula, companheiro de casa e sócio em negocio ambulante, como criminoso de homicídio nesse Reino, em 6 de Março de 1887, na pessoa de Felippe Maltazo, na cidade de Corneleta Manforte, província de Salerna. [...] (C02697, Minuta de ofício para o Ministro Plenipotenciário e Enviado Extraordinário do Reino de Itália, na Corte; São Paulo, 9 de abril de 1889).

—

Accuso o recebimento do officio de V. Sa., acompanhado de um abaixo assignado de vários italianos empregados como colonos da Fazenda 'Pedreiras', pertencente a Francisco Soares de Abreu, em que se queixão de doentes, maltratados e privados de meios para sustentarem-se e a seus companheiros, também enfermos, sendo-lhes negado pelo dito fazendeiro cama e meza.
Em resposta, cabe-me scientificar a V. Sa. que providenciei no sentido de ser verificado o allegado e providenciado como no caso couber. (C02697, Minuta de ofício para o Vice-Consul da Itália na capital; São Paulo, 22 de abril de 1889).

—

Faça apresentarem-se a V. Sa. para que sirva se dar-lhes o destino conveniente os colonos immigrantes constantes da relação junta por copia, os quaes me vieram remettidos pelo delegado de policia de Itu por haverem se sublevados na fazenda do doutor Antonio de Sousa Freitas, onde estavam contractados. (C02697, Minuta de ofício para o inspetor geral de Terras e Colonização; São Paulo, 27 de abril de 1889).

—

Acabo de ser informado que o Português Alfredo de Almeida, ex-conductor da Companhia Carris de ferro de São Paulo, hontem dispensado, procura excitar os antigos companheiros empregados da Companhia, a fazerem <u>parede</u>, collocando-se elle no ponto geral do Largo do Rosário para esse fim. Cumpre portanto que V. Sa. chame a sua presença o dito individuo e o admoeste para se abster de semelhante procedimento, sob as penas da lei em que possa incorrer pelo facto argüido. (C02697, Minuta de ofício para o alferes inspetor; São Paulo, 27 de maio de 1889).

V   JUSTIÇA

1.1 Juízo de Órfãos, ausentes e anexos da capital

• Descrição: conjunto de autos produzidos pelo Juízo de Órfãos e outros juizados que se encontram reunidos neste acervo. No momento em que foram consultados, encontravam-se em processo de profunda reorganização, a qual resultou numa melhor identificação, porém com classificação alterada. De modo bastante evidente, muito da documentação não diz respeito ao Juízo de Órfãos, mas sim a outros juizados, e deverá ser desmembrada em caixas autônomas.

- Conteúdo: a maioria se refere a processos de tutela de menores órfãos e engloba toda sorte de questões relacionadas às suas vidas, tal como emancipação, casamento, prestação de contas pelo tutor, cobrança de dívidas por ocasião de abertura de inventários. O imigrante aparece não somente como sujeito das ações, mas também como testemunha e acusado.
- Acervo: caixas (C05469) a (C05517). Este acervo

Auto de tutela nº 6404, 18 de dezembro de 1909.
Exmo. Snr. Dr. Juiz da 1ª Vara de Orphãos
Diz Agnello Petraglia, pharmaceutico, domiciliado nesta cidade, casado, mas legalmente divorciado que vivendo em sua companhia Roza Crudelle, teve esta com elle tres filhos menores impuberes, a saber: Carolina Antonietta, nascida em 21 de Setembro de 1904 de edade de cinco annos dois mezes e treze dias, Gaspare Victtorio, nascido em 31 de Janeiro de 1907 de edade de dois annos, dez mezes e treze dias, e Victor Geraldino, nascido em 31 de Dezembro de 1908 com a edade de onze mezes e quatorze dias, todos elles reconhecidos e legitimados como filhos delles Suplicante e de Roza Crudelle mulher solteira, e como esta tenha abandonado sem justo motivo o Suplicante e levado comsigo os trez menores contra a vontade do Suplicante, e não tendo a idoneidade a mãe dos menores para bem tratal-os e educal-os, e como manda a Lei que seja dado tutor aos filhos illegitimos quer naturaes, quer espurios, embóra reconhecidos e legitimados como foram os referidos menores por escripturas publicas de 31 de Setembro de 1904, 2 de Fevereiro de 1907 e 13 de Janeiro do corrente anno, requer a V. Excia. se digne nomear tutor aos referidos menores para que os tenha em sua companhia e cumpra com os deveres legaes a respeito, conservando-se o menor Victor Geraldino em poder de sua mãe Rosa Crudelle durante a amamentação, na forma da Lei, mandando V. Excia. que seja D. esta, e intimada Rosa Crudelle para apresentar os menores em Juizo em dia e hora que for designado para ser ouvida a respeito [...]. (C05461, Auto de tutela impetrado por Agnelo Petraglia; São Paulo, 18 de dezembro de 1909). Segue-se transcrição dos registros de reconhecimento:

Termo de declaração
Aos vinte e nove de dezembro de 1909, nesta cidade de São Paulo, em cartorio compareceu D. Rosa Crudelle e por ela foi declarado que nada tem a oppôr a que seja nomeado o Snr. Antonio de Camillio para tutor de seus filhos, uma vez que a ella sejam facultadas as visitas aos filhos e que estes permaneçam em São Paulo, obrigando-se mais o pae delles a fornecer mezada sufficiente para a subsistencia para si e seus filhos, aos quaes deverá providenciar no sentido de serem dados os meios bastantes para educação. Assim disse do que dou fé [...]. (Segue-se o termo de nomeação do tutor Antonio de Camillis).

—

Auto de tutela nº 6381, 11 de março de 1910.
Diz Joaquim Proietti, proprietario residente nesta capital, que, há sete annos, pessoa desconhecida deixou em casa do Supplicante uma creança do sexo feminino de cerca de um anno de idade, e, como não a procurasse mais, o Supplicante e sua fallecida esposa tomaram o encargo da creação e educação da referida menor, a quem deram o nome de Francisca – nome este que era o da esposa do Supplicante. Acontece que tendo fallecido a dita esposa do Supplicante, este confiou a mencionada menor, há dois mezes atraz, á Helena Ceccanini para conduzil-a a Santos, afim de fazer uso de banhos de mar. Esta senhora, porém, em vez de entregar Francisca ao Supplicante, apresentou-a á policia de Santos, que a fez internar num asylo de orphams da mesma cidade.

Á vista do exposto, requer o Supplicante a V. Excia. que se sirva nomeal-o Tutor de Francisca, officiando aos MM. Juizes da comarca visinha no sentido de tornal-os scientes desse acto, para que ordemnem a entrega da referida menor ao Supplicante, o qual se obriga, como sempre o fez, a ministrar-lhe a creação e a educação [...]. (C05461, Auto de tutela impetrado por Joaquim Proietti; São Paulo, 11 de março de 1910).

—

Auto de tutela nº 6418, 29 de dezembro de 1910.
Diz Albino Martins Paes, tutor da menor Rosa Crepita, que esta empregou-se em casa de Silverio Alfam, na rua S. Leopoldo no. 109 e foi por este desvirginada e a conserva tão occulta, que não é possivel com a mesma falar.
E como esta situação não possa continuar e tendo o Supplicante justas rasões para crer que o seductor da sua tutelada pretende mandal-a para o Rio de Janeiro, afim de desembaraçar-se da sua gravidez, o Supplicante vem reclamar de V. Exa. sua autoridade judiciaria para que a referida menor seja entregue ao Supplicante que, além de tutor, é della tio. São Paulo, 9 de janeiro de 1910. (C05461, Auto de tutela impetrado por Albino Martins Paes; São Paulo, 9 de janeiro de 1910). Segue-se a transcrição dos registros de reconhecimento:

Termo de declaração
Em 13 de Janeiro de 1911, em meu cartorio, onde compareceu Silverio Alfam, por elle foi dito que tendo sido intimado pela determinação feita pelo m. juiz da 2ª vara de orfams para fazer apresentar neste Forum, hoje, ao meio dia, a menor Rosa Crepita, acontece que cumprindo ordem deste juizo o declarante em presença de tres testemunhas fez entrega dessa menor ao tutor Albino Martins Paes. Recusando-se o tutor a recebe-la, a mandou para a casa do declarante ou de sua tia Catharina, prostituta publica muito conhecida no Districto do Braz. Não se sujeitando a menor a ficar em nenhuma das casas indicadas pelo tutor, seguio para o Rio de Janeiro, indo morar em casa de seus parentes Cabral e Irmal, rua dos Andradas 81, onde já estivera, há pouco tempo, lá deixando toda a sua roupa. O Declarante protesta contra os imprecisos da petição retro e declara que tem no juizo criminal uma queixa crime em andamento na qual fará valer todos os seus direitos contra os seus detractores [...]. Segue-se o termo de nomeação de tutor:

Para servir de tutor da menor Rosa Crepita, de 18 annos completos, filha do fallecido de (sic) José de Tal, nascida em Portugal, residente a rua S. Leopoldo 109, nomeio o Sr. Albino Martins Paes, tio afim da menor, que prestará o compromisso e receberá a Provisão, d. e a. pelo 1º Officio. (assina o Juiz de Órfãos).

—

Auto de tutela nº 6373, 25 de abril de 1910.
Por meio d'este levo ao conhecimento de V. Excia. que no dia 5 do corrente falleceu em Sorocaba, conforme a certidão de Obitos junta, Manoel Ribeiro Pinto, Portuguez viuvo com quarenta e cinco annos, o qual deixou cinco filhos, sendo Maria com 18 annos [...], João com 14 annos [...], Sylvio com 12 annos [...], Antonio com 8 annos [...] e Manoel com 5 annos [...], e não havendo bens para se fazer inventario, e sim um peculio de 400:000 mil reis, peculio este fornecido pela Associação de Auxilios Mutuos dos Empregados da Estrada de Ferro Sorocabana da qual o fallecido era socio, e peculio este fornecido pelos Estatutos da mesma associação sob o artigo 49.
Vinha por meio d'este pedir a V. Exca. se digne autorisar ao Snr. Presidente d'mesa associação a me mandar fazer entregar d'esta quantia, para com ella ser feita algumas despesas com os referidos filhos do Fallecido como roupas e outros objectos para uso dos mesmos pois o fallecido deixou estas crianças em falta grande de roupas e ao mesmo tempo, com o restante do que sobrar d'esta quantia que receber abrirei uma caderneta, para cada um levando ao Conhecimento de V. Exca. este meu acto.

Ao mesmo tempo pedia a V. Exca. que entre os Parentes (Concunhados) do fallecido aqui residentes nesta capital que são os seguintes (lista nome e endereço), para que entre estes fosse designado um para tomar conta da tutoria dos mesmos menores e tambem vos commonico que a filha do Fallecido achasse empregada na Fabrica de tecidos Penteado, a qual já percebe um ordenado rasoavel, tambem vos commonico que por conta d'esta quantia que se tem a receber já dispendi a quantia de 80.000 mil reis. (Segue lista de roupas e calçados). (C05461, Auto de tutela; São Paulo, 25 de abril de 1910).

—

Diz José Machado Cardozo, portugues, maior de 25 annos de idade estabelecido nesta capital com negocio de criar vaccas e vender leite, que querendo se casar com Francisca Victorina Gomes, filha legitima de Manoel Gonsalves Gomes, entendeu-se com este para dar o consentimento preciso; mas não o conseguio porque o mesmo Manoel Gonsalves Gomes tem por custume negar o seu consentimento para o casamento de suas filhas, como já aconteceu com duas que já casaram por consentimento do Juizo; e porque a referida Francisca Victorina Gomes seja maior de dezoito annos e se queira casar com o Supplicante e tanto que retirou-se da casa de seu pai para a de uma familia onde espera a solução, e tambem porque o Supplicante alem de ter meios para [...] e sustentar decentemente a familia que pretende fundar, é de condição igual ao referido Manoel Gomes da Silva [sic], como tudo prova com as testemunhas Luis Cardoso, João Vieira, e Antonio da Rocha Guimaraes e Antono da Rocha Mancebo, vem o Supplicante requerer a V. Exa. que se digne a, feitas as precisas deligencias e ouvida a referida Francisca Victorina Gomes, conceder a licença precisa para effectuar-se o casamento desejado. O supplicado Manoel Gonsalves Gomes reside e é estabelecido com negocio de crear vaccas e vender leite nesta capital; mas há cerca de um mês que retirou-se para Santos, deixando aqui uma casa e familia, deixando esta quasi que sem recursos ou antes passando privações, sendo soccorridas por Domingos José Gomes que é casado com uma irmã da moça com quem o Supplicante pretende casar-se [...]. (C05360, Auto cível de diligência para licença de casamento; São Paulo, 1884).

—

Dizem Regoli, Crespi & C., successores a De Camillis Materazzo & C., negociantes d'esta capital que são credores da herança do Doutor Severino de Freitas Prestes, cujo inventario se passa por este Juizo e cartorio do 1º officio, da quantia de Rs 1:247$970 [...], nos termos da conta e letra protestada que vão juntas [...]. (C05400, Auto de justificação de Regoli, Crespi & C.; São Paulo, 1897).

—

Diz Buticelli Nicola, por seu procurador abaixo assignado, no processo crime, a que responde o supplicante perante este juizo, e em que é a Justiça autora, que quer justificar achar-se já completamente restabelecido o individuo que dizem ter sido ferido pelo requerente, e porisso requer a V. Ex. mandar designar dia e hora a fim de se proceder a justificação pedida. (C05400, Auto de justificação de Buticelli Nicola; São Paulo, 15 de julho de 1897).

—

Diz Angelo Rolandi negociante residente nesta Cidade estabelecido com armazem de Seccos e Molhados na rua da Liberdade nº 21, que de Dezembro de 1895 até 28 de Fevereiro deste anno fornecêo para a caza do fallecido Benedito Luis de Camargo os generos constantes da conta junta e como se esteja procedendo a inventario [...]. (C05400, Auto de justificação de Ângelo Rolandi; São Paulo, 18 de abril de 1898).

—

1º Cartório de Orphans da Imperial Cidade de São Paulo.
Auto de suplemento de idade, D. Innocencia Prates, 1889.
filha de D. Bellarmina Eulalia de Souza, pai não declarado.

Primeira testemunha:
Miguel de Magalhães, natural de Portugal, cidadão norte americano aduptivo, com cincoenta e dois annos de idade, casado, fasendeiro, morador nesta capital [...], conhece a justificante desde os seus verdes annos e sabe que ella tem recebido em New York a melhor educação em convivencia com outras moças da melhor sociedade daquella cidade [...]. (C05368, Auto de suplemento de idade de D. Inocência Prates; São Paulo, 1889).

—

Diz Francisco Milano, filho de Constantino Milano e Maria Branda Milano, já fallecidos, que tendo attingido a idade de vinte annos, como prova com a certidão junta, e estando nas condições de reger sua pessoa e bens, quer obter emancipação por supplemento de idade, nos termos da [...], porisso requer a V. Ea. se digne mandar que distribuhida e autuada esta, ouvido o tutor do supplicante, José Milano, residente á Ladeira do Piques nº 49 e, si for necessario, tomados os depoimentos das testemunhas, Paulino de Andrade, residente á Ladeira do Piques nº 47, e Salvador di Napoli, residente á rua do Paredão nº 56.
[...]
Segunda testemunha
Salvador di Napoli, de quarenta annos de idade, casado, negociante, natural de Italia, residente nesta cidade [...]. (C05368, Auto de emancipação por suplemento de idade de Francisco Milano; São Paulo, 1896).

—

Diz Arnaldo de Araujo Souza, filho legitimo de Manoel José de Araujo Souza, já fallecido, e D. Guilhermina Amelia dos Santos Araujo, actualmente residente nesta capital, que achando-se apto para reger sua pessoa e bens, completando amanhã 27 do corrente, a idade de 19 annos, conforme pelo documento junto [...].

Domingos de Souza Moreira Freire, bacharel formado em Direito e bacharel em Theologia pela Universidade de Coimbra e Abbade da parochia e igreja de Santo Ildefonso da cidade e diocese do Porto.
Certifico que em um dos livros dos baptismos d'esta freguesia a fl. 203v está o assento seguinte: Aos vinte e sete dias do mês d'Agosto do anno de 1879, n'esta freguesia de Santo Ildefonso da cidade e diocese do Porto, com licença do Eminentissimo e Reverendissimo Senhor Bispo, eu Antonio Joaquim Tavares, coadjutor da mesma freguesia baptisei solemnemente e puz os Santos Oleos a um individuo do sexo masculino, a que dei o nome de Arnaldo, que nasceu n'esta freguesia as dozes horas da tarde do dia vinte e sete do mês d'Agosto de anno de 1878, filho legitimo, primeiro do nome de Manoel José d'Araujo e Souza, de profissão negociante e de Dona Guilhermina Amelia d'Araujo e Souza, naturaes, aquelle da freguesia de Ferreiros, concelho e diocese de Braga, esta do Santissimo Sacramento da cidade do Rio de Janeiro, Brazil, recebidos na freguesia de Santa Anna da cidade do Rio de Janeiro, e parochianos d'esta, moradores na rua de Santa Catharina, neto paterno de Custodio Luiz d'Araujo e de Dona Anna Josepha de Souza e materno de Guilherme dos Santos e de dona Thereza dos Santos. Foi padrinho João Pereira da Silva Lima, casado, capitalista, e madrinha sua filha Dona Elziria Pereira da Silva Lima, solteira, moradores na já dita rua de Santa Catharina, [...]. (C05368, Auto de emancipação de Arnaldo de Araújo Souza; São Paulo, 1897).

—

Auto de emancipação com suplemento, Oreste Lombardi, 1900.
filho de Cezira Lombardi e Alfredo Lombardi.
Testemunhas:
Agostinho Guilici, natural da Italia, 40 anos, casado, chacareiro, morador na Varzea do Catumby;

Domingos Damasani, natural da Italia, com 47 anos, casado, negociante, morador a Rua Boa Vista;

Raphael Nicollacci, natural da Italia, 39 anos, casado, negociante, morador a Avenida Tiradentes nº 83. (C05368, Auto de emancipação com suplemento de Oreste Lombardi; São Paulo, 1900).

1.2 Atas eleitorais

• Descrição: documentação relativa às várias etapas da realização de eleições durante o Império e a República.
• Conteúdo: alistamento de eleitores, atas de organização da mesa eleitoral, atas de juntas apuradoras, incluindo listas de eleitores e nomes de integrantes das mesas apuradoras. Interessante por permitir detectar a ascensão dos imigrantes na política local, desde que as informações sejam cruzadas com outras, já que nestas não é indicada a naturalidade.
• Acervo: caixas (C05689) a (C05998), 1824-1930; e cerca de 200 volumes com catalogação desordenada e datas-limite de 1872-1945.

1.3 Tribunal de Justiça, recursos eleitorais

• Descrição: latas contendo documentação sob a forma de processos.
• Conteúdo: processos eleitorais junto ao Tribunal de Justiça, tentando impugnar eleições por diversas irregularidades. Seria possível constatar quando surgem imigrantes – ou seus descendentes – como funcionários, mesários, apuradores, ou mesmo candidatos.
• Acervo: 93 latas para o período 1889-1930.

1.4 Autos cíveis

• Descrição: processos cíveis de diversas localidades.
• Conteúdo: a maioria dos processos refere-se à capital, mas há também alguns de cidades do interior, como Atibaia e Sorocaba. A presença de imigrantes e seus descendentes pode ser percebida autores ou réus de ações, bem como testemunhas ou personagens envolvidas na causa.
• Acervo: caixas (C03685) a (C03833), cobrindo o período de 1850 a 1887.

1.5 Autos crimes

• Descrição: processos-crime de diversas localidades.
• Conteúdo: a maioria dos processos refere-se à capital, mas há também alguns de cidades do interior, como Campinas. A presença de imigrantes e seus

descendentes pode ser percebida enquanto autores ou réus de ações, bem como testemunhas ou personagens envolvidos na causa.
- Acervo: caixas (C04030) a (C04097), cobrindo o período de 1850 a 1889.

1.6 Autos crimes do 1º Cartório

- Descrição: processos-crime do 1º Cartório da capital.
- Conteúdo: processos somente da capital. A presença de imigrantes e seus descendentes pode ser percebida enquanto autores ou réus de ações, bem como testemunhas ou personagens envolvidas na causa.
- Acervo: caixas (C03902) a (C04018), cobrindo o período de 1850 a 1889.

VI CARTÓRIOS

1.1 Segundo Cartório de Notas da Capital

- Descrição: livros de escrituração cartorial.
- Conteúdo: são encontradas quatro grandes séries de registros, a saber: livros-índice de escrituras, 14 volumes, 1800-1935; escrituras, 612 volumes, 1742-1937; registro de procurações, 73 volumes, 1859-1937; procurações, 681 volumes, 1874-1937. Registros mais usuais: escrituras de sublocação, de obrigações de dívidas e hipotecas, de quitação, de consentimento de desoneração de hipoteca judiciária, de transferência, de destrato, de dívida, de penhor, de contrato de empreitada, de transferência de arrendamento, de administração de empresa fundiária, de transferência de contrato de locação de serviço, reconhecimento de filhos naturais, de arrendamento de casa, de transferência de direitos, desistência de caução, de dissolução de sociedade e nomeação de liquidante, de convenção, de compra e venda, de concessão, de transcrição da ata da eleição, de permuta; de testamento, de doação, de dívida e hipoteca, de venda condicional.

Nessas escrituras aparecem nomes e sobrenomes estrangeiros sem, no entanto, necessariamente indicar suas nacionalidades. Somente são mais comumente citadas as nacionalidades nas escrituras de sociedade industrial e comercial.
- Acervo: (E12055) a (E13431), 1742 a 1957.

> *Constam as seguintes informações: nome dos devedores, Victorino Capellano e sua mulher Angela Cyrillo; suas profissões, artistas; nome do credor, Francisco Antonio Barra; sua profissão, negociante; moram na cidade.*
> *Por esta escritura Victorino Capellano e sua mulher Angela Cyrillo se declaram devedores da quantia de 300$000rs, do mesmo credor que receberam por empréstimo em moeda corrente do império. Os devedores obrigam-se a pagar a quantia no prazo de um ano, com juros de 1% ao mês, contando a partir da data da assinatura do contrato, devendo pagar o juro de dois em dois meses,*

depois de vencido, e pelo tempo que exceder o vencimento pagarão do mesmo juro e nas mesmas condições, enquanto ao seu credor convier esperar pelo pagamento. Que no caso de ter o credor de lançar mão de meios judiciais ou de requerer em inventários e consulados para haver o que lhe foi devido por esta escritura se obrigam pagarem ao seu credor mais vinte por cento da dívida ora constituída de 300$000rs. Para garantia da hipoteca, os devedores deram uma casa em construção com o competente terreno na rua do Conde D'Eu da Freguesia de Sé. Há na escritura a descrição do terreno hipotecado, com suas divisas. Assinaram a escritura os devedores Victorino Capellano, sua mulher Angela Cyrillo, o credor Francisco Antonio Barra e as testemunhas: Martinho José Marques, Antonio Hippolito de Medeiros. (E12122, Escrituras, vol. nº 67, fl. 4, Escritura de obrigações de dívida e hipoteca lavrada em 3 de novembro de 1880. Não constam na escritura as nacionalidades das pessoas envolvidas).

—

Contrato de sociedade entre Francisco Beraldi e Luigi Christofani, ambos italianos, negociantes e moradores nesta capital, formaram uma sociedade comercial de compra e venda de gado, e venda de carne verde a retalho, debaixo das condições seguintes: Primeira; A sociedade gyrará sob a razão de Francisco Beraldi e Companhia; podendo ambos os socios usar da firma em todos os negócios relativos a sociedade; Segunda – o prazo da sociedade é de quatro anos a contar da data, e antes disso só poderá ser dissolvida [...] por ambos os sócios. Terceira – o fundo social é de um conto de réis, sendo quinhentos mil réis de cada sócio. Quarta – os lucros serão divididos em igualdade entre os sócios, bem como ambos são responsáveis igualmente pelo passivo. Quinta – nenhum dos sócios durante o tempo deste contracto, poderá empregar-se em outro serviço estranho aos da sociedade, bem como não poderá nenhum d'elles terem parte direta ou indireta em qualquer outro negócio ou sociedade. Sexta – Faz parte do fundo social a parte que lhes compete uma carroça, três animais e arreios, possuídas em comum com as firmas José Fox e Companhia e Dulomi Pietro e Companhia, destinados para o serviço de transporte de carne verde, e se qualquer dos sócios se retirando da sociedade antes do findo deste contracto perde direito sobre taes objectos e nem poderá pedir indenização alguma. (E12124, Escrituras, volume nº 69, fl. 22, Escritura de contrato de sociedade comercial, lavrada a 7 de julho de 1883).

—

[...] compareceram partes entre si justas e contractadas, reciprocamente outorgantes e outorgadas, de um lado Francisco Ignacio dos Santos Cruz Junior, cidadão brazileiro, morador nesta capital, e de outro lado Francisco Pacheco de Oliveira, portuguez, morador actualmente em Barra Mansa, este negociante e aquele capitalista, ambos reconhecidos pelos proprios de mim e das testemunhas adiante nomeadas e assignadas, do que dou fé.
E perante as mesmas testemunhas pelos referidos Francisco Ignacio dos Santos Cruz Junior e Francisco Pacheco de Oliveira, me foi dito que haviam convencionado formar e de facto formam entre si uma sociedade industrial e commercial, em nome colectivo para fabricação de sabão e venda do mesmo [...]. (E12134, Escrituras, volume nº 79, Escritura de sociedade industrial e comercial, 1889).

1.2 Cartório de Mogi das Cruzes

- Descrição: livros de escrituração e processos cíveis e crime, acondicionados em caixas.
- Conteúdo: autos e escrituras, nos quais imigrantes estão presentes.
- Acervo: (C08026) a (C08267), século XVIII a 1983.

VII DEOPS

- Descrição: vasto acervo referente ao Departamento Estadual de Ordem Política e Social, criado em 1924.
- Conteúdo: o Grupo Ordem Social compreende onze séries: Temáticas, Ministérios, Sindicatos, Álbuns, Autos, Delegacias do Interior, Sol (Setor de Análise, Operações e Informações), Nominais, Comunismo, Diversos, Relatórios de Inquéritos Policiais e Sindicâncias, com um total de 2.321 pastas para o período de 1945 a 1983; o Grupo Ordem Política compreende quatro séries: Delegacias do Interior, Temáticas, Movimento Estudantil e Autos, com um total de 1.582 pastas para o período de 1948 a 1983. A coleção "Inventário do Deops", publicada pelo Arquivo do Estado de São Paulo e Imprensa Oficial, tem trazido à luz imensa documentação sobre os colonos e seus descendentes em São Paulo. É importante, também, o acervo fotográfico disponível.
- Acervo: 163.100 pastas, 1.502.000 fichas, cobrindo os anos de 1924 a 1983.

VIII ARQUIVO HISTÓRICO DO MOVIMENTO OPERÁRIO BRASILEIRO

- Descrição: sob o nome de Archivio Storico del Movimento Operaio Brasiliano, esse fundo foi originalmente depositado na Fondazione Giangiacomo Feltrinelli, de Milão. Parte desse acervo encontra-se no Arquivo do Estado, sob a forma de cópias em microfilmes.
- Conteúdo: a coleção de microfilmes compreende quatro conjuntos: Roberto Morena, Astrogildo Pereira, Jornais e Exílio. Os originais encontram-se atualmente sob custódia do Centro de Documentação e Memória da UNESP – CEDEM. Documentação importante para o acompanhamento da participação dos imigrantes no processo de fundação e expansão do movimento operário a partir dos anos iniciais da República.
- Acervo: Consta de 78.500 documentos em 90 rolos de microfilmes, cobrindo o período de 1896-1979.

IX SECRETARIA DO INTERIOR

- Descrição: Requerimentos e ofícios diversos.
- Conteúdo: devido ao número muito elevado de caixas e à descrição inexistente, não foi possível caracterizar o conteúdo, que certamente deve conter material rico para o estudo do fenômeno imigratório.
- Acervo: número de caixas indeterminado, cobrindo o período de 1892 a 1937.

X   COLETORIAS – SISAS

- Descrição: Caixas contendo livros de registro do pagamento do imposto da Sisa sobre escravos, compras de imóveis e funcionamento de estabelecimentos comerciais.
- Conteúdo: os livros são de controle da caixa, registrando os recolhimentos de impostos e os pagamentos efetuados pelas coletorias dos municípios. Muitos dos livros encontram-se em precário estado de conservação. Os imigrantes podem aqui aparecer, embora sem indicação de naturalidade, sendo preciso cruzar essas fontes com outras para tal identificação.
- Acervo: 340 caixas, com datas-limite de 1840 a 1895.

Importância recebida do imposto cheio recebida de Maximo Bianchi, imposto de transmissão de propriedade [...] porquanto arrematou em hasta publica 5 partes da casa sita á Rua General Ozório nº 22 pertencente a herança de Alda Brandina de Camargo Penteado – 57$645. (C08352, Livro de escrituração de receita e despesa, 7 de fevereiro de 1890).

―

[Importância recebida] de Felippe Lemgelletti imposto de transmissão de propriedade [...] de 1:000$000 por quanto comprou de Joaquim Pereira de Almeida e mulher uma casa e quintal na Rua Visconde de Rio Branco desta Cidade [...] – 182$984. (C08352, Livro de escrituração de receita e despesa, 10 de junho de 1890).

―

Livro de escrituração das rendas gerais de Campinas, 1886-1887.
Importância recebida de A. Francischinni & A. Bulluominni, d'imposto de transmissão de propriedade, de 1/10 para transcripção de 8:500$000, por quanto compraram de Santos, Irmão e Nogueira um terreno nesta cidade [...] – 8$500. (C08352, Livro de escrituração de receita e despesa, 27 de julho de 1887).

XI   JORNAIS

A imprensa paulista sempre foi pródiga em informações sobre o movimento migratório, seja em seus aspectos mais problemáticos, tal como a violência cometida por ou contra imigrantes, seja em seus aspectos culturais mais diversificados, tais como notícias de eventos sociais, musicais, teatrais e operísticos. São também abundantes as notícias ou os anúncios de empresas voltadas para o público consumidor imigrante, bem como as associações de imigrantes que se manifestam pela imprensa. O que se pretende, a seguir, é oferecer uma rápida amostragem da diversidade de informações presentes nos grandes periódicos paulistas, hoje disponíveis para consulta no Arquivo do Estado. Os pequenos jornais locais, de bairros, municípios do interior, bem como aqueles publicados por entidades de classe, culturais, dentre outros, existem em abundância no acervo, mas não foram incluídos no levantamento aqui oferecido.

1. Correio Paulistano

04/01/1880	p. 5	Anúncio publicado em italiano, oferecendo assistência financeira aos imigrantes.
15/02/1880	p. 1	*Revista dos Jornaes* – nota que trata de um artigo publicado no *A Província de São Paulo*, sobre a introdução de imigrantes chineses nas lavouras de café.
	p. 4	Comunicado em italiano da Sociedade de Beneficência Italiana, cancelando as eleições e convocando próximas.
05/03/1880	p. 1	A Constituinte II – amplo artigo tratando do projeto imigrantista, proposto pela nova constituição, e as medidas necessárias para o incentivo das correntes.
	p. 2	Nota tratando da publicação de um livro referente à China, o qual tem por objetivo incentivar a entrada de asiáticos no país.
12/03/1880	p. 1	*A Constituinte III* – análise das experiências imigrantistas anteriores, dividindo-as em dois blocos; trata da forte corrente imigratória para os EUA; propõe algumas medidas.
	p. 3	*Immigrantes* – comunicando a chegada de imigrantes austríacos, alemães e franceses com destino ao sul do país.
23/03/1880	p. 3	*Immigrantes Pomeranios* – comunicado de chegada de 3.000 imigrantes, que vieram espontaneamente estabelecer-se no sul.
04/09/1886	p. 2	*Immigrantes italianos* – notícia sobre o abandono de lotes cedidos a italianos em Santa Catarina.
14/09/1886	p. 2	*Emmigração para o Brazil* – transcrição de um artigo publicado no jornal *L' Itália* do Rio de Janeiro.
19/09/1886	p. 3	*Sociedade Promotora de Immigração* – nota comunicando o envio de cartas à Itália, para que parentes de imigrantes que já estão estabelecidos também possam, se desejarem, vir estabelecer-se no Brasil.
22/09/1886	p. 1	Notícia sobre manifestação promovida pela colônia italiana na capital, em comemoração do aniversário da entrada das tropas libertadoras em Roma.
06/10/1886	p. 2	Notícia sobre o lançamento da edição alemã do "Guia do Immigrante da Província de São Paulo".
15/10/1886	p. 1	*Favores a Emigrantes* – sobre circular dirigida pelo Conselheiro Antonio da Silva Prado aos ministros plenipotenciários brasileiros, recomendando que façam a publicidade dos favores que o governo brasileiro concede a emigrantes.
19/10/1886	p. 1	*Núcleos coloniaes da província* – sobre o "Núcleo do Cascalho" e o "Núcleo das Cannas". Descrição de lotes e população.
20/10/1886	p. 1	*Sociedade Central de Immigração* – informando a respeito da mensagem de agradecimento do Sr. Taunay ao Ministro da Agricultura relativamente às medidas tomadas a favor das correntes imigratórias, as quais satisfazem a diretoria e os membros da Sociedade.
03/11/1886	p. 2	*Estatística* – lista com o levantamento, por nacionalidade, das famílias que habitam a freguesia do Brás.
10/11/1886	p. 1	*Auxílio a immigrantes* – declaração da presidência de São Paulo para a Câmara Municipal de Ubatuba, a respeito do pedido feito, por ela, para que se tornem extensivos aos imigrantes que se dirigem para aquele município os privilégios concedidos aos que se dirigem às demais localidades.
12/11/1886	p. 1	*Boato falso* – desmentindo o boato de ocorrência de alguns casos de varíola no alojamento de imigrantes.

(continua)

(continuação)

23/11/1886	p. 1	*Núcleos Coloniaes* – notícia tratando dos resultados da visita de Antonio Prado aos núcleos colonais.
26/11/1886	p. 1	*Collocação de Immigrantes* – notícia sobre declaração do Ministro da Agricultura, concordando com a resolução da Inspetoria Geral de Obras Públicas, de deixar à escolha do imigrante a localidade para a qual deseja destinar-se.
28/11/1886	p. 3	*Ao público e particularmente aos estrangeiros* – defesa de Aquilino do Amaral contra jornais que publicaram ter ele insultado estrangeiros na sessão da Câmara Municipal.
17/12/1886	p. 2	*A imprensa e a immigração* – notícia sobre a publicação pela *Gazeta de Campinas* de queixas feitas por imigrantes dinamarqueses. Diz serem as reclamações injustas e a publicação precipitada.
28/12/1886	p. 1	*Auxílios a immigração* – transcrição de artigo publicado no "Journal of Commerce" de Liverpool, em que se afirma que os emigrantes que se destinarem para as fazendas brasileiras serão reembolsados pelo governo brasileiro com o valor integral das passagens.
29/12/1886	p. 2	*Immigrantes* – Existiam hontem no alojamento provincial de immigração 263 immigrantes (esses informes são praticamente diários no jornal).
01/01/1892	p. 2	*Porto de Santos* – sobre a insuficiência de estradas de ferro ligando o porto de Santos às demais localidades do Estado.
		Santos – sobre casal de italianos que tentava fugir, mas foi impedido.
	p. 2	*Hospedaria de Immigrantes* – sobre o movimento de entradas e saídas no dia anterior e a quantidade de imigrantes ainda hospedados. (Essa informação vai aparecer no jornal quase todos os dias; no mês de janeiro ela aparece nos dias 3, 9, 10, 12, 17, 19, 21, 22, 23, 27 e 28).
	p. 3	Anúncios de paquetes italianos que sairão do Rio de Janeiro e de Santos com destino a Gênova e Nápoles. (Esses anúncios aparecem todos os dias, não só com paquetes com destino à Itália, mas também para outros países).
	p. 4	Anúncio do banco *Itália–Brazile* (aparece com bastante freqüência). Anúncio da *Pharmacia Ítalo-Paulista*.
03/01/1892	p. 1	*Companhia Dramática Italiana* – nota comunicando a apresentação da obra Hamlet. (Essas notas falando de estréias de espetáculos, principalmente de óperas, aparecem com bastante freqüência. Elas também aparecem quase todos os dias, em forma de anúncio, no final do jornal.).
	p. 2	*Il Brazile* – artigo elogiando a publicação de dezembro da revista italiana *Il Brazile*.
05/01/1892	p. 1	*Companhia Dramática Italiana* – apresentação no Teatro São José do espetáculo *O Conde Vermelho*, de G. Giacosa.
10/01/1892	p. 2	*Societá de Beneficenza Italiana* – sobre concurso promovido pela instituição, texto em italiano.
12/01/1892	p. 1	*Dr. Vincenzo Grossi* – sobre a visita do delegado italiano, que veio ao Brasil em missão científica.
		Companhia Dramática Italiana – sobre o espetáculo *O mestre de forjas*, de George Ohnet.
	p. 2	*Il Simbolismo* – sobre nova revista criada na capital, voltada aos interesses dos maçônicos. Será lançada em italiano e, em breve, em português.

(continua)

(continuação)

13/01/1892	p. 1	*Immigração em 1891* – balanço do movimento migratório neste ano.
	p. 2	*Escândalos da immigração* – sobre publicação feita pelo *New York Herald*, denunciando escândalos na imigração para os EUA.
14/01/1892	p. 1	*Immigração* – sobre a nomeação de Tancredo de Azevedo para o cargo de agente oficial de imigração em Santos.
		Immigração em 1891 – continuação do balanço do movimento migratório em 1891.
	p. 4	Anúncio do paquete Cintra com destino a Lisboa e Hamburgo.
19/01/1892	p. 1	*Companhia Gargamo* – sobre a chegada à capital da Companhia que apresentará a opereta *Anita Garibaldi* no teatro São José.
23/01/1892	p. 2	*Barbaridade* – sobre um incidente ocorrido no edifício da imigração que acarretou na morte de um bebê com 15 dias.
		Banco Itália-Brazil – sobre encerramento do balanço da agência.
28/01/1892	p. 1	*La Unión Española* – sobre o lançamento de um jornal destinado à colônia espanhola no Brasil.
04/02/1892	p. 2	*Sociedade Promotora de Immigração* – nota convocando os sócios a comparecerem nas eleições da nova diretoria.
	p. 3	*Caderneta para colonos* – anúncio.
05/02/1892	p. 1	*Sociedade Promotora de Immigração* – sobre a eleição da nova diretoria e a apresentação das estatísticas da entrada de imigrantes por intermédio da associação.
09/02/1892	p. 1	*Exposição Ítalo-Paulista* – sobre a organização de uma exposição de produtos italianos e americanos.
10/02/1892	p. 1	*Exposição Ítalo-Paulista* – correção do artigo anterior que trazia os nomes de alguns membros da comissão que haviam sido trocados. Traz lista com os nomes corretos.
13/02/1892	p. 2	*Pelos italianos* – sobre a convivência amistosa entre brasileiros (paulistas) e italianos, e o trabalho ao qual estes têm se dedicado pela grandeza da Pátria.
18/02/1892	p. 1	*Immigração* – sobre as estatísticas da entrada de imigrantes no país, sendo que a metade desse contingente dirigiu-se a São Paulo. Fala dos problemas que o rápido aumento demográfico gerou no Estado.
19/02/1892	p. 1	*Colônia do Piaguhy* – sobre a nomeação de Virgílio Rodrigues Alves como diretor da colônia.
20/02/1892	p. 1	*Hospedaria de Immigrantes* – sobre a concessão de 2 meses de licença ao diretor da instituição (os informes sobre a Hospedaria são quase diários).
23/02/1892	p. 1	*Theatro de São José* – apresentação beneficente do grupo Gárgamo.
	p. 2	*Tratamento de immigrantes* – sobre as despesas com alimentação e alojamento dos imigrantes que estiveram na hospedaria de Guaratinguetá.
24/02/1892	p. 2	*Introdução de immigrantes* – sobre contrato firmado entre o Sr. Cerqueira César, Presidente do Estado, e a Sociedade Promotora de Imigração, para a introdução de 50 mil imigrantes, compostos de famílias de trabalhadores do campo. A Sociedade também comunica aos fazendeiros interessados em estabelecer contratos que se dirijam à sede.
26/02/1892	p. 1	*Núcleos coloniaes* – sobre nomeações feitas para os diversos núcleos coloniais (há listagem).
		Circolo Italiano XX Setembre – convite para baile que irá realizar-se na instituição.

(continua)

(continuação)

	p. 2	*Delegacia de Terras* – sobre ordem de pagamento expedida pelo vice-presidente do Estado à extinta Delegacia de Terras e Colonização. *Sociedade Promotora de Immigração – Chamada de immigrantes* – instruções aos fazendeiros para envio das cartas de chamadas de parentes que são recebidas pela sociedade.
27/02/1892	p. 2	*Brazil e Hungria* – sobre a entrada de 37.168 imigrantes húngaros em 1890.
01/03/1892	p. 4	*Sociedade Promotora de Immigração* – chamada de imigrantes.
03/03/1892	p. 2	*Hospedaria de Immigrantes* – quantidade geral de imigrantes entrados em fevereiro e também divididos por nacionalidade
06/03/1892	p. 1	*Colônia de Piaguhy* – sobre requisição de ordem de pagamento ao secretário da fazenda para realização de obras estruturais.
11/03/1892	p. 2	Balanço do semestre da *Companhia Ítalo-Paulista*.
23/03/1892	p. 2	*Núcleo Colonial de Sabaúna* – sobre questão de lotes.
01/04/1892	p. 1	*A ordem pública e as colônias estrangeiras* – sobre a credibilidade que o governo brasileiro tem em relação aos estrangeiros. Fala da harmonia de convivência que
02/04/1892	p. 1 e 3	*Festa de São Francisco de Paula* – sobre festa em homenagem ao santo organizada pela colônia italiana.
03/04/1892	p. 2	*Núcleo colonial* – sobre a nomeação de José Antonio Peniche como encarregado do núcleo Pariquerassú.
06/04/1892	p. 2	Sobre notícia publicada no jornal *La Prensa Española* da capital federal, em que diz serem os imigrantes espanhóis tratados como gatunos naquela cidade.
07/04/1892	p. 2	*Hospedaria de immigrantes* – sobre a folha de pagamento dos funcionários, transmitida ao secretário da Fazenda.
09/04/1892	p. 1	*Il Linholismo* – comunicando o recebimento do 5º fascículo, elogiando a publicação.
17/04/1892	p. 1	*Circolo Italiano* – agradecimento ao convite para um jantar dançante, feito pela diretoria da instituição.
23/04/1892	p. 1	*Viene a me* – agradecimento a *romanza do maestrino João Gomes de Araújo Jr.*, dedicada ao gerente do jornal Miguel Cardoso Jr.
29/04/1892	p. 1	*Concerto Chiafarelli* – elogios ao concerto realizado no salão do Cassino Paulistano.
05/05/1892	p. 1	*Promotora de Immigração* – sobre relatório apresentado ao vice-presidente do Estado; elogios às atividades da Sociedade no país.
08/05/1892	p. 4	*Trabalhadores* – anúncio convocando 100 trabalhadores para fazenda, que devem ser compostos de famílias de colonos.
10/05/1892	p. 4	Anúncio da Grande Padaria e Fábrica de Massas a vapor, fabricando massas congêneres às da Europa.
11/05/1892	p. 1	*Novo jornal italiano* – notícia sobre a fundação de um novo jornal que atenderá, exclusivamente, aos interesses da colônia italiana, com uma postura apartidária.
13/05/1892	p. 1	*Ainda Bem!* – crítica aos demais Estados por não terem seguido o exemplo de São Paulo e incentivado a imigração. Comenta os bens que esta trouxe ao Estado e traz, também, alguns dados estatísticos, transcritos de um jornal europeu.
15/05/1892	p. 1	*Il Messagero* – notícia sobre a volta do jornal, que ficou alguns dias fora de circulação. Elogios ao periódico, que tem sempre conteúdos interessantes à colônia italiana.
	p. 2	*Nova Companhia de Operetas* – comunica a chegada à cidade de uma nova Companhia de Operetas; traz o nome do elenco.

(continua)

(continuação)

20/05/1892	p. 2	*Immigração* – nota comunicando que durante o verão fica proibido o desembarque de imigrantes nos portos do Rio e de Santos, devido ao risco de epidemia. Estes serão encaminhados para o lazareto da Ilha Grande e de lá encaminhados para outras localidades.
21/05/1892	p. 2	*Inspecção médica* – notícia sobre solicitação para que alguns imigrantes (cita nomes) fossem inspecionados por médicos da polícia.
01/06/1892	p. 2	*Immigração de Porto Rico II* – defesa da imigração porto-riquenha, elencando aspectos climáticos, da agricultura e das semelhanças entre as culturas, todos provenientes das semelhanças entre os colonizadores.
	p. 2	*A febre amarela em São Paulo* – sobre um abaixo-assinado feito pelos moradores para impedir a construção de um hospital de isolamento com cemitério anexo no bairro de Sant'Ana. Os reclamantes dão vários argumentos para impedir a construção, entre eles a existência de núcleos de população imigrante que lá possui suas lavouras.
04/06/1892	p. 1	*Repatriação de immigrantes* – Sobre solicitação de verba (10.000$000) para despesas com a repatriação de imigrantes.
05/06/1892	p. 4	*Aviso a immigrantes* – informando sobre procedimentos relativos à entrega de cartas e às exigências feitas pela Sociedade Promotora de Imigração.
09/06/1892	p. 1	*A emigração para o Brazil* – transcrição de artigo publicado no jornal francês "L' Estafette", que elogia as condições da imigração no Brasil, em detrimento da Argentina.
12/06/1892	p. 1	*Promotora de Immigração* – sobre a reunião que discutiu o ofício do Secretário da Agricultura, indagando se a repatriação de imigrantes inválidos traria embargos à corrente imigratória. Após muita discussão, o ofício foi respondido negativamente.
03/07/1892	p. 2	*Hospedaria de Itapema* – aviso do Secretário da Agricultura à Superintendência de Obras Públicas sobre irregularidades na construção da hospedaria em Santos.
05/07/1892	p. 1	*As desordens de ante-hontem* – sobre conflito ocorrido em Santos entre nacionais e italianos. (...) *Pois de manhã appareceram collados pelas esquinas boletins anonymos convocando os italianos e demais estrangeiros para um 'meeting' na praça Pay-sandú, 'meeting' esse que tinha por fim protestar contra a prepotência dos agentes policiais de São Paulo. Taes boletins escriptos em língua italiana apezar de vehementes e grosseiros nenhuma acção tiveram sobre o espírito publico, que os leu com indifferença e desassombro (...). Às duas horas mais ou menos, acharam-se no largo mencionado cerca de quatrocentos indivíduos italianos exclusivamente, quando um delles, acenando de um lenço e batendo as palmas, iniciou a sua arenga e chamou para junto de si uma centena dos mais audazes, que o aplaudiram com palmas e vivas (...)* [o artigo é longo e interessante, relatando em detalhes o ocorrido, que muitos conflitos gerou]. *Os acontecimentos* – descrição do conflito acima. *Sezione Italiana* – artigo em italiano dirigido *allá colonia italiana dello Stato di São Paulo de Brasile*.
06/07/1892	p. 1	*Conflito em Santos* – notícia argumentando que o ocorrido, que segundo o jornal não possuía tanta importância, não pode abalar as relações de povos tão amigos. Rechaça a postura de alguns jornais que trataram a questão por um lado nacionalista. *Italianos e Brazileiros* – notícia sobre a formação de uma comissão composta de membros das sociedades italianas para apresentar ao vice-presidente do Estado uma reprovação formal aos atos de violência ocorridos em Santos.
07/07/1892	p. 1	*Ainda os últimos sucessos* – critica a imprensa e os meios políticos que deram demasiada importância aos acontecimentos de Santos.

(continua)

(continuação)

09/07/1892	p. 1	*Ultimos reparos* – trata da interferência dos adversários do governo nos acontecimentos de Santos, perceptível através dos artigos publicados em alguns periódicos.
10/07/1892	p. 1	*Brazileiros e italianos* – sobre a imprudência de se gerar uma animosidade entre ambos os povos.
12/07/1892	p. 1	*As duas Bandeiras* – discorre sobre o progresso e prosperidade trazidos pelos italianos.
13/07/1892	p. 1	*Brazileiros e italianos* – transcrição de notícias publicadas no "O Paiz" a respeito do caso de Santos.
16/07/1892	p. 2	*Questão italiana* – transcrição de notícia publicada no *Diário Oficial*, comunicando o encerramento da questão diplomática relativa ao incidente de Santos.
30/07/1892	p. 1	*Itália e Brazil* – sobre a festa de recepção feita para o ministro plenipotenciário da Itália e o ministro dos estrangeiros. Cita as personalidades italianas que vivem no Brasil e estiveram presentes na solenidade.
31/07/1892	p. 1	*Itália e Brazil* – sobre a chegada das personalidades italianas ao país, que aqui vieram para mostrar que, mesmo depois do ocorrido em Santos, não havia nenhum sentimento de animosidade entre ambos.
03/08/1892	p. 1	*Itália e Brazil* – sobre a chegada da comitiva italiana a São Bernardo, no dia anterior, onde foram esperados por imigrantes que deram vivas aos dois países.
04/08/1892	p. 1	*Itália e Brazil* – sobre banquete oferecido pelo dr. Cerqueira César às personalidades italianas (traz menu).
05/08/1892	p. 1	*Itália e Brazil* – sobre visita da comitiva italiana ao Edifício da Sociedade Italiana.
06/08/1892	p. 1	*A colônia Hespanhola* – informa sobre o convite feito pela colônia espanhola ao jornalista Dom Francisco Cepeda para fundar um jornal voltado para os interesses da colônia espanhola.
07/08/1892	p. 1	*Carta do Rio* – sobre matéria publicada no "Jornal do Commercio" criticando a postura do governo frente às questões diplomáticas entre Brasil e Itália, relativas ao incidente de Santos. O Jornal defende que o Brasil foi "flexível" demais.
09/08/1892	p. 1	*Que mãe!* – nota sobre italiana que foi presa no momento em que ia lançar sua filha de 2 anos ao Tamanduateí.
18/08/1892	p. 1	*Hospedaria de Immigrantes* – sobre recomendação dada ao diretor da Hospedaria para que os prepostos ou procuradores de fazendeiros possam entrar no estabelecimento, a fim de engajarem imigrantes.
19/08/1892	p. 3	Anúncio do "Banco Itália e Brazile", informando aos acionistas o pagamento de dividendos.
02/09/1892	p. 1	*Il Messaggero* – nota sobre a saída de Alcibide Bertolotti, engenheiro na Superintendência de Obras Públicas, da redação do jornal *Il Messaggero*.
03/09/1892	p. 1	*Immigrante perdida* – Perdeu-se há dias nas ruas desta cidade uma immigrante que trazia consigo uma filhinha. Essa mulher foi caridosamente recolhida numa casa à rua Quintino Bocayuva, onde ella pode ser procurada pelo individuo de nome Miguel, em cuja casa se achava alugada. *El Heraldo* – nota sobre o lançamento da publicação espanhola, dirigida por Dom Francisco Cepeda.
13/09/1892	p. 1	*Teatro Lyrico* – notícia da estréia da ópera "Africana", montada pela Companhia Lyrica Italiana.
16/09/1892	p. 1	*Teatro Lyrico* – notícia sobre a encenação da ópera "Vésperas Sicilianas", de Verdi, no teatro São José.
18/09/1892	p. 1	*Teatro Lyrico* – notícia sobre a encenação da ópera "Aida" no teatro São José.
22/09/1892	p. 1	*Teatro Lyrico* – notícia sobre a encenação da ópera "La Gioconda".
24/09/1892	p. 1	*Teatro Lyrico* – notícia sobre a encenação da ópera "Fausto". *Immigração* – Comunicam-nos que estão na hospedaria de immigrantes 695 colonos de nacionalidade italiana, vindos pelo vapor "Attivitá".

(continua)

(continuação)

Data	Página	Conteúdo
28/09/1892	p. 3	*Anúncio* – Famílias de Colonos – No largo do Braz 88 tem três famílias italianas e dez *solteiros nacionaes e estrangeiros, que querem ir para o café em qualquer fazenda.*
05/10/1892	p. 3	Anúncio: "Colonos" – No largo do Braz, n. 88, sobrado, tem 30 colonos solteiros, nacionaes e estrangeiros, dois casaes de portuguezes e uma família allemã para carpir e colher café, sendo o alemão perito machinista: tem carpinteiros, pedreiros, ferreiros, empreitadores de café e outros artistas (...).
12/10/1892	p. 2	*A los españoles* – convite para os compatriotas a comparecerem nas comemorações do 4º centenário do Descobrimento da América (em espanhol).
20/10/1892	p. 2	*Immigração chineza* – Na Sessão Livre, manifesto anônimo contra a introdução de colonos chineses: *Pelo serviço que acaba de prestar ao melhoramento de nossa raça e ao progresso de São Paulo o sr Arthur Prado de Queiroz Telles declarando-se contra a invasão da raça amarella no nosso Estado, cumprimentam-no e agradecem-lhe [ass.] Os filhos dos Bandeirantes.*
04/11/1892	p. 3	Anúncio: *Caixeiro portuguez* – Com 22 annos de edade e 12 de balcão no Porto; chegado a pouco tempo d'Europa deseja empregar-se; tem pratica de confeitaria, tanto de balcão como de fabrico; assim como de vinhos tanto de engarrafamento como em concertos e tratamento dos mesmos; quem precisar dirija carta a esta redação como as iniciais T. T. para ser procurado.
13/11/1892	p. 1	*Reclamação italiana* – (...) corria hontem nos círculos mais bem informados que o cônsul italiano desta cidade havia endereçado ao Presidente do Estado de São Paulo uma nota diplomática, reclamando uma indemnisação de dez mil libras, para o proprietário do "Jornal Roma", pelos estragos feitos em sua typografia em princípios de julho do corrente ano (...).
22/11/1892	p. 2	Secção Livre: *À colônia italiana* – o italiano Leopoldo Scorzelli que estava com reumatismo, chama a atenção dos seus patrícios para o anti-reumático "Paulistano", que o curou da moléstia.
07/12/1892	p. 3	Anúncio: *Menina* – precisa-se de uma de bons costumes e que seja portugueza ou alleman, para pagem de creança (...).
23/12/1892	p. 3	Anúncio: Precisa-se de uma cosinheira que seja perita na arte culinária (...). Prefere-se extrangeira, principalmente se for de nacionalidade allemã (...).

2. A Província de São Paulo / O Estado de São Paulo

Data	Página	Conteúdo
15/01/1880	p. 3	*Assassinato em Campinas* – José Maria de Azevedo que se encontrava jantando em sua casa com seus companheiros, foi abordado em sua própria cozinha por David Bellinfanti e seu compadre Aquillo Rosa, ambos italianos. David foi morto, tendo como assassino um dos companheiros de José Maria, alegando este ter agido por legitima defesa. Nenhum dos três companheiros assumiu o crime e o delegado prendeu José Maria.
09/03/1880	p. 3	*Rio Claro* – Foi preso nesta cidade o italiano Vicente de tal, alfaiate, como indigitado no crime de homicídio do francês Hypólito Monjeane e no de ferimentos graves em Benoit Torst, cometidos em Campinas.
23/03/1880	p. 2	*Imigrantes Alemães* – No próximo mês de abril espera-se na Província do Rio Grande do Sul os primeiros transportes de colonos pommbianos. Calcula-se o número destes imigrantes de 3.000 pessoas. Toda essa gente vem se estabelecer no nosso império, independentemente de qualquer auxilio ou intervenção do governo. Se o fato se realizar, pode aquela província, e com ela todo o país exultar, porque será o primeiro princípio de imigração espontânea, de uma raça robusta e laboriosa, morigerada e grata, que de pequena escala já mostrou o quanto serve para a agricultura.

(continua)

(continuação)

			E devemos estes benefícios aos esforços incansáveis do notável publicista Carlos de Koseritz, que a tantos anos está trabalhando para tornar conhecido na Alemanha o nosso país.
14/04/1880		p. 2	*Espancamento* – Na vila de Santo Amaro, foi preso em flagrante José Antonio de Campos Silva, conhecido por José Mandy, autor do espancamento da pessoa do italiano Afonso Daniel. A autoridade fez exame de corpo de delito no ofendido e está procedendo a inquérito policial.
28/04/1880		p. 2	*Campinas* – No domingo a noite foi assassinado o português Manoel Simões, empregado nas oficinas da Cia. Mogyana. O fato se deu na Rua São José, em uma luta que interviram alguns indivíduos contra Manoel Simões, que estava com duas mulheres de má conduta. O autor do ferimento não foi descoberto. Presos os que se achavam no ato, procede a polícia ao inquérito.
31/07/1880		p. 2	*Dez milhões de Imigrantes* – As últimas estatísticas afirmaram que nos últimos cinco anos, 10 milhões de imigrantes desembarcaram na América do Norte. Em compensação, o liberal Ministério do Srs. Saraiva Homem de Melo e Pedro Luiz está tratando de facilitar a vinda e instalação dos jesuítas expulsos da França e da Bélgica.
06/08/1880		p. 1	*Colonização e emancipação* – O artigo mostra o desempenho do Ministério da Agricultura em elaborar meios de substituição do trabalho escravo com a presença de imigrantes que se identificam com o trabalho na lavoura, deixando clara a preferência de trabalhadores europeus, buscando oferecer a estes, como forma de benefício, a elaboração de um projeto de leis de terras, com relação à concessão de terras a prazo. Quanto a medidas indiretas, o governo pensa empregar toda sua influencia para que sejam adotados o casamento civil, a legitimidade dos católicos, a grande naturalização e todas as medidas que façam o engrandecimento da pátria. Esta questão prende-se com relação à colonização chinesa: o governo atual não toma a Sem informação nem concede privilégios para a importação de coolins, nem mandá-los buscar por sua própria conta, não sabe se considerará as mesmas vantagens com relação às terras públicas. O fim deles é se empregarem como simples trabalhadores e aquelas concessões carecem de estudos. O conselho do Estado também está incumbido de estudar o que fazer com os escravos abolidos e propor um projeto de respeito.
07/08/1880		p. 2	*Imigrantes* – Nos três primeiros meses deste ano, chegaram aos EUA os seguintes emigrantes: 12.683 ingleses; 9.875 alemães; 1.902 austro-húngaros; 3.660 escandinavos; 558 holandeses; 1.693 italianos e 701 russos. Já neste rico Brasil, mesmo em pleno domínio dos liberais, a única cousa que se trata é de nos mandarem chineses!
22/08/1880		p. 2	*Emigração da Itália* – Esse artigo mostra dados estatísticos de pessoas que migraram para outros países para trabalhos temporários ou permanentes: Dos verdadeiros emigrantes 64% são agricultores. Fração maior do que nos três anos anteriores, a saber, 31% se dirigem a países além-mar, quase exclusivamente para a América". O artigo se encerra mostrando os locais de onde vieram as maiorias desses emigrantes.
21/09/1880		p. 1	Artigo sobre as discussões feitas pela comissão do Senado, na qual estão marginalizando assuntos como: a elegibilidade dos acatólicos e a dos brasileiros naturalizados. Assuntos estes que englobam a situação do imigrante no país, como se afirma: O direito conferido a acatólicos e aos naturalizados pouco influenciará na política. O que é incontestável é a imensa vantagem

(continua)

(continuação)

		na concorrência do Brasil com as outras nações da América quanto à emigração dos povos europeus. A crítica tem origem no corte, promovido pelo Governo, das despesas com a imigração, o auxílio à lavoura e outras indústrias do país.
23/10/1880	p. 2	*Colonização* – Chegaram 16 famílias de imigrantes italianos para trabalharem na fazenda do Sr. Tenente Coronel Antonio Leme da Fonseca. Estas famílias irão reforçar o núcleo de colonização já estabelecido. Façam-se votos que este tipo de exemplo seja imitado.
03/12/1880	p. 2	*Imigrantes espontâneos* – Vieram ante ontem da Corte, famílias de lombardos constando-se de 48 pessoas e se destinam ao estabelecimento agrícola do Sr. Barão de Souza Queiroz. Vieram também para Pindamonhangaba nas mesmas condições 12 colonos italianos para o estabelecimento do Sr. Marcondes Lobato.
11/12/1880	p. 1	*Questões Sociais / A imigração* – O artigo faz uma série de questionamentos sobre os motivos que levam pessoas a migrarem de tão longe para trabalhar em terras desconhecidas.
15/12/1880	p. 2	*Internação de Imigrantes* – O Ministro Sr. Conselheiro Homem de Melo deliberou que a internação de imigrantes, agora chegados da Europa ao Rio de Janeiro, seja feita na província de São Paulo, onde oferece melhores condições de salubridade para que o imigrante encontre logo vantajoso estabelecimento.
21/12/1880	p. 2	*Imigrantes Internados* – Chegaram ao Rio, pelo vapor Berlim, 678 imigrantes italianos, que imediatamente foram embarcados para Santos no vapor América.
23/12/1880	p. 2	*Internados* – Dos 600 e tantos imigrantes lombardos e tiroleses, chegados nesta capital e estabelecidos na chácara do Bom Retiro, alguns poucos já seguiram para o interior, ajustados por agricultores e industrial. A máxima parte das famílias destina-se a colônias do Paraná, Santa Catarina e Rio Grande.
25/01/1881	p. 3	*Roubo a mão armada* – A 19 do corrente mês, ao que diz a *Gazeta de Notícias*, seis italianos saquearam a casa de uma fazenda, entre a estação do Sítio e a do Barroso, na linha férrea do Oeste de Minas, levando, além de vários objetos de valor, 12 contos de réis e esfaqueando o dono da fazenda que se achava só.
29/01/1881	p. 1	*Associação Agrícola e Comércio* – A Associação convoca os sócios para uma reunião na qual será estudado o projeto de seu estatuto, com 16 artigos, incluindo um que declara os objetivos da entidade: Promover e auxiliar o desenvolvimento da agricultura, do comércio, da indústria, da colonização e imigração na Província de São Paulo.
13/02/1881	p. 1	*Imigrantes portugueses* – Este artigo, assinado por *Um Português,* denuncia o que aconteceu na noite anterior quando encontrou na porta do alojamento uma turma de imigrantes portugueses que se encontravam molhados. Ao perguntar-lhes o que havia ocorrido, responderam-lhe que haviam chegado anteontem no trem da noite e foram de baixo de chuva levados ao Bom Retiro, lugar escolhido para receber os imigrantes, onde tiveram como respaldo um pouco de arroz e carne, e como leito o assoalho de uma esteira, sem cobertura para os agasalhar, ficando durante a noite enxugando a roupa no corpo ou como outros, nus. A indignação diante do ocorrido levou o indivíduo que assina este artigo a procurar explicações com o Sr. Vice-cônsul e a denunciar o desrespeito neste jornal.
15/02/1881	p. 1	*Imigrantes portugueses* – Resposta do Sr. Nicolao de Souza Queiroz sobre o fato relatado no último Domingo.

(continua)

(continuação)

		A resposta do Sr. Queiroz tira toda e qualquer responsabilidade sobre ele e o estabelecimento no qual dirige. Ainda acrescenta que os imigrantes portugueses que ali chegaram fizeram muita baderna e exigiram até aguardente.
18/02/1881	p. 2	*Imigrantes internados* – Neste artigo há um pedido de providências do Governo na área de internação dos passageiros, já que estaria havendo muitos desencontros, os quais muitas vezes ofende o direito dos indivíduos que são forçosamente obrigados a virem para São Paulo, mesmo querendo permanecer no Rio de Janeiro.
25/05/1881	p. 1	*O problema do trabalho II / O trafico dos coolies e a imigração asiática* – Um trecho deste artigo mostra claramente o tom e a propaganda antichinesa feita repetidas vezes neste jornal. O resultado é que os chineses têm se aproveitado exclusivamente de muitas profissões, pela numerosa concorrência que fazem nas indústrias nacionais e estrangeiras. A raça chinesa cresce, alastra-se, multiplica-se, estende-se, começam por conquistar alguma rua, depois de bairros inteiros e acabam por formar pequenas cidades mongolizadas. Ora, os chineses, como temos largamente demonstrados, se tiverem que afluir no Brasil em grossas correntes, o que é duvidoso, nos colocaram nas seguintes emergências: abundância de seu número dentro das cidades, monopolizando indústrias, não só afastarão de nós as outras raças assimiláveis, como criara as maiores dificuldades aos trabalhadores nacionais, que não se poderão manter com os mesquinhos meios de subsistência com o que em geral se contentam os proletários chineses.
04/01/1882	p. 3	*Serviço de Imigração* – Foi aberto crédito de 5:000$000 para ocorrer às despesas no serviço de imigração, hospedagem e auxílio aos imigrantes que procuram esta província.
11/01/1882	p. 3	*Internação de Imigrantes* – Foi comprado um armazém no Pary, que será utilizado para receber 1.500 imigrantes e está situado à pequena distância das linhas Norte.
20/01/1882	p. 3	*Imigrantes* – Artigo refere-se aos imigrantes lombardos e tiroleses que chegaram no dia anterior à capital: Estes chefes de família haviam vindo antes para o Brasil para constatar as formas de trabalho. Tendo bons resultados, resolveram trazer suas famílias para se estabelecerem neste país, onde foram imediatamente contratados por lavradores.
26/02/1882	p. 3	*Internação de Imigrantes* – Reclamações sobre a Hospedaria de Imigrantes no Pary.
22/03/1882	p. 2 p. 2	*Internação dos Imigrantes* – Nota do substituto vice-cônsul Abílio A. S. Marques, a respeito das providências tomadas diante do problema que tiveram com imigrantes portugueses internados. *Internação* – O Correio paulistano desmente as acusações que estão sendo publicadas contra o diretor da internação da capital.
16/04/1882	p. 1	*Colonização* – Primeira parte de um longo artigo sobre esse tema neste jornal, com o intuito de melhor explicar a necessidade da imigração em substituição ao trabalho escravo. (Os demais trechos foram publicados em 19 e 30 de abril, e 2 de maio).
06/05/1882	p. 3	*Imigração Açoriana* – Em 1881 imigraram da ilha de São Miguel 3.167 pessoas, das quais seguiram para o Brasil 2.238 pessoas.
10/05/1882	p. 2	*Passagem gratuita a imigrantes* – O governo imperial concede àqueles que quiseram embarcar para o Brasil transporte gratuito da cidade do Rio de Janeiro até as Províncias onde queiram se estabelecer.
14/10/1882	p. 1	*Caçada de Imigrantes* – Esse artigo discute a questão contratual para atrair imigrantes de forma espontânea.

(continua)

(continuação)

24/10/1882	p. 1	*Colonização* – Este artigo, de autoria de Rafael de Barros, faz uma crítica da Casa Comercial Fiorita & Tavolara, que tinha contrato para a introdução de imigrantes.
03/01/1883	p. 2	*Imigrantes* – Anteontem, pelo trem do norte, chegaram 127 imigrantes das Ilhas Canárias que foram alojados no estabelecimento provincial no Bom Retiro e seguiram ontem para Rio Claro para fazenda Angélica do Sr. Barão Grão-Mogol.
09/01/1883	p. 2	*Imigração* – Dos 127 imigrantes que chegaram das Ilhas Canárias para trabalhar na fazenda do Barão Grão-Mogol, apenas 50 foram contratados, o restante permaneceu na capital, quase abandonados. Diante disto, se dirigiram à delegacia de polícia para que lhes providenciassem alimento, pois não se alimentavam desde as vésperas.
12/01/1883	p. 2	*Colonos Abandonados* – É apresentada a defesa do Barão do Grão-Mogol, a respeito do abandono de 77 imigrantes vindos das Ilhas Canárias, onde se incluía um grande número de crianças. Segundo o Barão, isso não estava estabelecido no contrato com o locador, mas sim o pedido de um total de 40 pessoas com, no mínimo, 19 homens de maior idade.
14/01/1883	p. 1	*A imigração alemã* – Rangel Pestana abre seu jornal para fazer os leitores dessa província estudarem a questão de receber imigrantes alemães, como está sendo feito no Rio Grande do Sul.
12/04/1883	p. 3	Propaganda da *Emanuele Cresta & C.*, oferecendo serviços àqueles que desejam contratar italianos.
19/04/1883	p. 1 e 2	*Imigração italiana* – Artigo em italiano referente às regras estabelecidas pelo governo italiano no processo imigratório.
13/06/1883	p. 1	*A lavoura da província* – Esse artigo fala sobre o *habeas corpus* concedido aos colonos canarinos que foram presos por não fazer valer o que estava no contrato com a agência de imigração *Agostinho, Pires & Comp.*, comerciantes da praça do Rio de Janeiro. (Seguem, em datas posteriores, diversos artigos discutindo a questão).
19/07/1883	p. 2	*Exposição italiana* – Relatório do Ministro da Agricultura menciona uma exposição agrária, artística e industrial que italianos pretendem promover em São Paulo.
14/10/1883	p. 2	*Colonos asiáticos* – Antes de assinar os contratos para a importação de colonos asiáticos no Brasil, o mandarim Tong-King-Sing quis primeiro conhecer nosso país e estudar a sua administração no que se refere à colonização.
20/10/1883	p. 1	*Trabalho livre* – Esse artigo, acompanhado de um quadro, trata das vantagens do trabalho livre e orienta os lavradores para a solução do problema social e econômico que os apavora. O quadro mostra o exemplo da fazenda de Santa Clara, no Rio de Janeiro, onde o sistema de parceria foi aplicado a 11 famílias livres; os colonos, além da meação no café, têm a metade da cana que produziram em 1883, além de plena liberdade e inteiro gozo na plantação de mantimentos, criação de porcos, etc.
05/12/1883	p. 1	*Editorial / Sociedade de Imigração* – O editorial do jornal faz um desabafo a respeito de inúmeras associações de imigração que surgem a fim de desenvolver a imigração e que mal são apresentadas ao público e já desaparecem. Formam estatutos, subscrevem-se sócios, nomeia-se a diretoria provisória e depois... Ninguém mais tratou de tal associação.
25/12/1883	p. 1	*Imigrante-proprietário* (saiu na *Gazeta de Notícias*) – Essas duas colunas do jornal são usadas para convencer os grandes proprietários que, diante da crise de excesso de terras e de falta de braços para cultivá-las, o melhor a fazer é dividir suas fazendas em lotes e vender aos imigrantes.

Hospedaria de Imigrantes
Memorial do Imigrante

Criado em 1998, esse memorial tem sua origem nos anos oitenta do século XIX, quando foi inaugurada a *Hospedaria de Imigrantes* na cidade de São Paulo, cuja história confunde-se, em larga escala, com a história do Estado de São Paulo e com a de muitos dos órgãos ligados à Secretaria da Agricultura que, em épocas distintas, foram responsáveis pelos serviços de terras, colonização e imigração[1].

No período que precede à Proclamação da República (1889) e que antecede à criação da Secretaria de Agricultura (1892), todos os assuntos ligados aos serviços de imigração, colonização e terras estavam sob a alçada tanto do governo imperial quanto do governo provincial. O governo imperial atuava na capital paulista por meio de órgãos como a Inspetoria Geral de Colonização, que na Província era representada pela Inspetoria Especial das Terras em São Paulo, pela Agência Oficial de Colonização em São Paulo e pela Delegacia de Terras e Colonização. Ao governo provincial (e posteriormente estadual) cabia, entre outros, a estrutura para recepção e encaminhamento dos imigrantes baseada na Hospedaria de Imigrantes da Capital, que funcionou

---

[1] Paiva, O. da C. (2000a). *Introdução à História da Hospedaria de Imigrantes em seus aspectos institucionais e guia do acervo*. São Paulo: Memorial do Imigrante; Paiva, O. da C. (2000b). *Breve história da Hospedaria de Imigrantes e da Imigração para São Paulo*. São Paulo: Memorial do Imigrante.

como um centro no qual gravitavam outros departamentos que, direta ou indiretamente, tratavam de questões relacionadas aos serviços de imigração, colonização e terras. Entre eles, a Agência Oficial de Imigração no Porto de Santos, a Hospedaria de Campinas, a Agência Oficial de Imigração de Cachoeira Paulista e a Hospedaria Provisória de São Bernardo.

Com a criação da Secretaria da Agricultura, Comércio e Obras Públicas, em 1892, a Inspetoria de Terras, Colonização e Imigração (ITCI) passou a ser subordinada a essa Secretaria, que concentrou a gestão do processo imigratório para São Paulo no chamado período de imigração de massa.

Em 1900, uma reforma administrativa criou duas seções na Secretaria de Agricultura: a que passou a ser denominada 2ª Seção assumiu as funções da ITCI e funcionou entre 1900 e 1905. Nesse último ano, 1905, durante a gestão de Carlos Botelho, como Secretário da Agricultura, foi criada a Diretoria de Terras, Colonização e Imigração (DTCI, 1905-1911), que passou a subordinar a Hospedaria de Imigrantes. A antiga Agência Oficial de Imigração no Porto de Santos foi restabelecida em 1907 com o nome de Inspetoria de Imigração do Porto de Santos, subordinada à DTCI. Os fundos documentais dessa Inspetoria encontram-se hoje depositados no Arquivo Público do Estado de São Paulo.

O acervo do Museu da Imigração/Memorial do Imigrante, de acordo com Paiva[2], é resultado de três funções básicas atribuídas à Secretaria da Agricultura: gestão da política de terras, gestão da política de mão-de-obra (imigração e migração) e da política de colonização. As funções da Secretaria de Agricultura acabaram, então, por produzir tipos documentais específicos, ligados à política de terras (discriminação de terras devolutas e fomento à produção agrícola), à política de colonização e à política de mão-de-obra. No que diz respeito a estas duas últimas é que se concentraram os nossos esforços de exploração do referido acervo[3].

1 Listas de bordo

- Descrição: conjunto de listas de imigrantes, elaboradas a bordo das embarcações.
- Conteúdo: há duas séries de listas, a de Imigrantes Entrados (1888-1978) e a de Imigrantes Saídos (primeiros anos do século XX até a década de 1950). O formato das listas varia ao longo do tempo, chegando a ser bastante detalhado, mas, de uma maneira geral, apresenta os seguintes campos: nome, nacionalidade, profissão, idade, religião, sexo, grau de instrução, estado civil, destino (fazenda,

---

[2] PAIVA, O. da C. *Introdução à história da Hospedaria de Imigrantes em seus aspectos institucionais e guia do acervo.* São Paulo: Memorial do Imigrante, 2000; PAIVA, O. da C. *Breve história da Hospedaria de Imigrantes e da imigração para São Paulo.* São Paulo: Memorial do Imigrante, 2000.
[3] idem.

nome do fazendeiro), composição familiar, nome do navio, data de entrada na Hospedaria, data de saída da Hospedaria.
- Acervo: número não especificado de listas, em sua maioria microfilmadas.

2   Livros de registro de imigrantes e migrantes alojados na Hospedaria do Bom Retiro e na Hospedaria do Brás

- Descrição: conjunto de livros de registro dos imigrantes entrados na Hospedaria.
- Conteúdo: livros cobrindo os anos de 1882 a 1930. Os campos de registro são praticamente os mesmos das listas de bordo
- Acervo: 109 livros, em sua maioria microfilmados. Um total de 1.600.000 registros individualizados já foram informatizados em uma base de dados, podendo ser livremente acessados através de terminais disponíveis no Memorial.

3   Processos administrativos da Secretaria da Agricultura

- Descrição: processos originários da Secretaria da Agricultura.
- Conteúdo: processos estabelecidos por diversos órgãos da Secretaria da Agricultura, identificados pelas siglas TIC, DTC, DTCI, DIC, SIC, entre outros. Os processos dizem respeito a indivíduos, ou a temas, tal como vistorias a núcleos coloniais e discriminação de terras, além de tratarem de assuntos burocráticos da Secretaria da Agricultura.
- Acervo: aproximadamente 15.000 processos dos finais dos anos 1920 até a década de 1960. Está sendo elaborada uma base de dados informatizada, na qual os processos podem ser identificados pelo nome do interessado, pelo assunto ou pela data.

O abaixo assinado, Salvador Dinardo com 34 anos de idade, de nacionalidade italiana procedente de Boa Esperança e residente em fazenda Alabama com profissão de agricultor e estando trabalhando em mesma fazenda pede que seja concedido o lote nº 15 do núcleo colonial Gavião Peixoto sujeitando-se ao disposto nas leis e regulamento em vigor e, quanto ao pagamento, compromete-se a pagar a vista a 1ª prestação, correspondente a quinta parte do valor do lote, pagando o restante em iguais prestações anuais. (DTCI, caixa 4, 1908, Formulário com pedido de Salvador Dinardo para concessão de lote no núcleo colonial Gavião Peixoto, 1908. Segue-se a informação: Sua família é composta de mulher de 30 anos de idade, 2 filhos com 4 e 2 de idade e mai do requerente com 55 anos de idade. No mesmo processo, constam, ainda, recibos de pagamento de prestações, ofícios do diretor do núcleo colonial, pedido de Salvador Dinardo para transferir o referido lote para Domingos Morabelli após o pagamento da 3ª prestação, título provisório, recibo de venda de lote, documento de transferência do lote).

4   Fichas e processos do Serviço de Registro de Estrangeiros

• Descrição: fichas e processos produzidos pelas Delegacias de Polícia de Catanduva, Itajobi, Novo Mundo, Tabapuã e Ariranha.
• Conteúdo: as fichas e processos contêm as seguintes informações: nome, data de chegada no Brasil, composição familiar, profissão, residência, etc.
• Acervo: aproximadamente 6.000 processos entre 1938 e meados da década de 1940. Está sendo elaborada uma base de dados informatizada, na qual as fichas e processos podem ser localizados.

5   Fichas de registro de Imigrantes – Mão-de-obra qualificada e curriculum vitae – CIME

• Descrição: fichas de registro de trabalhadores imigrados e refugiados de guerra, entrados através de acordos internacionais.
• Conteúdo: fichas individuais, contando com os seguintes campos: nome, posição familiar, status (tipo de programa de inserção familiar), profissão, nacionalidade, procedência, estado civil, data de nascimento, idade, sexo, religião, instrução, filiação, data de chegada, local de residência, experiência profissional, empresa onde será colocado, composição do grupo familiar.
• Acervo: aproximadamente 40.000 fichas entre 1947 e o final do ano de 1970. Está sendo elaborado um índice informatizado.

6   Fichas de registro de imigrantes – Secretaria da Segurança Pública do Estado de São Paulo – (1947 a fim dos anos 1970)

• Descrição: fichas produzidas pela Secretaria da Segurança Pública, com vistas a controlar a presença de estrangeiros, imigrantes ou temporários, em território paulista.
• Conteúdo: fichas informando nome, navio, data de nascimento, filiação, profissão, data de entrada, foto, estatura, sinais particulares e, em algumas, informações gerais sobre a vida profissional do estrangeiro.
• Acervo: 500.000 fichas, divididas em duas classificações, por nome e por nacionalidade.

7   Documentos pessoais

• Descrição: documentos de imigrantes, muitos dos quais doados em anos recentes.
• Conteúdo: passaportes, cartas de chamada, carteiras de trabalho, correspondência pessoal, fotos.
• Acervo: documentação variada, cobrindo desde o início do século XX até a década de 1950.

8   Fotografias

• Descrição: amplo acervo de fotografias, produzidas no âmbito dos serviços da Secretaria da Agricultura ou doadas.
• Conteúdo: fotografias relacionadas aos serviços de imigração, colonização, recepção e encaminhamento de mão-de-obra. Encontram-se fotografias sobre as atividades da Hospedaria, núcleos coloniais, trabalhos das equipes de discriminação de terras; há, também, fotos produzidas por diversas fontes, que retratam aspectos variados da imigração, tanto para o meio rural quanto para a cidade, tal como imagens de instalações de empresas fundadas por imigrantes, de festas, de greves e do ambiente de trabalho.
• Acervo: a maioria das fotos refere-se às décadas de 1930 e 1940, e parte está digitalizada.

9   Mapas e plantas

• Descrição: mapas e plantas elaborados pela Secretaria da Agricultura ou pela Secretaria da Justiça, estes relacionados à questão de conflitos de terras.
• Conteúdo: há 30 gavetas de acervo, com muitos mapas e plantas de núcleos coloniais e áreas de colonização, conforme se vê pela amostragem apresentada adiante.
• Acervo: esse acervo cobre desde o início do século XX até a década de 1960.

Amostragem do acervo de mapas e plantas

Localização	Conteúdo
Gaveta 1	- Colônia Pariquera-assú / terras devolutas / núcleo colonial / lotes urbanos; - Núcleo colonial Conde do Pinhal / Ubatuba, projeto de divisão em lotes das terras doadas pela Câmara Municipal; - Colônia de Iguape / colônia japonesa – lotes vagos.
Gaveta 2	- Planta do território da colônia de Cananéia do ano de 1864 a 1927; - Mapa geral da colônia de Iguape; - Colônia de Iguape – programa de regularização de terras devolutas no Vale do Ribeira.
Gaveta 3	- Sede da Colônia de Registro / Estrada de ferro Santos a Santo Antonio de Juquiá / planta geral; - Mapas do sítio do Conchal e Ribeirão de "Etá" / Projeto de casa do médico do núcleo colonial em Conchal / enfermaria do núcleo colonial.
Gaveta 6	- Núcleo colonial de São Bernardo.
Gaveta 7	- Loteamento e colonização da fazenda Capivari, Campinas; - Planta da fazenda do Funil; - Planta do núcleo colonial de São Bernardo; - Planta do núcleo colonial Campos Salles; - Núcleo colonial Nova Veneza.
Gaveta 10	- Núcleo colonial Carlos Botelho – detalhes topográficos da sede; - Primeiro perímetro de São Miguel Arcanjo. Posses justificadas, com nacionalidades diversas, entre elas espanhóis, portugueses e italianos.
Gaveta 11	- Plantas do núcleo colonial Barão de Antonina.
Gaveta 12	- Planta do núcleo colonial da Comarca e Município de Itaporanga.
Gaveta 13	- Planta do núcleo colonial Jorge Tibiriçá. Consta, além das plantas e mapas, uma lista datilografada com os nomes dos proprietários, com informações individuais para cada um deles; encontram-se indivíduos portugueses, espanhóis e italianos.
Gaveta 16	- Núcleo colonial Antonio Prado, Ribeirão Preto.
Gaveta 17	- Planta do núcleo colonial Rodrigo Silva / divisão de lotes de terras devolutas (Porto Feliz); - Núcleo Conselheiro em Porto Feliz / planta da estrada ligando à sede da colônia Rodrigo Silva; - Sede colonial do núcleo Jundiaí.
Gaveta 18	- Planta do núcleo colonial do Cascalho, Limeira; - Núcleo colonial Martinho Prado Jr. / Fazenda Barra; - Núcleo colonial Boa Vista / Fazenda Boa Vista, Corumbataí; - Núcleo Conde de Parnaíba.
Gaveta 19	- Núcleo colonial Sabaúna, planta dos lotes urbanos e sede; - Núcleo colonial Sabaúna, 1º, 2º e 3º distritos.
Gaveta 20	- Planta geral do núcleo colonial São Bernardo – planta de terras devolutas; - Núcleo colonial São Bernardo, sede e linha Meninos – São Bernardo Velho – Jurubatuba; - Planta da linha do Rio Grande, núcleo colonial São Bernardo.
Gaveta 21	- Núcleo colonial Quiririm, Taubaté: área urbana, suburbana e rural.
Gaveta 22	- Núcleo colonial Nova Europa, planta parcial do ex-núcleo municipal Tabatinga; - Planta dos núcleos coloniais do Cambuhy, mostrando a parte reconstruída do Conselheiro Gavião Peixoto; - Planta geral dos núcleos do Cambuhy; - Planta da sesmaria do Cambuhy; - Nova Paulicéia, do núcleo Gavião Peixoto.

(continua)

(continuação)

Gaveta 23	- Núcleo colonial Canas, Lorena: área a ser destinada aos lavradores chineses; - Projeto de loteamento de parte da fazenda do Rio do Braço, Bananal.
Gaveta 24	- Parte do sítio de Ipanema – terras pertencentes ao Hospital do Imigrante; - Planta da Hospedaria com indicação da área desapropriada.
Gaveta 25	- Mapas de entradas e saídas de imigrantes estrangeiros pelo porto de Santos de 1908 a 1945.
Gaveta 26	- Planta da sede do núcleo colonial Ribeirão Pires; - Planta dos lotes nº 1 a 25; - Mapa topográfico das terras de São Caetano medidas e demarcadas.
Gaveta 27	- Colônia da Glória, São Paulo; - Planta da fazenda Aliança Sociedade Colonizadora do Brasil; - Planta do núcleo colonial Santana; - Núcleo colonial Bandeirante; - Planta do núcleo colonial Bom Sucesso.
Gaveta 29	- Departamento Nacional do Povoamento, núcleos coloniais federais.

Fundação Sistema Estadual de Análise de Dados – FSEADE

A FSEADE é um órgão que descende em linha direta da antiga Repartição de Estatística e Arquivo do Estado, criada em março de 1892, na nascente República e então responsável pelos *"originais de toda documentação administrativa e de interesse público para o Estado de São Paulo, bem como por todos os serviços de estatística e cartografia oficiais ou entregues por particulares"*.

Após alguns desdobramentos e divisões, quase meio século depois, em outubro de 1938, em plena vigência, portanto, do Estado Novo, uma parte daquela antiga repartição converteu-se no Departamento Estadual de Estatística (D.E.E.). Dez anos depois, em função de uma crise de jurisdição com o IBGE, a mesma ressurgiu, em dezembro de 1950, com a denominação de Departamento de Estatística do Estado de São Paulo (DEESP). Finalmente, em setembro de 1976, o DEESP teve suas atribuições absorvidas pela Coordenadoria de Análise de Dados (CAD), órgão também responsável pela coordenação do Sistema Estadual de Análise de Dados Estatísticos, sistema esse que, em 1978, ganharia vida própria e status de Fundação.[4]

---

[4] As informações precedentes foram retiradas do *site*: http://www.seade.gov.br.

Por ter recolhido boa parte da documentação estatística referente à Província e depois ao Estado paulista, a FSEADE possui um acervo interessante e essencial para o perfil da imigração internacional que para São Paulo se dirigiu.

O levantamento nesse acervo selecionou os núcleos documentais relacionados a seguir.

1   Relatórios da Repartição de Estatística e Arquivo do Estado

Publicação anual que normalmente era endereçada ao titular da Secretaria de Estado dos Negócios do Interior e da Justiça, cuja pasta a referida Repartição se vinculava. No SEADE, o primeiro relatório disponível é referente ao ano de 1893 (a Repartição foi criada no ano anterior) e dele consta uma série de informações interessantes para os estudos imigratórios, boa parte delas organizada por município:

- imigrantes saídos do alojamento da capital no ano, mês a mês, por estação de destino em cada município;
- total dos nascimentos (por mês), hora, sexo, vivos ou natimortos, legítimos ou ilegítimos, local (domicílio ou hospital) e nacionalidade do pai e da mãe;
- total dos casamentos (por mês), estado civil anterior segundo o gênero, grau de parentesco, filiação (legítima ou ilegítima), religião, regime, idade dos casais e nacionalidade;
- total de óbitos (por mês), hora, estado civil, local (domicílio ou hospital), profissões, nacionalidade, moléstia, idade e sexo.

Para a capital, as informações são mais completas e envolvem também:

- o levantamento dos estrangeiros (por nacionalidade) que aceitaram a nacionalidade brasileira;
- crimes cometidos, por nacionalidade;
- detentos na penitenciária, por nacionalidade.

As mesmas informações são apresentadas também para o relatório referente ao ano de 1895.

Em 1896, o relatório assume uma estrutura mais definida, composta das seguintes partes:

1. Divisão judiciária e administrativa (em que constam as comarcas, os municípios e respectivos distritos de paz);
2. Eleitoral (em que constam, por município, a composição do eleitorado por profissões, as respectivas idades e o estado civil dos eleitores);

3. Imigração (em que constam, por município, os imigrantes saídos do alojamento com passagens pagas pelo Estado);
4. Movimento da População (em que constam dados sobre nascimentos, casamentos e óbitos – já descritos anteriormente – por município; e na capital, por distrito de paz);
5. Estatística Econômica (em que constam dados – incompletos – a respeito da produção agrícola, extrativa e zootécnica, por município; características dos núcleos coloniais – então apenas 5; estado financeiro das Câmaras Municipais);
6. Estatística Moral (de particular interesse aqui é a relação de periódicos por município, com respectivo tempo de existência).

Tal estrutura manter-se-á ao longo dos relatórios posteriores e servirá de base à estrutura dos Anuários Estatísticos publicados com a entrada do novo século.

2   Anuários Estatísticos de São Paulo

Publicação cujo início data de 1902. Até 1910, os anuários trazem dados, organizados por município, de: entrada e reentrada de imigrantes segundo a nacionalidade, nascimentos (legítimos e ilegítimos), segundo a nacionalidade do pai e da mãe, casamentos em que constam as nacionalidades dos cônjuges estrangeiros e óbitos por nacionalidade.

A partir de 1911, os dados, sempre organizados por município, não discriminam mais a nacionalidade dos estrangeiros, agrupando-os nessa categoria mais geral. De 1921 a 1927, só existem dados desagregados para a capital, Santos e mais dois ou três municípios. A partir de 1928, começa a desagregar novamente para todos os municípios, até o ano seguinte, quando a publicação é interrompida, para ser retomada apenas em 1941.

3   Estatística Agrícola e Zootécnica no ano agrícola de 1904-1905

Organizada por Carlos José Botelho, filho do Conde do Pinhal e titular, à época, da Secretaria da Agricultura, Comércio e Obras Públicas do Estado de São Paulo, no governo de Jorge Tibiriçá, esta publicação de 1908 constitui o melhor panorama da situação dos municípios na primeira década do século XX. Seu especial interesse para os estudos migratórios deriva do fato de as informações estarem organizadas por município e, no interior de cada município, constar a lista nominal dos proprietários de terra existentes, com suas respectivas nacionalidades, bem como uma série de informações associadas a cada propriedade rural, que passamos a elencar:

- área em alqueires (total, cultivada, em mata, em capoeira, em campos e pastos, em brejo e terras imprestáveis);
- qualidade predominante das terras;
- culturas existentes (café, cana, algodão, arroz, milho, feijão, fumo, videiras e diversas), com áreas ocupadas e produção;
- valor do solo por alqueire;
- valor total da propriedade em mil réis;
- número de trabalhadores nacionais e estrangeiros;
- plantéis de gado (cavalar, vacum, muar, lanígero e caprino, e suíno), com suas respectivas raças;
- produtos de origem animal (laticínios, carnes diversas, lã, aves domésticas, apicultura e sericicultura).

Digna de nota é a informação relativa à proporção de trabalhadores nacionais e estrangeiros em cada propriedade. Além disso, a publicação oferece ainda um resumo da situação geral de cada município, e também outras informações relevantes relativas às condições geográficas (rios, cachoeiras, jazidas), às práticas agrícolas utilizadas, ao fluxo de produtos, às moléstias mais comuns observáveis na agricultura e na pecuária, à rede de transporte, aos sistemas empregados de contratação de mão-de-obra, aos preços dos produtos e valores da produção e à ocorrência de associações de lavradores.[5]

4 O Café: Estatística de Produção e Comércio

A primeira publicação dessa série composta de 20 volumes, publicada anualmente, ocorreu no ano de 1917 (referente ao ano agrícola 1916 – 1917) e a última em 1936. O interesse de tal publicação para os estudos migratórios deriva do fato de disponibilizar dados, organizados por município, referentes:

- ao número de cafeeiros produzindo no município desde a safra de 1909-1910;
- à produção total do ano agrícola no município, em arrobas, desde a safra de 1909-1910;

---

[5] Essa estatística encontra-se também no acervo da biblioteca do Instituto Agronômico de Campinas.

- à produtividade dos cafezais (@/mil pés de café) no município, desde a safra de 1909-1910;
- à relação nominal dos (20) principais produtores de café no município (distritos), com o respectivo número de cafeeiros sob sua propriedade;
- a partir de 1926, consta também o número de cafeeiros novos no município.

Portanto, além da evolução, ano a ano, da relação nominal dos principais cafeicultores no município, é possível se recompor, a partir de tal publicação, uma série histórica de 26 anos da estatística de produção de café em cada município, entre as safras de 1909-1910 e 1935-1936. Em função da estreita vinculação entre produção cafeeira e atração de imigrantes pelos municípios, justifica-se aqui sua inclusão.

5   Estatística Agrícola e Zootécnica organizada pela Diretoria de Estatística, Indústria e Comércio, 1930-1931

Publicada em 1932, o interesse de tal estatística para os estudos em história social da imigração reside no fato de ela dispor de dados, organizados por município (agrupados em distritos), nos quais são arrolados o número, a área e o valor das propriedades agrícolas e sua distribuição por nacionalidades (brasileiros, portugueses, italianos, espanhóis, alemães, franceses, austríacos, sírios, japoneses, ingleses e diversos). Dela constam também outros dados relativos a cada município, como distribuição das propriedades por faixas de área, produção de café, cereais e diversos, produção de frutas, estatística zootécnica, indústria açucareira, frigoríficos e charqueadas, matadouros municipais, descaroçadores de algodão, máquinas de beneficiar arroz e laticínios. Contudo, todas essas informações não se encontram correlacionadas às nacionalidades. A publicação também é atrativa pelo fato de se referir ao início dos anos 30, ponto mediano entre os censos nacionais de 20 e 40.

6   Estatística Industrial do Estado de São Paulo

Publicada pela Secção Industrias, da Directoria de Estatistica, Industria e Commercio, da Secretaria de Agricultura, Industria e Commercio do Estado de São Paulo, essas estatísticas industriais abrangem os anos compreendidos entre 1928 e 1937. Elas trazem o nome do proprietário e/ou da firma ou companhia, o endereço, o valor do capital, número de operários, a força-motriz utilizada, o produto fabricado e ainda destinam um espaço a observações diversas. Com exceção da relativa ao ano de 1934, não apresentam os dados agregados por nacionalidade. No entanto, como são nominativas, é possível, através do sobrenome do proprietário, identificar sua origem étnica. A maior dificuldade, no entanto, reside na identificação dos portugueses, que têm sobrenomes iguais a muitos brasileiros.

SÃO PAULO. Secretaria da Agricultura, Industria e Commercio do Estado de S. Paulo. Directoria de Estatistica, Industria e Commercio. Secção Industrias. **Estatistica Industrial do Estado de S. Paulo. Anno de 1928.** São Paulo: Typ. Casa Garraux, 1930.

SÃO PAULO. Secretaria da Agricultura, Industria e Commercio do Estado de S. Paulo. Directoria de Estatistica, Industria e Commercio. Secção Industrias. **Estatistica Industrial do Estado de S. Paulo. Anno de 1929.** São Paulo: Typ. Casa Garraux, 1930.

SÃO PAULO. Secretaria da Agricultura, Industria e Commercio do Estado de S. Paulo. Directoria de Estatistica, Industria e Commercio. Secção Industrias. **Estatistica Industrial do Estado de S. Paulo. Anno de 1930.** São Paulo: Typographia Garraux, 1931.

SÃO PAULO. Secretaria da Agricultura, Industria e Commercio do Estado de S. Paulo. Directoria de Estatistica, Industria e Commercio. Secção Industrias. **Estatistica Industrial do Estado de S. Paulo. Anno de 1931.** São Paulo: Typographia Garraux, 1933.

SÃO PAULO. Secretaria da Agricultura, Industria e Commercio do Estado de S. Paulo. Directoria de Estatistica, Industria e Commercio. Secção Industrias. **Estatistica Industrial do Estado de S. Paulo. Anno de 1932.** São Paulo: Typ. Casa Garraux, 1934.

SÃO PAULO. Secretaria da Agricultura, Industria e Commercio do Estado de S. Paulo. Directoria de Estatistica, Industria e Commercio. Secção Industrias. **Estatistica Industrial do Estado de S. Paulo. Anno de 1933.** São Paulo: Typ. Casa Garraux, 1935.

SÃO PAULO. Secretaria de Agricultura, Industria e Commercio do Estado de S. Paulo. Directoria de Estatistica, Industria e Commercio. Secção de industrias. **Estatistica Industrial do Estado de S. Paulo. Anno de 1934.** São Paulo: Typ. Siqueira, 1936. [Nessa estatística há um quadro-resumo das fábricas segundo a nacionalidade.]

SÃO PAULO. Secretaria da Agricultura, Industria e Commercio do Estado de S. Paulo. Directoria de Estatistica, Industria e Commercio. Secção Industrias. **Estatistica Industrial do Estado de S. Paulo. Anno de 1935.** São Paulo, 1937.

SÃO PAULO. Secretaria da Agricultura, Industria e Commercio do Estado de S. Paulo. Directoria de Estatistica, Industria e Commercio. Secção Industrias. **Estatistica Industrial do Estado de S. Paulo. Anno de 1936.** São Paulo, 1938.

SÃO PAULO. Secretaria da Agricultura, Industria e Commercio do Estado de S. Paulo. Directoria de Estatistica, Industria e Commercio. Secção Industrias. **Estatistica Industrial do Estado de S. Paulo. Anno de 1937.** São Paulo: Freire & Cia, 1939.

No acervo da biblioteca do Instituto Agronômico de Campinas (IAC) também podem ser encontrados alguns exemplares dessas estatísticas.

7   Resumo do Movimento Demográfico-Sanitário do Estado de São Paulo

Publicado pelo Departamento de Saúde da Secretaria de Educação e Saúde Pública do Estado, a série abrange os anos compreendidos entre 1930 e 1939 e fornece dados, agregados por município, referentes:

- à área (km^2) do município;
- à população do último censo;
- à população calculada para o presente;
- a casamentos, por gênero (entre brasileiros e estrangeiros; entre os que sabem / não sabem ler; entre solteiros ou viúvos);
- a nascimentos (por gênero, legítimo / ilegítimo e por cor (brancos, pardos, pretos, amarelos);
- a natimortos (idem);
- a óbitos (por gênero, por cor e brasileiros / estrangeiros);
- a óbitos de menores de um ano (idem);
- a óbitos por doenças infecciosas e parasitárias;
- ao crescimento vegetativo;
- ao índice vital;
- às causas de morte;
- às causas de morte na infância.

8   Estatísticas Demógrafo-Sanitárias

Publicadas em forma de anuários pela Directoria do Serviço Sanitário do Estado de São Paulo, a partir de 1901, trazem as estatísticas vitais – nascimentos, casamentos e óbitos – segundo a nacionalidade do indivíduo ou, em se tratando de filhos de estrangeiros nascidos no Brasil, a nacionalidade dos pais ou do pai. O arrolamento dessa fonte e o resumo de seu conteúdo para o período de 1901 a 1928, assim como dos relatórios enviados ao Secretário dos Negócios do Interior do Estado de São Paulo pelo Diretor da Repartição da Estatística e Arquivo, entre 1893 a 1900,[6] que também contém essas estatísticas, são apresentados a seguir.

1893

SÃO PAULO. **Recenseamento do municipio da Capital,** em 30 de setembro de 1893. Relatorio apresentado ao cidadão Dr. Cezario Motta Junior, Secretario dos Negocios do Interior do Estado de São Paulo, pelo Director da Repartição da Estatistica e Archivo Dr. Antonio de Toledo Piza, em 31 de julho de 1894. Rio de Janeiro – Typ. Leuzinger – Rua do Ouvidor 31 & 36 – 1894.

SÃO PAULO. **Relatorio apresentado ao cidadão Dr. Cezario Motta Junior,** Secretario dos Negocios do Interior do Estado de São Paulo pelo Director da Repartição da Estatistica e Archivo, Dr. Antonio de Toledo Piza, em 31 de julho de 1894. Rio de Janeiro – Typ. Leuzinger – Rua do Ouvidor 31 & 36 – 1894.

Capital
   Nascimentos
   Nascimentos registrados no município da Capital durante o ano de 1893, segundo a nacionalidade dos pais [*discrimina a nacionalidade*]
   Casamentos
   Casamentos celebrados no município da Capital durante o ano de 1893, segundo a nacionalidade dos cônjuges [*nacionalidades brasileira e estrangeira*]
   Óbitos
   Óbitos ocorridos no município da Capital durante o ano de 1893, por mês, distrito e nacionalidade [*nacionalidades brasileira e estrangeira*]

Estado
   Nascimentos
   Nascimentos segundo a nacionalidade dos pais [*discrimina a nacionalidade*]
   Casamentos
   Casamentos segundo a nacionalidade dos cônjuges [*nacionalidades brasileira e estrangeira*]

---

[6] Esses relatórios encontram-se também no acervo do Arquivo Público do Estado de São Paulo.

Óbitos
Óbitos segundo nacionalidade [*nacionalidades brasileira e estrangeira*]

1894

SÃO PAULO. **Relatorio apresentado ao** [...], Secretario dos Negocios do Interior do Estado de São Paulo, pelo Director da Repartição da Estatistica e Archivo Dr. Antonio de Toledo Piza (o documento original consultado, existente no Arquivo Público do Estado de São Paulo, não contém a página de rosto. Portanto, não há como fazer a referência completa).

Capital
Nascimentos
Nascimentos registrados durante o ano de 1894, segundo nacionalidade dos pais e filiação por distrito [*discrimina a nacionalidade*]
Casamentos
Casamentos registrados durante o ano de 1894, segundo nacionalidade dos cônjuges [*discrimina a nacionalidade*]
Óbitos
Óbitos de estrangeiros durante o ano de 1894, segundo idade e sexo por causa de morte [*total de estrangeiros*]

Estado
Nascimentos
Nascimentos segundo nacionalidade dos pais e filiação por município e distritos de paz [*discrimina a nacionalidade*]
Casamentos
Casamentos segundo nacionalidade dos cônjuges por município e distritos de paz [*discrimina a nacionalidade*]
Óbitos
Óbitos segundo a nacionalidade por município e distrito [*discrimina a nacionalidade*]

1895

SÃO PAULO. Repartição de Estatistica e Archivo. **Relatorio do Anno de 1895.** São Paulo, 1896. Anno VIII da Republica. (Apresentado em 30 de setembro de 1896 ao cidadão Dr. Antonio Dino da Costa Bueno, Secretario de Estado dos Negocios do Interior do Estado de São Paulo, pelo Dr. Antonio de Toledo Piza – Director).

Capital
Nascimentos
Nascimentos registrados no ano de 1895, segundo a nacionalidade dos pais [*discrimina a nacionalidade*]
Casamentos
Casamentos registrados no ano de 1895, segundo a nacionalidade dos cônjuges [*discrimina a nacionalidade*]

Estado
- **Nascimentos**
- Nascimentos segundo a nacionalidade dos pais por município e distrito [*discrimina a nacionalidade*]
- Nascimentos segundo a nacionalidade dos pais dos filhos legítimos [*discrimina a nacionalidade*]
- Nascimentos segundo a nacionalidade dos pais dos filhos naturais [*discrimina a nacionalidade*]
- **Casamentos**
- Casamentos segundo nacionalidade dos cônjuges por município e distrito [*discrimina a nacionalidade*]
- Casamentos segundo a nacionalidade dos cônjuges [*discrimina a nacionalidade*]
- **Óbitos**
- Óbitos segundo a nacionalidade por município e distrito [*discrimina a nacionalidade*]

1896

SÃO PAULO. Repartição de Estatistica e Archivo do Estado de São Paulo. **Relatorio do Anno de 1896.** São Paulo, 1897. Anno X da Republica. (Apresentado em 30 de setembro de 1897 ao cidadão Dr. Antonio Dino da Costa Bueno, Secretario de Estado dos Negocios do Interior, pelo Dr. Antonio de Toledo Piza – Director).

Capital
- **Nascimentos**
- Nascimentos registrados no ano de 1896, segundo a nacionalidade dos pais e filiação [*discrimina a nacionalidade*]
- **Casamentos**
- Casamentos registrados no ano de 1896, segundo a nacionalidade dos cônjuges [*discrimina a nacionalidade*]

Estado
- **Nascimentos**
- Nascimentos segundo a nacionalidade dos pais por município e distrito [*discrimina a nacionalidade*]
- **Casamentos**
- Casamentos segundo a nacionalidade dos cônjuges por município e distrito [*discrimina a nacionalidade*]
- **Óbitos**
- Óbitos segundo a nacionalidade por município e distrito [*discrimina a nacionalidade*]

1897

SÃO PAULO. Repartição de Estatistica e Archivo do Estado de São Paulo. **Relatorio do Anno de 1897.** São Paulo, 1899. Anno XI da Republica. (Apresentado em 30 de setembro de 1898 ao cidadão Dr. João Baptista de Mello Peixoto, Secretario de Estado dos Negocios do Interior, pelo Dr. Antonio de Toledo Piza – Director.)

Capital
- **Nascimentos**
- Nascimentos registrados no ano de 1897, segundo a nacionalidade dos pais e filiação [*discrimina a nacionalidade*]

Casamentos
Casamentos registrados no ano de 1897, segundo a nacionalidade dos cônjuges [*discrimina a nacionalidade*]

Estado

Nascimentos
Nascimentos segundo a nacionalidade dos pais por município e distrito [*discrimina a nacionalidade*]

Casamentos
Casamentos segundo a nacionalidade dos cônjuges por município e distrito [*discrimina a nacionalidade*]

Óbitos
Óbitos segundo a nacionalidade por município e distrito [*discrimina a nacionalidade*]

1898

SÃO PAULO. Repartição de Estatistica e Archivo do Estado de São Paulo. **Relatorio do Anno de 1898.** São Paulo: Typographia do Diario Official, 1900. Anno XII da Republica. (Apresentado em 20 de setembro de 1899 ao cidadão Dr. José Pereira de Queiroz, Secretario de Estado dos Negocios do Interior, pelo Dr. Antonio de Toledo Piza – Director).

Capital

Nascimentos
Nascimentos registrados no ano de 1898, segundo a nacionalidade dos pais e filiação [*discrimina a nacionalidade*]

Casamentos
Casamentos registrados no ano de 1898, segundo a nacionalidade dos cônjuges [*discrimina a nacionalidade*]

Óbitos
Óbitos registrados durante o ano de 1898, segundo a nacionalidade [*discrimina a nacionalidade*]

Estado

Nascimentos
Nascimentos segundo a nacionalidade dos pais por município e distrito [*discrimina a nacionalidade*]

Casamentos
Casamentos segundo a nacionalidade dos cônjuges por município e distrito [*discrimina a nacionalidade*]

Óbitos
Óbitos segundo a nacionalidade por município e distrito [*discrimina a nacionalidade*]

1899

SÃO PAULO. Repartição de Estatistica e Archivo do Estado de São Paulo. **Relatorio do Anno de 1899.** São Paulo: Typographia do Diario Official, 1900. Anno XIII da Republica (Apresentado em 12 de dezembro de 1900 ao cidadão Dr. Bento Pereira Bueno, Secretario de Estado dos Negocios do Interior, pelo Dr. Antonio de Toledo Piza – Director).

Capital
- **Nascimentos**
  Nascimentos registrados no ano de 1899, segundo a nacionalidade dos pais e filiação [*discrimina a nacionalidade*]
- **Casamentos**
  Casamentos registrados no ano de 1899, segundo a nacionalidade dos cônjuges [*discrimina a nacionalidade*]
- **Óbitos**
  Óbitos registrados durante o ano de 1899, segundo a nacionalidade [*discrimina a nacionalidade*]

Estado
- **Nascimentos**
  Nascimentos segundo a nacionalidade dos pais por município e distrito [*discrimina a nacionalidade*]
- **Casamentos**
  Casamentos segundo a nacionalidade dos cônjuges por município e distrito [*discrimina a nacionalidade*]
- **Óbitos**
  Óbitos segundo a nacionalidade por município e distrito [*discrimina a nacionalidade*]

1900

SÃO PAULO. Repartição de Estatística e Archivo do Estado de São Paulo. **Relatório do Anno de 1900.** São Paulo: Typographia do Diario Official, 1903. Anno XV da Republica. (Apresentado em 13 de janeiro de 1902 ao cidadão Dr. Bento Pereira Bueno, Secretario de Estado dos Negocios do Interior e da Justiça, pelo Dr. Antonio de Toledo Piza – Director).

Capital
- **Nascimentos**
  Nascimentos registrados no ano de 1900, segundo a nacionalidade dos pais e filiação [*discrimina a nacionalidade*]
- **Casamentos**
  Casamentos registrados no ano de 1900, segundo a nacionalidade dos cônjuges [*discrimina a nacionalidade*]
- **Óbitos**
  Óbitos registrados durante o ano de 1900, segundo a nacionalidade [*discrimina a nacionalidade*]

Estado
- **Nascimentos**
  Nascimentos segundo a nacionalidade dos pais por município e distrito [*discrimina a nacionalidade*]
- **Casamentos**
  Casamentos segundo a nacionalidade dos cônjuges por município e distrito [*discrimina a nacionalidade*]
- **Óbitos**
  Óbitos segundo a nacionalidade por município e distrito [*discrimina a nacionalidade*]

1901

SÃO PAULO. Republica dos Estados Unidos do Brazil – Estado de São Paulo. Directoria do Serviço Sanitario. **Annuario Estatistico:** secção de demographia. Anno de 1901. São Paulo: Typographia do Diario Official, 1902.

Capital
Nascimentos
Nascimentos registrados durante o ano de 1901 [*sexo, filiação legítima e ilegítima e nacionalidades brasileira e estrangeira*]
Casamentos
Casamentos registrados durante o ano de 1901 [*nacionalidades brasileira e estrangeira*]
Óbitos
Óbitos segundo sexo e nacionalidade por distrito [*discrimina a nacionalidade*]
Mortalidade de crianças até 5 anos por distrito [*discrimina a nacionalidade*]
Síntese da mortalidade segundo nacionalidade [*discrimina a nacionalidade*]

Interior
Nascimentos
Nascimentos segundo a nacionalidade dos pais por município [*filhos de pais brasileiros e estrangeiros*]
Casamentos
Casamentos segundo a nacionalidade dos cônjuges por município [*nacionalidades brasileira e estrangeira*]
Óbitos
Óbitos segundo nacionalidade por município [*discrimina a nacionalidade*]

1902

SÃO PAULO. Republica dos Estados Unidos do Brazil – Estado de São Paulo. Directoria do Serviço Sanitario. **Annuario Estatistico:** secção de demographia. Anno de 1902. São Paulo: Typographia do Diario Official, 1903.

Capital
Nascimentos
Nascimentos registrados durante o ano de 1902 [*sexo, filiação legítima e ilegítima e nacionalidades brasileira e estrangeira*]
Casamentos
Casamentos registrados durante o ano de 1902 [*nacionalidades brasileira e estrangeira*]
Óbitos
Óbitos segundo sexo e nacionalidade por distrito [*discrimina a nacionalidade*]
Síntese da mortalidade segundo nacionalidade [*discrimina a nacionalidade*]

Interior
Nascimentos
Nascimentos segundo a nacionalidade dos pais por município [*filhos de pais brasileiros e estrangeiros*]
Casamentos
Casamentos segundo a nacionalidade dos cônjuges por município [*nacionalidades brasileira e estrangeira*]

Óbitos
Óbitos segundo nacionalidade por município [*discrimina a nacionalidade*]

1903

SÃO PAULO. Republica dos Estados Unidos do Brazil – Estado de São Paulo. Directoria do Serviço Sanitario. **Annuario Estatistico**: secção de demographia. Anno X – 1903. São Paulo: Typographia do Diario Official, 1904.

Capital
Nascimentos
Nascimentos registrados durante o ano de 1903 [*sexo, filiação legítima e ilegítima e nacionalidades brasileira e estrangeira dos pais*]
Casamentos
Casamentos registrados durante o ano de 1903 [*nacionalidades brasileira e estrangeira dos cônjuges*]
Óbitos
Óbitos segundo nacionalidade e sexo por causa de morte [*nacionalidades brasileira e estrangeira*]

Interior
Nascimentos
Nascimentos segundo a nacionalidade dos pais por município [*filhos de pais brasileiros e estrangeiros*]
Casamentos
Casamentos segundo a nacionalidade dos cônjuges por município [*nacionalidades brasileira e estrangeira dos cônjuges*]
Óbitos
Óbitos segundo nacionalidade por município [*discrimina a nacionalidade*]

1904

SÃO PAULO. Republica dos Estados Unidos do Brazil – Estado de São Paulo. Directoria do Serviço Sanitario. **Annuario Estatistico**: secção de demographia. Anno XI – 1904. São Paulo: Typographia do Diario Official, 1905.

Capital
Nascimentos
Nascimentos registrados durante o ano de 1904 [*sexo, filiação legítima e ilegítima e nacionalidade brasileira e estrangeira dos pais*]
Casamentos
Casamentos registrados durante o ano de 1904 [*nacionalidades brasileira e estrangeira dos cônjuges*]
Óbitos
Óbitos segundo nacionalidade e sexo por causa de morte [*nacionalidades brasileira e estrangeira*]

Interior
Nascimentos
Nascimentos segundo a nacionalidade dos pais por município [*filhos de pais brasileiros e estrangeiros*]
Casamentos
Casamentos segundo a nacionalidade dos cônjuges por município [*nacionalidades brasileira e estrangeira dos cônjuges*]

Óbitos
Óbitos segundo nacionalidade por município [*discrimina a nacionalidade*]

1905

SÃO PAULO. Republica dos Estados Unidos do Brazil – Estado de São Paulo. Directoria do Serviço Sanitario. **Annuario Demographico**: secção de estatistica demographo-sanitaria. Anno XII – 1905. São Paulo: Typographia do Diario Official, 1906.

Capital
Nascimentos
Nascimentos registrados durante o ano de 1905 [*sexo, filiação legítima e ilegítima e nacionalidades brasileira e estrangeira dos pais*]
Casamentos
Casamentos registrados durante o ano de 1905 [*nacionalidades brasileira e estrangeira dos cônjuges*]
Óbitos
Óbitos segundo nacionalidade e sexo por causa de morte [*nacionalidades brasileira e estrangeira*]

Interior
Nascimentos
Nascimentos segundo a nacionalidade dos pais por município [*filhos de pais brasileiros e estrangeiros*]
Casamentos
Casamentos segundo a nacionalidade dos cônjuges por município [*nacionalidades brasileira e estrangeira dos cônjuges*]
Óbitos
Óbitos segundo nacionalidade por município [*discrimina a nacionalidade*]

1906

SÃO PAULO. Republica dos Estados Unidos do Brazil – Estado de São Paulo. Directoria do Serviço Sanitario. **Annuario Demographico**: secção de estatistica demographo-sanitaria. Anno XIII – 1906. São Paulo: Typographia do Diario Official, 1907.

Capital
Nascimentos
Nascimentos registrados durante o ano de 1906 [*sexo, filiação legítima e ilegítima e nacionalidade brasileira e estrangeira dos pais*]
Casamentos
Casamentos registrados durante o ano de 1906 [*nacionalidades brasileira e estrangeira dos cônjuges*]
Óbitos
Óbitos segundo nacionalidade e sexo por causa de morte [*nacionalidades brasileira e estrangeira*]

Interior
Nascimentos
Nascimentos segundo a nacionalidade dos pais por município [*filhos de pais brasileiros e estrangeiros*]

Casamentos
Casamentos segundo a nacionalidade dos cônjuges por município [*nacionalidades brasileira e estrangeira dos cônjuges*]
Óbitos
Óbitos segundo nacionalidade por município [*discrimina a nacionalidade*]

1907

SÃO PAULO. Republica dos Estados Unidos do Brazil – Estado de São Paulo. Directoria do Serviço Sanitario. **Annuario Demographico:** secção de estatistica demographo-sanitaria. Anno XIV – 1907. São Paulo: Typographia Brasil de Rothschild & CO., 1908.

Capital
Nascimentos
Nascimentos registrados durante o ano de 1907 [*sexo, filiação legítima e ilegítima e nacionalidades brasileira e estrangeira dos pais*]
Casamentos
Casamentos registrados durante o ano de 1907 [*nacionalidades brasileira e estrangeira dos cônjuges*]
Óbitos
Óbitos segundo nacionalidade e sexo por causa de morte [*nacionalidades brasileira e estrangeira*]

Interior
Nascimentos
Nascimentos segundo a nacionalidade dos pais por município [*Filhos de pais brasileiros e estrangeiros*]
Casamentos
Casamentos segundo a nacionalidade dos cônjuges por município [*nacionalidades brasileira e estrangeira dos cônjuges*]
Óbitos
Óbitos segundo nacionalidade por município [*discrimina a nacionalidade*]

1908

SÃO PAULO. Republica dos Estados Unidos do Brazil – Estado de São Paulo. Directoria do Serviço Sanitario. **Annuario Demographico:** secção de estatistica demographo-sanitaria. Anno XV – 1908. São Paulo: Typographia do Diario Official, 1909.

Capital
Nascimentos
Nascimentos registrados durante o ano de 1908 [*sexo, filiação legítima e ilegítima e nacionalidade brasileira e estrangeira dos pais*]
Casamentos
Casamentos registrados durante o ano de 1908 [*nacionalidades brasileira e estrangeira dos cônjuges*]
Óbitos
Óbitos segundo nacionalidade e sexo por causa de morte [*nacionalidades brasileira e estrangeira*]

Interior
Nascimentos
Nascimentos segundo a nacionalidade dos pais por município [*Filhos de pais brasileiros e estrangeiros*]
Casamentos
Casamentos segundo a nacionalidade dos cônjuges por município [*nacionalidades brasileira e estrangeira dos cônjuges*]
Óbitos
Óbitos segundo nacionalidade por município [*discrimina a nacionalidade*]

1909

SÃO PAULO. Republica dos Estados Unidos do Brazil – Estado de São Paulo. Directoria do Serviço Sanitario. **Annuario Demographico**: secção de estatistica demographo-sanitaria. Anno XVI – 1909. São Paulo: Typographia do Diário Official, 1910.

Capital
Nascimentos
Nascimentos registrados durante o ano de 1909 [*sexo, filiação legítima e ilegítima e nacionalidade brasileira e estrangeira dos pais*]
Casamentos
Casamentos registrados durante o ano de 1909 [*nacionalidades brasileira e estrangeira dos cônjuges*]
Óbitos
Óbitos segundo nacionalidade e sexo por causa de morte [*nacionalidades brasileira e estrangeira*]

Interior
Nascimentos
Nascimentos segundo a nacionalidade dos pais por município [*filhos de pais brasileiros e estrangeiros*]
Casamentos
Casamentos segundo a nacionalidade dos cônjuges por município [*nacionalidades brasileira e estrangeira dos cônjuges*]
Óbitos
Óbitos segundo nacionalidade por município [*discrimina a nacionalidade*]

1910

SÃO PAULO. Republica dos Estados Unidos do Brazil – Estado de São Paulo. Directoria do Serviço Sanitario. **Annuario Demographico**: secção de estatistica demographo-sanitaria. Anno XVII – 1910. São Paulo: Typographia do Diário Official, 1911.

Capital
Nascimentos
Nascimentos registrados durante o ano de 1910 [*sexo, filiação legítima e ilegítima e nacionalidade brasileira e estrangeira dos pais*]

Casamentos
Casamentos registrados durante o ano de 1910 [*nacionalidades brasileira e estrangeira dos cônjuges*]
Óbitos
Óbitos segundo nacionalidade e sexo por causa de morte [*nacionalidades brasileira e estrangeira*]

Interior
Nascimentos
Nascimentos segundo a nacionalidade dos pais por município [*filhos de pais brasileiros e estrangeiros*]
Nascidos mortos segundo a nacionalidade dos pais por município [*filhos de pais brasileiros e estrangeiros*]
Casamentos
Casamentos segundo a nacionalidade dos cônjuges por município [*nacionalidades brasileira e estrangeira dos cônjuges*]
Óbitos
Óbitos segundo nacionalidade por município [*discrimina a nacionalidade*]

1911

SÃO PAULO. Republica dos Estados Unidos do Brazil – Estado de São Paulo. Directoria do Serviço Sanitario. **Annuario Demographico:** secção de estatistica demographo-sanitaria. Anno XVIII – 1911. São Paulo: Typographia do Diario Official, 1912.

Capital
Nascimentos
Nascimentos registrados durante o ano de 1911 [*sexo, filiação legítima e ilegítima e nacionalidade brasileira e estrangeira dos pais*]
Casamentos
Casamentos registrados durante o ano de 1911 [*nacionalidades brasileira e estrangeira dos cônjuges*]
Óbitos
Óbitos segundo nacionalidade e sexo por causa de morte [*nacionalidades brasileira e estrangeira*]

Interior
Nascimentos
Nascimentos segundo a nacionalidade dos pais por município [*filhos de pais brasileiros e estrangeiros*]
Nascidos mortos segundo a nacionalidade dos pais por município [*filhos de pais brasileiros e estrangeiros*]
Casamentos
Casamentos segundo a nacionalidade dos cônjuges por município [*nacionalidades brasileira e estrangeira dos cônjuges*]
Óbitos
Óbitos segundo nacionalidade por município [*discrimina a nacionalidade*]

1912

SÃO PAULO. Republica dos Estados Unidos do Brasil – Estado de São Paulo. Directoria do Serviço Sanitario. **Annuario Demographico:** secção de estatistica demographo-sanitaria. Anno XIX – 1912. São Paulo: Typographia Brasil de Rothschild & CO., 1913.

Capital

Nascimentos

Nascimentos registrados durante o ano de 1912 [*sexo, filiação legítima e ilegítima e nacionalidades brasileira e estrangeira dos pais*]

Casamentos

Casamentos registrados durante o ano de 1912 [*nacionalidades brasileira e estrangeira dos cônjuges*]

Óbitos

Óbitos segundo nacionalidade e sexo por causa de morte [*nacionalidades brasileira e estrangeira*]

Interior

Nascimentos

Nascimentos segundo a nacionalidade dos pais por município [*filhos de pais brasileiros e estrangeiros*]

Nascidos mortos segundo a nacionalidade dos pais por município [*filhos de pais brasileiros e estrangeiros*]

Casamentos

Casamentos segundo a nacionalidade dos cônjuges por município [*nacionalidades brasileira e estrangeira dos cônjuges*]

Óbitos

Óbitos segundo nacionalidade por município [*discrimina a nacionalidade*]

1913

SÃO PAULO. Republica dos Estados Unidos do Brasil – Estado de S. Paulo. Directoria do Serviço Sanitario. **Annuario Demographico:** secção de estatistica demographo-sanitaria. Anno XX – 1913. São Paulo: Estabelecimento Graphico Universal, 1914.

Capital

Nascimentos

Nascimentos registrados durante o ano de 1913 [*sexo, filiação legítima e ilegítima e nacionalidades brasileira e estrangeira dos pais*]

Casamentos

Casamentos registrados durante o ano de 1913 [*nacionalidades brasileira e estrangeira dos cônjuges*]

Óbitos

Óbitos segundo nacionalidade e sexo por causa de morte [*nacionalidades brasileira e estrangeira*]

Interior

Nascimentos

Nascimentos segundo a nacionalidade dos pais por município [*filhos de pais brasileiros e estrangeiros*]

Nascidos mortos segundo a nacionalidade dos pais por município [*filhos de pais brasileiros e estrangeiros*]

Casamentos

Casamentos segundo a nacionalidade dos cônjuges por município [*nacionalidades brasileira e estrangeira dos cônjuges*]

Óbitos
Óbitos segundo nacionalidade por município [*discrimina a nacionalidade*]

Santos, Campinas e Ribeirão Preto

Nascimentos
Nascimentos registrados durante o ano de 1913 [*sexo, filiação legítima e ilegítima e nacionalidades brasileira e estrangeira dos pais*]
Nascidos mortos registrados durante o ano de 1913 [*sexo, filiação legítima e ilegítima e nacionalidades brasileira e estrangeira dos pais*]

Casamentos
Casamentos registrados durante o ano de 1913 [*nacionalidades brasileira e estrangeira dos cônjuges*]

Óbitos
Óbitos segundo nacionalidade e sexo por causa de morte [*nacionalidades brasileira e estrangeira*]

1914

SÃO PAULO. Republica dos Estados Unidos do Brasil – Estado de São Paulo. Directoria do Serviço Sanitario. **Annuario Demographico:** secção de estatistica demographo-sanitaria. Anno XXI – 1914. São Paulo: Typographia do Diario Official, 1915.

Capital

Nascimentos
Nascimentos registrados durante o ano de 1914 [*sexo, filiação legítima e ilegítima e nacionalidades brasileira e estrangeira dos pais*]
Nascidos mortos registrados durante o ano de 1914 [*sexo, filiação legítima e ilegítima e nacionalidades brasileira e estrangeira dos pais*]

Casamentos
Casamentos registrados durante o ano de 1914 [*nacionalidades brasileira e estrangeira dos cônjuges*]

Óbitos
Óbitos segundo nacionalidade e sexo por causa de morte [*nacionalidades brasileira e estrangeira*]

Interior

Nascimentos
Nascimentos segundo a nacionalidade dos pais por município [*filhos de pais brasileiros e estrangeiros*]
Nascidos mortos segundo a nacionalidade dos pais por município [*filhos de pais brasileiros e estrangeiros*]

Casamentos
Casamentos segundo a nacionalidade dos cônjuges por município [*nacionalidades brasileira e estrangeira dos cônjuges*]

Óbitos
Óbitos segundo nacionalidade por município [*discrimina a nacionalidade*]

Santos, Campinas e Ribeirão Preto

Nascimentos
Nascimentos registrados durante o ano de 1914 [*sexo, filiação legítima e ilegítima e nacionalidades brasileira e estrangeira dos pais*]

Nascidos mortos registrados durante o ano de 1914 [*sexo, filiação legítima e ilegítima e nacionalidades brasileira e estrangeira dos pais*]

Casamentos

Casamentos registrados durante o ano de 1914 [*nacionalidades brasileira e estrangeira dos cônjuges*]

Óbitos

Óbitos segundo nacionalidade e sexo por causa de morte [*nacionalidades brasileira e estrangeira*]

1915

SÃO PAULO. Republica dos Estados Unidos do Brazil – Estado de São Paulo. Directoria do Serviço Sanitario. **Annuario Demographico**: secção de estatistica demographo-sanitaria. Anno XXII – 1915. São Paulo: Typographia do Diario Official, 1916.

Capital

Nascimentos

Nascimentos registrados durante o ano de 1915 [*sexo, filiação legítima e ilegítima e nacionalidades brasileira e estrangeira dos pais*]

Nascidos mortos registrados durante o ano de 1915 [*sexo, filiação legítima e ilegítima e nacionalidades brasileira e estrangeira dos pais*]

Casamentos

Casamentos registrados durante o ano de 1915 [*nacionalidades brasileira e estrangeira dos cônjuges*]

Óbitos

Óbitos segundo nacionalidade e sexo por causa de morte [*nacionalidades brasileira e estrangeira*]

Interior

Nascimentos

Nascimentos segundo a nacionalidade dos pais por município [*Filhos de pais brasileiros e estrangeiros*]

Nascidos mortos segundo a nacionalidade dos pais por município [*Filhos de pais brasileiros e estrangeiros*]

Casamentos

Casamentos segundo a nacionalidade dos cônjuges por município [*nacionalidades brasileira e estrangeira dos cônjuges*]

Óbitos

Óbitos segundo nacionalidade por município [*discrimina a nacionalidade*]

Santos, Campinas e Ribeirão Preto

Nascimentos

Nascimentos registrados durante o ano de 1915 [*sexo, filiação legítima e ilegítima e nacionalidades brasileira e estrangeira dos pais*]

Nascidos mortos registrados durante o ano de 1915 [*sexo, filiação legítima e ilegítima e nacionalidades brasileira e estrangeira dos pais*]

Casamentos

Casamentos registrados durante o ano de 1915 [*nacionalidades brasileira e estrangeira dos cônjuges*]

Óbitos

Óbitos segundo nacionalidade e sexo por causa de morte [*nacionalidades brasileira e estrangeira*]

1916

SÃO PAULO. Directoria do Serviço Sanitario do Estado de São Paulo (Estados Unidos do Brasil). **Annuario Demographico:** secção de estatistica demographo-sanitaria. Anno XXIII – 1916. São Paulo: Typographia do Diario Official, 1917.

Capital
Nascimentos
Nascimentos registrados durante o ano de 1916 [*sexo, filiação legítima e ilegítima e nacionalidades brasileira e estrangeira dos pais*]
Nascidos mortos registrados durante o ano de 1916 [*sexo, filiação legítima e ilegítima e nacionalidades brasileira e estrangeira dos pais*]
Nascimentos segundo a nacionalidade dos pais por distrito [*discrimina a nacionalidade*]
Casamentos
Casamentos segundo nacionalidade por mês do ano [*nacionalidades brasileira e estrangeira*]
Casamentos segundo a nacionalidade dos cônjuges por distritos urbanos e suburbanos [*discrimina a nacionalidade*]
Casamentos segundo nacionalidade brasileira e estrangeira por distrito
Óbitos
Óbitos segundo nacionalidade e sexo por causa de morte [*discrimina a nacionalidade*]
Mortalidade segundo sexo por nacionalidade [*discrimina a nacionalidade*]
Mortalidade segundo causas por sexo e nacionalidade [*discrimina a nacionalidade*]
Mortalidade segundo nacionalidade por grupos de moléstias [*discrimina a nacionalidade*]

Interior
Campinas
Nascimentos
Nascimentos registrados durante o ano de 1916 [*sexo, filiação legítima e ilegítima e nacionalidades brasileira e estrangeira dos pais*]
Nascimentos segundo a nacionalidade dos pais [*discrimina a nacionalidade*]
Nascidos mortos segundo sexo, filiação e nacionalidade dos pais por mês [*nacionalidades brasileira e estrangeira dos pais*]
Casamentos
Casamentos segundo nacionalidade brasileira e estrangeira por distrito
Casamentos segundo nacionalidade dos cônjuges [*discrimina a nacionalidade*]
Óbitos
Óbitos segundo nacionalidade e sexo por causa de morte [*discrimina a nacionalidade*]
Mortalidade segundo sexo por nacionalidade [*discrimina a nacionalidade*]

Outros Municípios
Nascimentos
Nascimentos segundo a nacionalidade dos pais por município [*nacionalidades brasileira e estrangeira dos pais*]
Nascidos mortos segundo a nacionalidade dos pais por município [*nacionalidades brasileira e estrangeira dos pais*]
Casamentos
Casamentos segundo nacionalidade por município [*nacionalidades brasileira e estrangeira dos cônjuges*]
Casamentos segundo a nacionalidade dos cônjuges [*discrimina a nacionalidade*]
Óbitos
Óbitos segundo nacionalidade por município [*discrimina a nacionalidade*]

Ribeirão Preto
- Nascimentos
  - Nascimentos registrados durante o ano de 1916 [*sexo, filiação legítima e ilegítima e nacionalidades brasileira e estrangeira dos pais*]
  - Nascimentos segundo a nacionalidade dos pais [*discrimina a nacionalidade*]
  - Nascidos mortos registrados durante o ano de 1916 [*sexo, filiação legítima e ilegítima e nacionalidades brasileira e estrangeira dos pais*]
  - Nascidos mortos segundo sexo, filiação e nacionalidade dos pais por mês [*nacionalidades brasileira e estrangeira dos pais*]
- Casamentos
  - Casamentos segundo nacionalidade brasileira e estrangeira por distrito
  - Casamentos segundo a nacionalidade dos cônjuges [*discrimina a nacionalidade*]
- Óbitos
  - Óbitos segundo nacionalidade e sexo por causa de morte [*discrimina a nacionalidade*]
  - Mortalidade segundo sexo por nacionalidade [*discrimina a nacionalidade*]

Santos
- Nascimentos
  - Nascimentos registrados durante o ano de 1916 [*sexo, filiação legítima e ilegítima e nacionalidades brasileira e estrangeira dos pais*]
  - Nascimentos segundo a nacionalidade dos pais [*discrimina a nacionalidade*]
  - Nascidos mortos segundo sexo, filiação e nacionalidade dos pais por mês [*nacionalidades brasileira e estrangeira dos pais*]
- Casamentos
  - Casamentos segundo nacionalidade brasileira e estrangeira
  - Casamentos segundo a nacionalidade dos cônjuges [*discrimina a nacionalidade*]
- Óbitos
  - Óbitos segundo nacionalidade e sexo por causa de morte [*discrimina a nacionalidade*]
  - Mortalidade segundo sexo por nacionalidade [*discrimina a nacionalidade*]

1917

SÃO PAULO. Directoria do Serviço Sanitario do Estado de São Paulo (Estados Unidos do Brasil). **Annuario Demographico**: secção de estatistica demographo-sanitaria. Anno XXIV – 1917. São Paulo: Typographia do Diario Official, 1919.

Capital
- Nascimentos
  - Nascimentos registrados durante o ano de 1917 [*sexo, filiação legítima e ilegítima e nacionalidades brasileira e estrangeira dos pais*]
  - Nascidos mortos segundo sexo, filiação e nacionalidade dos pais por mês [*nacionalidades brasileira e estrangeira dos pais*]
  - Nascidos mortos segundo sexo, filiação e nacionalidade dos pais por distrito [*nacionalidades brasileira e estrangeira dos pais*]
  - Nascimentos segundo a nacionalidade dos pais por distrito [*discrimina a nacionalidade*]
  - Nascidos mortos segundo a nacionalidade dos pais por distrito [*discrimina a nacionalidade*]
  - Gemelidade segundo a nacionalidade dos pais por distrito [*discrimina a nacionalidade*]
- Casamentos
  - Casamentos segundo nacionalidade por mês do ano [*nacionalidades brasileira e estrangeira*]
  - Variações anuais dos casamentos segundo nacionalidade – 1894-1917 [*nacionalidades brasileira e estrangeira*]

Casamentos segundo a nacionalidade dos cônjuges por distritos urbanos e suburbanos [*discrimina a nacionalidade*]
Casamentos segundo nacionalidade brasileira e estrangeira por distrito
Óbitos
Óbitos segundo nacionalidade e sexo por causa de morte [*discrimina a nacionalidade*]
Mortalidade segundo sexo por nacionalidade [*discrimina a nacionalidade*]
Mortalidade segundo causas por sexo e nacionalidade [*discrimina a nacionalidade*]
Mortalidade segundo nacionalidade por grupos de moléstias [*discrimina a nacionalidade*]

Interior

Campinas

Nascimentos

Nascimentos registrados durante o ano de 1917 [*sexo, filiação legítima e ilegítima e nacionalidades brasileira e estrangeira dos pais*]
Nascimentos segundo a nacionalidade dos pais [*discrimina a nacionalidade*]
Nascidos mortos segundo sexo, filiação e nacionalidade dos pais por mês [*nacionalidades brasileira e estrangeira dos pais*]
Nascidos mortos segundo sexo, filiação e nacionalidade dos pais por distrito [*nacionalidades brasileira e estrangeira dos pais*]
Nascidos mortos segundo a nacionalidade dos pais [*discrimina a nacionalidade*]

Casamentos

Casamentos segundo nacionalidade brasileira e estrangeira por distrito
Casamentos segundo nacionalidade brasileira e estrangeira por mês
Casamentos segundo a nacionalidade dos cônjuges [*discrimina a nacionalidade*]

Óbitos

Óbitos segundo nacionalidade e sexo por causa de morte [*discrimina a nacionalidade*]
Mortalidade segundo sexo por nacionalidade [*discrimina a nacionalidade*]

Outros Municípios

Nascimentos

Nascimentos segundo a nacionalidade dos pais por município [*nacionalidades brasileira e estrangeira dos pais*]
Nascidos mortos segundo a nacionalidade dos pais por município [*nacionalidades brasileira e estrangeira dos pais*]

Casamentos

Casamentos segundo nacionalidade por município [*nacionalidades brasileira e estrangeira dos cônjuges*]
Casamentos segundo a nacionalidade dos cônjuges [*discrimina a nacionalidade*]

Óbitos

Óbitos segundo nacionalidade por município [*discrimina a nacionalidade*]

Ribeirão Preto

Nascimentos

Nascimentos registrados durante o ano de 1917 [*sexo, filiação legítima e ilegítima e nacionalidades brasileira e estrangeira dos pais*]
Nascimentos segundo a nacionalidade dos pais [*discrimina a nacionalidade*]
Nascidos mortos segundo sexo, filiação e nacionalidade dos pais por mês [*nacionalidades brasileira e estrangeira dos pais*]
Nascidos mortos segundo sexo, filiação e nacionalidade dos pais por distrito [*nacionalidades brasileira e estrangeira dos pais*]

Nascidos mortos segundo a nacionalidade dos pais [*discrimina a nacionalidade*]
Casamentos
Casamentos segundo nacionalidade brasileira e estrangeira por distrito
Casamentos segundo nacionalidade brasileira e estrangeira por mês
Casamentos segundo a nacionalidade dos cônjuges [*discrimina a nacionalidade*]
Óbitos
Óbitos segundo nacionalidade e sexo por causa de morte [*discrimina a nacionalidade*]
Mortalidade segundo sexo por nacionalidade [*discrimina a nacionalidade*]

Santos

Nascimentos
Nascimentos registrados durante o ano de 1917 [*sexo, filiação legítima e ilegítima e nacionalidades brasileira e estrangeira dos pais*]
Nascimentos segundo a nacionalidade dos pais [*discrimina a nacionalidade*]
Nascidos mortos segundo sexo, filiação e nacionalidade dos pais por mês [*nacionalidades brasileira e estrangeira dos pais*]
Nascidos mortos segundo a nacionalidade dos pais [*discrimina a nacionalidade*]
Casamentos
Casamentos segundo a nacionalidade dos cônjuges [*discrimina a nacionalidade*]
Casamentos segundo nacionalidade brasileira e estrangeira por mês
Óbitos
Óbitos segundo nacionalidade e sexo por causa de morte [*discrimina a nacionalidade*]
Mortalidade segundo sexo por nacionalidade [*discrimina a nacionalidade*]

1918

SÃO PAULO. Directoria do Serviço Sanitario do Estado de São Paulo (Estados Unidos do Brazil). **Annuario Demographico:** secção de estatistica demographo-sanitaria. Anno XXV – 1918. São Paulo: Typographia do Diario Official, v.I, 1920. (Capital e Santos)

SÃO PAULO. Directoria do Serviço Sanitario do Estado de São Paulo (Estados Unidos do Brazil). **Annuario Demographico:** secção de estatistica demographo-sanitaria. Anno XXV – 1918. São Paulo: Typographia do Diario Official, v.II, 1920. (Campinas, Ribeirão Preto e Interior do Estado)

Capital

Nascimentos
Nascimentos registrados durante o ano de 1918 [*sexo, filiação legítima e ilegítima e nacionalidades brasileira e estrangeira dos pais*]
Variações anuais da natimortalidade [*nacionalidades brasileira e estrangeira dos pais*]
Nascidos mortos segundo sexo, filiação e nacionalidade dos pais por mês [*nacionalidades brasileira e estrangeira dos pais*]
Nascidos mortos segundo sexo, filiação e nacionalidade dos pais por distrito [*nacionalidades brasileira e estrangeira dos pais*]
Nascimentos segundo a nacionalidade dos pais por distrito [*discrimina a nacionalidade*]
Nascidos mortos segundo a nacionalidade dos pais por distrito [*discrimina a nacionalidade*]
Gemelidade segundo a nacionalidade dos pais por distrito [*discrimina a nacionalidade*]

Casamentos
Casamentos segundo nacionalidade por mês do ano [*nacionalidades brasileira e estrangeira*]
Variações anuais dos casamentos segundo nacionalidade – 1894-1918 [*nacionalidades brasileira e estrangeira*]
Casamentos segundo a nacionalidade dos cônjuges por distritos urbanos e suburbanos [*discrimina a nacionalidade*]
Casamentos segundo nacionalidade brasileira e estrangeira por distrito

Óbitos
Óbitos segundo nacionalidade e sexo por causa de morte [*discrimina a nacionalidade*]
Mortalidade segundo sexo por nacionalidade [*discrimina a nacionalidade*]
Mortalidade segundo causas por sexo e nacionalidade [*discrimina a nacionalidade*]
Mortalidade segundo nacionalidade por grupos de moléstias [*discrimina a nacionalidade*]

Interior

Campinas

Nascimentos
Nascimentos registrados durante o ano de 1918 [*sexo, filiação legítima e ilegítima e nacionalidades brasileira e estrangeira dos pais*]
Nascimentos segundo a nacionalidade dos pais [*discrimina a nacionalidade*]
Gemelidade segundo a nacionalidade dos pais [*discrimina a nacionalidade*]
Nascidos mortos segundo sexo, filiação e nacionalidade dos pais por mês [*nacionalidades brasileira e estrangeira dos pais*]
Nascidos mortos segundo a nacionalidade dos pais [*discrimina a nacionalidade*]

Casamentos
Casamentos segundo a nacionalidade dos cônjuges [*discrimina a nacionalidade*]
Casamentos segundo nacionalidade brasileira e estrangeira por mês
Casamentos segundo nacionalidade brasileira e estrangeira por distrito

Óbitos
Óbitos segundo nacionalidade e sexo por causa de morte [*discrimina a nacionalidade*]
Mortalidade segundo sexo por nacionalidade [*discrimina a nacionalidade*]
Óbitos por gripe segundo nacionalidades no 4º Trimestre de 1918 [*discrimina a nacionalidade*]

Outros Municípios

Nascimentos
Nascimentos segundo a nacionalidade dos pais por município [*nacionalidades brasileira e estrangeira dos pais*]
Nascidos mortos segundo a nacionalidade dos pais por município [*nacionalidades brasileira e estrangeira dos pais*]
Nascidos mortos no Estado de São Paulo [*sexo, filiação legítima e ilegítima e nacionalidades brasileira e estrangeira dos pais*]

Casamentos
Casamentos segundo nacionalidade por município [*nacionalidades brasileira e estrangeira dos cônjuges*]
Casamentos segundo a nacionalidade dos cônjuges [*discrimina a nacionalidade*]
Casamentos segundo nacionalidade brasileira e estrangeira por mês

Óbitos
Óbitos segundo nacionalidade por município [*discrimina a nacionalidade*]

Ribeirão Preto

Nascimentos
Nascimentos registrados durante o ano de 1918 [*sexo, filiação legítima e ilegítima e nacionalidades brasileira e estrangeira dos pais*]
Nascimentos segundo a nacionalidade dos pais [*discrimina a nacionalidade*]
Gemelidade segundo a nacionalidade dos pais [*discrimina a nacionalidade*]
Nascidos mortos segundo sexo, filiação e nacionalidade dos pais por mês [*nacionalidades brasileira e estrangeira dos pais*]
Nascidos mortos segundo sexo, filiação e nacionalidade dos pais por distrito [*nacionalidades brasileira e estrangeira dos pais*]
Nascidos mortos segundo a nacionalidade dos pais [*discrimina a nacionalidade*]

Casamentos
Casamentos segundo a nacionalidade dos cônjuges [*discrimina a nacionalidade*]
Casamentos segundo nacionalidade brasileira e estrangeira por mês
Casamentos segundo nacionalidade brasileira e estrangeira por distrito

Óbitos
Óbitos segundo nacionalidade e sexo por causa de morte [*discrimina a nacionalidade*]
Mortalidade segundo sexo por nacionalidade [*discrimina a nacionalidade*]
Óbitos por gripe segundo nacionalidades no 4º Trimestre de 1918 [*discrimina a nacionalidade*]

Santos

Nascimentos
Nascimentos registrados durante o ano de 1918 [*sexo, filiação legítima e ilegítima e nacionalidades brasileira e estrangeira dos pais*]
Nascimentos segundo a nacionalidade dos pais [*discrimina a nacionalidade*]
Gemelidade segundo a nacionalidade dos pais [*discrimina a nacionalidade*]
Nascidos mortos segundo sexo, filiação e nacionalidade dos pais por mês [*nacionalidades brasileira e estrangeira dos pais*]
Nascidos mortos segundo a nacionalidade dos pais [*discrimina a nacionalidade*]

Casamentos
Casamentos segundo a nacionalidade dos cônjuges [*discrimina a nacionalidade*]
Casamentos segundo nacionalidade brasileira e estrangeira por mês

Óbitos
Óbitos segundo nacionalidade e sexo por causa de morte [*discrimina a nacionalidade*]
Mortalidade segundo sexo por nacionalidade [*discrimina a nacionalidade*]
Óbitos por gripe segundo nacionalidades no 4º Trimestre de 1918 [*discrimina a nacionalidade*]

1919

SÃO PAULO. Directoria do Serviço Sanitario do Estado de São Paulo (Estados Unidos do Brazil). **Annuario Demographico:** secção de estatistica demographo-sanitaria. Anno XXVI – 1919. São Paulo: Typographia do Diario Official, v.I, 1921. (Capital, Santos, Campinas e Ribeirão Preto)

SÃO PAULO. Directoria do Serviço Sanitario do Estado de São Paulo (Estados Unidos do Brazil). **Annuario Demographico:** secção de estatistica demographo-sanitaria. Anno XXVI – 1919. São Paulo: Typographia do Diario Official, v.II, 1921. (São Carlos, Guaratinguetá, Botucatu e Interior do Estado)

Capital

Nascimentos

Nascimentos registrados durante o ano de 1919 [*sexo, filiação legítima e ilegítima e nacionalidades brasileira e estrangeira dos pais*]

Nascidos mortos segundo sexo, filiação e nacionalidade dos pais por mês [*nacionalidades brasileira e estrangeira dos pais*]

Nascidos mortos segundo sexo, filiação e nacionalidade dos pais por distrito [*nacionalidades brasileira e estrangeira dos pais*]

Nascimentos segundo a nacionalidade dos pais por distrito urbano e suburbano [*discrimina a nacionalidade*]

Nascidos mortos segundo a nacionalidade dos pais por distrito urbano e suburbano [*discrimina a nacionalidade*]

Gemelidade segundo a nacionalidade dos pais por distrito urbano e suburbano [*discrimina a nacionalidade*]

Casamentos

Casamentos segundo nacionalidade brasileira e estrangeira por mês do ano

Variações anuais dos casamentos segundo nacionalidade brasileira e estrangeira por ano – (1894 a 1919)

Casamentos segundo nacionalidade dos cônjuges por distritos urbanos e suburbanos [*discrimina a nacionalidade*]

Casamentos segundo nacionalidade brasileira e estrangeira por distrito urbano e suburbano

Óbitos

Óbitos segundo nacionalidade e sexo por causa de morte [*discrimina a nacionalidade*]

Mortalidade segundo sexo por nacionalidade [*discrimina a nacionalidade*]

Mortalidade segundo causas por sexo e nacionalidade [*discrimina a nacionalidade*]

Mortalidade segundo nacionalidade por grupos de moléstias [*discrimina a nacionalidade*]

Interior

Botucatu

Nascimentos

Nascimentos segundo a nacionalidade dos pais [*discrimina a nacionalidade*]

Gemelidade segundo a nacionalidade dos pais [*discrimina a nacionalidade*]

Nascimentos registrados durante o ano de 1919 [*sexo, filiação legítima e ilegítima e nacionalidades brasileira e estrangeira dos pais*]

Nascidos mortos segundo sexo, filiação e nacionalidade dos pais por mês [*nacionalidades brasileira e estrangeira dos pais*]

Nascidos mortos segundo sexo, filiação e nacionalidade dos pais por distrito [*nacionalidades brasileira e estrangeira dos pais*]

Nascidos mortos segundo a nacionalidade dos pais [*discrimina a nacionalidade*]

Casamentos

Casamentos segundo nacionalidade brasileira e estrangeira por distrito

Casamentos segundo nacionalidade brasileira e estrangeira por mês

Casamentos segundo nacionalidade dos cônjuges [*discrimina a nacionalidade*]

Óbitos

Óbitos segundo nacionalidade e sexo por causa de morte [*discrimina a nacionalidade*]

Mortalidade segundo sexo por nacionalidade [*discrimina a nacionalidade*]

Campinas
Nascimentos
Nascimentos segundo a nacionalidade dos pais [*discrimina a nacionalidade*]
Gemelidade segundo a nacionalidade dos pais [*discrimina a nacionalidade*]
Nascimentos registrados durante o ano de 1919 [*sexo, filiação legítima e ilegítima e nacionalidades brasileira e estrangeira dos pais*]
Natimortos
Nascidos mortos segundo sexo, filiação e nacionalidade dos pais por mês [*nacionalidades brasileira e estrangeira dos pais*]
Nascidos mortos segundo sexo, filiação e nacionalidade dos pais por distrito [*nacionalidades brasileira e estrangeira dos pais*]
Nascidos mortos segundo a nacionalidade dos pais [*discrimina a nacionalidade*]
Casamentos
Casamentos segundo nacionalidade brasileira e estrangeira por distrito
Casamentos segundo nacionalidade brasileira e estrangeira por mês
Casamentos segundo nacionalidade dos cônjuges [*discrimina a nacionalidade*]
Óbitos
Óbitos segundo nacionalidade e sexo por causa de morte [*discrimina a nacionalidade*]
Mortalidade segundo sexo por nacionalidade [*discrimina a nacionalidade*]

Guaratinguetá
Nascimentos
Nascimentos segundo a nacionalidade dos pais [*discrimina a nacionalidade*]
Gemelidade segundo a nacionalidade dos pais [*discrimina a nacionalidade*]
Nascimentos registrados durante o ano de 1919 [*sexo, filiação legítima e ilegítima e nacionalidades brasileira e estrangeira dos pais*]
Natimortos
Nascidos mortos segundo sexo, filiação e nacionalidade dos pais por mês [*nacionalidades brasileira e estrangeira dos pais*]
Nascidos mortos segundo sexo, filiação e nacionalidade dos pais por distrito [*nacionalidades brasileira e estrangeira dos pais*]
Nascidos mortos segundo a nacionalidade dos pais [*discrimina a nacionalidade*]
Casamentos
Casamentos segundo nacionalidade brasileira e estrangeira por distrito
Casamentos segundo nacionalidade brasileira e estrangeira por mês
Casamentos segundo nacionalidade dos cônjuges [*discrimina a nacionalidade*]
Óbitos
Óbitos segundo nacionalidade e sexo por causa de morte [*discrimina a nacionalidade*]
Mortalidade segundo sexo por nacionalidade [*discrimina a nacionalidade*]

Outros Municípios
Nascimentos
Nascimentos segundo a nacionalidade dos pais por município [*nacionalidades brasileira e estrangeira dos pais*]
Nascidos mortos segundo a nacionalidade dos pais por município [*nacionalidades brasileira e estrangeira dos pais*]
Casamentos
Casamentos segundo nacionalidade por município [*nacionalidades brasileira e estrangeira dos cônjuges*]

Casamentos segundo a nacionalidade dos cônjuges [*discrimina a nacionalidade*]
Óbitos
Óbitos segundo nacionalidade por município [*discrimina a nacionalidade*]

Ribeirão Preto
Nascimentos
Nascimentos segundo a nacionalidade dos pais [*discrimina a nacionalidade*]
Gemelidade segundo a nacionalidade dos pais [*discrimina a nacionalidade*]
Nascimentos registrados durante o ano de 1919 [*sexo, filiação legítima e ilegítima e nacionalidades brasileira e estrangeira dos pais*]
Natimortos
Nascidos mortos segundo sexo, filiação e nacionalidade dos pais por mês [*nacionalidades brasileira e estrangeira dos pais*]
Nascidos mortos segundo sexo, filiação e nacionalidade dos pais por distrito [*nacionalidades brasileira e estrangeira dos pais*]
Nascidos mortos segundo a nacionalidade dos pais [*discrimina a nacionalidade*]
Casamentos
Casamentos segundo nacionalidade brasileira e estrangeira por distrito
Casamentos segundo nacionalidade brasileira e estrangeira por mês
Casamentos segundo nacionalidade dos cônjuges [*discrimina a nacionalidade*]
Óbitos
Óbitos segundo nacionalidade e sexo por causa de morte [*discrimina a nacionalidade*]
Mortalidade segundo sexo por nacionalidade [*discrimina a nacionalidade*]

Santos
Nascimentos
Nascimentos segundo a nacionalidade dos pais [*discrimina a nacionalidade*]
Gemelidade segundo a nacionalidade dos pais [*discrimina a nacionalidade*]
Nascimentos registrados durante o ano de 1919 [*sexo, filiação legítima e ilegítima e nacionalidades brasileira e estrangeira dos pais*]
Natimortos
Nascidos mortos segundo sexo, filiação e nacionalidade dos pais por mês [*nacionalidades brasileira e estrangeira dos pais*]
Nascidos mortos segundo a nacionalidade dos pais [*discrimina a nacionalidade*]
Casamentos
Casamentos segundo nacionalidade dos cônjuges [*discrimina a nacionalidade*]
Casamentos segundo nacionalidade brasileira e estrangeira por mês
Óbitos
Óbitos segundo nacionalidade e sexo por causa de morte [*discrimina a nacionalidade*]
Mortalidade segundo sexo por nacionalidade [*discrimina a nacionalidade*]

São Carlos
Nascimentos
Nascimentos segundo a nacionalidade dos pais [*discrimina a nacionalidade*]
Gemelidade segundo a nacionalidade dos pais [*discrimina a nacionalidade*]
Nascimentos registrados durante o ano de 1919 [*sexo, filiação legítima e ilegítima e nacionalidades brasileira e estrangeira dos pais*]
Nascidos mortos segundo sexo, filiação e nacionalidade dos pais por mês [*nacionalidades brasileira e estrangeira dos pais*]

Nascidos mortos segundo sexo, filiação e nacionalidade dos pais por distrito [*nacionalidades brasileira e estrangeira dos pais*]
Nascidos mortos segundo a nacionalidade dos pais [*discrimina a nacionalidade*]
Casamentos
Casamentos segundo nacionalidade brasileira e estrangeira por distrito
Casamentos segundo nacionalidade brasileira e estrangeira por mês
Casamentos segundo nacionalidade dos cônjuges [*discrimina a nacionalidade*]
Óbitos
Óbitos segundo nacionalidade e sexo por causa de morte [*discrimina a nacionalidade*]
Mortalidade segundo sexo por nacionalidade [*discrimina a nacionalidade*]

1920

SÃO PAULO. Directoria do Serviço Sanitario do Estado de São Paulo (Estados Unidos do Brazil). **Annuario Demographico**: secção de estatistica demographo-sanitaria. Anno XXVII – 1920. São Paulo: Typographia do Diario Official, v.I, 1924. (Capital, Santos, Campinas e Ribeirão Preto)

SÃO PAULO. Directoria do Serviço Sanitario do Estado de São Paulo (Estados Unidos do Brazil). **Annuario Demographico**: secção de estatistica demographo-sanitaria. Anno XXVII – 1920. São Paulo: Typographia do Diario Official, v.II, 1924. (São Carlos, Guaratinguetá, Botucatu e Interior do Estado)

Capital
  Nascimentos
  Nascimentos registrados durante o ano de 1920 [*sexo, filiação legítima e ilegítima e nacionalidades brasileira e estrangeira dos pais*]
  Nascidos mortos segundo sexo, filiação e nacionalidade dos pais por mês [*nacionalidades brasileira e estrangeira dos pais*]
  Nascidos mortos segundo sexo, filiação e nacionalidade dos pais por distrito [*nacionalidades brasileira e estrangeira dos pais*]
  Nascimentos segundo a nacionalidade dos pais por distrito urbano e suburbano [*discrimina a nacionalidade*]
  Nascidos mortos segundo a nacionalidade dos pais por distrito urbano e suburbano [*discrimina a nacionalidade*]
  Gemelidade segundo a nacionalidade dos pais por distrito urbano e suburbano [*discrimina a nacionalidade*]
  Casamentos
  Casamentos segundo nacionalidade brasileira e estrangeira por mês do ano
  Variações anuais dos casamentos segundo nacionalidade brasileira e estrangeira por ano – (1894 a 1920)
  Casamentos segundo nacionalidade dos cônjuges por distritos urbanos e suburbanos [*discrimina a nacionalidade*]
  Casamentos segundo nacionalidade brasileira e estrangeira por distrito urbano e suburbano
  Óbitos
  Óbitos segundo nacionalidade e sexo por causa de morte [*discrimina a nacionalidade*]
  Mortalidade segundo sexo por nacionalidade [*discrimina a nacionalidade*]
  Mortalidade segundo causas por sexo e nacionalidade [*discrimina a nacionalidade*]
  Mortalidade segundo nacionalidade por grupos de moléstias [*discrimina a nacionalidade*]

Interior

Botucatu

Nascimentos
Nascimentos segundo a nacionalidade dos pais [*discrimina a nacionalidade*]
Gemelidade segundo a nacionalidade dos pais [*discrimina a nacionalidade*]
Nascimentos registrados durante o ano de 1920 [*sexo, filiação legítima e ilegítima e nacionalidades brasileira e estrangeira dos pais*]
Nascidos mortos segundo sexo, filiação e nacionalidade dos pais por mês [*nacionalidades brasileira e estrangeira dos pais*]
Nascidos mortos segundo sexo, filiação e nacionalidade dos pais por distrito [*nacionalidades brasileira e estrangeira dos pais*]
Nascidos mortos segundo a nacionalidade dos pais [*discrimina a nacionalidade*]
Casamentos
Casamentos segundo nacionalidade brasileira e estrangeira por distrito
Casamentos segundo nacionalidade brasileira e estrangeira por mês
Casamentos segundo nacionalidade dos cônjuges [*discrimina a nacionalidade*]
Óbitos
Óbitos segundo nacionalidade e sexo por causa de morte [*discrimina a nacionalidade*]
Mortalidade segundo sexo por nacionalidade [*discrimina a nacionalidade*]

Campinas

Nascimentos
Nascimentos segundo a nacionalidade dos pais [*discrimina a nacionalidade*]
Gemelidade segundo a nacionalidade dos pais [*discrimina a nacionalidade*]
Nascimentos registrados durante o ano de 1920 [*sexo, filiação legítima e ilegítima e nacionalidades brasileira e estrangeira dos pais*]
Nascidos mortos segundo sexo, filiação e nacionalidade dos pais por mês [*nacionalidades brasileira e estrangeira dos pais*]
Nascidos mortos segundo sexo, filiação e nacionalidade dos pais por distrito [*nacionalidades brasileira e estrangeira dos pais*]
Nascidos mortos segundo a nacionalidade dos pais [*discrimina a nacionalidade*]
Casamentos
Casamentos segundo nacionalidade brasileira e estrangeira por distrito
Casamentos segundo nacionalidade brasileira e estrangeira por mês
Casamentos segundo a nacionalidade dos cônjuges [*discrimina a nacionalidade*]
Óbitos
Óbitos segundo nacionalidade e sexo por causa de morte [*discrimina a nacionalidade*]
Mortalidade segundo sexo por nacionalidade [*discrimina a nacionalidade*]

Guaratinguetá

Nascimentos
Nascimentos segundo a nacionalidade dos pais [*discrimina a nacionalidade*]
Gemelidade segundo a nacionalidade dos pais [*discrimina a nacionalidade*]
Nascimentos registrados durante o ano de 1920 [*sexo, filiação legítima e ilegítima e nacionalidades brasileira e estrangeira dos pais*]
Nascidos mortos segundo sexo, filiação e nacionalidade dos pais por mês [*nacionalidades brasileira e estrangeira dos pais*]
Nascidos mortos segundo sexo, filiação e nacionalidade dos pais por distrito [*nacionalidades brasileira e estrangeira dos pais*]
Nascidos mortos segundo a nacionalidade dos pais [*discrimina a nacionalidade*]

Casamentos
Casamentos segundo nacionalidade brasileira e estrangeira por distrito
Casamentos segundo nacionalidade brasileira e estrangeira por mês
Casamentos segundo a nacionalidade dos cônjuges [*discrimina a nacionalidade*]
Óbitos
Óbitos segundo nacionalidade e sexo por causa de morte [*discrimina a nacionalidade*]
Mortalidade segundo sexo por nacionalidade [*discrimina a nacionalidade*]

Outros Municípios
Nascimentos
Nascimentos segundo a nacionalidade dos pais por município [*nacionalidades brasileira e estrangeira dos pais*]
Nascidos mortos segundo a nacionalidade dos pais por município [*nacionalidades brasileira e estrangeira dos pais*]
Casamentos
Casamentos segundo nacionalidade por município [*nacionalidades brasileira e estrangeira dos cônjuges*]
Casamentos segundo a nacionalidade dos cônjuges [*discrimina a nacionalidade*]
Casamentos segundo nacionalidade brasileira e estrangeira por mês
Óbitos
Óbitos segundo nacionalidade por município [*discrimina a nacionalidade*]

Ribeirão Preto
Nascimentos
Nascimentos segundo a nacionalidade dos pais [*discrimina a nacionalidade*]
Gemelidade segundo a nacionalidade dos pais [*discrimina a nacionalidade*]
Nascimentos registrados durante o ano de 1920 [*sexo, filiação legítima e ilegítima e nacionalidades brasileira e estrangeira dos pais*]
Nascidos mortos segundo sexo, filiação e nacionalidade dos pais por mês [*nacionalidades brasileira e estrangeira dos pais*]
Nascidos mortos segundo sexo, filiação e nacionalidade dos pais por distrito [*nacionalidades brasileira e estrangeira dos pais*]
Nascidos mortos segundo a nacionalidade dos pais [*discrimina a nacionalidade*]
Casamentos
Casamentos segundo nacionalidade brasileira e estrangeira por distrito
Casamentos segundo nacionalidade brasileira e estrangeira por mês
Casamentos segundo a nacionalidade dos cônjuges [*discrimina a nacionalidade*]
Óbitos
Óbitos segundo nacionalidade e sexo por causa de morte [*discrimina a nacionalidade*]
Mortalidade segundo sexo por nacionalidade [*discrimina a nacionalidade*]

Santos
Nascimentos
Nascimentos segundo a nacionalidade dos pais [*discrimina a nacionalidade*]
Gemelidade segundo a nacionalidade dos pais [*discrimina a nacionalidade*]
Nascimentos registrados durante o ano de 1920 [*sexo, filiação legítima e ilegítima e nacionalidades brasileira e estrangeira dos pais*]
Nascidos mortos segundo sexo, filiação e nacionalidade dos pais por mês [*nacionalidades brasileira e estrangeira dos pais*]
Nascidos mortos segundo a nacionalidade dos pais [*discrimina a nacionalidade*]

Casamentos
Casamentos segundo a nacionalidade dos cônjuges [*discrimina a nacionalidade*]
Casamentos segundo nacionalidade brasileira e estrangeira por mês
Óbitos
Óbitos segundo nacionalidade e sexo por causa de morte [discrimina a nacionalidade]
Mortalidade segundo sexo por nacionalidade [discrimina a nacionalidade]

São Carlos
Nascimentos
Nascimentos segundo a nacionalidade dos pais [*discrimina a nacionalidade*]
Gemelidade segundo a nacionalidade dos pais [*discrimina a nacionalidade*]
Nascimentos registrados durante o ano de 1920 [*sexo, filiação legítima e ilegítima e nacionalidades brasileira e estrangeira dos pais*]
Nascidos mortos segundo sexo, filiação e nacionalidade dos pais por mês [*nacionalidades brasileira e estrangeira dos pais*]
Nascidos mortos segundo sexo, filiação e nacionalidade dos pais por distrito [*nacionalidades brasileira e estrangeira dos pais*]
Nascidos mortos segundo a nacionalidade dos pais [*discrimina a nacionalidade*]
Casamentos
Casamentos segundo nacionalidade brasileira e estrangeira por distrito
Casamentos segundo nacionalidade brasileira e estrangeira por mês
Casamentos segundo a nacionalidade dos cônjuges [*discrimina a nacionalidade*]
Óbitos
Óbitos segundo nacionalidade e sexo por causa de morte [*discrimina a nacionalidade*]
Mortalidade segundo sexo por nacionalidade [*discrimina a nacionalidade*]

1921

SÃO PAULO. Serviço Sanitario do Estado de São Paulo (Estados Unidos do Brazil). **Annuario Demographico**: secção de estatistica demographo-sanitaria. Anno XXVIII – 1921. São Paulo: Typographia Brazil de Rothschild & Cia, v.I, 1923. (Capital, Santos, Campinas e Ribeirão Preto)

SÃO PAULO. Serviço Sanitario do Estado de São Paulo (Estados Unidos do Brazil). **Annuario Demographico**: secção de estatistica demographo-sanitaria. Anno XXVIII – 1921. São Paulo: Typographia Brazil de Rothschild & Cia, v.II., 1923. (São Carlos Guaratinguetá, Botucatu e Interior do Estado)

Capital
Nascimentos
Nascimentos registrados durante o ano de 1921 [*sexo, filiação legítima e ilegítima e nacionalidades brasileira e estrangeira dos pais*]
Nascidos mortos segundo sexo, filiação e nacionalidade dos pais por mês [*nacionalidades brasileira e estrangeira dos pais*]
Nascidos mortos segundo sexo, filiação e nacionalidade dos pais por distrito [*nacionalidades brasileira e estrangeira dos pais*]
Nascimentos segundo a nacionalidade dos pais por distrito urbano e suburbano [*discrimina a nacionalidade*]

Nascidos mortos segundo a nacionalidade dos pais por distrito urbano e suburbano [*discrimina a nacionalidade*]
Gemelidade segundo a nacionalidade dos pais por distrito urbano e suburbano [*discrimina a nacionalidade*]
Casamentos
Casamentos segundo nacionalidade brasileira e estrangeira por mês do ano
Variações anuais dos casamentos segundo nacionalidade brasileira e estrangeira por ano – (1894 a 1921)
Casamentos segundo nacionalidade dos cônjuges por distritos urbanos e suburbanos [*discrimina a nacionalidade*]
Casamentos segundo nacionalidade brasileira e estrangeira por distrito urbano e suburbano
Óbitos
Óbitos segundo nacionalidade e sexo por causa de morte [*discrimina a nacionalidade*]
Mortalidade segundo sexo por nacionalidade [*discrimina a nacionalidade*]
Mortalidade segundo causas por sexo e nacionalidade [*discrimina a nacionalidade*]
Mortalidade segundo nacionalidade por grupos de moléstias [*discrimina a nacionalidade*]

Interior

Botucatu

Nascimentos
Nascimentos segundo a nacionalidade dos pais [*discrimina a nacionalidade*]
Gemelidade segundo a nacionalidade dos pais [*discrimina a nacionalidade*]
Nascimentos registrados durante o ano de 1921 [*sexo, filiação legítima e ilegítima e nacionalidades brasileira e estrangeira dos pais*]
Nascidos mortos segundo sexo, filiação e nacionalidade dos pais por mês [*nacionalidades brasileira e estrangeira dos pais*]
Nascidos mortos segundo sexo, filiação e nacionalidade dos pais por distrito [*nacionalidades brasileira e estrangeira dos pais*]
Nascidos mortos segundo a nacionalidade dos pais [*discrimina a nacionalidade*]
Casamentos
Casamentos segundo nacionalidade brasileira e estrangeira por distrito
Casamentos segundo nacionalidade brasileira e estrangeira por mês
Casamentos segundo a nacionalidade dos cônjuges [*discrimina a nacionalidade*]
Óbitos
Óbitos segundo nacionalidade e sexo por causa de morte [*discrimina a nacionalidade*]
Mortalidade segundo sexo por nacionalidade [*discrimina a nacionalidade*]

Campinas

Nascimentos
Nascimentos segundo a nacionalidade dos pais [*discrimina a nacionalidade*]
Gemelidade segundo a nacionalidade dos pais [*discrimina a nacionalidade*]
Nascimentos registrados durante o ano de 1921 [*sexo, filiação legítima e ilegítima e nacionalidades brasileira e estrangeira dos pais*]
Nascidos mortos segundo sexo, filiação e nacionalidade dos pais por mês [*nacionalidades brasileira e estrangeira dos pais*]
Nascidos mortos segundo sexo, filiação e nacionalidade dos pais por distrito [*nacionalidades brasileira e estrangeira dos pais*]
Nascidos mortos segundo a nacionalidade dos pais [*discrimina a nacionalidade*]

Casamentos
Casamentos segundo nacionalidade brasileira e estrangeira por distrito
Casamentos segundo nacionalidade brasileira e estrangeira por mês
Casamentos segundo a nacionalidade dos cônjuges [*discrimina a nacionalidade*]
Óbitos
Óbitos segundo nacionalidade e sexo por causa de morte [*discrimina a nacionalidade*]
Mortalidade segundo sexo por nacionalidade [*discrimina a nacionalidade*]

Guaratinguetá
Nascimentos
Nascimentos segundo a nacionalidade dos pais [*discrimina a nacionalidade*]
Gemelidade segundo a nacionalidade dos pais [*discrimina a nacionalidade*]
Nascimentos registrados durante o ano de 1921 [*sexo, filiação legítima e ilegítima e nacionalidades brasileira e estrangeira dos pais*]
Nascidos mortos segundo sexo, filiação e nacionalidade dos pais por mês [*nacionalidades brasileira e estrangeira dos pais*]
Nascidos mortos segundo sexo, filiação e nacionalidade dos pais por distrito [*nacionalidades brasileira e estrangeira dos pais*]
Nascidos mortos segundo a nacionalidade dos pais [*discrimina a nacionalidade*]
Casamentos
Casamentos segundo nacionalidade brasileira e estrangeira por distrito
Casamentos segundo nacionalidade brasileira e estrangeira por mês
Casamentos segundo a nacionalidade dos cônjuges [*discrimina a nacionalidade*]
Óbitos
Óbitos segundo nacionalidade e sexo por causa de morte [*discrimina a nacionalidade*]
Mortalidade segundo sexo por nacionalidade [*discrimina a nacionalidade*]

Outros Municípios
Nascimentos
Nascimentos segundo a nacionalidade dos pais por município [*nacionalidades brasileira e estrangeira dos pais*]
Nascidos mortos segundo a nacionalidade dos pais por município [*nacionalidades brasileira e estrangeira dos pais*]
Casamentos
Casamentos segundo nacionalidade por município [*nacionalidades brasileira e estrangeira dos cônjuges*]
Casamentos segundo a nacionalidade dos cônjuges [*discrimina a nacionalidade*]
Casamentos segundo nacionalidade brasileira e estrangeira por mês
Óbitos
Óbitos segundo nacionalidade por município [*discrimina a nacionalidade*]

Ribeirão Preto
Nascimentos
Nascimentos segundo a nacionalidade dos pais [*discrimina a nacionalidade*]
Gemelidade segundo a nacionalidade dos pais [*discrimina a nacionalidade*]
Nascimentos registrados durante o ano de 1921 [*sexo, filiação legítima e ilegítima e nacionalidades brasileira e estrangeira dos pais*]
Natimortos
Nascidos mortos segundo sexo, filiação e nacionalidade dos pais por mês [*nacionalidades brasileira e estrangeira dos pais*]

Nascidos mortos segundo sexo, filiação e nacionalidade dos pais por distrito [*nacionalidades brasileira e estrangeira dos pais*]
Nascidos mortos segundo a nacionalidade dos pais [*discrimina a nacionalidade*]
Casamentos
Casamentos segundo nacionalidade brasileira e estrangeira por distrito
Casamentos segundo nacionalidade brasileira e estrangeira por mês
Casamentos segundo a nacionalidade dos cônjuges [*discrimina a nacionalidade*]
Óbitos
Óbitos segundo nacionalidade e sexo por causa de morte [*discrimina a nacionalidade*]
Mortalidade segundo sexo por nacionalidade [*discrimina a nacionalidade*]

Santos

Nascimentos
Nascimentos segundo a nacionalidade dos pais [*discrimina a nacionalidade*]
Gemelidade segundo a nacionalidade dos pais [*discrimina a nacionalidade*]
Nascimentos registrados durante o ano de 1921 [*sexo, filiação legítima e ilegítima e nacionalidades brasileira e estrangeira dos pais*]
Nascidos mortos segundo sexo, filiação e nacionalidade dos pais por mês [*nacionalidades brasileira e estrangeira dos pais*]
Nascidos mortos segundo a nacionalidade dos pais [*discrimina a nacionalidade*]
Casamentos
Casamentos segundo a nacionalidade dos cônjuges [*discrimina a nacionalidade*]
Casamentos segundo nacionalidade brasileira e estrangeira por mês
Óbitos
Óbitos segundo nacionalidade e sexo por causa de morte [*discrimina a nacionalidade*]
Mortalidade segundo sexo por nacionalidade [*discrimina a nacionalidade*]

São Carlos

Nascimentos
Nascimentos segundo a nacionalidade dos pais [*discrimina a nacionalidade*]
Gemelidade segundo a nacionalidade dos pais [*discrimina a nacionalidade*]
Nascimentos registrados durante o ano de 1921 [*sexo, filiação legítima e ilegítima e nacionalidades brasileira e estrangeira dos pais*]
Nascidos mortos segundo sexo, filiação e nacionalidade dos pais por mês [*nacionalidades brasileira e estrangeira dos pais*]
Nascidos mortos segundo sexo, filiação e nacionalidade dos pais por distrito [*nacionalidades brasileira e estrangeira dos pais*]
Nascidos mortos segundo a nacionalidade dos pais [*discrimina a nacionalidade*]
Casamentos
Casamentos segundo nacionalidade brasileira e estrangeira por distrito
Casamentos segundo nacionalidade brasileira e estrangeira por mês
Casamentos segundo a nacionalidade dos cônjuges [*discrimina a nacionalidade*]
Óbitos
Óbitos segundo nacionalidade e sexo por causa de morte [*discrimina a nacionalidade*]
Mortalidade segundo sexo por nacionalidade [*discrimina a nacionalidade*]

1922

SÃO PAULO. Serviço Sanitario do Estado de São Paulo (Estados Unidos do Brazil). **Annuario Demographico:** secção de estatistica demographo-sanitaria. Anno de

XXIX – 1922. São Paulo: Typographia Brazil de Rothschild & Cia, v.I, 1924. (Capital, Santos, Campinas e Ribeirão Preto)

SÃO PAULO. Serviço Sanitario do Estado de São Paulo (Estados Unidos do Brazil). **Annuario Demographico:** secção de estatistica demographo-sanitaria. Anno de XXIX – 1922. São Paulo: Typographia Brazil de Rothschild & Cia, v.II, 1924. (São Carlos, Guaratinguetá, Botucatu e Interior do Estado)

Capital
- Nascimentos
  Nascimentos registrados durante o ano de 1922 [*sexo, filiação legítima e ilegítima e nacionalidades brasileira e estrangeira dos pais*]
  Nascidos mortos segundo sexo, filiação e nacionalidade dos pais por mês [*nacionalidades brasileira e estrangeira dos pais*]
  Nascidos mortos segundo sexo, filiação e nacionalidade dos pais por distrito [*nacionalidades brasileira e estrangeira dos pais*]
  Nascimentos segundo a nacionalidade dos pais por distrito urbano e suburbano [*discrimina a nacionalidade*]
  Nascidos mortos segundo a nacionalidade dos pais por distrito urbano e suburbano [*discrimina a nacionalidade*]
  Gemelidade segundo a nacionalidade dos pais por distrito urbano e suburbano [*discrimina a nacionalidade*]
- Casamentos
  Casamentos segundo nacionalidade brasileira e estrangeira por mês do ano
  Variações anuais dos casamentos segundo nacionalidade brasileira e estrangeira por ano – (1894 a 1922)
  Casamentos segundo nacionalidade dos cônjuges por distritos urbanos e suburbanos [*discrimina a nacionalidade*]
  Casamentos segundo nacionalidade brasileira e estrangeira por distrito urbano e suburbano
- Óbitos
  Óbitos segundo nacionalidade e sexo por causa de morte [*discrimina a nacionalidade*]
  Mortalidade segundo sexo por nacionalidade [*discrimina a nacionalidade*]
  Mortalidade segundo causas por sexo e nacionalidade [*discrimina a nacionalidade*]
  Mortalidade segundo nacionalidade por grupos de moléstias [*discrimina a nacionalidade*]

Interior

Botucatu
- Nascimentos
  Nascimentos segundo a nacionalidade dos pais [*discrimina a nacionalidade*]
  Gemelidade segundo a nacionalidade dos pais [*discrimina a nacionalidade*]
  Nascimentos registrados durante o ano de 1922 [*sexo, filiação legítima e ilegítima e nacionalidades brasileira e estrangeira dos pais*]
  Nascidos mortos segundo sexo, filiação e nacionalidade dos pais por mês [*nacionalidades brasileira e estrangeira dos pais*]
  Nascidos mortos segundo a nacionalidade dos pais [*discrimina a nacionalidade*]
  Nascidos mortos segundo sexo, filiação e nacionalidade dos pais por distrito [*nacionalidades brasileira e estrangeira dos pais*]

Casamentos
Casamentos segundo a nacionalidade dos cônjuges [*discrimina a nacionalidade*]
Casamentos segundo nacionalidade brasileira e estrangeira por mês
Casamentos segundo nacionalidade brasileira e estrangeira por distrito
Óbitos
Óbitos segundo nacionalidade e sexo por causa de morte [*discrimina a nacionalidade*]
Mortalidade segundo sexo por nacionalidade [*discrimina a nacionalidade*]

Campinas
Nascimentos
Nascimentos segundo a nacionalidade dos pais [*discrimina a nacionalidade*]
Gemelidade segundo a nacionalidade dos pais [*discrimina a nacionalidade*]
Nascimentos registrados durante o ano de 1922 [sexo, *filiação legítima e ilegítima e nacionalidades brasileira e estrangeira dos pais*]
Nascidos mortos segundo sexo, filiação e nacionalidade dos pais por mês [*nacionalidades brasileira e estrangeira dos pais*]
Nascidos mortos segundo a nacionalidade dos pais [*discrimina a nacionalidade*]
Nascidos mortos segundo sexo, filiação e nacionalidade dos pais por distrito [*nacionalidades brasileira e estrangeira dos pais*]

Casamentos
Casamentos segundo a nacionalidade dos cônjuges [*discrimina a nacionalidade*]
Casamentos segundo nacionalidade brasileira e estrangeira por mês
Casamentos segundo nacionalidade brasileira e estrangeira por distrito

Óbitos
Óbitos segundo nacionalidade e sexo por causa de morte [*discrimina a nacionalidade*]
Mortalidade segundo sexo por nacionalidade [*discrimina a nacionalidade*]

Guaratinguetá
Nascimentos
Nascimentos segundo a nacionalidade dos pais [*discrimina a nacionalidade*]
Gemelidade segundo a nacionalidade dos pais [*discrimina a nacionalidade*]
Nascimentos registrados durante o ano de 1922 [sexo, *filiação legítima e ilegítima e nacionalidades brasileira e estrangeira dos pais*]
Nascidos mortos segundo sexo, filiação e nacionalidade dos pais por mês [*nacionalidades brasileira e estrangeira dos pais*]
Nascidos mortos segundo a nacionalidade dos pais [*discrimina a nacionalidade*]
Nascidos mortos segundo sexo, filiação e nacionalidade dos pais por distrito [*nacionalidades brasileira e estrangeira dos pais*]

Casamentos
Casamentos segundo a nacionalidade dos cônjuges [*discrimina a nacionalidade*]
Casamentos segundo nacionalidade brasileira e estrangeira por mês
Casamentos segundo nacionalidade brasileira e estrangeira por distrito

Óbitos
Óbitos segundo nacionalidade e sexo por causa de morte [*discrimina a nacionalidade*]
Mortalidade segundo sexo por nacionalidade [*discrimina a nacionalidade*]

Outros Municípios
Nascimentos
Nascimentos segundo a nacionalidade dos pais por município [*nacionalidades brasileira e estrangeira dos pais*]

Nascidos mortos segundo a nacionalidade dos pais por município [*nacionalidades brasileira e estrangeira dos pais*]
Casamentos
Casamentos segundo nacionalidade por município [*nacionalidades brasileira e estrangeira dos cônjuges*]
Casamentos segundo a nacionalidade dos cônjuges [*discrimina a nacionalidade*]
Casamentos segundo nacionalidade brasileira e estrangeira por mês
Óbitos
Óbitos segundo nacionalidade por município [*discrimina a nacionalidade*]

Ribeirão Preto
Nascimentos
Nascimentos segundo a nacionalidade dos pais [*discrimina a nacionalidade*]
Gemelidade segundo a nacionalidade dos pais [*discrimina a nacionalidade*]
Nascimentos registrados durante o ano de 1922 [sexo, *filiação legítima e ilegítima e nacionalidades brasileira e estrangeira dos pais*]
Natimortos
Nascidos mortos segundo sexo, filiação e nacionalidade dos pais por mês [*nacionalidades brasileira e estrangeira dos pais*]
Nascidos mortos segundo a nacionalidade dos pais [*discrimina a nacionalidade*]
Nascidos mortos segundo sexo, filiação e nacionalidade dos pais por distrito [*nacionalidade brasileira e estrangeira dos pais*]
Nascidos mortos registrados durante o ano de 1922 [sexo, *filiação legítima e ilegítima e nacionalidades brasileira e estrangeira dos pais*]
Casamentos
Casamentos segundo a nacionalidade dos cônjuges [*discrimina a nacionalidade*]
Casamentos segundo nacionalidade brasileira e estrangeira por mês
Casamentos segundo nacionalidade brasileira e estrangeira por distrito
Óbitos
Óbitos segundo nacionalidade e sexo por causa de morte [*discrimina a nacionalidade*]
Mortalidade segundo sexo por nacionalidade [*discrimina a nacionalidade*]

Santos
Nascimentos
Nascimentos segundo a nacionalidade dos pais [*discrimina a nacionalidade*]
Gemelidade segundo a nacionalidade dos pais [*discrimina a nacionalidade*]
Nascimentos registrados durante o ano de 1922 [sexo, *filiação legítima e ilegítima e nacionalidades brasileira e estrangeira dos pais*]
Natimortos
Nascidos mortos segundo sexo, filiação e nacionalidade dos pais por mês [*nacionalidades brasileira e estrangeira dos pais*]
Nascidos mortos segundo a nacionalidade dos pais [*discrimina a nacionalidade*]
Casamentos
Casamentos segundo a nacionalidade dos cônjuges [*discrimina a nacionalidade*]
Casamentos segundo nacionalidade brasileira e estrangeira por mês
Óbitos
Óbitos segundo nacionalidade e sexo por causa de morte [*discrimina a nacionalidade*]
Mortalidade segundo sexo por nacionalidade [*discrimina a nacionalidade*]

São Carlos
   Nascimentos
   Nascimentos segundo a nacionalidade dos pais [*discrimina a nacionalidade*]
   Gemelidade segundo a nacionalidade dos pais [*discrimina a nacionalidade*]
   Nascimentos registrados durante o ano de 1922 [*sexo, filiação legítima e ilegítima e nacionalidades brasileira e estrangeira dos pais*]
   Natimortos
   Nascidos mortos segundo sexo, filiação e nacionalidade dos pais por mês [*nacionalidades brasileira e estrangeira dos pais*]
   Nascidos mortos segundo a nacionalidade dos pais [*discrimina a nacionalidade*]
   Nascidos mortos segundo sexo, filiação e nacionalidade dos pais por distrito [*nacionalidades brasileira e estrangeira dos pais*]
   Casamentos
   Casamentos segundo a nacionalidade dos cônjuges [*discrimina a nacionalidade*]
   Casamentos segundo nacionalidade brasileira e estrangeira por mês
   Casamentos segundo nacionalidade brasileira e estrangeira por distrito
   Óbitos
   Óbitos segundo nacionalidade e sexo por causa de morte [*discrimina a nacionalidade*]
   Mortalidade segundo sexo por nacionalidade [*discrimina a nacionalidade*]

1923

SÃO PAULO. Serviço Sanitario do Estado de São Paulo (Estados Unidos do Brazil). **Annuario Demographico:** secção de estatistica demographo-sanitaria. Anno XXX – 1923. São Paulo: Typographia Brazil de Rothschild & Cia, v.I, 1925. (Capital, Santos, Campinas e Ribeirão Preto)

SÃO PAULO. Serviço Sanitario do Estado de São Paulo (Estados Unidos do Brazil). **Annuario Demographico:** secção de estatistica demographo-sanitaria. Anno XXX – 1923. São Paulo: Typographia Brazil de Rothschild & Cia, v.II, 1925. (São Carlos, Guaratinguetá, Botucatu e Interior do Estado)

Capital
   Nascimentos
   Nascimentos segundo a nacionalidade dos pais [*discrimina a nacionalidade*]
   Nascidos mortos segundo a nacionalidade dos pais [*discrimina a nacionalidade*]
   Variações anuais dos nascimentos segundo a nacionalidade dos pais por ano – (1895 -1923) [*nacionalidades brasileira e estrangeira dos pais*]
   Variações anuais e qüinqüenais da natimortalidade segundo a
   nacionalidade dos pais por ano – (1894-1923) [*nacionalidades brasileira e estrangeira dos pais*]
   Gemelidade segundo a nacionalidade dos pais [*nacionalidades brasileira e estrangeira dos pais*]
   Casamentos
   Casamentos segundo a nacionalidade dos cônjuges [*discrimina a nacionalidade*]
   Variações anuais dos casamentos segundo nacionalidade brasileira e estrangeira por ano – (1894-1923)

Óbitos
Óbitos segundo nacionalidade e sexo por causa de morte [*discrimina a nacionalidade*]
Variações anuais dos suicídios segundo nacionalidade brasileira e estrangeira por ano – (1903-1923)

Interior

Botucatu

Nascimentos
Nascimentos segundo a nacionalidade dos pais [*discrimina a nacionalidade*]
Nascidos mortos segundo a nacionalidade dos pais [*discrimina a nacionalidade*]
Variações anuais dos nascimentos segundo a nacionalidade dos pais por ano – (1900-1923) [*nacionalidades brasileira e estrangeira dos pais*]
Variações anuais e qüinqüenais da natimortalidade segundo a nacionalidade dos pais por ano – (1909-1923) [*nacionalidades brasileira e estrangeira dos pais*]
Gemelidade segundo a nacionalidade dos pais [*nacionalidades brasileira e estrangeira dos pais*]
Casamentos
Casamentos segundo a nacionalidade dos cônjuges [*discrimina a nacionalidade*]
Variações anuais dos casamentos segundo nacionalidade brasileira e estrangeira por ano – (1900-1923)
Óbitos
Óbitos segundo nacionalidade e sexo por causa de morte dos pais [*discrimina a nacionalidade*]

Campinas

Nascimentos
Nascimentos segundo a nacionalidade dos pais [*discrimina a nacionalidade*]
Nascidos mortos segundo a nacionalidade dos pais [*discrimina a nacionalidade*]
Variações anuais dos nascimentos segundo a nacionalidade dos pais por ano – (1896-1923) [*nacionalidades brasileira e estrangeira dos pais*]
Variações anuais e qüinqüenais da natimortalidade segundo a nacionalidade dos pais por ano – (1909-1923) [*nacionalidades brasileira e estrangeira dos pais*]
Gemelidade segundo a nacionalidade dos pais [*nacionalidades brasileira e estrangeira dos pais*]
Casamentos
Casamentos segundo a nacionalidade dos cônjuges [*discrimina a nacionalidade*]
Variações anuais dos casamentos segundo nacionalidade brasileira e estrangeira por ano – (1897-1923)
Óbitos
Óbitos segundo nacionalidade e sexo por causa de morte dos pais [*discrimina a nacionalidade*]

Guaratinguetá

Nascimentos
Nascimentos segundo a nacionalidade dos pais [*discrimina a nacionalidade*]
Nascidos mortos segundo a nacionalidade dos pais [*discrimina a nacionalidade*]
Variações anuais dos nascimentos segundo a nacionalidade dos pais por ano – (1897-1923) [*nacionalidades brasileira e estrangeira dos pais*]
Variações anuais e qüinqüenais da natimortalidade segundo a nacionalidade dos pais por ano – (1909-1923) [*nacionalidades brasileira e estrangeira dos pais*]
Gemelidade segundo a nacionalidade dos pais [*nacionalidades brasileira e estrangeira dos pais*]
Casamentos
Casamentos segundo a nacionalidade dos pais cônjuges [*discrimina a nacionalidade*]
Variações anuais dos casamentos segundo nacionalidade brasileira e estrangeira por ano – (1897-1923)

Óbitos
Óbitos segundo nacionalidade e sexo por causa de morte dos pais [*discrimina a nacionalidade*]

Ribeirão Preto
Nascimentos
Nascimentos segundo a nacionalidade dos pais [*discrimina a nacionalidade*]
Nascidos mortos segundo a nacionalidade dos pais [*discrimina a nacionalidade*]
Variações anuais dos nascimentos segundo a nacionalidade dos pais por ano – (1897-1923) [*nacionalidades brasileira e estrangeira dos pais*]
Variações anuais e qüinqüenais da natimortalidade segundo a nacionalidade dos pais por ano – (1909-1923) [*nacionalidades brasileira e estrangeira dos pais*]
Gemelidade segundo a nacionalidade dos pais [*nacionalidades brasileira e estrangeira dos pais*]
Casamentos
Casamentos segundo a nacionalidade dos cônjuges [*discrimina a nacionalidade*]
Variações anuais dos casamentos segundo nacionalidade brasileira e estrangeira por ano – (1896-1923)
Óbitos
Óbitos segundo nacionalidade e sexo por causa de morte [*discrimina a nacionalidade*]

Santos
Nascimentos
Nascimentos segundo a nacionalidade dos pais [*discrimina a nacionalidade*]
Nascidos mortos segundo a nacionalidade dos pais [*discrimina a nacionalidade*]
Variações anuais dos nascimentos segundo a nacionalidade dos pais por ano – (1895-1923) [*nacionalidades brasileira e estrangeira dos pais*]
Variações anuais e qüinqüenais da natimortalidade segundo a nacionalidade dos pais por ano – (1909-1923) [*nacionalidades brasileira e estrangeira dos pais*]
Gemelidade segundo a nacionalidade dos pais [*nacionalidades brasileira e estrangeira dos pais*]
Casamentos
Casamentos segundo a nacionalidade dos cônjuges [*discrimina a nacionalidade*]
Variações anuais dos casamentos segundo nacionalidade brasileira e estrangeira por ano – (1895-1923)
Óbitos
Óbitos segundo nacionalidade e sexo por causa de morte [*discrimina a nacionalidade*]

São Carlos
Nascimentos
Nascimentos segundo a nacionalidade dos pais [*discrimina a nacionalidade*]
Nascidos mortos segundo a nacionalidade dos pais [*discrimina a nacionalidade*]
Variações anuais dos nascimentos segundo a nacionalidade dos pais por ano – (1898-1923) [*nacionalidades brasileira e estrangeira dos pais*]
Variações anuais e qüinqüenais da natimortalidade segundo a nacionalidade dos pais por ano – (1909-1923) [*nacionalidades brasileira e estrangeira dos pais*]
Gemelidade segundo a nacionalidade dos pais [*nacionalidades brasileira e estrangeira dos pais*]
Casamentos
Casamentos segundo a nacionalidade dos cônjuges [*discrimina a nacionalidade*]
Variações anuais dos casamentos segundo nacionalidade brasileira e estrangeira por ano – (1898-1923)
Óbitos
Óbitos segundo nacionalidade e sexo por causa de morte [*discrimina a nacionalidade*]

Outros Municípios
  Nascimentos
  Nascimentos segundo a nacionalidade dos pais por município [*nacionalidades brasileira e estrangeira dos pais*]
  Nascidos mortos segundo a nacionalidade dos pais por município [*nacionalidades brasileira e estrangeira dos pais*]
  Casamentos
  Casamentos segundo nacionalidade por município [*nacionalidades brasileira e estrangeira dos cônjuges*]
  Casamentos segundo a nacionalidade dos cônjuges [*discrimina a nacionalidade*]
  Casamentos segundo nacionalidade brasileira e estrangeira por mês
  Óbitos
  Óbitos segundo nacionalidade por município [*discrimina a nacionalidade*]

1924

SÃO PAULO. Serviço Sanitario do Estado de São Paulo (Estados Unidos do Brazil). **Annuario Demographico:** secção de estatistica demographo-sanitaria. Anno XXXI – 1924. São Paulo: Typographia Brazil de Rothschild & Cia, v.I, 1926. (Capital, Santos, Campinas e Ribeirão Preto)

SÃO PAULO. Serviço Sanitario do Estado de São Paulo (Estados Unidos do Brazil). **Annuario Demographico:** secção de estatistica demographo-sanitaria. Anno XXXI – 1924. São Paulo: Typographia Brazil de Rothschild & Cia, v.II, 1929. (São Carlos Guaratinguetá, Botucatu e Interior do Estado)

Capital
  Nascimentos
  Nascimentos segundo a nacionalidade dos pais [*discrimina a nacionalidade*]
  Nascidos mortos segundo a nacionalidade dos pais [*discrimina a nacionalidade*]
  Variações anuais dos nascimentos segundo a nacionalidade dos pais por ano – (1895-1924) [*nacionalidades brasileira e estrangeira dos pais*]
  Variações anuais e qüinqüenais da natimortalidade segundo a nacionalidade dos pais por ano – (1894-1924) [*nacionalidades brasileira e estrangeira dos pais*]
  Gemelidade segundo a nacionalidade dos pais [*nacionalidades brasileira e estrangeira dos pais*]
  Casamentos
  Casamentos segundo a nacionalidade dos cônjuges [*discrimina a nacionalidade*]
  Variações anuais dos casamentos segundo nacionalidade brasileira e estrangeira por ano – (1894-1924)
  Óbitos
  Óbitos segundo nacionalidade e sexo por causa de morte [*discrimina a nacionalidade*]
  Variações anuais dos suicídios segundo nacionalidade brasileira e estrangeira por ano – (1903-1924)

Interior

Botucatu
  Nascimentos
  Nascimentos segundo a nacionalidade dos pais [*discrimina a nacionalidade*]

Nascidos mortos segundo a nacionalidade dos pais [*discrimina a nacionalidade*]
Variações anuais dos nascimentos segundo a nacionalidade dos pais por ano – (1900-1924) [*nacionalidades brasileira e estrangeira dos pais*]
Variações anuais e qüinqüenais da natimortalidade segundo a nacionalidade dos pais por ano – (1909-1924) [*nacionalidades brasileira e estrangeira dos pais*]
Gemelidade segundo a nacionalidade dos pais [*nacionalidades brasileira e estrangeira dos pais*]
Casamentos
Casamentos segundo a nacionalidade dos cônjuges [*discrimina a nacionalidade*]
Variações anuais dos casamentos segundo nacionalidade brasileira e estrangeira por ano – (1900-1924)
Óbitos
Óbitos segundo nacionalidade e sexo por causa de morte [*discrimina a nacionalidade*]

Campinas

Nascimentos
Nascimentos segundo a nacionalidade dos pais [*discrimina a nacionalidade*]
Nascidos mortos segundo a nacionalidade dos pais [*discrimina a nacionalidade*]
Variações anuais dos nascimentos segundo a nacionalidade dos pais por ano – (1896-1924) [*nacionalidades brasileira e estrangeira dos pais*]
Variações anuais e qüinqüenais da natimortalidade segundo a nacionalidade dos pais por ano – (1909-1924) [*nacionalidades brasileira e estrangeira dos pais*]
Gemelidade segundo a nacionalidade dos pais [*nacionalidades brasileira e estrangeira dos pais*]
Casamentos
Casamentos segundo a nacionalidade dos pais cônjuges [*discrimina a nacionalidade*]
Variações anuais dos casamentos segundo nacionalidade brasileira e estrangeira por ano – (1897-1924)
Óbitos
Óbitos segundo nacionalidade e sexo por causa de morte [*discrimina a nacionalidade*]

Guaratinguetá

Nascimentos
Nascimentos segundo a nacionalidade dos pais [*discrimina a nacionalidade*]
Nascidos mortos segundo a nacionalidade dos pais [*discrimina a nacionalidade*]
Variações anuais dos nascimentos segundo a nacionalidade dos pais por ano – (1897-1924) [*nacionalidades brasileira e estrangeira dos pais*]
Variações anuais e qüinqüenais da natimortalidade segundo a nacionalidade dos pais por ano – (1909-1924) [*nacionalidades brasileira e estrangeira dos pais*]
Gemelidade segundo a nacionalidade dos pais [*nacionalidades brasileira e estrangeira dos pais*]
Casamentos
Casamentos segundo a nacionalidade dos pais cônjuges [*discrimina a nacionalidade*]
Variações anuais dos casamentos segundo nacionalidade brasileira e estrangeira por ano – (1897-1924)
Óbitos
Óbitos segundo nacionalidade e sexo por causa de morte dos pais [*discrimina a nacionalidade*]

Ribeirão Preto

Nascimentos
Nascimentos segundo a nacionalidade dos pais [*discrimina a nacionalidade*]
Nascidos mortos segundo a nacionalidade dos pais [*discrimina a nacionalidade*]

Variações anuais dos nascimentos segundo a nacionalidade dos pais por ano – (1897-1924) [*nacionalidades brasileira e estrangeira dos pais*]
Variações anuais e qüinqüenais da natimortalidade segundo a nacionalidade dos pais por ano – (1909-1924) [*nacionalidades brasileira e estrangeira dos pais*]
Gemelidade segundo a nacionalidade dos pais [*nacionalidades brasileira e estrangeira dos pais*]
Casamentos
Casamentos segundo a nacionalidade dos cônjuges [*discrimina a nacionalidade*]
Variações anuais dos casamentos segundo nacionalidade brasileira e estrangeira por ano – (1896-1924)
Óbitos
Óbitos segundo nacionalidade e sexo por causa de morte [*discrimina a nacionalidade*]

Santos

Nascimentos

Nascimentos segundo a nacionalidade dos pais [*discrimina a nacionalidade*]
Nascidos mortos segundo a nacionalidade dos pais [*discrimina a nacionalidade*]
Variações anuais dos nascimentos segundo a nacionalidade dos pais por ano – (1895-1924) [*nacionalidades brasileira e estrangeira dos pais*]
Variações anuais e qüinqüenais da natimortalidade segundo a nacionalidade dos pais por ano – (1909-1924) [*nacionalidades brasileira e estrangeira dos pais*]
Gemelidade segundo a nacionalidade dos pais [*nacionalidades brasileira e estrangeira dos pais*]
Casamentos
Casamentos segundo a nacionalidade dos cônjuges [*discrimina a nacionalidade*]
Variações anuais dos casamentos segundo nacionalidade brasileira e estrangeira por ano – (1895-1924)
Óbitos
Óbitos segundo nacionalidade e sexo por causa de morte [*discrimina a nacionalidade*]

São Carlos

Nascimentos

Nascimentos segundo a nacionalidade dos pais [*discrimina a nacionalidade*]
Nascidos mortos segundo a nacionalidade dos pais [*discrimina a nacionalidade*]
Variações anuais dos nascimentos segundo a nacionalidade dos pais por ano – (1898-1924) [*nacionalidades brasileira e estrangeira dos pais*]
Variações anuais e qüinqüenais da natimortalidade segundo a nacionalidade dos pais por ano – (1909-1924) [*nacionalidades brasileira e estrangeira dos pais*]
Gemelidade segundo a nacionalidade dos pais [*nacionalidades brasileira e estrangeira dos pais*]
Casamentos
Casamentos segundo a nacionalidade dos cônjuges [*discrimina a nacionalidade*]
Variações anuais dos casamentos segundo nacionalidade brasileira e estrangeira por ano – (1898-1924)
Óbitos
Óbitos segundo nacionalidade e sexo por causa de morte [*discrimina a nacionalidade*]

Outros Municípios

Nascimentos

Nascimentos segundo a nacionalidade dos pais por município [*nacionalidades brasileira e estrangeira dos pais*]
Nascidos mortos segundo a nacionalidade dos pais por município [*nacionalidades brasileira e estrangeira dos pais*]

Casamentos
Casamentos segundo nacionalidade por município [*nacionalidades brasileira e estrangeira dos cônjuges*]
Casamentos segundo a nacionalidade dos cônjuges [*discrimina a nacionalidade*]
Casamentos segundo nacionalidade brasileira e estrangeira por mês
Óbitos
Óbitos segundo nacionalidade por município [*discrimina a nacionalidade*]

1925

SÃO PAULO. Serviço Sanitario do Estado de São Paulo (Estados Unidos do Brazil). **Annuario Demographico:** secção de estatistica demographo-sanitaria. Anno XXXII – 1925. São Paulo: Typographia Brazil de Rothschild & Cia, v.I, 1926. (Capital)

SÃO PAULO. Serviço Sanitario do Estado de São Paulo (Estados Unidos do Brazil). **Annuario Demographico:** secção de estatistica demographo-sanitaria. Anno XXXII – 1925. São Paulo: Typographia Brazil de Rothschild & Cia, v.II, 1926. (Santos, Campinas, Ribeirão Preto, São Carlos, Guaratinguetá e Botucatu)

SÃO PAULO. Serviço Sanitario do Estado de São Paulo (Estados Unidos do Brazil). **Annuario Demographico:** secção de estatistica demographo-sanitaria. Anno XXXII – 1925. São Paulo: Typographia Brazil de Rothschild & Cia, v.III, 1926. (Municipios do Interior do Estado)

Capital
  Nascimentos
  Nascimentos segundo a nacionalidade dos pais [*discrimina a nacionalidade*]
  Nascidos mortos segundo a nacionalidade dos pais [*discrimina a nacionalidade*]
  Variações anuais dos nascimentos segundo a nacionalidade dos pais por ano – (1895-1925) [*nacionalidades brasileira e estrangeira dos pais*]
  Variações anuais e qüinqüenais da natimortalidade segundo a nacionalidade dos pais por ano – (1894-1925) [*nacionalidades brasileira e estrangeira dos pais*]
  Gemelidade segundo a nacionalidade dos pais [*nacionalidades brasileira e estrangeira dos pais*]
  Casamentos
  Casamentos segundo a nacionalidade dos cônjuges [*discrimina a nacionalidade*]
  Variações anuais dos casamentos segundo nacionalidade brasileira e estrangeira por ano – (1894-1925)
  Óbitos
  Óbitos segundo nacionalidade e sexo por causa de morte [*discrimina a nacionalidade*]
  Variações anuais dos suicídios segundo nacionalidade brasileira e estrangeira por ano – (1903-1925)
Interior
Botucatu
  Nascimentos
  Nascimentos segundo a nacionalidade dos pais [*discrimina a nacionalidade*]
  Nascidos mortos segundo a nacionalidade dos pais [*discrimina a nacionalidade*]

Variações anuais dos nascimentos segundo a nacionalidade dos pais por ano – (1900-1925) [*nacionalidades brasileira e estrangeira dos pais*]
Variações anuais e qüinqüenais da natimortalidade segundo a nacionalidade dos pais por ano – (1909-1925) [*nacionalidades brasileira e estrangeira dos pais*]
Gemelidade segundo a nacionalidade dos pais [*nacionalidades brasileira e estrangeira dos pais*]
Casamentos
Casamentos segundo a nacionalidade dos cônjuges [*discrimina a nacionalidade*]
Variações anuais dos casamentos segundo nacionalidade brasileira e estrangeira por ano – (1900-1925)
Óbitos
Óbitos segundo nacionalidade e sexo por causa de morte [*discrimina a nacionalidade*]

Campinas
Nascimentos
Nascimentos segundo a nacionalidade dos pais [*discrimina a nacionalidade*]
Nascidos mortos segundo a nacionalidade dos pais [*discrimina a nacionalidade*]
Variações anuais dos nascimentos segundo a nacionalidade dos pais por ano – (1896-1925) [*nacionalidades brasileira e estrangeira dos pais*]
Variações anuais e qüinqüenais da natimortalidade segundo a nacionalidade dos pais por ano – (1909-1925) [*nacionalidades brasileira e estrangeira dos pais*]
Gemelidade segundo a nacionalidade dos pais [*nacionalidades brasileira e estrangeira dos pais*]
Casamentos
Casamentos segundo a nacionalidade dos cônjuges [*discrimina a nacionalidade*]
Variações anuais dos casamentos segundo nacionalidade brasileira e estrangeira por ano – (1897-1925)
Óbitos
Óbitos segundo nacionalidade e sexo por causa de morte [*discrimina a nacionalidade*]

Guaratinguetá
Nascimentos
Nascidos mortos segundo a nacionalidade dos pais [*discrimina a nacionalidade*]
Variações anuais dos nascimentos segundo a nacionalidade dos pais por ano – (1897-1925) [*nacionalidades brasileira e estrangeira dos pais*]
Variações anuais e qüinqüenais da natimortalidade segundo a nacionalidade dos pais por ano – (1909-1925) [*nacionalidades brasileira e estrangeira dos pais*]
Gemelidade segundo a nacionalidade dos pais [*nacionalidades brasileira e estrangeira dos pais*]
Casamentos
Casamentos segundo a nacionalidade dos cônjuges [*discrimina a nacionalidade*]
Variações anuais dos casamentos segundo nacionalidade brasileira e estrangeira por ano – (1897-1925)
Óbitos
Óbitos segundo nacionalidade e sexo por causa de morte [*discrimina a nacionalidade*]

Ribeirão Preto
Nascimentos
Nascimentos segundo a nacionalidade dos pais [*discrimina a nacionalidade*]
Nascidos mortos segundo a nacionalidade dos pais [*discrimina a nacionalidade*]
Variações anuais dos nascimentos segundo a nacionalidade dos pais por ano – (1897-1925) [*nacionalidades brasileira e estrangeira dos pais*]
Variações anuais e qüinqüenais da natimortalidade segundo a nacionalidade dos pais por ano – (1911-1925) [*nacionalidades brasileira e estrangeira dos pais*]
Gemelidade segundo a nacionalidade dos pais [*nacionalidades brasileira e estrangeira dos pais*]

    Casamentos
    Casamentos segundo a nacionalidade dos cônjuges [*discrimina a nacionalidade*]
    Variações anuais dos casamentos segundo nacionalidade brasileira e estrangeira por ano – (1896-1925)
    Óbitos
    Óbitos segundo nacionalidade e sexo por causa de morte [*discrimina a nacionalidade*]

Santos

    Nascimentos
    Nascimentos segundo a nacionalidade dos pais [*discrimina a nacionalidade*]
    Nascidos mortos segundo a nacionalidade dos pais [*discrimina a nacionalidade*]
    Variações anuais dos nascimentos segundo a nacionalidade dos pais por ano – (1895-1925) [*nacionalidades brasileira e estrangeira dos pais*]
    Variações anuais e qüinqüenais da natimortalidade segundo a nacionalidade dos pais por ano – (1909-1925) [*nacionalidades brasileira e estrangeira dos pais*]
    Gemelidade segundo a nacionalidade dos pais [*nacionalidades brasileira e estrangeira dos pais*]
    Casamentos
    Casamentos segundo a nacionalidade dos cônjuges [*discrimina a nacionalidade*]
    Variações anuais dos casamentos segundo nacionalidade brasileira e estrangeira por ano – (1895-1925)
    Óbitos
    Óbitos segundo nacionalidade e sexo por causa de morte [*discrimina a nacionalidade*]

São Carlos

    Nascimentos
    Nascimentos segundo a nacionalidade dos pais [*discrimina a nacionalidade*]
    Nascidos mortos segundo a nacionalidade dos pais [*discrimina a nacionalidade*]
    Variações anuais dos nascimentos segundo a nacionalidade dos pais por ano - (1898 -1925) [*nacionalidades brasileira e estrangeira dos pais*]
    Variações anuais e qüinqüenais da natimortalidade segundo a nacionalidade dos pais por ano – (1909-1925) [*nacionalidades brasileira e estrangeira dos pais*]
    Gemelidade segundo a nacionalidade dos pais [*nacionalidades brasileira e estrangeira dos pais*]
    Casamentos
    Casamentos segundo a nacionalidade dos cônjuges [*discrimina a nacionalidade*]
    Variações anuais dos casamentos segundo nacionalidade brasileira e estrangeira por ano – (1898-1925)
    Óbitos
    Óbitos segundo nacionalidade e sexo por causa de morte [*discrimina a nacionalidade*]

Outros Municípios

    Nascimentos
    Nascimentos segundo a nacionalidade dos pais por município [*nacionalidades brasileira e estrangeira dos pais*]
    Nascidos mortos segundo a nacionalidade dos pais por município [*nacionalidades brasileira e estrangeira dos pais*]
    Casamentos
    Casamentos segundo nacionalidade por município [*nacionalidades brasileira e estrangeira dos cônjuges*]
    Casamentos segundo a nacionalidade dos cônjuges [*discrimina a nacionalidade*]
    Casamentos segundo nacionalidade brasileira e estrangeira por mês
    Óbitos
    Óbitos segundo nacionalidade por município [*discrimina a nacionalidade*]

1926

SÃO PAULO. Serviço Sanitario do Estado de São Paulo (Estados Unidos do Brazil). **Annuario Demographico:** secção de estatistica demographo-sanitaria. Anno XXXIII – 1926. São Paulo, Typographia Brazil de Rothschild & Cia, v.I, 1927. (Capital, Santos, Campinas e Ribeirão Preto)

SÃO PAULO. Serviço Sanitario do Estado de São Paulo (Estados Unidos do Brazil). **Annuario Demographico:** secção de estatistica demographo-sanitaria. Anno XXXIII – 1926. São Paulo: Typographia Brazil de Rothschild & Cia, v.II, 1927. (São Carlos, Guaratinguetá, Botucatu e Interior do Estado)

Capital
  Nascimentos
  Nascimentos segundo a nacionalidade dos pais [*discrimina a nacionalidade*]
  Nascidos mortos segundo a nacionalidade dos pais [*discrimina a nacionalidade*]
  Variações anuais dos nascimentos segundo a nacionalidade dos pais por ano - (1895 -1926) [*nacionalidades brasileira e estrangeira dos pais*]
  Variações anuais e qüinqüenais da natimortalidade segundo a nacionalidade dos pais por ano – (1894 -1926) [*nacionalidades brasileira e estrangeira dos pais*]
  Gemelidade segundo a nacionalidade dos pais [*nacionalidades brasileira e estrangeira dos pais*]
  Casamentos
  Casamentos segundo a nacionalidade dos cônjuges [*discrimina a nacionalidade*]
  Variações anuais dos casamentos segundo nacionalidade brasileira e estrangeira por ano – (1894-1926)
  Óbitos
  Óbitos segundo nacionalidade e sexo por causa de morte [*discrimina a nacionalidade*]
  Variações anuais dos suicídios segundo nacionalidade brasileira e estrangeira por ano – (1903-1926)

  Interior

  Botucatu
  Nascimentos
  Nascimentos segundo a nacionalidade dos pais [*discrimina a nacionalidade*]
  Nascidos mortos segundo a nacionalidade dos pais [*discrimina a nacionalidade*]
  Variações anuais dos nascimentos segundo a nacionalidade dos pais por ano – (1900-1926) [*nacionalidades brasileira e estrangeira dos pais*]
  Variações anuais e qüinqüenais da natimortalidade segundo a nacionalidade dos pais por ano – (1909-1926) [*nacionalidades brasileira e estrangeira dos pais*]
  Gemelidade segundo a nacionalidade dos pais [*nacionalidades brasileira e estrangeira dos pais*]
  Casamentos
  Casamentos segundo a nacionalidade dos cônjuges [*discrimina a nacionalidade*]
  Variações anuais dos casamentos segundo nacionalidade brasileira e estrangeira por ano – (1900-1926)
  Óbitos
  Óbitos segundo nacionalidade e sexo por causa de morte [*discrimina a nacionalidade*]

Campinas
Nascimentos
Nascimentos segundo a nacionalidade dos pais [*discrimina a nacionalidade*]
Nascidos mortos segundo a nacionalidade dos pais [*discrimina a nacionalidade*]
Variações anuais dos nascimentos segundo a nacionalidade dos pais por ano – (1896-1926) [*nacionalidades brasileira e estrangeira dos pais*]
Variações anuais e qüinqüenais da natimortalidade segundo a nacionalidade dos pais por ano – (1909-1926) [*nacionalidades brasileira e estrangeira dos pais*]
Gemelidade segundo a nacionalidade dos pais [*nacionalidades brasileira e estrangeira dos pais*]
Casamentos
Casamentos segundo a nacionalidade dos cônjuges [*discrimina a nacionalidade*]
Variações anuais dos casamentos segundo nacionalidade brasileira e estrangeira por ano – (1897-1926)
Óbitos
Óbitos segundo nacionalidade e sexo por causa de morte [*discrimina a nacionalidade*]

Guaratinguetá
Nascimentos
Nascimentos segundo a nacionalidade dos pais [*discrimina a nacionalidade*]
Nascidos mortos segundo a nacionalidade dos pais [*discrimina a nacionalidade*]
Variações anuais dos nascimentos segundo a nacionalidade dos pais por ano – (1897-1926) [*nacionalidades brasileira e estrangeira dos pais*]
Variações anuais e qüinqüenais da natimortalidade segundo a nacionalidade dos pais por ano – (1909-1926) [*nacionalidades brasileira e estrangeira dos pais*]
Gemelidade segundo a nacionalidade dos pais [*nacionalidades brasileira e estrangeira dos pais*]
Casamentos
Casamentos segundo a nacionalidade dos cônjuges [*discrimina a nacionalidade*]
Variações anuais dos casamentos segundo nacionalidade brasileira e estrangeira por ano – (1897-1926)
Óbitos
Óbitos segundo nacionalidade e sexo por causa de morte [*discrimina a nacionalidade*]

Ribeirão Preto
Nascimentos
Nascimentos segundo a nacionalidade dos pais [*discrimina a nacionalidade*]
Nascidos mortos segundo a nacionalidade dos pais [*discrimina a nacionalidade*]
Variações anuais dos nascimentos segundo a nacionalidade dos pais por ano – (1896-1926) [*nacionalidades brasileira e estrangeira dos pais*]
Variações anuais e qüinqüenais da natimortalidade segundo a nacionalidade dos pais por ano – (1911-1926) [*nacionalidades brasileira e estrangeira dos pais*]
Gemelidade segundo a nacionalidade dos pais [*nacionalidades brasileira e estrangeira dos pais*]
Casamentos
Casamentos segundo a nacionalidade dos cônjuges [*discrimina a nacionalidade*]
Variações anuais dos casamentos segundo nacionalidade brasileira e estrangeira por ano – (1896-1926)
Óbitos
Óbitos segundo nacionalidade e sexo por causa de morte [*discrimina a nacionalidade*]

Santos
Nascimentos
Nascimentos segundo a nacionalidade dos pais [*discrimina a nacionalidade*]
Nascidos mortos segundo a nacionalidade dos pais [*discrimina a nacionalidade*]
Variações anuais dos nascimentos segundo a nacionalidade dos pais por ano – (1895-1926) [*nacionalidades brasileira e estrangeira dos pais*]
Variações anuais e qüinqüenais da natimortalidade segundo a nacionalidade dos pais por ano – (1909-1926) [*nacionalidades brasileira e estrangeira dos pais*]
Gemelidade segundo a nacionalidade dos pais [*nacionalidades brasileira e estrangeira dos pais*]
Casamentos
Casamentos segundo a nacionalidade dos cônjuges [*discrimina a nacionalidade*]
Variações anuais dos casamentos segundo nacionalidade brasileira e estrangeira por ano – (1895-1926)
Óbitos
Óbitos segundo nacionalidade e sexo por causa de morte [*discrimina a nacionalidade*]

São Carlos
Nascimentos
Nascimentos segundo a nacionalidade dos pais [*discrimina a nacionalidade*]
Nascidos mortos segundo a nacionalidade dos pais [*discrimina a nacionalidade*]
Variações anuais dos nascimentos segundo a nacionalidade dos pais por ano – (1898-1926) [*nacionalidades brasileira e estrangeira dos pais*]
Variações anuais e qüinqüenais da natimortalidade segundo a nacionalidade dos pais por ano – (1909-1926) [*nacionalidades brasileira e estrangeira dos pais*]
Gemelidade segundo a nacionalidade dos pais [*nacionalidades brasileira e estrangeira dos pais*]
Casamentos
Casamentos segundo a nacionalidade dos cônjuges [*discrimina a nacionalidade*]
Variações anuais dos casamentos segundo nacionalidade brasileira e estrangeira por ano – (1898-1926)
Óbitos
Óbitos segundo nacionalidade e sexo por causa de morte [*discrimina a nacionalidade*]

Outros Municípios
Nascimentos
Nascimentos segundo a nacionalidade dos pais por município [*nacionalidades brasileira e estrangeira dos pais*]
Nascidos mortos segundo a nacionalidade dos pais por município [*nacionalidades brasileira e estrangeira dos pais*]
Gemelidade segundo a nacionalidade dos pais [*nacionalidades brasileira e estrangeira dos pais*]
Casamentos
Casamentos segundo nacionalidade por município [*nacionalidades brasileira e estrangeira dos cônjuges*]
Casamentos segundo a nacionalidade dos cônjuges [*discrimina a nacionalidade*]
Óbitos
Óbitos segundo nacionalidade por município [*discrimina a nacionalidade*]

1927

SÃO PAULO. Serviço Sanitario do Estado de São Paulo (Estados Unidos do Brazil). **Annuario Demographico:** secção de estatistica demographo-sanitaria. Anno de

XXXIV – 1927. São Paulo: Typographia Brazil de Rothschild & Cia, v.I, 1928. (Capital, Santos, Campinas e Ribeirão Preto)

SÃO PAULO. Serviço Sanitario do Estado de São Paulo (Estados Unidos do Brazil). **Annuario Demographico:** secção de estatistica demographo-sanitaria. Anno de XXXIV – 1927. São Paulo: Typographia Brazil de Rothschild & Cia, v.II, 1928. (São Carlos, Guaratinguetá, Botucatu e Interior do Estado)

Capital
  Nascimentos
  Nascimentos segundo filiação e nacionalidade dos pais por distrito urbano e suburbano [*nacionalidades brasileira e estrangeira dos pais*]
  Variações anuais dos nascimentos segundo a nacionalidade dos pais por ano – (1895-1927) [*nacionalidades brasileira e estrangeira dos pais*]
  Variações anuais e qüinqüenais da natimortalidade segundo a nacionalidade dos pais por ano – (1894-1927) [*nacionalidades brasileira e estrangeira dos pais*]
  Nascidos mortos segundo filiação e nacionalidade dos pais por distrito urbano e suburbano [*nacionalidades brasileira e estrangeira dos pais*]
  Nascimentos segundo a nacionalidade dos pais [*discrimina a nacionalidade*]
  Nascidos mortos segundo a nacionalidade dos pais [*discrimina a nacionalidade*]
  Gemelidade segundo a nacionalidade dos pais [*nacionalidades brasileira e estrangeira dos pais*]
  Casamentos
  Casamentos segundo a nacionalidade dos cônjuges [*discrimina a nacionalidade*]
  Variações anuais dos casamentos segundo nacionalidade brasileira e estrangeira por ano – (1894-1927)
  Casamentos segundo nacionalidade brasileira e estrangeira por distrito urbano e suburbano
  Óbitos
  Óbitos segundo nacionalidade e sexo por causa de morte [*discrimina a nacionalidade*]
  Variações anuais dos suicídios segundo a nacionalidade brasileira e estrangeira por ano – (1903-1927)

Interior

Botucatu
  Nascimentos
  Nascimentos segundo filiação e nacionalidade dos pais por distrito [*nacionalidades brasileira e estrangeira dos pais*]
  Variações anuais dos nascimentos segundo a nacionalidade dos pais por ano – (1900-1927) [*nacionalidades brasileira e estrangeira dos pais*]
  Variações anuais e qüinqüenais da natimortalidade segundo nacionalidade dos pais por ano – (1909-1927) [*nacionalidades brasileira e estrangeira dos pais*]
  Nascidos mortos segundo filiação e nacionalidade dos pais por distrito [*nacionalidades brasileira e estrangeira dos pais*]
  Nascimentos segundo a nacionalidade dos pais [*discrimina a nacionalidade*]
  Nascidos mortos segundo a nacionalidade dos pais [*discrimina a nacionalidade*]
  Gemelidade segundo a nacionalidade dos pais [*nacionalidades brasileira e estrangeira dos pais*]
  Casamentos
  Casamentos segundo a nacionalidade dos cônjuges [*discrimina a nacionalidade*]

Variações anuais dos casamentos segundo nacionalidade brasileira e estrangeira por ano – (1900-1927)
Casamentos segundo nacionalidade brasileira e estrangeira por distrito
Óbitos
Óbitos segundo nacionalidade e sexo por causa de morte dos pais [*discrimina a nacionalidade*]

Campinas
Nascimentos
Nascimentos segundo filiação e nacionalidade dos pais por distrito [*nacionalidades brasileira e estrangeira dos pais*]
Variações anuais dos nascimentos segundo a nacionalidade dos pais por ano – (1896-1927) [*nacionalidades brasileira e estrangeira dos pais*]
Variações anuais e qüinqüenais da natimortalidade segundo nacionalidade dos pais por ano – (1909-1927) [*nacionalidades brasileira e estrangeira dos pais*]
Nascidos mortos segundo filiação e nacionalidade dos pais por distrito [*nacionalidades brasileira e estrangeira dos pais*]
Nascimentos segundo a nacionalidade dos pais [*discrimina a nacionalidade*]
Nascidos mortos segundo a nacionalidade dos pais [*discrimina a nacionalidade*]
Gemelidade segundo a nacionalidade dos pais [*nacionalidades brasileira e estrangeira dos pais*]
Casamentos
Casamentos segundo a nacionalidade dos cônjuges [*discrimina a nacionalidade*]
Variações anuais dos casamentos segundo nacionalidade brasileira e estrangeira por ano – (1897-1927)
Casamentos segundo nacionalidade brasileira e estrangeira por distrito
Óbitos
Óbitos segundo nacionalidade e sexo por causa de morte dos pais [*discrimina a nacionalidade*]

Guaratinguetá
Nascimentos
Nascimentos segundo filiação e nacionalidade dos pais por distrito [*nacionalidades brasileira e estrangeira dos pais*]
Variações anuais dos nascimentos segundo a nacionalidade dos pais por ano – (1897-1927) [*nacionalidades brasileira e estrangeira dos pais*]
Variações anuais e qüinqüenais da natimortalidade segundo nacionalidade dos pais por ano – (1909-1927) [*nacionalidades brasileira e estrangeira dos pais*]
Nascidos mortos segundo filiação e nacionalidade dos pais por distrito [*nacionalidades brasileira e estrangeira dos pais*]
Nascimentos segundo a nacionalidade dos pais [*discrimina a nacionalidade*]
Nascidos mortos segundo a nacionalidade dos pais [*discrimina a nacionalidade*]
Gemelidade segundo a nacionalidade dos pais [*nacionalidades brasileira e estrangeira dos pais*]
Casamentos
Casamentos segundo a nacionalidade dos cônjuges [*discrimina a nacionalidade*]
Variações anuais dos casamentos segundo nacionalidade brasileira e estrangeira por ano – (1897-1927)
Casamentos segundo nacionalidade brasileira e estrangeira por distrito
Óbitos
Óbitos segundo nacionalidade e sexo por causa de morte dos pais [*discrimina a nacionalidade*]

Ribeirão Preto
Nascimentos
Nascimentos segundo filiação e nacionalidade dos pais por distrito [*nacionalidades brasileira e estrangeira dos pais*]
Variações anuais dos nascimentos segundo a nacionalidade dos pais por ano – (1896-1927) [*nacionalidades brasileira e estrangeira dos pais*]
Variações anuais e qüinqüenais da nati-mortalidade segundo nacionalidade dos pais por ano – (1911 -1927) [*nacionalidades brasileira e estrangeira dos pais*]
Nascidos mortos segundo filiação e nacionalidade dos pais por distrito [*nacionalidades brasileira e estrangeira dos pais*]
Nascimentos segundo a nacionalidade dos pais [*discrimina a nacionalidade*]
Nascidos mortos segundo a nacionalidade dos pais [*discrimina a nacionalidade*]
Gemelidade segundo a nacionalidade dos pais [*nacionalidades brasileira e estrangeira dos pais*]
Casamentos
Casamentos segundo a nacionalidade dos cônjuges [*discrimina a nacionalidade*]
Variações anuais dos casamentos segundo nacionalidade brasileira e estrangeira por ano – (1896-1927)
Casamentos segundo nacionalidade brasileira e estrangeira por distrito
Óbitos
Óbitos segundo nacionalidade e sexo por causa de morte [*discrimina a nacionalidade*]

Santos
Nascimentos
Nascimentos segundo filiação e nacionalidade dos pais por distrito [*nacionalidades brasileira e estrangeira dos pais*]
Variações anuais dos nascimentos segundo a nacionalidade dos pais por ano – (1895-1927) [*nacionalidades brasileira e estrangeira dos pais*]
Variações anuais e qüinqüenais da natimortalidade segundo nacionalidade dos pais por ano – (1909 -1927) [*nacionalidades brasileira e estrangeira dos pais*]
Nascidos mortos segundo filiação e nacionalidade dos pais por distrito [*nacionalidades brasileira e estrangeira dos pais*]
Nascimentos segundo a nacionalidade dos pais [*discrimina a nacionalidade*]
Nascidos mortos segundo a nacionalidade dos pais [*discrimina a nacionalidade*]
Gemelidade segundo a nacionalidade dos pais [*nacionalidades brasileira e estrangeira dos pais*]
Casamentos
Casamentos segundo a nacionalidade dos cônjuges [*discrimina a nacionalidade*]
Variações anuais dos casamentos segundo nacionalidade brasileira e estrangeira por ano – (1895-1927)
Casamentos segundo nacionalidade brasileira e estrangeira por distrito
Óbitos
Óbitos segundo nacionalidade e sexo por causa de morte dos pais [*discrimina a nacionalidade*]

São Carlos
Nascimentos
Nascimentos segundo filiação e nacionalidade dos pais por distrito [*nacionalidades brasileira e estrangeira dos pais*]
Variações anuais dos nascimentos segundo a nacionalidade dos pais por ano – (1898-1927) [*nacionalidades brasileira e estrangeira dos pais*]

Variações anuais e qüinqüenais da natimortalidade segundo nacionalidade dos pais por ano – (1909-1927) [*nacionalidades brasileira e estrangeira dos pais*]
Nascidos mortos segundo filiação e nacionalidade dos pais por distrito [*nacionalidades brasileira e estrangeira dos pais*]
Nascimentos segundo a nacionalidade dos pais [*discrimina a nacionalidade*]
Nascidos mortos segundo a nacionalidade dos pais [*discrimina a nacionalidade*]
Gemelidade segundo a nacionalidade dos pais [*nacionalidades brasileira e estrangeira dos pais*]
Casamentos
Casamentos segundo a nacionalidade dos cônjuges [*discrimina a nacionalidade*]
Variações anuais dos casamentos segundo nacionalidade brasileira e estrangeira por ano – (1898-1927)
Casamentos segundo nacionalidade brasileira e estrangeira por distrito
Óbitos
Óbitos segundo nacionalidade e sexo por causa de morte dos pais [*discrimina a nacionalidade*]

Outros Municípios
Nascimentos
Nascimentos segundo a nacionalidade dos pais por município [*nacionalidades brasileira e estrangeira dos pais*]
Nascidos mortos segundo a nacionalidade dos pais por município [*nacionalidades brasileira e estrangeira dos pais*]
Gemelidade segundo a nacionalidade dos pais [*nacionalidades brasileira e estrangeira dos pais*]
Casamentos
Casamentos segundo nacionalidade por município [*nacionalidades brasileira e estrangeira dos cônjuges*]
Casamentos segundo a nacionalidade dos cônjuges [*discrimina a nacionalidade*]
Óbitos
Óbitos segundo nacionalidade por município [*discrimina a nacionalidade*]

1928

SÃO PAULO. Serviço Sanitario do Estado de São Paulo (Estados Unidos do Brazil). **Annuario Demographico:** secção de estatistica demographo-sanitaria. Anno de XXXV – 1928. São Paulo, Typographia Brazil de Rothschild & Cia, v.I, 1929. (Capital, Santos, Campinas e Ribeirão Preto)

SÃO PAULO. Serviço Sanitario do Estado de São Paulo (Estados Unidos do Brazil). **Annuario Demographico:** secção de estatistica demographo-sanitaria. Anno de XXXV – 1928. São Paulo: Typographia Brazil de Rothschild & Cia, v.II, 1929. (São Carlos, Guaratinguetá, Botucatu e Interior do Estado)

Capital
Nascimentos
Nascimentos segundo filiação e nacionalidade dos pais por distrito urbano e suburbano [*nacionalidades brasileira e estrangeira dos pais*]
Variações anuais dos nascimentos segundo a nacionalidade dos pais por ano – (1895-1928) [*nacionalidades brasileira e estrangeira dos pais*]
Variações anuais e qüinqüenais da natimortalidade segundo a nacionalidade dos pais por ano – (1894-1928) [*nacionalidades brasileira e estrangeira dos pais*]

Nascidos mortos segundo filiação e nacionalidade dos pais por distrito urbano e suburbano [*nacionalidades brasileira e estrangeira dos pais*]
Nascimentos segundo a nacionalidade dos pais [*discrimina a nacionalidade*]
Nascidos mortos segundo a nacionalidade dos pais [*discrimina a nacionalidade*]
Gemelidade segundo a nacionalidade dos pais [*nacionalidades brasileira e estrangeira dos pais*]
Casamentos
Casamentos segundo a nacionalidade dos cônjuges [*discrimina a nacionalidade*]
Variações anuais dos casamentos segundo nacionalidade brasileira e estrangeira por ano – (1894-1928)
Casamentos segundo nacionalidade brasileira e estrangeira por distrito urbano e suburbano
Óbitos
Óbitos segundo nacionalidade e sexo por causa de morte [*discrimina a nacionalidade*]

Interior

Botucatu

Nascimentos
Nascimentos segundo filiação e nacionalidade dos pais por distrito [*nacionalidades brasileira e estrangeira dos pais*]
Variações anuais dos nascimentos segundo a nacionalidade dos pais por ano – (1900-1928) [*nacionalidades brasileira e estrangeira dos pais*]
Variações anuais e qüinqüenais da natimortalidade segundo nacionalidade dos pais por ano – (1909-1928) [*nacionalidades brasileira e estrangeira dos pais*]
Nascidos mortos segundo filiação e nacionalidade dos pais por distrito [*nacionalidades brasileira e estrangeira dos pais*]
Nascimentos segundo a nacionalidade dos pais [*discrimina a nacionalidade*]
Nascidos mortos segundo a nacionalidade dos pais [*discrimina a nacionalidade*]
Gemelidade segundo a nacionalidade dos pais [*nacionalidades brasileira e estrangeira dos pais*]
Casamentos
Casamentos segundo a nacionalidade dos cônjuges [*discrimina a nacionalidade*]
Variações anuais dos casamentos segundo nacionalidade brasileira e estrangeira por ano – (1900-1928)
Casamentos segundo nacionalidade brasileira e estrangeira por distrito
Óbitos
Óbitos segundo nacionalidade e sexo por causa de morte dos pais [*discrimina a nacionalidade*]

Campinas

Nascimentos
Nascimentos segundo filiação e nacionalidade dos pais por distrito [*nacionalidades brasileira e estrangeira dos pais*]
Variações anuais dos nascimentos segundo a nacionalidade dos pais por ano – (1896-1928) [*nacionalidades brasileira e estrangeira dos pais*]
Variações anuais e qüinqüenais da natimortalidade segundo nacionalidade dos pais por ano – (1909-1928) [*nacionalidades brasileira e estrangeira dos pais*]
Nascidos mortos segundo filiação e nacionalidade dos pais por distrito [*nacionalidades brasileira e estrangeira dos pais*]
Nascimentos segundo a nacionalidade dos pais [*discrimina a nacionalidade*]
Nascidos mortos segundo a nacionalidade dos pais [*discrimina a nacionalidade*]
Gemelidade segundo a nacionalidade dos pais [*nacionalidades brasileira e estrangeira dos pais*]
Casamentos
Casamentos segundo a nacionalidade dos cônjuges [*discrimina a nacionalidade*]

Variações anuais dos casamentos segundo nacionalidade brasileira e estrangeira por ano – (1897-1928)
Casamentos segundo nacionalidade brasileira e estrangeira por distrito
Óbitos
Óbitos segundo nacionalidade e sexo por causa de morte dos pais [*discrimina a nacionalidade*]

Guaratinguetá
Nascimentos
Nascimentos segundo filiação e nacionalidade dos pais por distrito [*nacionalidades brasileira e estrangeira dos pais*]
Variações anuais dos nascimentos segundo a nacionalidade dos pais por ano – (1897-1928) [*nacionalidades brasileira e estrangeira dos pais*]
Variações anuais e qüinqüenais da natimortalidade segundo nacionalidade dos pais por ano – (1909-1928) [*nacionalidades brasileira e estrangeira dos pais*]
Nascidos mortos segundo filiação e nacionalidade dos pais por distrito [*nacionalidades brasileira e estrangeira dos pais*]
Nascimentos segundo a nacionalidade dos pais [*discrimina a nacionalidade*]
Nascidos mortos segundo a nacionalidade dos pais [*discrimina a nacionalidade*]
Gemelidade segundo a nacionalidade dos pais [*nacionalidades brasileira e estrangeira dos pais*]
Casamentos
Casamentos segundo a nacionalidade dos cônjuges [*discrimina a nacionalidade*]
Variações anuais dos casamentos segundo nacionalidade brasileira e estrangeira por ano – (1897-1928)
Casamentos segundo nacionalidade brasileira e estrangeira por distrito
Óbitos
Óbitos segundo nacionalidade e sexo por causa de morte dos pais [*discrimina a nacionalidade*]

Ribeirão Preto
Nascimentos
Nascimentos segundo filiação e nacionalidade dos pais por distrito [*nacionalidades brasileira e estrangeira dos pais*]
Variações anuais dos nascimentos segundo a nacionalidade dos pais por ano – (1896-1928) [*nacionalidades brasileira e estrangeira dos pais*]
Variações anuais e qüinqüenais da natimortalidade segundo nacionalidade dos pais por ano – (1911-1928) [*nacionalidades brasileira e estrangeira dos pais*]
Nascidos mortos segundo filiação e nacionalidade dos pais por distrito [*nacionalidades brasileira e estrangeira dos pais*]
Nascimentos segundo a nacionalidade dos pais [*discrimina a nacionalidade*]
Nascidos mortos segundo a nacionalidade dos pais [*discrimina a nacionalidade*]
Gemelidade segundo a nacionalidade dos pais [*nacionalidades brasileira e estrangeira dos pais*]
Casamentos
Casamentos segundo a nacionalidade dos cônjuges [*discrimina a nacionalidade*]
Variações anuais dos casamentos segundo nacionalidade brasileira e estrangeira por ano – (1896-1928)
Casamentos segundo nacionalidade brasileira e estrangeira por distrito
Óbitos
Óbitos segundo nacionalidade e sexo por causa de morte dos pais [*discrimina a nacionalidade*]

Santos
Nascimentos
Nascimentos segundo filiação e nacionalidade dos pais por distrito [*nacionalidades brasileira e estrangeira dos pais*]

Variações anuais dos nascimentos segundo a nacionalidade dos pais por ano – (1895-1928) [*nacionalidades brasileira e estrangeira dos pais*]
Variações anuais e qüinqüenais da natimortalidade segundo nacionalidade dos pais por ano – (1909 -1928) [*nacionalidades brasileira e estrangeira dos pais*]
Nascidos mortos segundo filiação e nacionalidade dos pais por distrito [*nacionalidades brasileira e estrangeira dos pais*]
Nascimentos segundo a nacionalidade dos pais [*discrimina a nacionalidade*]
Nascidos mortos segundo a nacionalidade dos pais [*discrimina a nacionalidade*]
Gemelidade segundo a nacionalidade dos pais [*nacionalidades brasileira e estrangeira dos pais*]
Casamentos
Casamentos segundo a nacionalidade dos cônjuges [*discrimina a nacionalidade*]
Variações anuais dos casamentos segundo nacionalidade brasileira e estrangeira por ano – (1895-1928)
Casamentos segundo nacionalidade brasileira e estrangeira por distrito
Óbitos
Óbitos segundo nacionalidade e sexo por causa de morte dos pais [*discrimina a nacionalidade*]

São Carlos
Nascimentos
Nascimentos segundo filiação e nacionalidade dos pais por distrito [*nacionalidades brasileira e estrangeira dos pais*]
Variações anuais dos nascimentos segundo a nacionalidade dos pais por ano – (1898-1928) [*nacionalidades brasileira e estrangeira dos pais*]
Variações anuais e qüinqüenais da natimortalidade segundo nacionalidade dos pais por ano – (1909-1928) [*nacionalidades brasileira e estrangeira dos pais*]
Nascidos mortos segundo filiação e nacionalidade dos pais por distrito [*nacionalidades brasileira e estrangeira dos pais*]
Nascimentos segundo a nacionalidade dos pais [*discrimina a nacionalidade*]
Nascidos mortos segundo a nacionalidade dos pais [*discrimina a nacionalidade*]
Gemelidade segundo a nacionalidade dos pais [*nacionalidades brasileira e estrangeira dos pais*]
Casamentos
Casamentos segundo a nacionalidade dos cônjuges [*discrimina a nacionalidade*]
Variações anuais dos casamentos segundo nacionalidade brasileira e estrangeira por ano – (1898-1928)
Casamentos segundo nacionalidade brasileira e estrangeira por distrito
Óbitos
Óbitos segundo nacionalidade e sexo por causa de morte dos pais [*discrimina a nacionalidade*]

Outros Municípios
Nascimentos
Nascimentos segundo a nacionalidade dos pais por município [*nacionalidades brasileira e estrangeira dos pais*]
Nascidos mortos segundo a nacionalidade dos pais por município [*nacionalidades brasileira e estrangeira dos pais*]
Gemelidade segundo a nacionalidade dos pais [*nacionalidades brasileira e estrangeira dos pais*]
Casamentos
Casamentos segundo nacionalidade por município [*nacionalidades brasileira e estrangeira dos cônjuges*]
Casamentos segundo a nacionalidade dos cônjuges [*discrimina a nacionalidade*]
Óbitos
Óbitos segundo nacionalidade por município [*discrimina a nacionalidade*]

Biblioteca do Instituto Agronômico de Campinas (IAC)

O *Instituto Agronômico de Campinas*, originalmente *Imperial Estação Agronômica de Campinas,* foi criado pelo Imperador D. Pedro II, em 1887. Com o advento da República, em 1892, passou para o governo do Estado de São Paulo e recebeu seu nome atual. Vinculado, então, à antiga *Secretaria de Agricultura, Commercio e Obras Públicas*, constitui-se, hoje, em um órgão de pesquisa da Agência Paulista de Tecnologia dos Agronegócios, da Secretaria de Agricultura e Abastecimento do Estado de São Paulo. Teve e tem como missão gerar e transferir ciência e tecnologia para o negócio agrícola. E, como seu nome indica, tem sua sede desde o início no município de Campinas, Estado de São Paulo.

A criação do IAC deve-se inicialmente, de um lado, à expansão da economia cafeeira paulista na época e,

> por outro, à deliberada intervenção governamental no setor promovida pelas elites locais, que eram as principais interessadas e beneficiárias do referido processo. Uma das características fundamentais da grande burguesia cafeeira de São Paulo sempre foi a de não deixar ao acaso, ou a terceiros, o controle dos mecanismos capazes de influir nos rumos e na intensidade da sua acumulação de capital. O ensino técnico, a pesquisa científica e a assistência aos produtores não poderiam fugir à regra. *(SZMRECSÁNYI, 1990:52)*

Sua biblioteca, fundada também em 1887, mantém um acervo de inestimável valor científico e tecnológico dedicado especialmente à temática da agricultura e áreas correlatas. Nesse acervo, encontramos exemplares dos *Relatórios da Secretaria de Agricultura Commercio e Obras Públicas* (1898-1930), que contêm informações e estatísticas preciosas sobre imigração internacional para o Estado de São Paulo (política imigratória, volume de entradas e saídas de imigrantes, repatriação, "chamada de parentes", colocação de imigrantes, movimento da hospedaria, contratos em vigor, núcleos coloniais etc.). Em 1930, esta secretaria passou a assumir os negócios da indústria e deixou de ser responsável pelas obras públicas, passando a ser denominada *Secretaria da Agricultura, Industria e Commercio*.

Nessa biblioteca há ainda os Relatórios da Secretaria de Agricultura, Indústria e Comércio relativos aos anos de 1940 a 1943 e de 1946; uma coleção de leis do Brasil do Império e República (1808 a 1935, com falhas em alguns poucos anos); de leis e decretos do Estado de São Paulo (1889-1977), dentre os quais estão os que dizem respeito diretamente à imigração internacional e aos imigrantes; uma série de estatísticas e censos agrícolas e zootécnicos e industriais para diversos anos, os quais trazem informações segundo a *nacionalidade* do proprietário e/ou trabalhadores e ainda alguns periódicos como o *Jornal do Agricultor* e uns poucos livros onde podemos obter informações gerais sobre a temática da imigração internacional. A seguir, referenciamos os relatórios e as estatísticas encontradas nesse acervo, com um sumário do conteúdo dos mesmos.

I   Relatórios

1898

SÃO PAULO. Secretaria dos Negocios da Agricultura, Commercio e Obras Publicas. **Relatório correspondente ao anno de 1898 apresentado ao presidente do Estado Coronel Fernando Prestes de Albuquerque pelo Dr. Alfredo Guedes Secretario da Agricultura.** São Paulo: Typographia do "Diário Official",1899, p. 43-89.

Sumário
Entrada de imigrantes
Imigração e emigração
Colocação de imigrantes
Chamada de parentes
Repatriação por conta do Estado
Introdução de imigrantes suíços
Movimento da Hospedaria de Imigrantes
Execução de contratos em vigor
Núcleos coloniais

Núcleo de São Bernardo
Núcleo de Sabaúna
Núcleo de Piaguhy
Núcleo de Pariquera-assú
Núcleo de Bom Sucesso
Núcleo "Campos Salles"

1899

SÃO PAULO. Secretaria dos Negocios da Agricultura, Commercio e Obras Publicas. **Relatório correspondente ao anno de 1899 apresentado ao presidente do Estado Coronel Fernando Prestes de Albuquerque pelo Dr. Alfredo Guedes Secretario da Agricultura.** São Paulo: Typographia do "Diário Official", 1900, p. 65-94.

Sumário:
Entrada de imigrantes
Imigração e emigração
Colocação de imigrantes
Chamada de parentes
Repatriação por conta do Estado
Introdução de imigrantes suíços
Movimento da Hospedaria de Imigrantes
Execução de contratos em vigor
Núcleos coloniais
Núcleo de São Bernardo
Núcleo de Sabaúna
Núcleo de Piaguhy
Núcleo de Pariquera-assú
Núcleo de Bom Sucesso
Núcleo "Campos Salles"

1900

SÃO PAULO. Secretaria dos Negocios da Agricultura, Commercio e Obras Publicas. **Relatório apresentado ao Dr. Francisco de Paula Rodrigues Alves presidente do Estado de São Paulo pelo Dr. Antonio Candido Rodrigues Secretario da Agricultura. Anno 1900.** São Paulo: Typographia do "Diário Official", 1901, p. 99-142.

Sumário:
Imigração e emigração
Imigração à custa do Estado
Imigração espontânea
Imigrantes chamados por parentes
Repatriação de imigrantes
Movimento da Hospedaria
Colocação de imigrantes
Núcleos coloniais

1901

SÃO PAULO. Secretaria dos Negocios da Agricultura, Commercio e Obras Publicas. **Relatório apresentado ao Dr. Domingos Correa de Moraes, Vice-Presidente do Estado de São Paulo pelo Dr. Antonio Candido Rodrigues Secretario da Agricultura. Anno 1901**. São Paulo: Typographia do "Diário Offical", 1902, p. 71-156.

Sumário:
Imigração e emigração
Imigração gratuita
Imigração espontânea
Imigrantes chamados por parentes
Repatriação de imigrantes
Movimento da Hospedaria
Colocação de imigrantes
Núcleos coloniais

1902

SÃO PAULO. Secretaria dos Negocios da Agricultura, Commercio e Obras Publicas. **Relatório apresentado ao Dr. Bernadino de Campos, presidente do Estado pelo Dr. João Baptista de Mello Peixoto Secretario da Agricultura. Anno de 1902**. São Paulo: Typographia do "Diário Official", 1903, p. 95-190.

Sumário:
Imigração e emigração
Imigração subsidiada
Contratos
Imigração espontânea
Repatriação de imigrantes
Movimento da Hospedaria de Imigrantes
Colocação de imigrantes [municípios]
Núcleos emancipados

1903

SÃO PAULO. Secretaria dos Negocios da Agricultura, Commercio e Obras Publicas do Estado de São Paulo. **Relatorio apresentado pelo Dr. Luiz de T. Piza e Almeida, Secretario da Agricultura. Anno 1903**. São Paulo: Typographia do "Diario Official", 1904, p. 62-79.

Sumário:
Movimento migratório
Imigração subsidiada
Imigração espontânea
Repatriação de imigrantes
Movimento da Hospedaria de Imigrantes
Colocação de Imigrantes
Núcleos emancipados
Núcleo "Campos Salles"

1904

SÃO PAULO. Secretaria dos Negocios da Agricultura, Commercio e Obras Publicas do Estado de São Paulo. **Relatorio apresentado ao Dr. Jorge Tibiriça, Presidente do Estado pelo Dr. Carlos Botelho, Secretario da Agricultura. Anno 1904.** São Paulo: Typographia Brazil de Carlos Gerke, 1905, p. 113-136.

> *Sumário:*
> Movimento migratório
> Imigração subsidiada
> Imigração espontânea
> Repatriação de imigrantes
> Movimento da Hospedaria de Imigrantes
> Colocação de imigrantes
> Colonização
> Núcleos emancipados

1905

SÃO PAULO. Secretaria dos Negocios da Agricultura, Commercio e Obras Publicas do Estado de São Paulo. **Relatorio apresentado ao Dr Jorge Tibiriça, Presidente do Estado pelo Dr. Carlos Botelho, Secretario da Agricultura. Anno 1905.** São Paulo: Typographia Brazil de Rothschild & Co., 1906, p. 111-147.

> *Sumário:*
> Movimento migratório
> Imigração subsidiada
> Imigração espontânea
> Repatriação de imigrantes
> Movimento da Hospedaria de Imigrantes
> Colocação de imigrantes
> Colonização

1906

SÃO PAULO. Secretaria dos Negocios da Agricultura, Commercio e Obras Publicas do Estado de São Paulo. **Relatorio apresentado ao Dr. Jorge Tibiriça, Presidente do Estado pelo Dr. Carlos Botelho, Secretario da Agricultura. Anno 1906.** São Paulo: Typographia Brazil de Rothschild & Co., 1907, p. 161-198.

> *Sumário:*
> Movimento migratório
> Imigração subsidiada
> Imigração espontânea
> Repatriação de imigrantes
> Movimento da Hospedaria de Imigrantes
> Colocação de imigrantes
> Agência Oficial de Colonização e Trabalho
> Colonização

1907

SÃO PAULO. Secretaria dos Negocios da Agricultura, Commercio e Obras Publicas do Estado de São Paulo. **Relatório apresentado ao Dr. Jorge Tibiriça presidente do Estado pelo Dr. Carlos Botelho Secretario da Agricultura. Anno de 1907.** São Paulo: Typographia Brazil de Rothschild & Co., 1908, p. 117-176.

Sumário:
Movimento migratório
Imigração subsidiada
Imigração espontânea
Repatriação de imigrantes
Movimento da Hospedaria de Imigrantes
Colocação de imigrantes
Imigração Japonesa
Agência Oficial de Colonização de Trabalho
Inspetoria de Imigração do Porto de Santos
Colonização

1908

SÃO PAULO. Secretaria dos Negócios da Agricultura, Commercio e Obras Publicas do Estado de São Paulo. **Relatório apresentado ao Dr. M. J. Albuquerque Lins Presidente do Estado pelo Dr. Antonio Candido Rodrigues Secretario da Agricultura. Anno de 1908.** São Paulo: Typographia Brazil de Rothschild & Cia., 1909, p. 110-185.

Sumário:
Movimento migratório
Imigração subsidiada
Imigração espontânea
Repatriação de imigrantes
Movimento da Hospedaria de Imigrantes
Colocação de Imigrantes
Imigração Japonesa
Agência Oficial de Colonização de Trabalho
Inspetoria de Imigração do Porto de Santos
Colonização
Núcleos Coloniais oficiais
Colonização por iniciativa privada

1909

SÃO PAULO. Secretaria dos Negócios da Agricultura, Commercio e Obras Publicas do Estado de São Paulo. **Relatório apresentado ao Dr. M. J. Albuquerque Lins Presidente do Estado pelo Dr. Antonio de Pádua Salles Secretario da Agricultura. Anno de 1909.** São Paulo: Casa Garraux, 1910. p. 111-184. [contém as plantas de núcleos coloniais]

Sumário
Movimento migratório
Imigração subsidiada
Imigração espontânea
Repatriação de imigrantes
Movimento da Hospedaria de Imigrantes
Colocação de Imigrantes
Agência Oficial de Colonização de Trabalho
Inspetoria de Imigração do Porto de Santos
Colonização

1910-1911

SÃO PAULO. Secretaria dos Negócios da Agricultura, Commercio e Obras Publicas do Estado de São Paulo. **Relatório apresentado ao Dr. M. J. Albuquerque Lins Presidente do Estado pelo Dr. Antonio de Pádua Salles Secretario da Agricultura. Anno de 1910-1911.** São Paulo: Typographia Brazil de Rothschild & Cia, 1912, p. 121-152. [contém fotos de núcleos coloniais]

Sumário:
Movimento migratório
Imigração subsidiada
Imigração Espontânea
Inspetoria de Imigração em Santos
Departamento Estadual do Trabalho
Núcleos coloniais

1912-1913

SÃO PAULO. Secretaria dos Negócios da Agricultura, Commercio e Obras Publicas do Estado de São Paulo. **Relatório apresentado ao Dr. Carlos Augusto Pereira Guimarães Vice-Presidente em exercício pelo Dr. Paulo de Moraes Barros Secretario de Estado. Annos de 1912-1913.** São Paulo: Typographia Brazil de Rothschild & Cia, 1914, p. 178-215. [contém plantas de núcleos coloniais]

Sumário
Imigração
Inspetoria de Imigração
Departamento Estadual do Trabalho
Patronato Agrícola
Colonização

1914

SÃO PAULO. Secretaria dos Negócios da Agricultura, Commercio e Obras Publicas do Estado de São Paulo. **Relatório apresentado ao Dr. Francisco de Paula Rodrigues Alves, Presidente do Estado pelo Dr. Paulo de Moraes Barros. Secretaria da Agricultura. Anno 1914.** São Paulo: Typographia Rothschild & Cia, 1916, p. 250-283.

Sumário:
Imigração
Departamento Estadual do Trabalho
Patronato Agrícola
Inspetoria de Imigração do Porto de Santos
Colonização

1915-1916

SÃO PAULO. Secretaria dos Negócios da Agricultura, Commercio e Obras Publicas do Estado de São Paulo. **Relatório apresentado ao Exmo. Sr. Dr. Altino Arantes, Presidente de São Paulo pelo Secretario da Agricultura, Commercio e Obras Publicas Candido Nazianzeno Nogueira da Motta. Anno 1916.** São Paulo: Typographia Rothschild & Cia, 1918, p. 150-176.

Sumário:
Imigração
Departamento Estadual do Trabalho
Patronato Agrícola
Inspetoria de Imigração do Porto de Santos
Colonização

1917

SÃO PAULO. Secretaria dos Negócios da Agricultura, Commercio e Obras Publicas do Estado de São Paulo. **Relatório apresentado ao Exmo. Sr. Dr. Altino Arantes, Presidente de São Paulo pelo Secretario da Agricultura, Commercio e Obras Publicas Candido Nazianzeno Nogueira da Motta. Anno 1917.** São Paulo, s/e, 1918, p. 110-147.

Sumário:
Imigração
Departamento Estadual do Trabalho
Patronato Agrícola
Inspetoria de Imigração do Porto de Santos
Colonização

1918

SÃO PAULO. Secretaria dos Negócios da Agricultura, Commercio e Obras Publicas do Estado de São Paulo. **Relatório apresentado ao Exmo. Sr. Dr. Altino Arantes, Presidente de São Paulo pelo Secretario da Agricultura, Commercio e Obras Publicas Candido Nazianzeno Nogueira da Motta. Anno 1918.** São Paulo: Typographia Rothschild & Cia, 1919, p. 108-178.

Sumário:
Imigração
Departamento Estadual do Trabalho
Patronato Agrícola

Inspetoria de Imigração do Porto de Santos
Colonização

1919

SÃO PAULO. Secretaria dos Negócios da Agricultura, Commercio e Obras Publicas do Estado de São Paulo. **Relatório apresentado ao Exmo. Sr. Dr. Altino Arantes, Presidente de São Paulo pelo Secretario da Agricultura, Commercio e Obras Publicas Candido Nazianzeno Nogueira da Motta. Anno 1919.** São Paulo: Typographia Rothschild & Cia, 1920, p. 28-33.

Sumário:
Imigração
Departamento Estadual do Trabalho
Patronato Agrícola
Inspetoria de Imigração do Porto de Santos
Colonização

1920

SÃO PAULO. Secretaria dos Negócios da Agricultura, Commercio e Obras Publicas do Estado de São Paulo. **Relatório apresentado ao Dr. Washington Luiz, Presidente do Estado pelo Dr. Heitor Teixeira Penteado, Secretario da Agricultura, Commercio e Obras Publicas. Anno 1920.** São Paulo, 1921, p. 36-50.

Sumário:
Movimento Imigratório
Departamento do Trabalho
Inspetoria de Imigração
Hospedaria dos Imigrantes
Agência Oficial de Colocação
Seção de Informações
Colonização: lotes vagos e ocupados... Núcleos Coloniais
Terras devolutas
Patronato Agrícola

1921

SÃO PAULO. Secretaria dos Negócios da Agricultura, Commercio e Obras Publicas do Estado de São Paulo. **Relatório apresentado ao Dr. Washington Luiz, Presidente do Estado pelo Dr. Heitor Teixeira Penteado, Secretario da Agricultura, Commercio e Obras Publicas. Anno 1921.** São Paulo: s/e, 1922, p. 44-77.

Assuntos:
Movimento Imigratório
Departamento do Trabalho
    Inspetoria de Imigração
    Hospedaria de Imigrantes
    Agência Oficial de Colocação
    Seção de Informações

Colonização: lotes vagos e ocupados... Núcleos Coloniais
    Colonização Japonesa
Terras devolutas
Patronato Agrícola

1922

SÃO PAULO. Secretaria dos Negócios da Agricultura, Commercio e Obras Publicas do Estado de São Paulo. **Relatório apresentado ao Dr. Washington Luiz, Presidente do Estado pelo Dr. Heitor Teixeira Penteado, Secretario da Agricultura, Commercio e Obras Publicas. Anno 1922.** São Paulo: s/e, 1923, p. 77-111.

Sumário:
Movimento Imigratório
Departamento do Trabalho
    Inspetoria de Imigração
    Hospedaria de Imigrantes
    Agência Oficial de Colocação
    Seção de Informações
Colonização: lotes vagos e ocupados... Núcleos Coloniais
    Colonização Japonesa
Terras devolutas
Patronato Agrícola

1923

SÃO PAULO. Secretaria de Estado dos Negócios da Agricultura, Commercio e Obras Publicas do Estado de São Paulo. **Relatório apresentado ao Dr. Washington Luiz, Presidente do Estado pelo Dr. Heitor Teixeira Penteado, Secretario da Agricultura, Commercio e Obras Publicas. Anno 1923.** São Paulo: s/e, 1924, p. 89-158.

Sumário:
Movimento Imigratório
Departamento Estadual do Trabalho
    Inspetoria de Imigração
    Hospedaria de Imigrantes
    Agência Oficial de Colocação
A lavoura do café e os colonos estrangeiros
Colonização
    Colonização Japonesa
Terras devolutas
Patronato Agrícola

1924

SÃO PAULO. Secretaria de Estado dos Negócios da Agricultura, Commercio e Obras Publicas do Estado de São Paulo. **Relatório apresentado ao Dr. Carlos de Campos, Presidente do Estado pelo Dr. Gabriel Ribeiro dos Santos, Secretario da**

Agricultura, Commercio e Obras Publicas. Anno 1924. São Paulo: s/e, 1925, p. 74-101.

>*Sumário:*
>Movimento Imigratório
>Departamento Estadual do Trabalho
>>Inspetoria de Imigração
>>Hospedaria de Imigrantes
>>Agência Oficial de Colocação
>
>Colonização
>>Colonização Japonesa
>
>Terras devolutas
>Patronato Agrícola

1925

SÃO PAULO. Secretaria de Estado dos Negócios da Agricultura, Commercio e Obras Publicas do Estado de São Paulo. **Relatório apresentado ao Dr. Carlos de Campos, Presidente do Estado pelo Dr. Gabriel Ribeiro dos Santos, Secretario da Agricultura, Commercio e Obras Publicas. Anno 1925.** São Paulo: s/e, 1926, p. 97-130.

>*Sumário:*
>Movimento Imigratório
>Departamento Estadual do Trabalho
>>Seção de informações
>>Hospedaria de Imigrantes
>>Alimentação
>>Assistência médica e farmacêutica
>>Bagagem
>>Câmbio
>>Correio
>>Telégrafo
>>Agência Oficial de Colocação
>
>Colonos para a lavoura
>>Apanhadores de café
>>Pessoal a salário
>>Serviço de chamadas
>>Imigrantes que ficaram na Capital
>
>Colonização
>>Colonização Japonesa
>
>Terras devolutas
>Patronato Agrícola
>>Movimento de autuações
>>Operários agrícolas reclamantes
>>Restituição de passagens
>>Resumo deste serviço

1926

SÃO PAULO. Secretaria de Estado dos Negócios da Agricultura, Commercio e Obras Publicas do Estado de São Paulo. **Relatório apresentado ao Dr. Carlos de Campos, Presidente do Estado pelo Dr. Gabriel Ribeiro dos Santos, Secretario da Agricultura, Commercio e Obras Publicas. Anno 1926.** São Paulo: s/e, 1927, p. 114-151.

Sumário:
Movimento Imigratório
Departamento Estadual do Trabalho
    Inspetoria de Imigração
    Hospedaria de Imigrantes
    Agência Oficial de Colocação
    Serviço de chamadas
Colonização
    Colônias da "Kaigai Kogyo Kabushiky Kaisha" estabelecidas na zona do rio Riberia de Iguape
Terras devolutas
    Primeira Comissão de discriminação da Capital, Santos, Sorocaba e outras
    Comissão de discriminação de terras devolutas de Iguape, Cananéa, Xiririca, Itaporanga, Capão Bonito etc.
Patronato Agrícola
    Movimento de autuações em 1926
    Operários agrícolas reclamantes
    Serviço de restituição de passagens

1927

SÃO PAULO. Secretaria dos Negócios da Agricultura, Industria e Commercio do Estado de São Paulo. **Relatório apresentado ao Dr. Julio Prestes de Albuquerque, Presidente do Estado pelo Dr. Fernando Costa, Secretario da Agricultura, Industria e Commercio. Anno 1927.** São Paulo: s/e, 1928, p. 167-226.

Sumário:
Terras devolutas
Movimento Imigratório
    Entradas no Estado
    Desembarque em Santos
    Desembarque na Capital
    Nacionais
    Subsidiados
    Espontâneos
    Saída
    Saldo
    Aproveitamento
    Balanço
Departamento Estadual do Trabalho
    Inspetoria de Imigração

        Hospedaria de Imigrantes
        Agência Oficial de Colocação
        Conservação dos edifícios
    Serviço de Colonização
        Estrada Colonial de Rodagem
        Colocação de Japoneses
        Plantação do cafeeiro
        Campos de experiências agrícola e pastoril
        Escolas públicas
        Estado sanitário
        Núcleos coloniais oficiais emancipados
    Patronato Agrícola

1928

SÃO PAULO. Secretaria dos Negócios da Agricultura, Industria e Commercio do Estado de S. Paulo. **Relatório apresentado ao Dr. Julio Prestes de Albuquerque, Presidente do Estado pelo Dr. Fernando Costa, Secretario da Agricultura, Industria e Commercio. Anno 1928**. São Paulo: s/e 1929, p. 324-395.

    Sumário:
    Terras devolutas
    Movimento Imigratório
        Espontâneos
        Subsidiados
        Desembarque em Santos
        Desembarque na Capital
        Nacionais
        Saída por Santos
        Saldo
        Balanço
    Suprimento de braços
    Inspetoria de Imigração
    Hospedaria de Imigrantes
    Agência Oficial de Colocação
    Colonização
        Colonização Japonesa
    Patronato Agrícola

1929

SÃO PAULO. Secretaria dos Negócios da Agricultura, Industria e Commercio do Estado de S. Paulo. **Relatório apresentado ao Dr. Julio Prestes de Albuquerque, Presidente do Estado pelo Dr. Fernando Costa, Secretario da Agricultura, Industria e Commercio. Anno 1929**. São Paulo: s/e, 1930, p. 199-269.

    Sumário:
    Terras devolutas
    Movimento Imigratório

  Espontâneos
  Subsidiados
  Desembarque em Santos
  Desembarque na Capital
  Nacionais
  Saída por Santos
  Saldo
  Balanço
Suprimento de braços
Inspetoria da Imigração
  Encaminhamento
  Movimento do porto
  Bagagem
  Inspeção
Hospedaria de Imigrantes
  Enfermaria
  Alimentação dos imigrantes
  Serviço de passagens
  Serviço de bagagens
  Correio
  Telégrafo
Agencia Oficial de Colocação
Colonização Japonesa
  Imigração
  População
  Nascimentos e óbitos
  Entradas
  Escolas públicas
  Lotes rurais
  Produção agrícola e pastoril
  Estado sanitário
Patronato Agrícola

1930

SÃO PAULO. Secretaria dos Negócios da Agricultura, Industria e Commercio do Estado de S. Paulo. **Relatório apresentado ao Dr. Interventor Federal, pelo Sr. Eugenio Lefèvre, Diretor Geral. Anno 1930**. São Paulo: s/e, 1931, p. 165-190.

 Sumário:
Terras devolutas
Movimento Imigratório
  Saída por Santos
  Saldo
Hospedaria de Imigrantes
Agência Oficial de Colocação
Patronato Agrícola

1940

SÃO PAULO. Secretaria da Agricultura, Indústria e Comércio do Estado de São Paulo. **Relatório apresentado ao Dr. Adhemar Pereira de Barros Interventor Federal pelo Sr. José Levy Sobrinho Secretário da Agricultura. 1940**. São Paulo: Imprensa Oficial do Estado, 1941, p. 275-294.

> *Sumário:*
> Serviço de Imigração e Colonização
>   Superintendência
>   Inspetoria de Imigração do Porto de Santos
>   Hospedaria de Imigrantes
>   Escritório Oficial de Informações e Colonização
>   Inspetoria de Trabalhadores Migrantes
>   Inspetoria de Colonização

1941

SÃO PAULO. Secretaria da Agricultura, Indústria e Comércio do Estado de São Paulo. **Relatório apresentado ao Dr. Fernando Costa, Interventor Federal pelo Dr. Paulo de Lima Corrêa, Secretário da Agricultura. 1941**. São Paulo: Empresa Gráfica da "Revista dos Tribunais" LTDA., 1943, p. 325-350.

> *Sumário:*
> Serviço de Imigração e Colonização
>   Alimentação
>   Requisição de passagem e transporte
>   Serviço médico e hospitalar
>   Construções
>   Colonização
>   Filmes sobre colonização
>   Boletim do Serviço de Imigração e Colonização
>   Núcleo Colonial "Carlos Botelho"
>   Surto malárico
>   Visita
>   Consultoria Jurídica
>   Serviço de engenharia
>   Biblioteca
>   Inspetoria de Imigração no Porto de Santos
>   Hospedaria de Imigrantes
>   Assistência
>   Alimentação
>   Escritório Oficial de Informações e Colocação
>   Inspetoria de Trabalhadores Migrantes
>   Inspetoria de Colonização
>   Escritório no Rio de Janeiro

1942

SÃO PAULO. Secretaria da Agricultura, Indústria e Comércio do Estado de São Paulo. **Relatório apresentado ao Dr. Fernando Costa, Interventor Federal pelo Dr. Paulo de Lima Corrêa, Secretário da Agricultura. 1942.** São Paulo: Empresa Gráfica da "Revista dos Tribunais" LTDA., 1943, p. 506-523.

Sumário:
Serviço de Imigração e Colonização
    Expediente
        Movimento de papéis
        Informações
        Passagem
        Receita
    Consultoria Jurídica
    Biblioteca
    Propaganda e Estatística
    Imigração
        Correntes migratórias
        Vinda de trabalhadores nacionais
        Embarques especiais
        Procedência dos trabalhadores
        Repressão do aliciamento
        Estudo sobre o desequilíbrio de braços
        Trabalhadores de 2º. Estabelecimento
        Novas atribuições deste serviço
        Recâmbio
        Assistência ao trabalhador
        Colocação e contrato de trabalhadores
    Colonização
        Intensificação dos serviços de colonização
        Núcleo Colonial "Barão de Antonina"
        Produção
        Movimento escolar
        Assistência médica e hospitalar
        Núcleo Colonial "Carlos Botelho"
        Litoral Sul
        Assistente técnico engenheiro
        Escritório do Rio de Janeiro

1943

SÃO PAULO. Secretaria da Agricultura, Indústria e Comércio do Estado de São Paulo. **Relatório apresentado ao Dr. Fernando Costa, Interventor Federal pelo Professor J. de Melo Morais, Secretário da Agricultura. 1943.** São Paulo: s/e, 1945, p. 101-117.

Sumário:
Serviço de Imigração e Colonização

Colonização
    Núcleo Colonial "Barão de Antonina"
    Núcleo Colonial "Carlos Botelho"
Imigração
    Movimento Clínico da Hospedaria de Imigrantes
    Movimento do Hospital da Hospedaria de Imigrantes
    Alimentação fornecida

1946

SÃO PAULO. Secretaria da Agricultura do Estado de São Paulo. **Relatório apresentado ao Embaixador José Carlos de Macedo Soares, Interventor Federal pelo Dr. Francisco Malta Cardozo, Secretário da Agricultura. 1946.** São Paulo: s/e 1947, p. 145-155.

Sumário:
Serviço de Imigração e Colonização
    Imigração - Braços para a lavoura
        Imigração estrangeira
        Movimento imigratório pelo Porto de Santos
        Encaminhamento à lavoura
    Colonização
        Núcleo Colonial "Barão de Antonina"
        Colonização do litoral sul
        Concessões
        Títulos expedidos
        Escolas mantidas por este Serviço
        Pedidos de concessão de terras
    Serviço de Colocação
    Serviço médico

2 Estatísticas

2.1 Agricultura

Estas estatísticas trazem dados sobre os estabelecimentos agrícolas por município, segundo nacionalidade dos seus proprietários e número, área e valor dos mesmos. Apenas a de 1904-1905 traz informações sobre cada estabelecimento agrícola, inclusive o nome do proprietário.

SÃO PAULO. Secretaria da Agricultura, Commercio e Obras Publicas do Estado de São Paulo. **Estatística Agricola e Zootechnica no anno agricola de 1904-1905.** São Paulo: Typ. Brazil – Carlos Gerke & Rothschild, 1906-1909 [esta estatística foi publicada em fascículos, um para cada município. Nos acervos pesquisados, não foram localizados os fascículos referentes aos municípios de Iguape, Apiaí,

Mogi das Cruzes, Santa Isabel, Tietê e Itu. É provável que a publicação dos mesmos não tenha sido concluída]

SÃO PAULO. Secretaria da Agricultura, Industria e Commercio. **Estatistica agricola e zootechnica** organizada pela Directoria de Estatistica, Industria e Commercio 1930-1931. Estado de São Paulo, 1932.

SÃO PAULO. Secretaria da Agricultura, Industria e Commercio. **Estatistica agricola e zootechnica** organizada pela Directoria de Estatistica, Industria e Commercio 1931-1932. Estado de São Paulo, 1933.

SÃO PAULO. Secretaria da Agricultura, Industria e Commercio. **Estatistica agricola e zootechnica** organizada pela Directoria de Estatistica, Industria e Commercio 1932-1933. Estado de São Paulo, 1934.

SÃO PAULO. Secretaria da Agricultura, Industria e Commercio. **Estatistica agricola e zootechnica** organizada pela Directoria de Estatistica, Industria e Commercio 1934-1935. Estado de São Paulo, 1936.

SÃO PAULO. Secretaria da Agricultura, Industria e Commercio. **Estatistica agricola e zootechnica** organizada pela Directoria de Estatistica, Industria e Commercio 1935-1936. Estado de São Paulo, 1937.

SÃO PAULO. Secretaria da Agricultura, Industria e Commercio. **Estatística agrícola e zootécnica** organizada pela Diretoria de Estatística, Indústria e Comércio 1937-1938. Estado de São Paulo, 1939.

SÃO PAULO. Secretaria de Estado dos Negocios da Agricultura, Industria e Commercio. Commissão Central do Recenseamento Demographico, Escolar e Agricola-Zootechnico. **Recenseamento Agricola-Zootechnico realizado em 1934. Anno agricola 1933-1934.** Estado de São Paulo. [esta publicação apresenta, para o conjunto do Estado de São Paulo, o número, área, valor, produção e outras características das propriedade agrícolas, segundo a nacionalidade dos proprietários]

2.2 Indústria

Estas estatísticas industriais do acervo da biblioteca do IAC, com exceção da de 1934, não têm os dados agregados por nacionalidade. No entanto, como são nominativas, é possível, através do sobrenome do proprietário, identificar a origem étnica do mesmo. A maior dificuldade, no entanto, reside na identificação dos portugueses que têm sobrenomes iguais a muitos brasileiros. Além do nome do proprietário e/ou da firma ou companhia, estas estatísticas trazem o endereço, o valor do capital, número de operários, a força motriz utilizada, o produto fabricado e observações.

SÃO PAULO. Secretaria da Agricultura, Industria e Commercio do Estado de S. Paulo. Directoria de Estatistica, Industria e Commercio. Secção Industrias. **Estatistica Industrial do Estado de S. Paulo. Anno de 1929.** São Paulo: Typ. Casa Garraux, 1930.

SÃO PAULO. Secretaria da Agricultura, Industria e Commercio do Estado de S. Paulo. Directoria de Estatistica, Industria e Commercio. Secção Industrias. **Estatistica Industrial do Estado de S. Paulo. Anno de 1930.** São Paulo: Typographia Garraux, 1931.

SÃO PAULO. Secretaria da Agricultura, Industria e Commercio do Estado de S. Paulo. Directoria de Estatistica, Industria e Commercio. Secção Industrias. **Estatistica Industrial do Estado de S. Paulo. Anno de 1931.** São Paulo: Typographia Garraux, 1933.

SÃO PAULO. Secretaria de Agricultura, Industria e Commercio do Estado de S. Paulo. Directoria de Estatistica, Industria e Commercio. Secção de Industrias. **Estatistica Industrial do Estado de S. Paulo. Anno de 1934.** São Paulo: Typ. Siqueira, 1936. [nessa estatística há um quadro-resumo das fábricas segundo a nacionalidade]

SÃO PAULO. Secretaria da Agricultura, Industria e Commercio do Estado de S. Paulo. Directoria de Estatistica, Industria e Commercio. Secção Industrias. **Estatistica Industrial do Estado de S. Paulo. Anno de 1937.** São Paulo: Freire & Cia, 1939.

No acervo da FSEADE também são encontradas essas estatísticas industriais para os anos de 1928 a 1937.

Arquivo Edgard Leuenroth
Centro de Pesquisa e Documentação Social

Este arquivo surgiu em 1974,

"por iniciativa de um grupo de professores do Instituto de Filosofia e Ciências Humanas (IFCH) da Universidade Estadual de Campinas (UNICAMP). Na ocasião, a Universidade adquiriu, junto à família de Edgard Leuenroth, importante militante sindical e anarquista, a riquíssima coleção de documentos, que acumulou ao longo de sua vida política.

Iniciava-se assim o mais ambicioso projeto de coleta e preservação de documentos sobre a história social do trabalho de que se tem notícia no Brasil. O acervo do AEL está constituído a partir da idéia de que a preservação da memória dos mais diferentes grupos sociais é requisito fundamental para a consolidação e o aperfeiçoamento da democracia no país. Assim sendo, são amplos e variados os temas que podem ser pesquisados, [além da imigração internacional], a partir de seus fundos e coleções: história dos movimentos sociais, história da industrialização e do empresariado nacional, história do processo de urbanização e modernização das cidades, história do pensamento político e social, história do comportamento político e social, e diversos temas de história da cultura." [7]

Neste Arquivo, destacamos o corpo documental coletado pela Profa. Dra. Zuleika Alvim, intitulado *Imigração Italiana*, que se encontra acondicionado em

---
[7] As informações precedentes foram retiradas do *site*: http://www.arquivo.ael.ifch.unicamp.br/.

30 pastas e é constituído por folhetos, fotocópias de livros e periódicos, ou parcela destes, ligados, como indica seu título, à imigração italiana.[8]

Além dessa documentação, no AEL encontra-se uma série de livros, periódicos e jornais, com informações importantes e interessantes sobre imigração e imigrantes, muitos dos quais publicados ainda na época da imigração de massa. Vários deles se encontram em forma de microfilme.

A seguir, sem dar conta da totalidade das fontes que tratam da imigração internacional em São Paulo existente no AEL, arrolamos uma série de exemplos, que julgamos interessantes, com objetivo de nortear o leitor sobre as potencialidades das mesmas.

1   Coleção "Imigração Italiana"

Pasta 1 – Doc. 01

ZUCOLIN, Bruno (Console di S.M. il Re). Il Brasile sconosciuto: un penitenziario modello. Le Vie d'Italia e dell'America Latina. **Rivista Mensile del Touring Club Italiano,** Milano, Anno 30, n. 9, p. 1021-1028, set. 1924.

> Descreve a visita efetuada à Penitenciária de São Paulo e às instalações da mesma, que considera muito boas. Conta a história da construção do presídio e a intervenção de Toledo Piza, que encarregou Ramos de Azevedo do projeto. Descreve todo o percurso que o presidiário segue ao ser internado.

ZUCOLIN, Bruno (Console di S.M. il Re). Quanti sono gli italiani al Brasile? Le Vie d'Italia e dell'America Latina. **Rivista Mensile del Touring Club Italiano,** Milano, Anno 31, n. 1, p. 10-16, gen. 1925.

> Apresenta estatísticas sobre os italianos no Brasil, um histórico das tentativas de se efetuar recenseamento nesse país, em meados do século XIX, e as causas que levaram à não efetivação da iniciativa além de uma avaliação sobre os censos brasileiros. Sua atenção, porém, está voltada para o censo de 1920. A partir daí apresenta dados sobre a população brasileira, população estrangeira e população italiana.

ZUCOLIN, Bruno (Console di S.M. il Re). La condizione economica degli italiani al Brasile. Le Vie d'Italia e dell'America Latina. **Rivista Mensile del Touring Club Italiano,** Milano, Anno 32, n. 11, p. 1225-1230, nov. 1926.

> O autor continua a analisar os dados referentes ao censo de 1920, agora com o objetivo de verificar a condição econômica dos italianos residentes no Brasil. Apresenta dados sobre as propriedades pertencentes aos italianos, comparando a outros estrangeiros radicados no Brasil. Trata das propriedades rurais, considerando diversas regiões do Brasil. Lamenta que o censo de 1920 não tenha tratado das propriedades nas cidades, mas indica alguns dados sobre

---

[8] Parte desta documentação foi obtida junto ao *Ministero degli Affari Esteri* de Roma

isso e sobre os estabelecimentos industriais. Compara também com outras nacionalidades.

ZUCOLIN, Bruno (Console di S.M. il Re). La ′tecelagem de seda′ italo-brazileira. Le Vie d′Italia e dell′America Latina. **Rivista Mensile del Touring Club Italiano,** Milano, Anno 31, n. 7, p. 786-794, lug. 1925.

Neste artigo, o autor está, também, preocupado com a perda da identidade italiana das jovens italo-brasileiras, como demonstra o texto a seguir.

"Italianissimi il capitale e la direzione, dal Presidente Guglielmo Poletti che ogni anno passa dalla sua casa di Milano o dalla Villa di Lanzo d′Intelvi alla sua abbitazione di S. Paolo, al Consiglieri Delegato Angelo Osti, al Direttore tecnico Antonio Velzi, alla maestranza tutta. Anche le centinaia di belle giovanette bionde e brune che all′ora dell′uscita affolano la rua Joly parlano in maggioranza tra loro il portoghese, perchè in gran parte nate al Braz, e uscite da scuole brasiliane, pure tutte comprendono l′italiano o per lo meno il dialetto che parlano usualmente i famiglia; non bisogna infatti dimenticare che la perdita dell′uso della lingua materna, che così spesso viene imputata a delitto agli meigranti in America, è dovuta in massima parte all fatto facilmente controlabile che la lingua italiana è poco nota agli emigranti, specialmente a quelli di alcuni decenni fa, i quali tutti al paese e in famiglia hanno parlato sempre solo il veneto o il calabrese." (p. 787-789)

V.F. Istituto Medio Italo Brasiliano Dante Alighieri, di San Paolo. Le Vie d′Italia e dell′America Latina. **Rivista Mensile del Touring Club Italiano,** Milano, Anno 33, n. 1, p. 41-46, gen. 1927.

Faz uma descrição do Instituto Dante Alighieri, contando a história de sua fundação, dando conta das suas instalações e do sistema de ensino utilizado, que se assemelha àquele das escolas médias da Itália.

Pasta 2 – Doc. 01

Nessa pasta encontram-se artigos do **Bolletino della Società Geografica Italiana,** Anno XX, v. XXIII, série II, que trazem pequenos resumos de notícias da imigração referentes a diversos anos: 1884, 1886, 1898, 1906, 1909, 1911, 1922.

Pasta 3 – Doc. 01

BRUNIALTI, Attilio. Gli italiani fuori d′Italia. **La Rassegna Nazionale,** Anno XII, fasc. 245, 16 ottobre 1890, p. 618-638.

Esse artigo tece considerações sobre as condições de vida do imigrante, a necessidade de se manter os vínculos com a pátria através da escola, da língua e da história.

COLBACCHINI, Pietro. L′emigrazione italiana negli Stati Uniti del Brasile. Condizioni presenti: provvedimenti opportuni per migliorari. **La Rassegna Nazionale,** Anno XVII, fasc. 320, 1º marzo 1895, p. 114-148.

Conta sobre a chegada e relata as dificuldades que encontram os imigrantes italianos nas fazendas de café.

"In viaggio di esplorazione da me fatto, negli ultimi mesi dell'Impero, nello Stato di San Paolo per visitare le Colonie Italiane, ho riportate le più dolorose impressioni intorno allo stato di abiezione in cui versavano quasi tutti i coloni visitati. Lavoro non mai interrotto, scarza mercede, privazioni di ogno genere vessazioni scandalose, clima inospitale, malattie endemiche da spaventare i più coraggiosi, vizii di ogni fatta, nessun indizio di sentimento nazionale e di amore alla patria, dimenticata la lingua nativa e perfino perduta l'impronta del carattere e dell'indole italiano, esclusa ogni pratica di religione, ed i costumi nel più deplorevole stato [...]. (p.146) [Este artigo continua no fascículo seguinte].

MALNATE, Nicola. L'Emigrazione clandestina. **La Rassegna Nazionale,** Anno XXXIII, v. CLXXVIII, 16 aprile 1911, p. 508-517.

O autor aborda o fenômeno da emigração clandestina. Apresenta uma série de dados através dos quais busca estimar os quantitativos relacionados ao tema.

MALNATE, Nicola. Gli italiani al Brasile. **La Rassegna Nazionale,** Anno XXXV, v. CLXXXIX, 4 febbraio 1913, p. 420-430.

Apresenta um relato das más condições de vida dos imigrantes nas fazendas do interior do Estado de São Paulo e tece comentários sobre a política migratória italiana e brasileira, sobre imigração clandestina etc.

Pasta 04 – Doc. 01

CANELLA, F. Le condizioni degli italiani nello Stato di San Paolo. **L'Italia Coloniale. Rivista Mensile,** Anno IV, v. III, estratto dal fasc. 1-2, p. 3-48, gen./feb. 1903.

Faz um apanhado das dificuldades enfrentadas pelos italianos ao imigrar para o Brasil e aponta sugestões para se lidar com estas dificuldades.

GAJA, Giuseppe. Nel paese de la febbre gialla. **L'Italia Coloniale. Rivista Mensile,** Anno IV, v. II, n. 8, p. 855-857, ago./set. 1903.

Analisa a incidência da febre amarela em diversas regiões do Brasil, sublinhando, inclusive, a péssima imagem que tinha a cidade do Rio de Janeiro, conhecida também como a cidade da morte. Nas suas considerações sobre a gravidade da situação alerta que a febre amarela havia atingido também o Estado de São Paulo, conhecido por sua salubridade.

Pasta 05 – Doc. 01

IL DISACCORDO commerciale col Brasile. **L'Italia Coloniale. Rivista Mensile.** Anno III, n. 4, p. 3-8, apr. 1902.

INTERESSI coloniali. **L'Italia Coloniale. Rivista Mensile.** Anno III, n.4, p. 64-69, apr. 1902.

Os dois textos anteriores comentam sobre acordos comerciais entre Brasil e Itália.

BELCREDI, G.G. Condizioni dei coloni italiani nelle Stato di San Paolo (Brasile). **L'Italia Coloniale. Rivista Mensile.** Anno III, n. 6, p. 40-44, giu. 1902.

Comenta e faz uma análise crítica do Relatório Rossi sobre os problemas enfrentados pelos colonos, especialmente, no que diz respeito às condições de trabalho encontradas em algumas fazendas no interior de São Paulo que não cumpriam os contratos firmados. Também aponta a necessidade dos responsáveis pela Hospedaria de Imigrantes de evitarem o envio dos colonos para as "cattive fazendas".

BELCREDI, G. G. Per la rinnovazione del trattato di commercio fra l'Italia ed il Brasile. **L'Italia Coloniale. Rivista Mensile,** Anno III, v. II, n. 7, p. 22-45, lug. 1902.

Mostra as vantagens e desvantagens, tanto para o Brasil como para a Itália, no que se refere ao comércio entre os dois países.

MALDIFASSI, G. Per la rinnovazione del trattato di commercio fra l'Italia ed il Brasile. **L'Italia Coloniale. Rivista Mensile.** Anno III, V. II, n. 7, p. 22-45, lug. 1902.

Discute questões comerciais, importação e exportação entre Italia e Brasil, apresenta valores e quantidades e propõe bases para uma nova convenção comercial.

Pasta 06 – Doc. 01

GHINASSI, P. Per le nostre colonie (continuazione). **L'Italia Coloniale,** Anno II, n. 2, p. 16-55, 1901.

Trata das colônias italianas no Brasil e faz um exame da situação dos italianos nas diversas regiões brasileiras, de norte a sul do país. Reproduz parcialmente dados relativos a São Paulo (p. 22-34 e p. 44-55), apresenta interessantes reflexões sobre os próprios imigrantes italianos, tecendo comparações entre os naturais do norte e do sul da Itália.

Pasta 07 – Doc. 01

BAGLIO, G. Monografia di famiglia del contadino giornaliero in Sicilia nell'anno colonico 1904-1905. **Giornale degli Economisti e Rivista Statistica,** v. XLV, n. 10, p. 297-338, ott. 1912.

Apresenta um relato sobre as vicissitudes de uma família de camponeses sicilianos no início do século XX.

COLETTI, Francesco. Esame critico delle statistiche dell´emigrazione italiana. **Giornale degli Economisti e Rivista Statistica**, v. XLV, n. 10, p. 339-357, ott. 1912.

Como o título do artigo indica, traz uma análise crítica das estatísticas relativas à emigração italiana.

Pasta 08 – Doc. 01

RAZZETI, E. Lo Stato di San Paolo nel Brasile e l´emigrazione italiana. **L´esplorazione commerciale**. Giornale di viaggio e di Geografia Commerciale, Bollettino della Società Italiana di Esplorazioni Geografichi e Commerciale. Milano, Anno XXXIII, fasc. III-IV, p. 43-50, mar./apr. 1918.

RAZZETI, E. Lo Stato di San Paolo nel Brasile e l'emigrazione italiana (II). **L´esplorazione commerciale**. Giornale di viaggio e di Geografia Commerciale, Bollettino della Società Italiana di Esplorazioni Geografichi e Commerciale. Milano, Anno XXXIII, fasc. VII-VIII, p. 116-122, lug./ago. 1918.

BELLI, B. L´emigrazione italiana nello stato di San Paolo (Brasile).**Bollettino della Società Italiana di Esplorazioni Geografichi e Commerciale**. Milano, Anno XXIII, fasc. VII-VIII, p. 100-112, apr. 1908.

ERMETE Ancora sulle condizioni dell´emigrazione italiana a San Paolo. **Bollettino della Società Italiana di Esplorazioni Geografichi e Commerciale**. Milano, Anno XVII, fasc. XV-XVI, p. 246-248, ago. 1902.

Entre os assuntos tratados, nesses artigos da pasta 08 arrolados anteriormente, constam: regulamento da lei sobre emigração, excursões nos diferentes estados do sul do Brasil, cartas de São Paulo, relações comerciais Brasil/Itália, tutela de emigrantes, condições da emigração italiana em São Paulo.

Pasta 09 – Doc. 01

GIGLIOLI, E.H. Il Brasile nel 1876. **Nuova Antologia di Scienze, lettere ed arti**, Seconda Serie, Volume Quarto, Firenze, 1877, p. 372-389.

Descreve alguns aspectos geográficos, socioeconômicos e políticos do Brasil no último quartel do século XIX.

GROSSI, V. Gl'Italiani a São Paulo. **Nuova Antologia. Rivista di Scienze, Lettere ed Arti**. Roma, Anno XXXI, Quarta série, v. LXV, p. 231-260, 1896.

Descreve a situação vivenciada pelos italianos instalados no Estado de São Paulo.

LOMBOROSO, G. Un viaggio al Brasile (con 7 illustrazioni). **Nuova Antologia. Rivisti di Lettere, Scienze ed arti,** Anno XLIII, fasciolo 873, 1º maggio 1908, p. 88-108.

Descreve a viagem da Europa para o Brasil, a cidade do Rio de Janeiro e seus habitantes e relata aspectos da história, literatura e arte brasileiras.

Pasta 10 – Doc. 01

ALMEIDA, M.C. du Pin Legislazione estera in materia di emigrazione. Le nuove norme per la colonizzazione nel Brasile. **Rivista Coloniale,** Anno II, v. IV, fasc. I, p. 132-150, lug./ago. 1907.

De especial interesse para contrapor às informações coletadas na legislação sobre a imigração, tendo como referência o ponto de vista dos italianos sobre a legislação brasileira.

VALERIANI, V. Italiani all'estero (Brasile). **Rivista Coloniale,** Anno VII, v. II, fasc. 8, 25 ott. 1912, p. 345-346.

Segue os mesmos moldes dos artigos anteriores que tratam das condições de vida e trabalho dos imigrantes no Brasil.

PROBLEMI e dati d'emigrazione. Il Govero italiano e l'emigrazione al Brasile. **Rivista Coloniale,** Roma, Anno VIII, v. I, n. 1, 1-15 gennaio 1913. p. 9-10.

Apresenta dados quantitativos sobre emigração.

VARIAZIONI sul tema della emigrazione a viaggio gratuito per il Brasile. **Rivista Coloniale,** Anno VIII, Roma, v. I, n. 2, 16-31 gen. 1913, p. 34-42.

Discute questões sobre a imigração subsidiada e as características da mesma.

EMIGRAZIONE brasiliana. **Rivista Coloniale,** Anno VIII, Roma, v. I, n. 2, 16-30 giu. 1913, p. 452-454.

Tece considerações sobre a vida nas fazendas.

Pasta 11 – Doc. 01

GILBERTI, R. Italiani nel Brasile. Cinquant'anni di attività nello Stato di San Paolo. Le vie del mondo. **Rivista Mensili della Consociazione Turistica Italiana,** v. 12, p. 1310-1332, 1937.

Fornece uma descrição geral dos empresários, artistas, industriais e banqueiros italianos em São Paulo.

DALMASSO, Giovanni. Viticoltura e colonizzazione italiana in Brasile. **Le vie del mondo. Rivista mensili della consociazione turistica italiana,** v. 15, n. 3, p. 317-324, mar. 1953.

Trata da questão da viticultura no Rio Grande do Sul.

Pasta 12 – Doc. 01

DRAGE, Goffredo. La questione operaria in Italia. **Economia del lavoro**. Torino: Unione Tipografico-Editrice Torinese, v. 5, Parte Primap. p. 438-477, 1896.

Apresenta diversas tabelas sobre a emigração por ano (1876-1884), diferenciada entre permanente e temporária, e por províncias, incluindo a população de cada província do censo de 1881. Traz tabela com emigração permanente por ano (1886-1893), por sexo e crianças menores de 14 anos.

Obs.: Algumas das páginas fotocopiadas são difíceis de se ler, principalmente as tabelas.

Pasta 13 – Doc. 01

L'AGRICOLTURA nello Stato di São Paulo. **Il Brasile**. Rivista Brasiliana Mensili di Agricoltura, Industria e Commercio, Genova Anno II, n. 5-6, p. 17-18, mag./giu. 1913.

Coleta referências sobre o desenvolvimento da agricultura no Estado de São Paulo, o café e outros gêneros.

PICCAROLO, A. Delle condizioni economiche dell' emigrante. **Il Brasile**. Rivista Brasiliana Mensili di Agricoltura, Industria e Commercio. Genova, Anno II, n. 5-6, p. 25-26, mag./giu. 1913.

Reflete as condições econômicas enfrentadas pelos imigrantes em terras paulistas.

IL PROBLEMA "Giallo". **Il Brasile**. Rivista Brasiliana Mensili di Agricoltura, Industria e Commercio. Genova, Anno II, n. 7-8, p. 1-2, lug./ago. 1913.

Traz questionamentos contrários à imigração japonesa no Brasil.

Pasta 14 – Doc. 01

BIANCO, F. Il legame spirituale tra l'Italia e il Brasile. Il problema della cultura italiana all'estero. **Emigrazione e lavoro**. Rassegna Mensili del Consorzio Nazionale di Emigrazione e Lavoro. Roma, Anno VI, n. 7, p. 1-8, lug. 1922.

Discute a questão da contribuição da cultura italiana no Brasil e os problemas relativos à preservação dos valores culturais e a assimilação.

IMPERATORI, U.E. Il Brasile complemento economico dell'Italia. **Emigrazione e lavoro**. Rassegna Mensili del Consorzio Nazionale di Emigrazione e Lavoro. Roma, Anno VI, n. 8, p. 1-12, ago. 1922.

Destaca as ligações econômicas entre os dois países, dando ênfase aos benefícios advindos dessas relações.

RAVA, M. Due milioni di italiani nel Brasile. **Emigrazione e lavoro**. Rassegna Mensili del Consorzio Nazionale di Emigrazione e Lavoro. Roma, Anno VI, n. 5, p. 4-8, 1922.

Comenta a imigração italiana no Brasil após três décadas do seu início.

Pasta 15 – Doc. 01

IL "TRACOMA" nelle fazendas: l'opera benemerita del prof. Cav... **L'emigrato italiano in America**, v. 5, p. 87-91, mar. 1911.

Aborda o problema do tracoma e a falta de cuidados dos imigrantes com relação a esta doença.

"Il professore Benedetti narró un caso di una madre che in una "fazenda" alla sua presenza lavava la faccia a tutti i figli con la stessa acqua, contenuta dal medesimo bacile li asciugava poi con l'identico tovagliolo. Non occorre dire che tutti i figli, compreso il lattante, erano tracomatosi. Occorrerebbe per questi disgraziati, oltre la cura, un poco d'istruzione igienica"

L'EMIGRATO Italiano in America, p. 169-172, 1906. (Localização do material no AEL – Pasta Imigração Italiana 15 – Doc 01 – fl 64-67).

Traz uma discussão sobre a notícia veiculada naquele momento, (1906), de que o Brasil estava interessado na imigração de japoneses. Arrola as desvantagens dessa imigração em relação à italiana.

ORFANOTROFIO Critofaro Colombo di S. Paolo. **Congregazione Dei Missionari di S. Carlo** per gli italiani emigrati nelle Americhe. Piacenza, Anno I, n. 5, p. 39-40, nov. 1903.

ORFANOTROFIO Critofaro Colombo di S. Paolo. **Congregazione Dei Missionari di S. Carlo** per gli italiani emigrati nelle Americhe. Piacenza, Anno II, n. 10, p. 79, ott. 1904.

NOTIZIE. Orfanotrofio Cristofaro Colombo Ypiranga S. Paolo. **Emigrato Italiano in America**. p. 76-78, mag. 1907.

Estes artigos descrevem este orfanato, situado no bairro do Ipiranga na cidade de São Paulo, o qual abrigava órfãos, na sua maioria italianos. Fundado por Padre Giuseppe Marchetti, que chegou ao Brasil em 1894, o orfanato recolhia crianças de ambos os sexos, entre dois e quinze anos. O fundador faleceu dois anos depois, em 1896, com 27 anos, e deixou 90 órfãos, entre meninos e meninas. Posteriormente, o orfanato passou a ser dirigido por Faustino Consoni, que fundou um outro orfanato, na Vila Prudente. O custo de 300 contos, para a construção de ambos, foi conseguido entre famílias italianas e, mais tarde, do governo e da municipalidade de São Paulo e do Governo italiano.

L'ORFANATROFIO Cristoforo Colombo in Vila Prudente... **L'Emigrato Italiano in America**, v. 10, p. 43-47, mar. 1916.

Descreve o funcionamento da sessão feminina do Orfanato, situado na Vila Prudente. Também faz uma referência às escolas italianas no Paraná, especialmente as da Colônia de Santa Felicidade.

P.C.S. A proposito del 'emigrazione nel Brasile. **Emigrato Italiano in America**. p. 49-52, 1911.

Pasta 16 – Doc. 01

Essa pasta reúne diversos artigos da **Rivista Bollettino della Camera di Commercio e Industria Italo-Brasiliana**, entre setembro de 1917 e maio de 1921, as quais dizem respeito às atividades da Camera. Traz também algumas estatísticas comerciais sobre produção e comércio do café entre outros.

Pasta 17 – Doc. 01

BONARDELLI, E. La fazenda. **Italica Gens**, Anno V. n. 9-12, p. 202-220, set./dic. 1914.

Descreve a fazenda paulista de café.

VERONESI, Ranieri. I sussidi alle scuole italiane. **Italica Gens**. Anno V, p. 1-6, gen./feb. 1914.

Discute a situação das escolas italianas no Brasil.

SALARI correnti e prezzi dei generi di prima necessità nela città di S. Paolo del Brasile. **Italica Gens**. Anno V, p. 57-64, gen./feb. 1914.

Faz uma análise e traz tabelas de salários pagos e dos preços dos gêneros de primeira necessidade na cidade de São Paulo, na época.

BONARDELLI, E. Vita intellettuale sociale religiosa degli italiani nello stato di S. Paolo. **Italica Gens**. Anno VI, n. 3-6, p. 95-108, mar./giu. 1915.

Como indica o título, o artigo relata a vida intelectual, social e religiosa dos imigrantes italianos em São Paulo.

G.C. Tra i coloni italiani nello Stato di San Paolo. **Italica Gens**. Anno VI, n. 3-6, p. 109-199, mar./giu. 1915.

Descreve a vida dos imigrantes italianos no Estado de São Paulo com os quais teve contacto.

I COLONI italiani nelle *fazendas* dello Stato di S. Paolo del Brasile. **Italica Gens**. Anno I, n. 7-8, p. 315-325, ago./set. 1910.

Traça um panorama da vida dos colonos italianos nas fazendas paulistas.

Pasta 18 – Doc. 01

EGAS, E. – **Italia e Brasile. Studio critico e di storia.** Roma: Tip. Pietro Veratti, 1910 (Trabalho apresentado à Societá Geografica di Roma), 33 p.

Apresenta um panorama da história brasileira e faz um balanço sobre a entrada de imigrantes italianos no Brasil.

FORZANO, F. **L'Emigrazione Italiana allo Stato di San Paolo.** Roma, Cooperativa Poligrafica Editrice, 1904, p. 5-32.

Sugere o que pode ser feito em benefício dos italianos já estabelecidos no Brasil e arrola medidas a serem tomadas para os que pretendem se estabelecer neste país. Além disso, informa e traça comentários sobre a produção e comércio internacional do café e demonstra a necessidade de se intensificar a exportação de produtos italianos para o Brasil.

ARMANI, L. **L'Emigrazione Italiana all'America del Sud.** Roma: Forzani E.C., Tipografi del Senato, 1887, p. 5-13.

Discute a imigração italiana na região do Rio da Prata.

D'ATRI, A. **Colonizzazione nel Brasile. Lettera a S. E. Il Ministro degli Affari Esteri Cav. Francesco Crespi.** Napoli: R. Tipi de Angelis – Bellisario, 1888, 39 p.

CENSIMENTO della popolazione italiana all'estero nel 1924, eseguito a cura del Commisariato Generale all'Estero. Roma: Tipografia delle Cartiere Centrali, v.II – fascicoli II e III, p. 3-57, 1924.

Analisa os dados censitários segundo os distritos consulares existentes no Brasil. Apresenta também algumas tabelas.

Pasta 19 – Doc. 01

BELLI, B. **Memoria sulla condizione del coloni italiani nella Provincia di San Paolo, Brasile.** San Paolo: Tipografia Italiana "Gli italiani in S. Paolo", 1888, 15 p.

Relata as duras condições de vida e trabalho dos imigrantes italianos em São Paulo.

BELLI, B. **Note sull'emigrazione in America dei contadini della Provincia di Treviso.** Oderzo: Tipografia di Giovanni Battita Bianchi, 1888, 22 p.

Tece considerações sobre os imigrantes oriundos da Provincia de Treviso.

BRASILE. Camera Italiana di Commercio. Commissione d'Agricoltura ed Emigrazione. **Relazione sul problema della emigrazione italiana nello Stato di San Paolo.** São Paulo: Typ. Paulista, 1926, p. 23.

Traça uma análise e agrega a reação de vários autores à questão da imigração italiana em São Paulo.

CONTRO l'immigrazione al Brasile (não há nenhuma referência sobre esta publicação na fotocopia existente no AEL).

Artigo que se posiciona radicalmente contra a emigração para o Brasil, demonstrando as falhas da política, religião e justiça em relação ao imigrante, assim como as más condições de saúde, de trabalho, de vida e a disciplina rígida a que eram submetidos os imigrantes nas fazendas.

Pasta 20 – Doc. 01

MALDOTTI, P. **Gli italiani al Brasile**. Confererenza del Missionario P. Maldotti, p. 41-55.

Descreve o Brasil em termos geográficos, econômicos, eclesiásticos e a situação ocupacional dos italianos por alguns estados brasileiros.

MANTICA, N. **L'Emigrazione del Friuli.** Udine: Tipografia Patria del Friuli, 1889, 19 p.

Comenta a emigração friulana para diversos destinos europeus.

MALNATE, N. **Gl'italiani emigranti all'America Meridionale.** Gênova: Tipografia e Litografia Pietro Pellas Fu L., 1885, 46 p.

Discute questões relativas à emigração e colonização italianas, como: condição, estado, proveniência e destino dos imigrantes, as vantagens e desvantagens da emigração. Tece também algumas considerações sobre os italianos na região do Prata e no Brasil e apresenta uma estatística da emigração italiana na América do Sul entre 1882 e 1884.

GHINASSI, P. **Emigrazione di salariati giornalieri e colonie agricole.** Roma: Tip. Dell 'Unione Cooperativa Editrice, 1906. 10 p.

Analisa aspectos econômicos das colonias agrícolas e a questão moral e política da relação dos imigrantes com a mãe-pátria.

ESPOZICIONE Internazionale di Milano 1906 – Mostra "Gli italiani all'estero" – **La stampa periodica italiana all'estero.** Milano: Libreria Fratelli Bocca, 1909, p. 138-154 e XXV-XCVI.

Comenta e relaciona os periódicos em língua italiana publicados no exterior.

Pasta 21 – Doc. 01

GROSSI, V. **Emigrazione italiana al Brasile.** Torino: Frateli Bocca Editori, 1894, p. 7-31.

Traça um panorama da recente imigração italiana no Brasil.

GROSSI, V. Igieni e demografi al Brasile. **Bulletino dei Consoli**. Anno II, fascicolo V, p. 101-105, mag. MCMIX.

Discute as condições de higiene e saúde no Brasil e aspectos demográficos que afetam a população imigrante.

Pasta 22 – Doc. 01

GUERRA, P. **Il Recente sviluppo dell'industria e del Commercio nel Brasile**. Roma: Società Tipografico Editrice Romana, 1909, 13 p.

Descreve o desenvolvimento da indústria no Brasil e apresenta estatísticas diversas.

ISTITUTO Centrale di Statistica **Sommario di statistiche storiche italiane 1861-1955**. Roma, 1958.

ISTITUTO Centrale di Statistica **Sommario di statistiche storiche italiane 1861-1965**. Roma, 1968.

Estas estatísticas trazem o volume, por década, dos expatriados e repatriados (total e por países europeus e não-europeus).

Pasta 23 – Doc. 01

MERITANI, G. **Un mese nel Brasile**. Note e impressioni di viaggio. Verona: Stab. Tipogr. Di Giuseppe Civelli, 1888, 21 p.

Comenta a viagem dos imigrantes, a chegada na Hospedaria de Imigrantes e as doenças tropicais, entre outros.

ISTITUTO Centrale di Statistica **Sommario di statistiche storiche italiane 1861-1975**. Roma, 1976.

Estas estatísticas trazem o volume por década dos expatriados e repatriados (total e por países europeus e não-europeus).

COSTA, G. Il commercio del Brasile nel 1912. **La vita marittima e commerciale**. Anno I, n. 1 e 2, 15 ago./1°. set. 1916, p. 21-24.

Apresenta dados sobre o movimento global do comércio exterior do Brasil.

Pasta 24 – Doc. 01

CORGINI, O. **La tragedia della fazenda**. (a fotocópia não traz a referência do artigo).

Traz a opinião do autor sobre as condições de vida dos imigrantes italianos, com base em correspondência enviada do Brasil.

PAVONI, G. Il problema della cittadinanza nei rapporti degli emigrati italiani nell'America del Sud. **La vita italiana all'estero.** Roma, Anno II, fascicolo XIV, 25 febbraio 1914, p. 116-126.

> Reflete sobre os prós e contras de se assumir ou não a cidadania do país de acolhimento.

Pasta 25 – Doc. 01

MAZZOTI, Luigi. **Una grave malattia che colpisce al Brasile gli emigrati italiani lavoranti nella coltivazione del caffè.** Bologna: Stabilimento Tipografico Zamorani e Albertazzi, 1902, 10 p.

> Descreve a anemia ancilostomiase de que são vítimas os colonos, e sua disseminação entre os mesmos. Sugere a criação de comitês locais para fazer a inspeção e combater esta doença.

Pasta 26 – Doc. 01

MOSCA, O. **L'emigrazione italiana ao Brasile.** Essenzialmente negli stati di San Paolo e Paraná. Torino: Stabilimento Tipografico Origlia, Festa e Comp., 1897, p. 4-30.

> Traz informações sobre o Brasil, a respeito da questão migratória e especialmente discute se a emigração espontânea é um bem ou mal. Lista alguns fazendeiros do Estado de São Paulo que considera "bons" e "menos bons".

Pasta 27 – Doc. 01

PICCAROLO, A. La fisiologia d'uno sciopero (Riberião Preto). **La Rivista Coloniale.** São Paulo, 1913, 31 p.

> Descreve e analisa a greve dos colonos de Ribeirão Preto de 1913, o papel do Patronato, Consulado e Governo, os determinantes e as implicações da mesma.

Pasta 28 – Doc. 01

CLEMENTE, D. T. **La Lebbra in Brasile.** Milano: Casa Editrice Dottor Francesco Vallardi, 1910, p. 3-6.

> Informa sobre a lepra, sobre sua expansão e profilaxia e sobre a legislação sanitária brasileira.

PREZIOSI, G. Il pericolo del Brasile per la nostra emigrazione.**La vita Italiana.Rasegna Mensile di Politica.** Roma, Anno VIII, fascicolo LXXXVI, 15 marzo 1920, p. 205-213.

Faz uma análise crítica da política migratória brasileira e das condições oferecidas pelo Brasil ao imigrante.

ROSSI, L. Gli italiani nel Brasile e il dovere di netta e sicura politica di emigrazione. **La Vita Italiana. Rasegna Mensile di Politica**. Roma, Anno I, fascicolo VIII, 31 luglio 1913, p. 205-213.

Idem ao anterior.

PRATO, G. Colonizzazione italiana nello Stato di San Paolo (I). Rassegna Coloniale...**La Riforma Sociale**.Roma, Anno XI, V. XIV, Fascicolo 6, 15 giugno 1904, p. 486-488.

Apresenta uma comparação entre o sistema de organização do trabalho de parceria e o de colonato.

Pasta 29 – Doc. 01

LUGATTI, E. **Memória sulla Colônia Italiana dello Stato di San Paolo**. São Paulo: Typ. Irmãos del Frate, 1908, 27 p.

Apresenta uma descrição do Estado de São Paulo, em termos de: qualidade da terra e a estrutura de posse da mesma, mão-de-obra, capital, transporte etc.

Pasta 30 – Doc. 01

MALAN, G. P. – **Un viagio al Brasile**. Gênova: Dai Tip. di Luigi Sambolino, 1885, 92 p.

O autor faz um relato de sua viagem ao Brasil, sobre as fazendas e condições de vida e trabalho dos imigrantes. Nomeia e descreve algumas fazendas: Fazenda Santa Veridiana, Ibicaba, Santa Eudóxia.

Obs. Geral: Nessas pastas há ainda uma série de artigos que não foram aqui arrolados, os quais tratam da imigração em geral e outros aspectos a ela relacionados, como agricultura em São Paulo, indústria italiana no Brasil, as relações comerciais entre Brasil e Itália, a política migratória e tutela dos imigrantes, colonização no sul do Brasil, imigração alemã, imigração italiana em outros países da América, preocupação com a imigração japonesa etc. Vários dos artigos apresentam, inclusive, dados estatísticos vinculados a esses temas.

2 Livros

AGOSTINI, Ermilio. **Racconti di infanzia**: lumiere di sabbio. Firenze. R. Beruporad & Figlio, 1919, 245 p. (Localização do material no AEL – L/02894).

AMERICANO, Jorge. **São Paulo:** trabalhar e viver. São Paulo: Melhoramentos, 1960, 423p. (Localização do material no AEL – L/00852).

BARBOSA, Jose. **As relações luso-brasileiras:** a imigração e a desnacionalização do Brasil. Lisboa: Edição do Autor, 1909, 116 p. (Localização do material no AEL – L/00190).

BARRIGUELLI, Jose Cláudio. **Subsídios à história das lutas no campo em São Paulo (1870-1956).** São Carlos: Arquivo de História Contemporânea, v. 3, 1981. (Localização do material no AEL – L/03001-03002-03003).

BARROS, Mônica Siqueira Leite de. **As mulheres trabalhadoras e o anarquismo no Brasil.** Campinas: UNICAMP, 1979, 120 p. (Localização do material no AEL – L/01024).

BATTISTER, Arlindo Stacir. **Colônia Italiana:** religião e costumes. Porto Alegre: Escola Superior de Teologia de Brindes, 1981, 112 p. (Localização do material no AEL – L/02581).

BELLI, Natale. **Giornalismo italiano em Brasile.** São Paulo: s.c.p., 1923, 172 p. (Localização do material no AEL – L/01297).

BERTANI, Agostins. **Condizione sanitarie dei lavoratori della terra em Itália.** Roma: Italiano, 1890, 389 p. (Localização do material no AEL – L/00363).

BIANCO, Francesco. **Il paese dell'avvenire.** Roma: Monadadori, 1922, 254 p. (Localização do material no AEL – L/01298).

_____. **L'Italia e il Brasile:** la lotta dei giganti nell'America Del sud e la fortuna del mercato italiano. Milano: Treves, 1920, 3 p. (Localização do material no AEL – L/00423).

BLASS, Leila Maria da Silva. **Imprimindo a própria historia:** o movimento dos trabalhadores gráficos de São Paulo no final dos anos 20. São Paulo: Loyola, 1986, 127 p. (Localização do material no AEL – L/19603 L/20538).

BONACCI, Giovanni. **Il Brasile e l'emigrazione italianne.** Roma: Vittorio Bonnacci, 1920, 240 p. (Localização do material no AEL – L/01255).

BORTOLOTTI, Domenico. **L' oro Verde del Brasile.** Firenze: Toscana, 1928, 174 p. (Localização do material no AEL – L/01251).

BRASIL. Secretaria da Agricultura, Comercio e Obras publicas. **A imigração e as condições do trabalho em São Paulo.** São Paulo: Brasil, 1915, 76 p. (Localização do material no AEL – L/00492).

BRENNA, Pualo G. **L'emigrazione italiana nel período ante bellico.** Firenze: Bemporad & Figlio, 1918, 335 p. (Localização do material no AEL – L/01305).

BRUNI, Eurico. **Legislazione rurale, secondo el programma governativo.** Milano: Ulrico Hoepli, 1894, 422 p. (Localização do material no AEL – L/02526).

CARPI, Leoni. **Statistica Illustrata della emigrazione all' Estero del trienno 1874-1876.** Roma: Popolo Romano, 1878, 156 p. (Localização do material no AEL – L/01287).

CENNI, Franco. **Italianos no Brasil**. São Paulo: Martins, s.d., 441 p. (Localização do material no AEL – L/00861).

CIPOLLA, Carlo M. **European culture ande overseas expansion**. England: Penguin Books, 1970, 201 p. (Localização do material no AEL – L/19897).

Comissariato DELL'EMIGRAZIONE. **L'emigrazione italiana del Brasile**: relità e prospettive. Roma: Cartiere Central, 1921, 73 p. (Localização do material no AEL – L/01254).

Commissione Italiana 1912. **Emigrazione agrícola al Brasile**: relazione commissione italiana 1912. Bologna: U.Berti, 1912, 309 p. (Localização do material no AEL – L/00326).

CUSANO, Alfredo. **Itália d'altre maré:** impressioni e recordi dei miei cinque anni de Brasile. Milano: Enrico Reggiani, 1911, 352 p. (Localização do material no AEL – L/01295).

D'ATRI, Alessandro. **La giovine Itália a San Paolo**. Napoli: D'Aurea, 1904, 283 p. (Localização do material no AEL – L/01250).

DAVATZ, Thomas. **Memórias de um colono no Brasil, 1850**. São Paulo: Martins, 1941, 276 p. (Localização do material no AEL – L/03929).

DECCA, Maria Auxiliadora Guzzo. **A vida fora das fábricas:** cotidiano operário em São Paulo, 1927-1934. Campinas: UNICAMP, 1983, 134 p. (Localização do material no AEL – L/02038).

DEL ROIO, Jose Luis. **Lavoratori in Brasile:** immigrazione e industrializzazione nello stato di San Paolo. Milano: Franco Angeli, 1981, 133 p. (Localização do material no AEL – L/02264 L/18932 L/02509).

DIAS, Eduardo. **Um imigrante e a revolução:** memórias de um militante operário. Arquivo de História Social "Edgar Leuenroth". Campinas: UNICAMP: Brasiliense, 1983, s.p. (Localização do material no AEL – L/02714).

ENRICO, Bianchi D. **L'Italiano in América e consigli**. 3.ed., rev. e sum. Mascarello, s.c.p., 1925, 79 p. (Localização do material no AEL – L/01248).

FAZENDA São Pedro. **Diário:** 1878-1890. Campinas: s.c.p., 1890, 688 p. (Localização do material no AEL – L01245).

FEO, Luciano. **I trattati di lavoro e la profezione dei nostri lavoranti all'estero**. Milano: Treves, 1916, 144 p. (Localização do material no AEL – L/00349).

FERRERO, Guglielmo. **Fra I due mondi**. Milano : Fratelli Traves, 1913, 430 p. (Localização do material no AEL – L/00685).

FERRI, Vicenzo. **L'Italia nel Brasile di Domani**. Milano: La Stampa Commerciale, s.d. (Localização do material no AEL - L/01275).

FRANCESCHINI, Antonio. **L'emigrazione italiana nell'America Del Sul**. Roma: Forzani, 1908, 1134 p. (Localização do material no AEL – L/01303).

FRESCURA, Bernardino. **Itinerari attraverso lo stato di San Paolo**. Genova: Montorfano, 1904, 79 p. (Localização do material no AEL – L/01273).

_____. **Guida dello Stato di S. Paolo nel Brasile**. Piacenza: Stab. D'Arti ngrafiche G. Favari, 1904, 174 p. (Localização do material no AEL – L/01274).

GARCIA JUNIOR, Afrânio Raul. **Terra de trabalho:** trabalho familiar de pequenos produtores. Rio de Janeiro: Museu Nacional, 1975, sd. (Localização do material no AEL – L/04085).

GUIDA, Giuseppe. **L'Italiano nel Brasile:** manuale pratico dell'emigrante e dell commercinate. s.l., s.c.p., 1910, 480 p. (Localização do material no AEL – L/01286).

HARDMAN, Francisco Foot. **Nem pátria, nem patrão:** vida operaria e cultura anarquista no Brasil. São Paulo: Brasilienese, 1983, 199 p. (Localização do material no AEL – L/01957 L/20562).

IL BRASILE: sue ricchezze naturali, sue industrie. Milano: Fratelli Treves, 1909, 390 p. (Localização do material no AEL – L/02060).

INCISA, Luigi. **Nel paese della fazenda**. Milano: Alpes, 1926, 277 p. (Localização do material no AEL – L/01288).

ITALIA. Ministério degli affari Esteri Commissariato dell. Emigrazione. **Relazione su servizi dell' emigrazione per l'anno 1909-1910**. Roma: Tip.Nazionale di G. Bertero E. C., 1910, 582 p. (Localização do material no AEL – L/01271).

_____. Ministério degli affari Esteri Commissariato dell. Emigrazione. **Relazione su servizi dell' emigrazione per il perido aprile**. 1907-aprile 1908, por L. Reynaudi. Roma: Tip.Nazionale di G. Bertero E. C., 1908. 229p. (Localização do material no AEL – L/01270).

_____. Ministério degli affari Esteri Commissariato dell. Emigrazione. **Relazione su servizi dell' emigrazione per il perido apprile**. 1906-aprile 1907, por L. Reynaudi. Roma: Tip.Nazionale di G. Bertero E. C., 1907. (Localização do material no AEL – L/01269).

LA COLONIZZAZIONE nel Paraná. S.l, s.c.p., s.d., 67 p. (Localização do material no AEL – L/00327).

LAUDISCO, Nicola. **Del Brasile in relazione alla emigrazione europea particolarmente alla italiana**. Napoli: Giovanni Golia, 1887, 105 p. (Localização do material no AEL – L/01308).

LODOLINI, Elio. **Guida delle fonti per la storia dell'America latina esistenti in Italia**. Roma: Degli Archin di Stato, v. 1, 1976. (Localização do material no AEL – L/02410).

LUCIANI, Vito. **La missione italiana al Brasile e all'Uruguai-Relazione**. Roma: Italiana, 1920, 100p. (Localização do material no AEL – L/01292).

MACOLA, Ferruccio. **L'Europa alla conquista dell'America latina**. Venezia: Ferdinando Ongonia, 1894, 473 p. (Localização do material no AEL – L/01283).

MAGNANI, Silvia Ibgrid Lang. **O movimento anarquista em São Paulo, 1906-1917**. Campinas: IFCH/UNICAMP, 1979, 2000 p. (Localização do material no AEL – L/00786/ L/20121 L/02629).

MAGRINI, Luciano. **In Brasile**. Torino: Piero Gobetti, 1926, 181 p. (Localização do material no AEL – L/01285).

MARCHESINI, G. B. **Il Brasile e le sue colonie agricole**. Roma: Barbera, 1877, 164 p. (Localização do material no AEL – L/01281).

MARCONE, N. **Gli italiani al Brasile**. Roma: Romana, 1877, 103 p. reg. (Localização do material no AEL – L/01280).

MARTINS, Jose de Souza. **Subúrbio**: vida cotidiana e história no subúrbio da cidade de São Paulo. São Paulo: HUCITEC, 1992, 363 p. (Localização do material no AEL – L/01220).

MORTARI, Giuseppe; LOSCHI, Edoardo. **Espanzione coloniale**. Firenze: G. Ramella, 1904, 80 p. (Localização do material no AEL – L/00328).

NEGRO, Helio. **São Paulo – metrópole do Brasil**. São Paulo: s.c.p., 1931, 101 p. (Localização do material no AEL – L/00261).

NICOLLINI, V. **Cooperative rurali**. 2.ed., ver. ampl. Molano: Verico Hoepli, 1909, 393 p. (Localização do material no AEL – L/02455).

NITTI, Francesco S. **L'emigrazione Italiana e suoi aversari**. Torino-Napoli: s.c.p., 1888, 87 p. (Localização do material no AEL – L/01257).

OLIVEIRA, Petronillo Santa Cruz. Estrangeiros no Brasil em face do Estado Novo: legislação. **Jornal do Commercio,** Rio de Janeiro, 1938, 237 p. (Localização do material no AEL – L/20376).

OTTOLENGHI, Constantino. **L'emigrazione agricola italiana del 1884-1892**. Torino: Carlo Clausen, 1894, 176 p. (Localização do material no AEL – L/01278).

PAOLETTI, Lamberti. **L'emigrazione italiana negli ultimi trent'anni**. Roma: F. Mantegazza, 1908, 136 p. (Localização do material no AEL – L/01277).

PEDROTTI, Pietro. **L'emigrazione del trentino**. Roma: s.c.p., 1918, 61 p. (Localização do material no AEL – L/01260).

PEPE, Gaetano. **La scuola italiana in San Paolo del Brasile**. São Paulo: Pocai, 1916, 27 p. (Localização do material no AEL – L/01262).

PEVIANI, Filipo. **Due milioni di italiani in Brasile**: l'attuale problema ítalo-brasiliano. Roma: SASI, 1922, 210 p. (Localização do material no AEL – L/01261).

PICCAROLO, Antonio. **Um pioneiro das relações ítalo-brasileiras**: Bruni Belli. São Paulo, 1946, 166 p. (Localização do material no AEL – L/00085).

_____. **L'emigrazione italiana**: nello stato di São Paulo. São Paulo: Magalhães, 1911, 286 p. (Localização do material no AEL – L/00289).

_____. **La proprietà nella storia e sua influenza su le forme sociale**. 2.ed. Klabin, 1905, 57 p. (Localização do material no AEL – L/00177).

PIGNATARO, Licia Capri. **Imigrantes italianos em Rio Claro e seus descendentes. 1.** Castellano, Giorgi, Piccoli, Zanardi. Rio Claro: Arquivo Público e Histórico, 1982, 95 p. (Localização do material no AEL – L/02051).

RANGONI, Domenico. **Il lavoro colletivo deglli italiani al Brasile**. São Paulo: s.c.p., 1902, 126 p. (Localização do material no AEL – L/01264).

REVOREDO, Julio de. Imigração. São Paulo. **Revista dos Tribunais**, 1934, 326 p. (Localização do material no AEL – L/00095).

RODRIGUES, Edgar. **Lavoratori italiani in Brasile**. Itália: Galzerano, 1985. (Localização do material no AEL – L/04362).

_____. **Trabalhadores italianos no Brasil**. São Paulo: Global, 1984, 187 p. (Localização do material no AEL – L/20537).

SAN PAOLO. Ministério di Agricultura, Commercio e Opere Pubbliche. **Lo Stato di S. Paolo (Brasile)**: agli emigranti. San Paolo: Scuola Tipográfica Salesiana, 1902, 192 p. (Localização do material no AEL – L/01301).

SÃO PAULO. Eletropaulo. **Records 1898-1940**. São Paulo: Eletropaulo, 1982, 190 p. (Localização do material no AEL – L/04383).

SÃO PAULO. Società Italiana di beneficenza. Ospedale "Umberto I". **Relazione sulla situazione della societá, al 31 dicembre 1910**. São Paulo: Henrique Puchetti, 1911, 68 p. (Localização do material no AEL – L/03052).

TARUFFi, D.; NOBILI, L. de; LORI, C. **La questione agrária e l'emigrazione in Calábria**. Firenze: G. Barbera, 1908, 907 p. (Localização do material no AEL – L/01268).

TAUNAY, Visconde de. **Estrangeiros ilustres e prestimosos no Brasil (1800-1892):** e outros escritos. São Paulo: Melhoramentos, 1932, 128 p. (Localização do material no AEL – L/03247).

TREVES, Cláudio. **Come ho veduto la guerra**. 2.ed. Milano: Rassegna Internazionale, 1925, 282 p. (Localização do material no AEL – L/03050).

UBALD, Pietro. **L'espanzione coloniale e commerciale del'Ítalia, nel Brasile**. Roma: Ermano Loescher, 1911, 264 p. (Localização do material no AEL – L/01266).

UGOLOTTI, Filippo. **Italia e Italiani in Brasile:** note e appunti. São Paulo: Riedel & Lemmi, 1897, 199 p. (Localização do material no AEL – L/01267).

3   Periódicos

No acervo do AEL existe ainda uma série de periódicos, muitos dos quais ligados ao movimento operário. Alguns dos títulos apresentam uma coleção mais completa, enquanto outros apenas alguns números. Essas fontes encontram-se em forma impressa ou em microfilme e seus títulos estão disponíveis no *website*[9] desse arquivo, de onde selecionamos aleatoriamente, e por década da publicação (1890–1949), aqueles que a nosso ver poderiam trazer informações sobre imigração e imigrantes.

Século XIX década de 90

Comércio de São Paulo, O

Fanal, O

Jovem Comercial, O. Orgam democratico progressista

Município de São Simão

Redenção, A

Vitória, A

15 de novembro. Orgam republicano

Almanak Administrativo, Commercial e Profissional do Estado de São Paulo. Commercio e Industria do Municipio da Capital

Almanak Administrativo, Mercantil e Industrial do Império do Brasil. Revista dos trabalhadores profissionais commerciaes e industriaes

América Ilustrada. Tarde Ilustrada

Amparense, O

Archivo Illustrado. Encyclopedia noticiosa, scientifica e litteraria

Asino Umano, L'. Ragliata settimanale illustrata

Auxiliador da Industria Nacional, O. Colleção de memorias e noticias interessantes

Avança, O. Orgam do grupo avança de Santos

Avvenire, L'. Esce Quando Puo

Birichina, La. Periodico poco politico e meno letterario

Bogari

Bomba, A. Orgão de propaganda contra o sebastianismo, o clericalismo e o estrangeirismo

Bond, O

Botucatense, O

Brasil, O

Brasileiro, O

Braz, O

Cabrião, O

Cabuloso, O

Caixeiro viajante

Caixeiro, O. Semanario Litterario e recreativo dedicado á classe caixeral

Campeão, O

Carbonario. Orgão do povo

Cento Cittá d'Italia, Le

Cidade de Bragança

Cidade de Campinas

Cidade de Taubaté, A

Combate, O

Commercio de São Paulo, O

Correio da Tarde, O. Jornal commercial, politico, litterario e noticioso

Correio do Povo. Orgão republicano

Correio Paulistano

Corretor, O. Boletim maritimo e comercial

Critica Sociale. Revista di studi sociale, politici, filosofici e letterari

Democracia Social. Orgão dos interesses do trabalho

Despertar, O. Periodico communista livre

Diário de Campinas. Folha popular

Diário de Notícias. Noticioso, litterário e commercial

Diário do Commercio

Diritto, Il. Periodico Comunista Anarchico

---

[9] http://www.ael.ifch.unicamp.br

É permesso?. E se non é permesso ce lo prendiamo

Echo Lusitano. Orgão dos interesses portuguezes

Echo Operario. Orgam da classe operaria

Echo Popular. Publicação quinzenal litterária, crítica e scientifica

Estado de São Paulo, O

Estado, O. Semanario, noticioso, litterario, artistico e comercial

Estrangeiro, O

Folha do Braz

Gazeta da Tarde

Gazeta de Brotas, A. Orgão republicano

Gazeta de Notícias

Gazeta de Santa Rita

Grito del Pueblo, El. Defensor de los intereses del Proletariado

Illustração, A. Revista de Portugal e do Brazil

Independente, O

Jacobino, O

Jornal do Brazil

Jornal do Commercio

Jornal, O. Folha diária

Jovem Commercial, O. Orgam democratico progressista

Lanceta, A

Lanterna, A

Libertarista, O. Propaganda da Razão

Luva, A. publicação mensal do congresso brazileiro

Mensageiro, O. Orgão dedicado ás classes proletarias e operarias

Mequetrefe, O

Metralha, A. Folha propaganda republicana / tudo pela pátria e pela Republica

Movimento, O

Municipalista, O

Município de Jundiahy

Município de S. Simão

Município, O. Folha diaria republicana

Nacional, O. Periodico politico, industrial e noticioso

Norte de São Paulo

Noticia, A

Operario Italiano, L'. Publicazione Settimanale

Opinião, A. Folha dedicada aos interesses sociais

Paiz, O

Paranapanema, O

Patriota, O. Orgão dos Interesses Geraes

Penna, A. Orgão literário e noticioso

Popular, O. Orgão dos interesses do povo

Porvir, O

Povo, O. Orgam Republicano

Primeiro (1) de Maio. Orgão de propaganda socialista no Brasil

Progressista, O

Progresso, O. Defensor dos interesses municipais

Protesto, O. Periodico Communista-Livre

Provincia de São Paulo, A

Questão Social, A. Orgam do Centro Socialista

Questione Sociale. Rivista mensile di studi sociali

Quinze de Novembro. Orgam republicano

Reformador. Periódico evolucionista

Repórter, O

Republica, A

Republicano, O

Revista do Brazil

Revista do Instituto Historico e Geographico Brasileiro

Revista do Instituto Historico e Geographico de São Paulo

Revista Typographica

Revue du Brésil

Ribattiamo

Risveglio, Il

Santos Comercial. Órgão republicano

Schiavi Bianchi, Gli.

Semana, A. Jornal litterario, scientífico e noticioso
Socialista, O. Orgam do Partido Democrata-Socialista
Sul de São Paulo, O. Orgam imparcial
Tamoyo, O
Tarde Ilustrada
Tarde, A. Diário paulista
Tempo, O
Tribuna Caixeiral
Tribuna do Braz
Tribuna do Povo. Folha política, literária e comercial
Tribuna Italiana, La. Giornale quotidiano
Tribuna Paulista
Tribuna, A
União, A
Vicentino
Victoria, A
Vigilante, O. Orgão republicano
Vila Americana
Voz do Povo, A. Orgam Independente Consagrado as Classes
Zagaia, A

Século XX década 00

Almanaque Brasileiro Garnier para o anno de 1905
Asino, L'
Asino, L'. Supl.
Aurora del Marino, La
Avante
Avanti! Periodico settimanale
Azione Anarchica, L'
Baluarte, O
Battaglia, La. Periodico settimanale anarchico
Bollettino dell'Emigrazione
Brazil Operario
Careta
Carpinteiro, O
Carrousel, O
Chapeleiro, O
Clarão, O. Doutrinal - Instrutivo - Noticioso
Correio da Manha
Correio de Campinas
Correio Paulistano
Demolizione, La. Rivista Internazionale Razionalista
Demolizione, La. Rivista Internazionale de Bataglia
Despertar
Despertar, El
Despertar, O. Folha Quinzenal de Propaganda Libertaria
Diário de Campinas. Folha Popular
Diritto, Il. Periodico Comunista Anarchico
Documentos Interessantes para a Historia e Costumes de São Paulo
Domenica del Corriere, La
Estado de São Paulo, O
Fígaro, O
Folha do Braz
Folha do Povo. Jornal Independente
Folla, La. Periodico settimanalle illustrato
Gazeta da Tarde
Gazeta de Notícias
Gazeta Maritima
Gazeta Operaria
Giovane Italia, La. Giornale di avanguardia-settimanale-illustrato
Greve, A. Diario Operario da manhã
Greve, A. Publicação Anarquista independente
Grito do Povo, O. Semanario Socialista Revolucionario
Guerra, La
Imprensa Social. Orgam dos Trabalhadores
Independente, O. Jornal anti-clerical defensor das classes oprimidas

Jornal do Brazil

Jornal do Commercio

Jornal Operario. Orgam Defensor de Classes Trabalhadoras

Lanterna, A. Opusculo semanal de Inquerito a Vida Religiosa e Eclesiastica Portugueza

Lanterna, A. Folha anti-clerical e de combate / anticlerical e de combate

Lanterna, A

Liberdade

Libertario, Il. Quindicinale Socialista-Anarchico

Libertario, O

Libertarista, O. Propaganda da Razão

Lotta Proletaria, La

Lucta Proletaria, A

Lumen

Luta, A

Luz Social. Orgão Defensor dos Interesses do Operariado

Marmorista, O

Mensageiro, O

Nuova Gente, La. A Cura del Grupo Anarchico "La Propaganda"

Operario, O. Orgão dos Operários

Paladino, O

Panificador, O. Orgão dedicado aos interesses da classe dos empregados de padaria

Pensiero, Il. Revista quindicinale di sociologia, arte e letteratura

Popular, O. Orgão dos interesses do povo

Precursor. Rivista quindicinale anarchica d'arte, scienza, litteratura libertaria

Protesta, La

Protesta, La. Diario Anarquista de la mañana

Protesta, La - Suplemento. Suplemento de La Protesta

Protesto, O. Periodico Communista-Livre

Provincia de São Paulo, A

Reacção, A

Revista do Brazil

Revista do Instituto Historico e Geographico Brasileiro

Revista do Instituto Historico e Geographico de São Paulo

Revista Socialista Internacional

Semana Operaria

Sempre Avanti. Supl.

Terra livre, A. Periodico anarquista

Terza Roma, La. Publicazione a Cura del Grupo SA (Pensiero e Azione)

Trabalhador graphico, O

Trabalho, O

Trabalho, O. Jornal republicano

Tribuna do Povo, A. Folha consagrada a defesa do operariado e do povo em geral

Tribuna Illustrata, La. Suplemento illustrato de "la tribuna"

Tribuna Italiana, La. Giornale quotidiano

Tribuna Operaria

União dos Operarios

União Operaria. Orgão da União Operaria do Engenho de Dentro

Usignuolo, L'. Giornale quindicinale

Vehiculo, O. Propaganda Social dos Empregados em viação

Voz del Destierro, La

Voz do Trabalhador, A

Voz Operaria, A

Século XX década de 10

ABC

Accion Libertaria

Alba Rossa. Periodico Settimanale Libertario

Almanacco Sovversivo

Almanach do Correio do Povo. Literatura, Assuntos Economicos, Agricultura, Atualidades...

Almanaque do Estado de São Paulo. O Estado de São Paulo

Annaes da Bibliotheca Nacional do Rio de Janeiro

Annaes Sanitarios. Revista mensal de hygiene

Annuario Administrativo Profisional, Mercantil e Industrial da República dos Estados Unidos do Brasil

Annuario Patria, Colonia e Stati

Anuario Administrativo

Apóstolo, O

Archivos do Museu Nacional

Asino, L'

Aurora Social

Aurora, A. Panfleto de critica social

Avante!

Avanti! Periodico settimanale

Avanti! Quotidiano del Partido Socialista Itáliano Sezione dell' Internazionale Socialista

Azote, El. Revista anticlerical

Baluarte, O

Bandeira Vermelha. Semanario Comunista.

Bandera Roja. Diario de la mañana.

Barricata, La. Periodico Anarchico

Batalha, A. Diario da Manha

Battaglia, La. Periodico settimanale anarchico

Boletim do Departamento Estadual do Trabalho

Bollettino dell'emigrazione

Burro, EL. Semanario Anticlerial ilustrado

Calotte, La. Journal mensuel anticlerical illustrato

Calotte, La. Supl.

Cestino da Viaggio, Il

Chapeleiro, O

Cidade de Campinas

Clarão, O. Doutrinal - instrutivo - noticioso

Coleção das Leis e Decretos do Estado de São Paulo. Atos do Governo Provisorio

Colleção das leis da República Portuguesa

Columna, A

Comarca, A

Combate, O

Comunismo. Rivista della terza internazionale

Correio da Manha

Correio Operario

Correio Paulistano

Cosmopolita, O. Orgam dos Empregados em Hoteis, Restaurantes, Cafes e Bares

Cronica Subversiva

Debate, O

Defesa, A

Demolizione, La. Rivista internazionale razionalista

Demolizione, La. Rivista internazionale de bataglia

Despertar, O. Mensario Órgão propriedade da Uniao das juventudes sindicalistas de Portugal

Diário Official

Diário Popular

Documentos Interessantes para a Historia e Costumes de São Paulo

Domenica del Corriere, La

Don Chisciotte

Encyclopedie du Mouvement Syndicaliste

Epoca, A

Escuela Popular, La

Estado de São Paulo, O

Evolução, A. Ciencias, Artes, lettras, Philosophia, Politica, Religião, Agricultura, Commercio, Industria

Exemplo, O. Jornal do Povo

Fanfulla

Feuille Commune, La

Fiat Lux

Foglia di Fico, La

Folha Nova, A

Folla, La. Periodico settimanalle illustrato

Garoto, O. Semanario politico illustrato

Gazeta de Notícias

Gazeta do Povo. Diário vespertino independente

Gazeta, A

Germinal!. Jornal Anarquista
Graphico, O
Grito Operario, O
Guerra di Classe
Guerra Social, A. Periodico anarquista
Guerra Sociale
Guerra Tripolina, La
Hora Social, A
Imparcial, O
Internacional, O. Jornal da classe dos caixeiros de hotéis, restaurantes e brasseries
Internationale Communiste, L'
Italia e Brasile. Rivista Popolare
Jerminal, O. Quinzenario Comunista
Jornal do Brazil
Jornal, O
Lanterna, A. Opusculo semanal de Inquerito a Vida Religiosa e Eclesiastica Portugueza
Lanterna, A. Folha anti-clerical e de combate / anticlerical e de combate
Lanterna, A. Jornal da noite
Liberal, O. Hebdomadario Anticlerical
Liberdade. Periodico de critica social e noticiozo
Liberdade, A
Libertario, Il. Giornale Anarchico
Livre Pensador, O
Luta, A
Ma Chi E ?. Rivista illustrata satirica umoristica mensile
Manifesto, El
Mensageiro, O
Mensagem
Mouvement Anarchiste, Le
Na Barricada. Jornal de Combate e Critica Social
Na Barricada. A quinzena social
Noi e Il Mondo. Rivista mensile de "la tribuna"
Noite, A
Noticia, A
Nova Era

Novo Rumo
Obra, La. Publicacion Anarquista
Ofitziala Bulteno
Operario, O
Operario, O. Orgão dos Operários
Paiz, O
Paladin, El. Revista semanal de altos estudios
Paladino, O
Parafuso, O. Semanario de Combate
Pasquino Coloniale, Il
Patria, La
Piauhy, O. Órgão do Partido Federal
Picareta, A
Plebe, A. Periodico libertário
Plebe, La
Plumadas de Rebeldia. Periodico mensual de propaganda anarquista
Politica
Primeiro (1) de Maio. Edição especial de Germinal e da Barricata
Pro-Vittime Politiche D'Italia
Progresso, O. Revista do Comercio e da Industria
Proletario, O
Propaganda Libertaria, La
Protesta, La. Diario Anarquista de la mañana
Protesto, O. Periodico Libertario
Provincia de São Paulo, A
Radical, El. Quincenario de libre - pensamiento
Razão, A
Reacção, A
Rebelião, A. Semanario de Propaganda Socialista - anarquista
Renovacion
Resoluções, Leis e Mais Actos. Promulgados durante o anno de 1914
Revista de Commercio & Industria. Publicação Official
Revista delle Nazioni Latine

Revista do Instituto Historico e Geographico Brasileiro

Revista do Instituto Historico e Geographico de São Paulo

Revolta, A

Rinnovamento, Il. Rivista del revisionismo socialista

Rio de Janeiro. Jornal de combate

Rivista Coloniale, La. Rassegna di Economia, Finanza, Industria, Agricoltura, Commercio, Lettere ed arti della colonia Italiana al Brasile

Salud y Fuerza. Revista mensal ilustrada

Scure, La. Giornale di lotta

Secolo Illustrato, Il

Século XX, Il. Rivista mensile illustrata

Sindicalista, O. Semanario defensor da classe trabalhadora

Supplemento Illustrato, Il. Publicazione mensile dell Avanti!

Syndicalista, O

Syndicato, O

Tempos Novos. Publicação Socialista

Terra Livre. Semanario Anarquista

Terra Livre. Suplemento Comemorativo

Tierra y Libertad. Semanario Anarquista

Tribuna do Povo

Tribuna Proletaria. Organo defensor de los intires gremiales

União, A

Union Domestica, La

Universita Popolare, L'. bollettino della Scuola Moderna Francisco Ferrer

Vanguarda, A. Jornal Socialista de Combate

Vanguarda, A. Jornal de Informacoes

Vanguardia, La. Suplemento. Diario de La Mañana

Via Libre. Publicacion mensual de critica social

Vida, A. Publicação mensal anarquista

Volunta. Periodico Di Propaganda Anarchica

Voz do padeiro, A

Voz do Povo, A

Voz do Trabalhador

Voz do Trabalhador, A

Século XX década de 20

Ação Direta. Semanario Anarquista

Acção Proletaria. Edição do Comite de Propaganda da Liga Operaria da Construção Civil

Accion. seccion espanola de la Revista Internacional Anarquista

Accion Directa

Accion Libertaria. Vocero de la Organizacion Anarquista F.A.C.A.

Accion Obrera, La

Adelante!. Periodico Anarquista editado por la A.A. Brazo y Cuebro

Adunata dei refrattari, L'. Publicazione settimanale

Alba Rossa. Periodico Settimanale Libertario

Alfaiate, O

Algo

Allarme, L'. Foglio Anarchico de propaganda e d'agitazione

Almanacco Social Illustrato per l'Anno 1925

Almanach de H. P. Gassier

Almanach do Correio do Povo. Literatura, Assuntos Economicos, Agricultura, Atualidades...

Almanach dos Municipios. Annuario de Propaganda

Almanach Esportivo

Almanach Vermot

Almanack da Parnahyba

Almanack Werneck

Almanaque da Revista do Povo. Industrial, Commercial e Agricola

Almanaque de Tierra y Libertad

Almanaque do Littoral

Alvorada. Porta voz das classes Operarias

Amendola. fatti e documenti

America Brasileira. Resenha da Atividade Nacional

Anais da Biblioteca Nacional do Rio de Janeiro

Anais do Congresso Constituinte da República

Anarchie, L'. C'est l'ordre

Anarquista, O

Annaes da Bibliotheca Nacional do Rio de Janeiro

Annaes do Congresso Constituinte da República

Antecedentes. Periodico de Batalha

Antorcha, La. Diario Anarquista de la Mañana

Ardito del Popolo, L'. Giornale di difesa proletaria

Argante, L'

Asino, L'

Aurora. Revista Libertaria

Aurora del Marino, La

Aurora Roja

Aurora, A. Publicação Semanal.

Avanti! Quotidiano del Partido Socialista Itáliano Sizione dell' Internazionale Socialista

Avvenire Anarchico. Periodico Settimanale

Avvenire, L'. Publicazione Anarchica de Cultura e di Lotta

Azione Diretta, L'

Bandeira Vermelha. Semanario Comunista

Bandera Negra. Publicidad Anarco sindicalista

Bandera Proletaria. Diario de la Mañana

Bandera Roja. Periodico de doctrina y de combate

Barbeiro, O

Batalha, A. Diario da Manha

Batalha, A. Supl.

Battalla Sindicalista, La

Boletim da Commissão Executiva do 3o. Congresso Operario

Boletim da Federação Operaria

Boletim del Comite Mixto de Huelga

Boletim do Departamento Estadual do Trabalho

Boletim do Instituto do Café do Estado de São Paulo

Boletim do Museu Nacional do Rio de Janeiro

Boletim Mensal da Federação Circense

Boletin del Cigarrero. Periodico quincenal

Bollettino dell'Emigrazione

Bomba Roja. Periodico de los Proletarios

Brazo y Cerebro. Periodico Anarquista

Bulletin Communiste

Burro, EL. Semanario Anticlerial ilustrado

Caldereiro, El. Quincenal obrero, Defensor de su Gremio y de su Causa

Carpintero y Aserrador, El

Cestino da Viaggio, Il

Chapeleiro, O

Chave, A

Classe Operaria, A. proletários de todos os países uni-vos

Colonia, La

Comarca, A

Combate, O

Comuna, A

Comunista, Il

Continental Obrera, La

Convito, Il. Revista Mensale de Cultura e Italo-brasiliana

Correio da Manha

Correio da Manha - Suplementos

Correio Paulistano

Correspondance Internationale, La

Correspondencia Sudamericana, La

Corriere Degli Quotidiano Italiani

Cronoca Soversiva. Ebdomadario Anarchico Di Propaganda Rivoluzionaria

Culmine. Publicazione anarchica bimensile

Cultura Obrera. Periodico obrero, de doctrina y de combate

Cultura Proletaria. Periodico de Ideas, Doctrina y Combate

Despertad!
Despertar
Diario Carioca
Difesa, La
Documentos Interessantes para a Historia e Costumes de São Paulo
Dom Quixote. Semanario de Graca
España con Honra
Espiga, La. Periodico mensual agrario
Esquerda, A
Estado de São Paulo, O
Extremo Norte, O. União, Labor e Liberdade
Fanfulla
Fede! Settimanale Anarchico di Cultura e di Difesa
Ferroviario, O
Folha do Povo
Gazeta de Notícias
Gazeta do Povo. Diário vespertino independente
Gazeta, A
Germinal. Giornale anarchico e libertario
Germinal. Semanario de propaganda socialista e defeza do proletariado
Gráfico, O. boletim mensal do Sindicato dos Trabalhadores nas Indústrias Gráficas de Curitiba
Grito Operario, O
Hombre, El. revista de ideas - expression del pensamiento anarquista
Hora Social, A
Illustração Brasileira. Revista mensal
Illustrazione del Popolo. Suplemento della "Gazzetta del Popolo"
Imparcial, O
Inter-America. organo de intercambio intelectual entre los pueblos del nuevo mundo
Internacional, O
Internationale Communiste, L'
Internazionale
Internazionale Rossa, L'. Supl.

Itália del Popolo, L'
Jornal do Brazil / Jornal do Brasil
Jornal do commercio
Jornal dos Lavradores
Jornal, O
Justicia. Organo Central del Partido Comunista
Lanterna, A. Semanario anti-clerical
Liberacion. Quincenario de Combate
Liberdade, A
Libero Acordo. Periodico Comunista-Anarchico
Libertario, El. Decenario Anarquista
Libertario, Il. Giornale Anarchico
Libertario, O. Orgam da Agrupação "Braço e Cerebro"
Libertario, O
Libertore, Il
Libre Acuerdo. Publicacion anarquista
Lotta Umana, La. Rassegna Bimensile Anarchica
Lucha Libertaria - Voluntad. Publicacion Libertaria
Lucta Social. Quinzenario Anarquista
Lunedi del Papolo D'Itália, Il. Suplemento Settimanale letterario, umoristico, illustrato
Luta, A
Luz ao Povo. Folha Operaria Comunista-Anarquista
Luz y Accion. Periodico Libertario
Luz y Vida. Periodico de ideas, critica y lucha social
Malho, O
Manha, A
Manipulador de Pão, O
Martello, Il. settimanale di battaglia diretto da Carlo Tresca
Marzocco, Il
Mas alla.... revista de critica libertaria
Metallurgico, O
Metalurgico, El

Mez Operario, O
Monito, Il. Settimanale Anarchico
Motorista, O
Movimento revolucionario sudamericano
Municipio e a cidade de Ribeirão Preto
Mussolina
Nação, A
Noi e Il Mondo. Rivista mensile de "la tribuna"
Noite, A
Nosso Jornal, O
Noticia, A
O. Aserrador, El
Obra, La. Publicacion Anarquista
Obrero Ebanista, El
Obrero en Dulce, El
Obrero en Madera, El
Obrero Ferroviario, El
Obrero Gastronomico, El. periódico mensual defensor de la unidad de los obreros de la gastronomía editado por el comité mixto (extra oficial) pro unificación de los obreros...
Obrero Grafico, El. Sindicato de Artes graficas Industrial, El. Publicacion de los Trabajadores industriales del mundo
Obrero Ladrilero, El
Obrero Letrista, El
Obrero Metalurgico, El. Organo de la federacion de Obreros de la Industria Metalurgica (autonoma)
Obrero Mozo, El. Periodico mensual y defensor de la unidad de los obreros de la gastronomia
Obrero Panadero, El. Organo de los obreros panaderos de la region Argentina
Obrero Tranviario, El
Operario, O
Operario, O. Semanario Catholico Popular
Operario, O
Ordine Nuovo, L'
Organizacion Obrera, La
Organizacion Obrera, La. Supl.

Paiz, O
Palavra, A
Pampa Libre. Quincenario anarquista
Panificador, O. Orgão dedicado aos interesses da classe dos empregados de padaria
Parafuso, O. Semanario de Combate
Parole Nostre. Foglio mensile di spicciola propaganda libertaria
Pasquino Coloniale, Il
Peludo, El. Semanario Satirico Anti clerical ilustrado
Pensiero e Volonta. revista quindicinale di studu sociali e coltura generale
Pensiero, Il. Periodico Anarchico
Piconiere, I
Plebe, A. periodico libertário
Primeiro (1) de Maio
Primeiro (1) de Maio. Edição do Comite Nacional do Socorro Operario Internacional
Progresso
Il. "The Proletarian - Itálian Weekly of the industrial workers
Proletario, O
Protesta, La. Periodico de Ideas y de Combate
Protesta, La. Diario Anarquista de la mañana
Protesta, La - Suplemento. Suplemento de La Protesta
Provincia de São Paulo, A
Publicaçoes do Archivo Nacional
Quaderni de il Nuovo Paese, I
Razão, A
Reaccion. Semanario Obrero
Rebelion, La. Periodico Anarquista
Redencion
Reforma, La
Renovação. Quinzenario Syndicalista e Comunista
Revista da Cidade
Revista de Commercio & Industria. Publicação Official
Revista do Brazil

Revista do Instituto Historico e Geographico Brasileiro

Revista do Instituto Historico e Geographico de São Paulo

Risveglio, Il. Comunista-Anarchico

Rivista Coloniale, La. Rassegna di Economia, Finanza, Industria, Agricoltura, Commercio, Lettere ed arti ella colonia Italiana al Brasile

Rivista Internazionale delle Instituzioni Economiche e Sociali

Rivolta, La. Periodico Anarchico di Propaganda Spicciola

Sacco y Vanzetti. Publicacion del Comite de Agitacion pro Sacco y Vanzetti

Sembrador, El. semanario anarquista

Seme, Il. Settimanale di Propaganda spiceiola aderente all'Unione Anarchica Itáliana

Semeador, O

Semilla Roja. Periodico Comunista libertario

Sindacato Rosso, Il

Sindicato, O

Solidaridad. Organo de la Sociedad de empleados de comercio y anexos

Solidaridad. Publicacion de los Trabajadores Industriales del Mundo

Solidaridad Obrera

Solidario, O

Sorgiamo. Quindicinal degli Anarchisi Imolesi

Sotana, La. Periodico de combate

Stato Operario, Lo. rassegna di politica proletaria

Syndicalista, O

Tempra, La. revista internazionale anarchica

Tiempos Nuevos

Tierra (!!!). Semanario Anarquista - Organo de los grupos de Galicia

Tierra Libre

Tierra y Liberdad

Tierra y Roca. revista mensual para la gran industria de la remocion de tierra e roca

Tierra, La. Semanario Anarquista

Trabajador Latino Americano, El. revista quincenal de informacion sindical

Trabajo. Periodico Sindicalista Libertario

Trabajo, El. Diario de la Mañana

Trabalhador Graphico, O

Trabalho, O

Tribuna Obrera. Diario de la mañana, defensor de la trabajadora

Unamita Nova, L'. Quotidiano anarchico

Uniformado, El

Union Tabacalera

Union, La. Diario Regional Nacionalista independiente

Vanguarda Operaria

Vanguarda, A. Diario do Povo trabalhador

Vanguardia Mercantil, La

Vanguardia, La. Suplemento. Diario de La Mañana

Varietas. rivista mensile illustrata

Verbo Nuevo. Publicacion quincenal de doctrina y combate

Verbo Rojo. Periodico quincenal

Verdad

Verdad, La. Publicacion Mensual

Verdad, La. Suplemento

Verdade, A

Vespro Anarchico, Il. Quindicinale degli Anarchici Palermitani

Via Libre

Vida Bancaria

Vida Operaria. Honra, dever e justiça, paz, labor e liberdade

Voce del Profugo, La. Giornale Antifacista e di Propaganda Sindicale Classista

Vogliamo. rivista di coltura sociale, storica e letteraria

Volunta. Periodico Di Propaganda Anarchica

Voluntad

Voz Cosmopolita

Voz da Estiva, A. Nova Phase

Voz da União, A
Voz do Graphico
Voz do Operario
Voz do Povo
Voz do Trabalhador, A. Semanario de Propaganda Socialista e Defesa do Proletariado
Voz do Trabalhador, A

Voz dos Maritimos, A
Voz Libertaria, La. Suplement a "La voux libertaire"
Voz Operaria
Voz Operaria, A. Humorismo e Interesse da Classe

Século XX década de 30

ABC Magazine
Ação Sindical
Acção
Accion
Accion - Boletin de
Accion Libertaria. Vocero de la Organizacion Anarquista F.A.C.A.
Accion Libertaria - Boletin Informativo sobre España
Accion Obrera
Accion Proletaria. La Voz libertaria del litoral Argentino
Accion Socialista
Acracia. Semanario Anarquista
Adelante. Periodico mensual
Ahora. Diario Grafico
Alba Roja. Periodico quincenal de Orientacion Obrera
Alba Rossa. Periodico Settimanale Libertario
Alerta! Contra el antisemitismo
Alianza Obrera
Almanacco degli Italiani del Brasile per 1936
Almanach do Correio da Manha
Almanach do Correio do Povo. Literatura, Assuntos Economicos, Agricultura, Atualidades...
Almanack Agricola
Almanack da Parnahyba
Almanak
Almanak do "Correio da Lavoura"

Almanaque Agricola Bayer. Almanaque Agricola e Veterinario
Almanaque Agricola Brasileiro
Almanaque do Correio do Campo
Almanaque do Globo
Almanaque Lello. Pequena enciclopedia popular da vida pratica
Alpha
America
Amnistia
Anais Franciscanos
Annaes do Museu Paulista
Annaes Franciscanos
Antorcha, La. Diario Anarquista de la Mañana
Anuário Estatístico do Brasil
Archivos do Museu Nacional
Ariete. Tierra y Liberdade
Ateo, El
Avante!. Diario Nacional Socialista
Avanti! Quotidiano del Partido Socialista Itáliano Sizione dell' Internazionale Socialista
Bandeirante, O
Bandera Proletaria. Diario de la Mañana
Bandera Roja. Organo Central del Partido Comunista
Barricada
Batalha, A. Órgão do commercio e lavoura
Batalha, A. Supl.
Batalla, La
Batalla, La. Periodico Obrero y campesino
Becco Giallo, Il. Dinamico di opinione publica

Boletim de Agitação e Propaganda do Partido Comunista (Reg. de São Paulo)

Boletim de Agricultura

Boletim de Informaçoes Economicas e Estatisticas

Boletim do Departamento de Estatistica e Publicidade do Instituto Nacional de Estatistica

Boletim do Departamento Estadual do Trabalho

Boletim do Ministerio da Agricultura

Boletim do Ministerio do Trabalho, Industria e Comercio

Boletim do Museu Nacional do Rio de Janeiro

Bollettino

Bollettino. Gruppo Socialista "Giacomo Matteotti"

Brazo y Cerebro. Periodico de orientacion anarquista

Bulletin Communiste

Burro, EL. Semanario Anticlerial ilustrado

Campo libre

Claridad proletaria

Classe Operaria, A. proletários de todos os países uni-vos

Coleção das Leis e Decretos do Estado de São Paulo. Atos do Governo Provisorio

Comarca, A

Combate, O

Conservador

Constituição

Correio da Manhã

Correio da Manhã - Suplementos

Correio da Tarde

Correio de São Paulo

Correio do Povo

Correio Paulistano

Correio Popular

Cultura Obrera

Cultura Proletaria. Periodico de Ideas, Doctrina y Combate

Debates, Os

Decimos.... Periodico quinzenal contra el antisemiti

Defesa, A

Democracia

Despertad!

Dia, O

Diário da Manhã

Diário da Noite

Diário da Tarde. Jornal imparcial

Diário de Notícias

Diário de São Paulo

Diario do Povo. Folha de maior circulação em Campinas e no interior do Estado

Diário Nacional

Diário Official

Diário Popular

Difesa, La

Documentos Historicos

Documentos historicos de España

Documentos Interessantes para a Historia e Costumes de São Paulo

Eco Metalurgico, O

Esfuerzo. revista de divulgacion social

Spagne Antifasciste, L'

España Democratica. Organo del Comite Nac. Pro defensa de la Republica Democratica Española

España Expatriada. Semanario de la Solidariedad Democratica

España Republicana. Decano de la prensa Republicana Espanola en America

Esquerda, A

Estado de São Paulo, O

Estado de São Paulo, O - Suplemento Especial

Estampa. Revista do grafico

Estudos Brasileiros

Ferroviario, O

Fiamma, La

Flamma, La. Settimanalle Cattolico Italo - Brasíliano

Foia dos Rocero
Folha da Manha
Folha da Noite. O Vespertino dos lares
Forja proletaria, A
Frente. Autentica voz de la juventud
Galera, La. revista bimestrale
Garanhuns Operario
Gazeta de Notícias
Gazeta do Povo. Diário vespertino independente
Gazeta, A
Geografia
Globo, O. Jornal philosophico, litterario, industrial e scientifico
Gráfico, O. Boletim mensal do Sindicato dos Trabalhadores nas Indústrias Gráficas de Curitiba
Granada. Semanario politico
Grande Illustrazione, La. D'Italia
Grito Operario, O
Guerra Sociale. Periodico Anti-Fascista
Illustrazione Italiana, L'
Inventarios e Testamentos
Italia, L'. (La Difesa)
Itinerario de America
Izquierda. Semanario de la Izquierda Comunista
Jornal do Estado
Jornal do Povo
Jornal, O
Labaro, O
Lanterna, A. folha anti-clerical e de combate / anticlerical e de combate
Lavoura de São Paulo. Publicação anual de Estatistica Geral e Agricola dos Municipios do Estado
Lettura, La. rivista mensile del Corriere del la sera
Liberdade. Porta Voz dos antifascistas portugueses
Liberdade
Liberdade - Suplemento

Liberta, La. Giornale della concentrazione antifacista
Libertador, O
Libertario, El. Decenario Anarquista
Libertario, El. Semanario anarquista
Lucha Libertaria - Voluntad. Publicacion Libertaria
Lucta de Classe, A
Luta de classe, A
Luta Social
Luta, A
Malho, O
Manha, A
Marcha
Martello, Il. settimanale di battaglia diretto da Carlo Tresca
Mas Alla
Mundo Grafico. revista popular ilustrada
Mundo Obrero
Municipio de São Paulo. Actos, Regulamentos e Tabellas Illustrados e comentados
Municipios do Brasil
Nação, A
Noite, A
Nossa Tribuna
Nossa Voz
Nosso Jornal
Nuevo Curso. Bolletin espanol de informacion de los bolcheviques leninistas
Nuova Rivista Storica
Nuovo Avanti, Il. Settimanale del Partido Socialista Italiano
Obra, La. Publicacion Anarquista
Obreiros do Bem
Obrero Gastronomico, El. periódico mensual defensor de la unidad de los obreros de la gastronomía editado por el comité mixto (extra oficial) pro unificación de los obreros...
Obrero Grafico, El. Sindicato de Artes graficas
Obrero Tranviario, El
Ofensiva, A

Operario, O. Semanario Catholico Popular

Operario, O. Tri-mensario da União Operaria e Patriotica

Paiz, O

Pampa Libre. Quincenario anarquista

Pasquino Coloniale, Il

Patologia Geral, A. Revista de Medicina e Ciencias Afins

Pensiero e volonta. Revista quindicinale di studu sociali e coltura generale

Periodico de Anarres, El. Publicacion anarquista

Plebe, A. periodico libertário

Portuario, O

Povo, O

Proletario, O

Protesta, La. Periodico de Ideas y de Combate

Protesta, La

Protesta, La. Diario Anarquista de la mañana

Protesta, La - Suplemento

Provincia de São Paulo, A

Publicações do Archivo Nacional

Quaderni della Liberta, Il*

Quaderni di giustizia e liberta. revue bimestrale

Quarta (IV) Internacional

Quarta (IV) Internacional

Rassegna Italiana, La. politica litteraria e artistica

Rebeliao. Porta voz da Federação de Anarquistas Portugueses exilados

Rebelion. Semanario Anarquista

Rebelion, La. Periodico Anarquista

Registro Geral da Camara da Cidade de São Paulo

Resistencia. Sindicato unico dos eletrecistas

Resoluções, leis e mais actos promulgados durante o anno de 1914

Revista Brasileira de Geografia

Revista das Municipalidades. Dedicada a Propaganda dos Municipios do Estado de São Paulo

Revista de Higiene e Saude Publica

Revista de Ribeirão Preto

Revista do Arquivo Municipal de São Paulo

Revista do Instituto Historico e Geographico Brasileiro

Revista do Instituto Historico e Geographico de São Paulo

Revista do Patrimônio Histórico e Artístico Nacional

Revista do Serviço do Patrimônio Histórico e Artístico Nacional

Revista do Trabalho. Legislação doutrina informaçoes

Revista dos Ferroviarios

Revista Proletaria

Rio Bonito, O. Publica os actos officiaes da prefeitura de Rio Bonito

Risveglio, Il. Comunista-Anarchico

Ruta. Semanario Anarquista

São Paulo, O

Seculo, O

Semanário de Saúde Pública

Socialismo. Revista Quinzenal de Politica, Economia, Legislação Social, Cooperativismo, Organização Operaria, etc

Socialista, O

Societa Nuova, La

Sociologia. Revista Dedicada a Teoria e Pesquisa nas Ciencias Sociais

Socorro rojo

Sol, El

Solidaridad

Sombrerero, El

Sotana, La. Periodico de combate

Spaghetto

Spain

Spartacus. Comunista Anarquico

Squilla, La. Settimanale Catolico

Stampa Libera, La. ("The Free Prees")

Stato Operario, Lo. rassegna di politica proletaria

Sultana. Revista Mensal Jundiahyense
Syndicalista, O
Syndicato, O
Terre Libre
Tierra y Libertad. Semanario Anarquista
Tierra y libertad - Supl.
Trabalhador Chapeleiro, O
Trabalhador da Light, O
Trabalhador Graphico, O
Trabalhador Padeiro, O. Boletim mensal dos manipuladores de Pão, Confeiteiros, etc.
Trabalhador Textil, O
Trabalhador Vidreiro, O
Trabalhador, O
Trabalho, O. Semanario republicano
Trabalho, O. Publicação anarchista
Tribuna Operaria. Lema: Liberdade - Igualdade - Fraternidade
Tribuna Sindical
União Pharmaceutica
Unita, L'. Giornale del Partido Comunista Itáliano
UTLJ - União dos Trabalhadores do Livro e do Jornal. Orgão dos Trabalhadores do livro e do jornal
Vanguarda Operaria
Vida Bancaria
Vida Comerciaria
Volante Paulista, O
Voz Comerciaria
Voz da Classe, A
Voz do Graphico
Voz do Operario
Voz do Trabalhador, A
Voz Proletaria, A. Periodico Libertario

Século XX década de 40

Ação Direta. Semanário Anarquista
Acção. Semanário da vida Portuguesa
Accion Libertaria. Vocero de la Organizacion Anarquista F.A.C.A.
Accion Portuaria
Adelante
Alianza Obrera
Almanach do Correio da Manhã
Almanaque Catedral
Almanaque de Santana para 1947
Almanaque do Estado de São Paulo. O Estado de São Paulo
Almanaque do Globo
America Econômica
Anais da Assembleia Legislativa do Estado de São Paulo
Anais da Biblioteca Nacional do Rio de Janeiro
Anais da Câmara Municipal de São Paulo
Anais do Museu Historico Nacional. Documentario Iconografico de Cidades e Monumentos do Brasil
Andamio, El
Annaes da Assemblea Nacional Constituinte
Annaes da Bibliotheca Nacional do Rio de Janeiro
Annaes do Museu Paulista
Anuário do Museu Imperial
Anuário Estatístico do Brasil
Atas da Câmara da Cidade de São Paulo. Publicação da Sub-Divisão de Documentação Histórica
Atlântico. Revista luso-brasileira
Aurora, L'. Quindicinale anarchico
Avanzada Judia. vocero sionista socialista
Batalha, A. Supl.
Batalha, La
Bibliografia de História do Brasil
Boletim da Associação dos Geógrafos Brasileiros
Boletim do Departamento do Arquivo do Estado de Paulo

Boletim do Departamento Estadual de Estatística

Boletim do Ministério do Trabalho, Indústria e Comércio

Boletim do Serviço de Imigração e Colonização

Boletim Econômico. Seção de Informações e Estatística

Boletim Socialista

Boletins da Faculdade de Filosofia, Ciências e Letras. História da Civilização Brasileira

Bollettino Interno. Del Movimento Anarchico Itáliano

Brasil Novo. Publicação do Departamento Nacional de Propaganda

Brasil-Portugal

Cidade, A

Clarim, O

Classe Operária, A. Proletários de todos os países uni-vos

Coleção das Leis da República dos Estados Unidos do Brasil. Coleção das Leis / Atos do Poder Executivo

Coleção das Leis da República dos Estados Unidos do Brasil - Ementário da Legislação Federal

Combate

Comércio, O

Correio da Noite

Correio de Mirasol

Correio do Brasil

Correio do Povo

Cultura. Mensário Democrático

Defesa, A

Democracia

Dia, O

Diário da Manhã

Diário da Noite

Diário da Tarde

Diário de Noticias

Documentos Interessantes para a História e Costumes de São Paulo

Época, A

Era Nuova. Quindicionale anarchico (F.A.I.)

Estado de São Paulo, O

Estudos Brasileiros

Fanfulla

Folha da Noite. O Vespertino dos lares

Folha da Tarde

Folha do Povo. Um jornal para a defesa da democracia

Folha Socialista. Boletim Interno do Partido Socialista Brasileiro

Gazeta de Sta Cruz

Gazeta do Povo. Diario Matutino

Germinal. Giornale anarchico e libertario

Gioventu Anarchica. Periodico dei Giovani della federazione anarchica Itáliana

Globo, O. Jornal philosophico, litterario, industrial e scientifico

Grafico, El

Hoje. Jornal do Povo a serviço da Democracia

Hombre, El. Periodico Anarquista

Ideario. Publicacion Anarquista

Illustrazione Italiana, L'

Ilustração

Italiani nel Mondo. Revista quindicinale

Itinerário de America

Jornal de São Paulo

Jornal do Brazil

Jornal do Commercio

Jornal do Estado

Jornal, O

Lucha Obrera

Luta Proletária

Luta, A

Magazine paulista

Maio - 1945. Boletim dos Operários das Indústrias Têxteis de Cataguases

Malho, O

Manhã, A

Manhã, A. Constituição dos Estados Unidos do Brasil

Marcha

Mensário do "Jornal do Commercio". (Artigos de Collaboração)
Metalúrgico, O
Mogyana. Quinzenário do Sindicato dos Ferroviários da Cia.Mogiana
Momento Comunista, O. Diário do Povo
Mundo Italiano
Mundo português, O. Revista de Cultura e propaganda, Arte e literatura coloniais
Município de São Paulo. Actos, Regulamentos e Tabellas Illustrados e Comentados
MUT: Boletim de Orientação Sindical. Movimento Unificado dos Trabalhadores
Nacional, O. Diário independente
Noite Ilustrada, A
Noite São Paulo, A
Noite, A
Noite, A - Suplemento em rotogravura
Nosotros
Notícia, A
Notícias Gráficas. boletim da C.D.T.G.
Obrero Calderero, El
Obrero Gastronomico, El. periódico mensual defensor de la unidad de los obreros de la gastronomía editado por el comité mixto (extra oficial) pro unificación de los obreros...
Obrero Maderero, El. Organo del Sindicato Unico de obreros em madera y anexos
Obrero Panadero, El. Organo de los obreros panaderos de la region Argentina
Obrero Portuario, El. Porta voz de los obreros portuarios de la Argentina
Ocidente. Revista portuguesa mensal
Operário, O. Semanario Catholico Popular
Opinion Gallega
Ordem, A
Parafuso, O. Semanário de Combate
Pasquino Coloniale, Il
Periódico, O. Revista Mensal dos Amigos da América
Pioneiro, O

Plebe, A. Periódico libertário
Popular, O. Um Jornal para Defesa da Democracia
Província de São Paulo, A
Província de São Pedro. Revista Trimestral
Registro Geral da Câmara da Cidade de São Paulo
Relazioni Internazionali. Settimanale di politica estera
Resoluções, Leis e Mais Actos. Promulgados durante o anno de 1914
Revista Brasileira
Revista Brasileira de Estatística. IBGE
Revista Brasileira de Geografia
Revista das Municipalidades. Dedicada a Propaganda dos Municipios do Estado de São Paulo
Revista do Arquivo Municipal de São Paulo
Revista do Arquivo Público
Revista do Brazil
Revista do Instituto Histórico e Geográphico Brasileiro
Revista do Instituto Histórico e Geográphico de São Paulo
Revista do Serviço do Patrimônio Histórico e Artístico Nacional
Revista do Trabalho. Legislação doutrina informações
Revista dos Ferroviários
Revista Industrial de São Paulo
Risveglio, Il. Comunista-Anarchico
Ruta. Semanário Anarquista
S.I.A. (Solidarite Internationale Antifasciste)
Sindical, O
Sítios e Fazendas. Orientadora mensal do progresso Agropecuário Nacional
Solidaridad Obrera
Studi Sociali. revista de libero esame
Taquaryense, O
Tierra y Libertad
Trabajo. Vocero Obrero de Avanzada Nacional

Trabalhador Gráphico, O
Trabalhador Têxtil, O
Trabalho, O. Semanário do Trabalhador Sorocabano para a democracia brasileira
Trabalho, O. Semanário independente
Unamita Nova, L'. Quotidiano anárchico
União. Jornal apolítico e independente
Unitário. Órgão dos "Diários Associados"
Veículo, O. A informação na construção de um novo sindicalismo
Vespro Anarchico, Il. Quindicinale degli Anarchici Palermitani
Vida - Suplemento de Informações Internacionais
Vie Nuove. Settimanale di orientamento e di lotta politica
Volante Paulista, O
Volonta. Revista mensile del movimento anarchico de lingua italiana
Voz Comerciária
Voz da Classe, A
Voz do Estado
Voz do Povo
Voz Operária
Voz Tranviária, A. Boletim Oficial do Sindicato dos Trabalhadores em Empresas de Carris Urbanos

Outras instituições

Quatro documentos do acervo de outras instituições de singular importância para o estudo da imigração.

1   **Recenseamento de 1934** (Biblioteca Mário de Andrade e Biblioteca da Faculdade de Economia e Administração da USP)

Realizado em 20 de setembro de 1934, o chamado *Censo de 34* foi organizado pelo governo do Estado de São Paulo, então sob a interventoria de Armando Salles de Oliveira. Logo após a derrota de São Paulo no Movimento de 32, Armando Salles emergiu como o principal articulador da Chapa Única por São Paulo Unido, coligação partidária (formada por simpatizantes do PRP, do PD, da Liga Eleitoral Católica e da Federação dos voluntários de São Paulo) constituída para concorrer às eleições da Assembléia Nacional Constituinte, as quais seriam realizadas em 3 de maio de 1933. Vitoriosa a Chapa Única, Vargas nomeou Armando Salles interventor em São Paulo em 17 de agosto de 1933, com o compromisso de promover a colaboração da Chapa Única com o Governo Provisório, de garantir a ordem no Estado e de fundar um novo partido. No plano político, o interventor seria o principal organizador do Partido Constitucionalista, fundado em fevereiro de 1934, que procurava reaglutinar parte das elites paulistas.

No plano administrativo, Armando Salles preocupou-se com a reconstrução do aparelho administrativo estadual. Em primeiro lugar, tratou de recompor os quadros do funcionalismo, solicitando a Vargas que reintegrasse os funcionários federais paulistas nos cargos que ocupavam antes da Revolução de 32, no que foi prontamente atendido. Internamente, preocupou-se em melhorar a eficiência do aparelho administrativo do estado, contando com a colaboração do IDORT. Em janeiro de 1934, reuniu as 7 faculdades oficiais para a criação da USP; em abril seria criado o Instituto de Pesquisas Tecnológicas do Estado de São Paulo – IPT e, em maio, baixou um decreto reorganizando a Diretoria Geral de Ensino.

Foi nessa conjuntura de promoção da racionalidade administrativa e de valorização da educação no estado que o governo organizou o Censo de 34, que se desdobrava em um Censo Demográfico, um Censo Escolar e um Censo Agrícola – Zootécnico. Por que o Censo de 34 é interessante para quem se ocupa da história social da imigração em São Paulo? Primeiramente, o censo, embora não tão completo como o de 1920, atualiza uma fotografia que havia sido tirada já há 14. Trata-se ainda do primeiro censo em que a população urbana é destacada da população rural. Esta característica deixa mais nítida as condições efetivas de vida da população e certamente reflete a preocupação em dimensionar o amplo êxodo rural que se seguiu à crise da lavoura no início dos anos 30.

Em que medida os dados constantes do censo podem concretamente contribuir para lançar luz sobre as condições de vida dos imigrantes? No Censo Demográfico, o principal interesse deriva de estarem disponíveis, por município, divididos em zona rural e urbana, os dados relativos aos contingentes de seis nacionalidades (italiana, espanhola, portuguesa, alemã, japonesa e síria), além da brasileira e de uma categoria residual (outras).[10] O Censo realizado discrimina ainda como a população (maior de 14 anos) de cada município divide-se entre as profissões existentes. Contudo, não correlaciona tal dado com as nacionalidades presentes.

O Censo Escolar, por sua vez, procura dimensionar, sempre seguindo o recorte urbano-rural, a população alfabetizada ou não, e em idade escolar, agrupada por faixas de idade. Contudo, essa informação também nesse caso não se acha correlacionada às nacionalidades.[11]

---

[10] *População do Estado de São Paulo por município – dados do Recenseamento de 1934 segundo a nacionalidade*, Boletim do Departamento Estadual de Estatística, n.5, maio de 1939.

[11] São Paulo. Secretaria da Agricultura, Indústria e Comércio / Secretaria da Educação. Recenseamento Escolar realizado em 1934.

Finalmente, a publicação mais conhecida referente ao Censo Agrícola – Zootécnico, este sim, discrimina a nacionalidade dos proprietários, correlacionando-a a uma série de variáveis: número, área e valor das propriedades, produção de café, de cereais, de frutas e animais existentes. O problema aqui é que os dados são apresentados de modo agregado, não sendo possível obtê-los por município.[12]

Será somente alguns anos depois, em meio às preocupações nacionalistas que emergiram com a decretação do Estado Novo, que tais dados mostrar-se-ão disponíveis e organizados em uma publicação.

2   Estatística da produção paulista segundo a cidadania, 1937-1938 (Biblioteca Mário de Andrade)

Em muitas histórias nacionais, não é raro acontecer dos períodos repressivos proverem mais tarde farta documentação aos historiadores. Exatamente porque pretendem controlar mais de perto a vida social, política e econômica, os aparelhos de Estado repressivos tendem a gerar uma certa abundância de registros históricos. Basta observar, por exemplo, a série de trabalhos que vêm sendo publicados a propósito da incorporação e organização, no Arquivo do Estado, dos registros do DOPS, há menos de uma década. No que se refere à **Estatística da produção paulista segundo a cidadania (1937-1938)**, devemos a existência dessa interessante publicação exatamente aos temores cultivados pela ideologia nacionalista do Estado Novo.

Organizada pela Diretoria de Estatística, Indústria e Comércio da Secretaria de Estado dos Negócios da Agricultura, Indústria e Comércio, foi publicada como contribuição à Conferência Nacional de Economia e Administração, havida no Rio de Janeiro em março de 1939. Vale a pena reportar-se com algum detalhe sobre a apresentação e introdução do trabalho, pois elas esclarecem as razões que geraram tal publicação. Após declarar que o trabalho havia sido idealizado segundo os *"princípios contidos na constituição do Estado Novo, consubstanciados no artigo 61, que estabelece a organização corporativa da economia brasileira"*, formula-se desde o início a *"preocupação de que vários produtos de grande importância estão na mão de estrangeiros ou na dependência de capitais estrangeiros"*. O trabalho toma como exemplo, na área agrícola, o da lavoura do algodão, *"na mão de certo grupo alienígena, o mesmo acontecendo com o arroz, a batata inglesa, beneficiamento de algodão, comércio de café, etc."* E conclui: *"o Estado deve salvaguardar, em primeiro lugar, os interesses da nação"*. Tal será o tom que justificará a publicação da estatística, já que *"o Brasil tem necessidade urgente de se prevenir contra perigos que podem surgir dos quistos estrangeiros. Precisamos*

---

[12] São Paulo. Secretaria da Agricultura, Indústria e Comércio. *Recenseamento Agrícola* – Zootécnico realizado em 1934.

criar uma organização econômica que dê, ao nosso país, a preponderância em todos os postos de controle, atualmente em mãos estranhas dentro do nosso país."

Em seguida, os formuladores apontam as deficiências derivadas do fato das estatísticas serem até então organizadas por cidadania, "um mero acaso jurídico", e não de fato por nacionalidade. A cidadania, conceito da órbita dos Estados, é diferente da nacionalidade, associada à idéia de Nação, "que é o que importa para os estudos de assimilação". Na nacionalidade, importaria distinguir o "elemento étnico predominante", a língua, a cultura e o amor à pátria. Aponta-se ainda que o "característico mais importante para a definição da nacionalidade dos indivíduos e para o julgamento de seu grau de assimilação é a língua falada no lar", além da circunstância do indivíduo "pertencer espontaneamente a sociedades brasileiras e o da comprovação de não obedecer às ordens ou orientação do país de procedência ou outros estrangeiros". E conclui: "urge uma estatística por nacionalidade, e não por cidadania".

Em decorrência disso, conclama que "*as zonas de fisionomia tipicamente imigratórias, na dependência constante do elemento estrangeiro, devem iniciar imediatamente trabalhos em torno da nacionalidade real: população em geral, das empresas agrícolas, industriais, comerciais e outras aqui estabelecidas*". Nesse sentido, "*a estatística das nacionalidades precisa, no setor econômico, verificar cuidadosamente a nacionalidade real dos indivíduos que detêm de fato os postos de comando da organização, seja ela agrícola, industrial ou comercial*".

As estatísticas de produção por nacionalidades serviriam então como uma espécie de mapeamento de onde o mal potencialmente poderia brotar. Mas na visão de tais funcionários do Estado Novo, qual seria esse mal? Ele se confundiria *tout court* com o elemento estrangeiro? Aparentemente não, pois os autores reconhecem não haver "*nenhum perigo, para nossa economia, nos capitais estrangeiros, ou nas organizações que visam precipuamente os interesses do país. O perigo só existe quando os capitais ou as organizações econômicas obedecem a outros órgãos situados no estrangeiro, a despeito da orientação econômica aqui tomada ou à revelia das nossas necessidades*". E conclui: "*a sociologia das conquistas ensina que o imigrante não é tão perigoso como as organizações que os utilizam como instrumento de expansão da sua política no estrangeiro*".

Foi tal espírito que animou a organização da referida publicação. Concretamente, a estatística organiza, por municípios (agrupados em distritos), e no interior de cada município por cidadania (para todas as nacionalidades relevantes no município), a área cultivada (normalmente em alqueires, ou no caso de laranja e banana, o número de pés produzidos) e a produção de: algodão em caroço, arroz em casca, milho, feijão, batata, café, cana, mandioca, laranja, banana, vacas, bois, suínos, e o número, a área e o valor das propriedades pertencentes a cada nacionalidade.

3   **Evolução Ferroviária no Estado de São Paulo entre 1870 e 1950** (Biblioteca Mário de Andrade – mapoteca)

Elaborado pelo Serviço de Estatística do Departamento Nacional de Estrada de Ferro, o mapa fornece, década a década, a expansão da rede ferroviária no estado.

4   **Levantamento de reconhecimento dos solos do Estado de São Paulo** (EMPRAPA – São Carlos)

Elaborado pelo Centro Nacional de Ensino e Pesquisas Agronômicas (CNEPA) e publicado pelo Ministério da Agricultura em 1960, essa publicação oferece a distribuição percentual de tipos de solo por municípios no Estado de São Paulo. É possível, a partir dela, tentar-se uma correlação entre o tipo de solo predominante em cada município, o desenvolvimento da cafeicultura e a chegada de imigrantes.

Bancos de dados

A seguir apresentamos três bancos de dados em forma de CD Rom que contêm informações quantitativas sobre estrangeiros no Estado de São Paulo e que se encontram disponíveis em algumas bibliotecas da USP, UNICAMP, UNESP, UFSCar, FSEADE e IAC.

1 **CD Rom** – *Estrangeiros em São Paulo: dados demográficos*

Apresentação

Este CD Rom é produto do projeto de pesquisa *Migração, humanismo latino e territorialidade na sociedade paulista 1850-1950*. Especificamente, é resultado de um trabalho de coleta, organização, sistematização e informatização dos dados disponíveis sobre a população estrangeira no Estado de São Paulo, nos censos publicados, nacionais e regionais, realizados ao longo de quase um século (1854-1950):

- Quadro Estatístico da População da Província de São Paulo Recenseada no Anno de 1854. *Documentos com que o Illustrissimo e Excellentissimo Senhor Dr. José Antonio Saraiva Presidente da Província de S. Paulo instruio o Relatório de Abertura da Assembléa Legislativa Provincial do dia 15 de fevereiro de 1855.* São Paulo: Typographia Dous de Dezembro de Antonio Louzada Antunes, 1855.

- *Recenseamento Geral do Império* – 1872. (12 volumes). Directoria Geral de Estatística. Rio de Janeiro, Leuzinger e Filhos, 1873-1876.

- *Relatório apresentado ao Exmo. Sr. Presidente da Província de S. Paulo pela Commissão Central de Estatística* [1886]. São Paulo, Leroy Link Boowalter-Typographia King, 1888.

- *Recenseamento de 1890.* Directoria Geral de Estatística. Rio de Janeiro, Officina da Estatística, 1898, 1901.

- *Synopse do Recenseamento de 31 de Dezembro de 1900.* Directoria Geral de Estatística. Rio de Janeiro, Typographia da Estatística, 1905.

- *Recenseamento do Brazil realizado em 1º de Setembro de 1920.* Directoria Geral de Estatística. Rio de Janeiro, Typographia da Estatísticas, 1926 – 1930.

- *Recenseamento Demográfico, Escolar e Agrícola-Zootéchnico do Estado de São Paulo (20 de setembro de 1934).* Secretaria de Estado dos Negócios da Agricultura, Indústria e Commércio, Secretaria de Estado dos Negócios da Educação e Saúde Pública, Comissão Central do Recenseamento. São Paulo, 1936.

- *Recenseamento Geral do Brasil realizado em 1º de setembro de 1940.* Rio de Janeiro, Serviço Gráfico do Instituto Brasileiro de Geografia e Estatística, 1950.

- *VI Recenseamento Geral do Brasil* – 1950. Realizado em 1º de julho de 1950. Rio de Janeiro. I.B.G.E. – Conselho Nacional de Estatística, 1954. Edição comemorativa ao Quarto Centenário da Fundação da Cidade de São Paulo.

Além de um banco de dados, que reproduz os principais quadros ou tabelas existentes nesses levantamentos e outras tabelas e pirâmides etárias criadas a partir deles, este CD Rom contém ainda: uma série de mapas com a divisão territorial aproximada do Estado de São Paulo nos anos censitários; um índice do banco de dados e um texto que tece comentários sobre esses censos e lista os respectivos conteúdos sobre a população estrangeira e/ou brasileira naturalizada.

2 CD Rom – *Estatística agrícola e zootécnica do Estado de São Paulo no ano agrícola de 1904-1905*

Apresentação

Desde a última década do século XIX, a formidável expansão da produção cafeeira em São Paulo anunciava a deterioração dos preços internacionais desse produto. De fato, enquanto o número de árvores passava de 220 para 520 milhões entre 1890 e 1900,[13] o valor médio da saca declinou de 4,09 libras em 1893, para 2,91 em 1896 e 1,48 em 1899.[14] Os fazendeiros, pressionados pelo baixo preço, incapazes de custear a produção, exigiam do governo uma solução. Discutiam-se medidas que invariavelmente reclamavam a intervenção deste no sentido de garantir preços, regular estoques, realizar propaganda para aumentar o consumo e ao mesmo tempo evitar novas áreas de plantio. Tais debates culminaram na assinatura do célebre Convênio de Taubaté, acordado em 1906 pelos estados que reuniam os maiores produtores de café (São Paulo, Minas Gerais e Rio de Janeiro) e que inaugura uma série de planos de intervenção governamental (federal e estadual) no setor cafeeiro. Através deste convênio, propunha-se que o governo comprasse, com recursos provenientes de empréstimos externos, as safras abundantes, armazenando assim o produto para vendê-lo no mercado internacional em um momento mais favorável. Ademais, havia ainda o temor de não se encontrar a mão-de-obra desejada, quando terminasse a crise e as plantações fossem retomadas, pois a Itália, até então a principal fornecedora de braços à cafeicultura paulista, a partir de 1902 passou a dificultar a emigração subsidiada para o Brasil.

É precisamente nesse contexto das discussões, que antecederam a assinatura do Convênio de Taubaté, que surge a proposta de se realizar uma Estatística Agrícola e Zootécnica em São Paulo. Organizada por Carlos José Botelho, filho do Conde do Pinhal e titular à época da Secretaria da Agricultura, Comércio e Obras Públicas do Estado de São Paulo, no governo de Jorge Tibiriçá, este levantamento pioneiro constitui o melhor panorama da situação agrícola dos municípios na primeira década do século XX. Justificando sua necessidade, Botelho ponderava num de seus relatórios enviados ao presidente do estado:

Esboçar com fidelidade a situação economica de qualquer paiz, mormente de um Estado em adiantada e sempre progressiva evolução e prosperidade, como o de S. Paulo, é, sem dúvida, o primeiro passo que se deve dar antes de qualquer emprehendimento, a fim de que, conhecida a verdadeira posição da lavoura e das industrias que formam a seiva da riqueza, do progresso e do

---

[13] Prado Junior, Caio. *Formação do Brasil Contemporâneo*. São Paulo: Brasiliense, 1945, p. 241.
[14] Carone, Edgard. *A Primeira República (1889-1930) – texto e contexto*. São Paulo: Difel, 1969, p. 125.

engrandecimento do paiz, possam-se conhecer as suas aspirações e necessidades, conhecimento indispensável para se poder agir, senão com segurança, ao menos com probabilidade de successo.[15]

Para viabilizar a sua realização, o Congresso concedeu à Secretaria dos Negócios da Agricultura, Commercio e Obras Publicas verbas consignadas nos orçamentos de 1905 e 1906, enquanto o Decreto Estadual n.1323, de 23 de outubro de 1905, aprovou as instruções para a execução desse levantamento que teve como referência o ano agrícola de 1904-1905.[16] Seguindo essas instruções, e para agilizar os trabalhos, o Estado de São Paulo foi dividido em cinco zonas, correspondentes aos distritos agrícolas. Cada zona compreendia vários municípios, sendo que estes, conforme sua importância e extensão, poderiam ainda ser divididos em secções. Delegados nomeados pela Secretaria foram alocados a cada zona e auxiliares a cada município ou seção de município. Os auxiliares foram nomeados mediante proposta dos respectivos delegados e por indicação das Comissões Municipais de Agricultura ou das Câmaras Municipais, na falta daquelas. Sob a supervisão dos delegados, os auxiliares deveriam *dirigir-se pessoalmente a cada proprietário ou a quem suas vezes possa fazer, solicitando com toda a urbanidade* [sic] *as informações precisas para por si mesmos preencherem os mappas*. No caso de recusa do proprietário em prestar informações, não deveria *o auxiliar insistir, cumprindo-lhe, porém, preencher os mappas com as informações que procurará obter dos vizinhos ou conhecidos do recusante.*[17] Além disso, o próprio decreto já orientava, também através de suas *Instruções*, como se procederia a consolidação das informações: três mapas (planilhas) e um questionário deveriam ser preenchidos, uma vez apurados os dados.

Aos auxiliares foi dado o prazo até 31 de janeiro de 1906 para realizarem o levantamento seccional e o trabalho a cargo dos delegados devia ser apresentado até 30 de abril do mesmo ano. Como na prática esses prazos mostraram-se escassos, eles foram prorrogados por mais algum tempo, através do Decreto Estadual n. 1345, de 07 de fevereiro de 1906. Mas o levantamento não se estendeu muito além. O *serviço ficou completamente organizado com a celeridade compatível com a natureza do*

---

[15] Secretaria dos Negócios da Agricultura, Commercio e Obras Publicas do Estado de São Paulo. *Relatório apresentado ao Dr. Jorge Tibiriçá Presidente do Estado pelo Dr. Carlos Botelho Secretário da Agricultura. Anno de 1906*. São Paulo: Typographia Brasil de Rothschild & Cia., 1907, p. 46-7.

[16] Secretaria dos Negocios da Agricultura, Commercio e Obras Publicas do Estado de São Paulo. Instrucções approvadas pelo decreto n. 1323, de 23 de Outubro de 1905, para o levantamento da estatistica agricola e zootechnica do Estado de São Paulo. *Relatorio apresentado ao Dr. Jorge Tibiriçá, Presidente do Estado, pelo Dr. Carlos Botelho, Secretario da Agricultura. Anno 1905*. São Paulo: Typographia Brasil de Rothschild & Co., 1906, p. 46-54. [Essas instruções encontram-se transcritas no *arquivo* "Instruções para o levantamento da estatística agrícola e zootécnica deste CD Rom].

[17] Secretaria dos Negócios da Agricultura, Commercio e Obras Publicas do Estado de São Paulo. *Relatório apresentado ao Dr. Jorge Tibiriçá Presidente do Estado pelo Dr. Carlos Botelho Secretário da Agricultura. Anno de 1905*. São Paulo: Typographia Brasil de Rothschild & Cia., 1906, p. 49.

trabalho.[18] Concluído o levantamento ainda no ano de 1906, a importância e necessidade dessas estatísticas para nortearem a ação das autoridades agilizaram o trabalho de agregação dos dados, que foi apresentado, em forma de oito quadros[19] para cada um dos cinco distritos e mais um quadro resumo, no Relatório de 1906.[20]

A publicação das Estatísticas ficou a cargo da própria Secretaria e ocorreu por fascículos, referentes a cada município, revelando-se, ao contrário da execução da mesma, um tanto morosa.[21] No relatório de 1907, Carlos Botelho menciona que dos 171 fascículos apenas 75 encontravam-se publicados.[22] No relatório de 1908, quando o secretário e o governador do estado já nem eram os mesmos, menciona-se que haviam sido publicados 125 fascículos, restando ainda a publicação de outros 46.[23] No ano seguinte, faltavam ainda 14 a serem publicados.[24]

Em nossa busca nos arquivos paulistas, não conseguimos localizar, até o momento, os fascículos referentes aos municípios de Moji das Cruzes e Santa Izabel (1° distrito), Tietê e Itu (4° distrito) e Apiaí e Iguape (5° distrito). Como não há notícia sobre tais fascículos nos acervos consultados, é provável que a publicação dos mesmos não tenha sido concluída. O que sabemos é que as estatísticas foram levantadas nesses municípios, pois nos quadros com os dados agregados, referidos anteriormente, estão presentes os totais para esses municípios. No CD Rom reproduzimos no arquivo "Municípios para os quais os fascículos não foram localizados ou não foram publicados" os dados desses municípios, conforme se encontram naqueles quadros.

---

[18] A despesa total com a realização do levantamento foi pouco inferior a cem contos de réis, excetuando-se as despesas com publicação do material (para um orçamento detalhado, consultar Secretaria dos Negócios da Agricultura, Commercio e Obras Publicas do Estado de São Paulo. *Relatório apresentado ao Dr. M J Albuquerque Lins Presidente do Estado pelo Dr. Antonio Candido Rodrigues Secretário da Agricultura. Anno de 1908*. São Paulo: Typographia Brasil de Rothschild & Cia., 1909, p. 63.)

[19] A saber: Quadro I. Classificação das propriedades agrícolas segundo a extensão; Quadro II. Discriminação das propriedades agrícolas por nacionalidades; Quadro III. Valor das propriedades agrícolas e sua distribuição por nacionalidade; Quadro IV Discriminação das áreas das propriedades. Área em alqueires paulistas; Quadro V. Discriminação da área cultivada; Quadro VI. Produção geral agrícola do Distrito, no ano de 1904-1905; Quadro VII. Criação; Quadro VIII. Produção animal 1904-1905 e Quadro IX. Resumo geral da Estatística agrícola e zootecnhica do anno 1904-1905.

[20] Secretaria dos Negocios da Agricultura, Commercio e Obras Publicas do Estado de São Paulo. Relatorio apresentado ao Dr. Jorge Tibiriçá, Presidente do Estado, pelo Dr. Carlos Botelho, Secretario da Agricultura. Anno 1906. São Paulo: Typographia Brasil de Rothschild & Co., 1907.

[21] Sobre a tiragem dos fascículos temos notícias apenas dos 32 publicados em 1909, que foi de 500 exemplares, dos quais até o final daquele ano tinham sido distribuídos 240 no Estado de São Paulo, 76 para outros Estados do Brasil e 123 no estrangeiro, num total de 14.048 exemplares.

[22] Secretaria dos Negócios da Agricultura, Commercio e Obras Publicas do Estado de São Paulo. Relatório apresentado ao Dr. Jorge Tibiriçá Presidente do Estado pelo Dr. Carlos Botelho Secretário da Agricultura. Anno de 1907. São Paulo: Typographia Brasil de Rothschild & Cia., 1908, p. 56.

[23] Secretaria dos Negócios da Agricultura, Commercio e Obras Publicas do Estado de São Paulo. Relatório apresentado ao Dr. M J Albuquerque Lins Presidente do Estado pelo Dr. Antonio Candido Rodrigues Secretario da Agricultura. Anno 1908. São Paulo: Typographia Brasil de Rothschild & Cia., 1909, p. 62.

[24] Secretaria dos Negócios da Agricultura, Commercio e Obras Publicas do Estado de São Paulo. Relatório apresentado ao Dr. M J Albuquerque Lins Presidente do Estado pelo Dr. Antonio de Pádua Salles Secretário da Agricultura. Anno de 1909. São Paulo: Typographia Brasil de Rothschild & Cia., 1910, p. 74.

Em que pese toda a atenção e cuidado tomados durante a coleta, a revisão e a retificação dos dados levantados, seus executores na época reconheciam que esse levantamento *comquanto se ressinta de lacunas, naturaes nessa ordem de trabalhos, deve animar-mos a promover a sua continuação, fazendo-se periodicamente novos recenseamentos... tratando-se, daqui por deante, de realizar o serviço de cinco annos, como convem, para o estudo do nosso desenvolvimento agricola,*[25] o que na realidade acabou não ocorrendo com essa periodicidade desejada.

Se na época em que foi elaborada esta Estatística objetivava-se nortear as ações do governo paulista, preocupado em defender sua agricultura e de modo particular a cafeicultura, hoje ela se constitui em uma importante fonte de estudos para o entendimento das relações entre população e a economia. Esta importância deriva do fato das informações estarem organizadas por município e constar, no interior de cada município, a lista nominal dos proprietários de terra existentes, com suas respectivas nacionalidades, bem como uma série de informações associadas a cada propriedade rural: área em alqueires (total, cultivada, em mata, em capoeira, em campos e pastos, em brejo e terras imprestáveis); qualidade predominante das terras; culturas existentes (café, cana, algodão, arroz, milho, feijão, fumo, videiras e diversas), com áreas ocupadas e produção; valor do solo por alqueire; valor total da propriedade; número de trabalhadores nacionais e estrangeiros; plantéis de gado (cavalar, vacum, muar, lanígero, e caprino e suíno), com suas respectivas raças; produtos de origem animal (laticínios, carnes diversas, lã, aves domésticas, apicultura e sericicultura).

Digna de nota é a informação relativa à proporção de trabalhadores nacionais e estrangeiros em cada propriedade. Além disso, a publicação oferece ainda um resumo da situação geral de cada município, além de outras informações relevantes relativas às condições geográficas (rios, cachoeiras, jazidas), às práticas agrícolas utilizadas, ao fluxo de produtos, às moléstias mais comuns observáveis na agricultura e na pecuária, à rede de transporte, aos sistemas empregados de contratação de mão de obra, aos preços dos produtos e valores da produção e à ocorrência de associações de lavradores.

Esses dados permitem, hoje, construir uma fotografia precisa da posse da terra, dos municípios ou regiões mais favoráveis ou reticentes à difusão da propriedade da terra, da parcela da população proprietária de terras, brasileira e estrangeira, da população nela empregada também nacional e alienígena, da qualidade do solo e da produção agropecuária, no início do século XX.

---

[25] Secretaria dos Negócios da Agricultura, Commercio e Obras Publicas do Estado de São Paulo. Relatório apresentado ao Dr. M J Albuquerque Lins Presidente do Estado pelo Dr. Antonio Candido Rodrigues Secretario da Agricultura. Anno 1908. São Paulo: Typographia Brasil de Rothschild & Cia., 1909, p. XXII.

No processo de informatização dessas estatísticas,[17] para a confecção de um banco de dados reproduzido neste CD Rom, preocupamo-nos em transcrever os nomes, as informações e os valores da mesma forma como eles se encontram no documento original. Ao mesmo tempo, realizamos a soma automática dos valores, verificando, desta forma, que há uma série de erros de agregação e/ou de transcrição dos dados nos fascículos publicados. Optamos então, para melhor orientar o leitor e o usuário, por deixar em vermelho, no banco de dados, o valor encontrado pela soma automática. Através dessa soma, foi possível verificar também a existência de troca de valores totais entre algumas colunas. Aqueles já detectados encontram-se arrolados no arquivo "Erros observados" do CD Rom.

Verificamos ainda outros pequenos problemas aos quais o usuário das estatísticas deverá estar atento:

1. Muitas vezes o proprietário aparece com nacionalidade brasileira na *Estatística Agrícola* e com outra nacionalidade na *Zootécnica*.

exemplo: município de *Araçariguama*

Neste exemplo, é evidente que não se tratam de proprietários de origem italiana, mas sim de luso-brasileira.

Nome do proprietário	Agrícola	Zootécnica
Felisbino Antonio Maciel	Brasileiro	Italiano
José de Oliveira	Brasileiro	Italiano
João da Cruz	Brasileiro	Italiano
Paulino Antonio de Oliveira	Brasileiro	Italiano

2. Deslizes de grafia

2.1 Nomes de proprietários:

2.2 Nacionalidade: Brasileiro e Brazileiro, Allemão e Alemão, etc.

Estatística Agrícola	Estatística Zootécnica
José de Oliveira	José d'Oliveira
Paulino Antonio de Oliveira	Paulino Antonio d'Oliveira

2.3 Algumas vezes o mesmo nome aparece em uma planilha como *proprietário* e na outra como *proprietária*. As vezes acrescenta-se a este a letra D. [Dona] e a nacionalidade vem no feminino, em outras aparece seguido da letra D. mas a

---

[26] Os fascículos originais publicados, levantados para a confecção deste banco de dados, encontram-se nos acervos das bibliotecas da Fundação SEADE, em São Paulo, e no Instituto Agronômico de Campinas (IAC).

nacionalidade permanece no masculino, ou então não aparece a letra D., porém o nome está no feminino e a nacionalidade no masculino.

Para os municípios de Rio Bonito, Santo Antônio da Boa Vista, São Pedro do Turvo e Tatuí, os registros agregados em "chaves" { }, no documento original foram colocados, no banco de dados, em "itálico" para facilitar a leitura devido às divisões de página e/ou para identificar informações referentes a dados agregados para as variáveis *"Valor do solo por alqueire"* e *"Valor total da propriedade em mil-réis"*.

Nessa primeira análise crítica dos dados, verificamos ainda que os municípios com menor número de registros são os que apresentam, como era de se esperar, menor número de erros de agregação e/ou transcrição.

No CD Rom as informações da Estatística Agrícola e Zootécnica de 1904-1905 estão organizadas em diretórios, por distritos:

1º Distrito – 47 sub-diretórios (municípios) e 94 arquivos

2º Distrito – 39 sub-diretórios (municípios) e 78 arquivos

3º Distrito – 29 sub-diretórios (municípios) e 58 arquivos

4º Distrito – 40 sub-diretórios (municípios) e 80 arquivos

5º Distrito – 10 sub-diretórios (municípios) e 20 arquivos

Dentro do diretório de cada distrito encontram-se sub-diretórios referentes a cada um dos municípios, cujos nomes foram conservados da forma como aparecem no documento original. Para melhor orientar o usuário, no *arquivo* "Lista dos Municípios" do CD Rom, encontram-se quadros, para cada distrito, com os nomes dos municípios à época do levantamento e os nomes atuais.

Nos subdiretórios dos municípios, para cada um deles, existem dois arquivos: um reproduz a folha de rosto do fascículo publicado e o outro contém os dados estatísticos dispostos em quatro planilhas 1. *Agrícola*; 2. *Zootécnica*; 3. *Resumo* e 4. *Informações*.

Finalmente, é preciso ressaltar que durante todo o processo de elaboração desse banco de dados procuramos tomar todo o cuidado em fazer uma transcrição fiel do documento original. Mesmo assim, não descartar a possibilidade de ocorrerem alguns deslizes de digitação que, acreditamos, não deverão comprometer a sua utilização.

3   **CD Rom** – *Estrangeiros no Estado de São Paulo – Estatística demógrafo-sanitária, 1893-1928*

Apresentação

Este CD Rom agrega estatísticas de casamentos e óbitos de estrangeiros e nascimentos de filhos de estrangeiros no Estado de São Paulo, produzidas pela antiga Repartição de Estatística e Arquivo do Estado de São Paulo, no período de 1893 a 1928. Reproduz também outras estatísticas com informação sobre o movimento migratório, imigrantes e núcleos coloniais para o período de 1894 a 1900, encontradas nos relatórios que o diretor dessa repartição enviou ao Secretário dos Negócios do Interior, durante esses sete anos.

A Repartição de Estatística e Arquivo do Estado de São Paulo foi criada pelo Decreto nº 30 de 10 de março de 1891, e reorganizada pela Lei nº 116 de 1º de outubro de 1892. Subordinada, então, à Secretaria dos Negócios do Interior, incorporou um importante conjunto de informações estatísticas produzidas anteriormente e se tornou responsável *"pelos originais de toda documentação administrativa e de interesse público para o Estado de São Paulo, bem como por todos os serviços de estatística e cartografia oficiais ou entregues por particulares"*.[27]

Após alguns desdobramentos e divisões, uma parte daquela antiga repartição converteu-se, em outubro de 1938, em plena vigência do Estado Novo, no Departamento Estadual de Estatística (D.E.E.). Mais tarde, após uma crise de jurisdição com o IBGE, reapareceu, em dezembro de 1950, com a denominação de Departamento de Estatística do Estado de São Paulo (DEESP). Em setembro de 1976, o DEESP teve suas atribuições absorvidas pela Coordenadoria de Análise de Dados (CAD), órgão responsável pela coordenação do Sistema Estadual de Análise de Dados Estatísticos, sistema este que, em 1978, acabou por ganhar vida própria e status de Fundação (FSEADE).[28]

As estatísticas vitais (nascimentos, casamentos e óbitos) reproduzidas neste CD Rom, elaboradas pela Repartição de Estatística e Arquivo do Estado de São Paulo e relativas ao período que vai de 1893 a 1900, encontram-se publicadas nos Relatórios anuais que o Diretor dessa Repartição enviava ao titular da Secretaria de Estado dos Negócios do Interior. A partir de 1901 elas passam a ser publicadas, não mais no interior de um relatório mas em forma de anuários, pela Directoria do Serviço Sanitário do Estado de São Paulo, sob o título *Annuario Estatistico da Secção de Demografia*. Em 1906, transforma-se no *Annuario Demográfico – Secção de Estatística Demographo-Sanitaria*, sob cujo nome é publicado ininterruptamente até 1928, em volumes encadernados.

De um modo geral, são disponibilizadas as estatísticas vitais para todos os distritos da Capital do Estado e para cada município do interior, sem desagregá-los por distritos. A partir de 1913, para os municípios de Campinas, Santos e Ribeirão Preto as estatísticas apresentam-se separadamente e são mais detalhadas do que para os demais municípios do "Interior do Estado". Em 1916, e nos anos seguintes,

---
[27] Estas informações foram conseguidas no site http://www.seade.gov.br, no item *histórico*.
[28] idem.

algumas informações relativas a Campinas e Ribeirão Preto também estão desagregadas por distrito.

Em 1918, estes anuários passam a ter dois volumes. O volume I incorpora as estatísticas específicas para os municípios da Capital, de Santos, Campinas e Ribeirão Preto, e o volume II apresenta estatísticas específicas para os municípios de São Carlos, Guaratinguetá, Botucatu e para os demais, que se encontram sob a rubrica "Interior do Estado".

Quanto à confiabilidade e à cobertura dos dados, os da Capital do Estado são sempre mais completos e melhor elaborados. Em uma gama razoável de municípios do interior as lacunas e imperfeições também são poucas ou inexistentes. Em outros, no entanto, são maiores e mais graves. No decorrer do tempo, percebe-se um aprimoramento das estatísticas, as lacunas vão diminuindo e a cobertura dos dados amplia-se, novas variáveis são introduzidas e a forma de agregação dos dados também sofre modificações, como é possível observar no conjunto das tabelas inseridas no CD Rom.

As primeiras estatísticas elaboradas pela Repartição de Estatística e Arquivo são mais incompletas e tal situação é amplamente lamentada pela Diretoria da Repartição em seus relatórios. Em 1894, por exemplo, referindo-se ao levantamento para o ano de 1893, o Diretor Dr. Antonio de Toledo Piza assim se manifestava:

> "Com referência a importancia estatistica do movimento da população, quanto aos nascimentos, casamentos e obitos, cumpre-me ponderar os que a sua organização não pôde ser completa, em vista da falta de muitos dados que deviam ser fornecidos por diversos officiaes do Registro Civil e que não o foram nas epochas designadas pelo Decreto do Governo Federal, n.722 de 6 de setembro de 1892.
>
> Além de muitos officiaes serem retardarios e só enviarem os respectivos mappas muito depois dos tempos determinados pela lei, outros há que os remettem muito incompletos, e com faltas de trimestres anteriores, e há ainda outros, finalmente que se escusam inteiramente de fazer essa remessa a esta Repartição.
>
> [...] [41] deixaram inteiramente de cumprir a lei, não enviando a esta Repartição os mappas dos actos do registro Civil constantes dos seus respectivos cartórios no anno de 1893 "[...] a lei não é cumprida, e o serviço da estatistica do movimento da população em relação ao registro civil, fica tão incompleto, ao ponto de tornar-se uma verdadeira inutilidade."[29]

Citava, inclusive, a impossibilidade de um estudo comparativo entre natalidade e mortalidade, para se conhecer o crescimento vegetativo da população, uma vez que

---

[29] *Relatorio apresentado ao cidadão Dr. Cezario Motta Junior*, Secretario dos Negocios do Interior do Estado de São Paulo pelo Diretor da Repartição da Estatistica e Archivo Dr. Antonio de Toledo Piza em 31 de julho de 1894. Rio de Janrio: Typ. Leuzinger, 1894, p. 21-22.

> "[...] nem sempre os mappas truncados de nascimentos durante um certo trimestre, fornecidos por um official, correspondem com os mappas truncados de obitos por elle fornecidos; assim, há municipios cujos mappas de nascimentos referem-se a um trimestre e cujos mappas de obitos referem-se a outro trimestre."[30]

A resistência por parte dos oficiais do Registro Civil em enviar informações à Diretoria de Estatística e Arquivo do Estado continuou ainda por muitos anos e não foram raras as solicitações aos poderes públicos para coagirem os oficiais a cumprirem a lei. A primeira estatística completa foi elaborada em 1906 e *"para isso, a luta não foi pequena e não poucos tiveram que sofrer as penas da lei para darmos desempenho a nossa tarefa"*.[31]

Por outro lado, lamentava-se profundamente, ano a ano, a falta de recenseamento geral que pudesse complementar e refinar a análise empreendida por aquela Diretoria, o que só vai ocorrer em 1920.

Ainda em 1917, ela enfrentava o descaso de alguns oficiais do Registro Civil em atender as suas solicitações. Ao mesmo tempo, no entanto, comemorava o aprimoramento das estatísticas.

> [O Annuario] "Foi bastante ampliado em 1917, e honra-nos dizel-o que este anno elle mostra-se o mais desenvolvido e o mais completo, tendo conseguido reunir a estatística de 363 districtos de paz em separado. Não fôra a falta commetida pelos Officiaes do Registro Civil de Salto Grande de Paranapanema, Pereiras, Avanhadava e Itanhaem, deixando de remetter os mappas, apezar de nossas constantes socilitações, e mesmo das penalidades a elles impostas pelo Governo do Estado, o Annuario de 1917, daria o estudo completo de todo o Estado de São Paulo, o que constituia a nossa maior aspiração. É necessário que os poderes competentes intervenham ante esses escrivães relapsos no sentido de coagil-os."[32]

Somente três anos depois, em 1920, é que a Diretoria consegue, *graças a ação enérgica da Secretaria de Justiça,* que todos os escrivães enviem os mapas com o movimento do registro civil, o que ficou registrado na apresentação do anuário referente àquele ano: *Temos a felicidade de apresentar n'elle a estatistica demografica completa de todo o estado, que conta com 204 municipios com seus respectivos districtos de paz em no. de 403.*[33]

No que diz respeito ao contingente estrangeiro, várias tabelas ou quadros existentes nos relatórios ou anuários não desagregam este contingente da população

---

[30] Idem, p. 24.
[31] Republica dos Estados Unidos do Brazil – Estado de S. Paulo. Directoria do Serviço Sanitario. *Annuario Estatistico da Secção de Demographia*. Anno de XII, 1905. São Paulo, Typographia do Diario Official, 1906.
[32] Directoria do Serviço Sanitario do Estado de São Paulo (Estados Unidos do Brazil). *Annuario Demographico – Secção de Estatistica Demographo-Sanitaria*. Anno de XXIV, 1917. São Paulo, Typographia do Diario Oficial, 1919.
[33] Directoria do Serviço Sanitario do Estado de São Paulo (Estados Unidos do Brazil). *Annuario Demographico – Secção de Estatistica Demographo-Sanitaria*. Anno de XXVII, 1920; Vol. I. Capital, Santos, Campinas e Ribeirão Preto. São Paulo, Typographia do Diário Official, 1924.

total. Em outras, no entanto, os estrangeiros encontram-se discriminados segundo a nacionalidade (italiana, portuguesa, espanhola, alemã etc.) ou agregados em seu conjunto, sem especificar a nacionalidade, e estão reproduzidas neste CD Rom. Neste caso, para efeito de comparação, foram transcritos os dados referentes à população brasileira.

Durante o processo de informatização dessas estatísticas relativas à população estrangeira, preocupamo-nos em transcrever as informações tais quais se encontram no documento original. Tomamos o cuidado, no entanto, de realizar uma soma automática dos dados e, quando esta não coincide com a do documento original, optamos por deixar gravado em vermelho o valor publicado nesse documento, de modo a melhor orientar o leitor e usuário sobre os problemas de agregação e/ou transcrição dos dados publicados nos relatórios ou anuários.

Além do banco de dados propriamente dito, neste CD Rom incorporamos um rol com a referência bibliográfica dos relatórios e anuários utilizados e um sumário do conteúdo digitado. Neste sumário, está anotada a expressão "discrimina a nacionalidade", quando as informações estão apresentadas para cada uma das principais nacionalidades e a expressão "estrangeira" e "brasileira" quando os dados encontram-se para o conjunto dos estrangeiros e conjunto dos brasileiros.